육자진언의 수행체계

육자진언의 수행체계

법장 지음

운주사

책을 펴내며

육자진언 '옴마니반메훔'은 매우 대중적이고 중요한 진언으로, 사찰의 기도나 법회 때마다 독송되고 있습니다. 불교국가인 티벳, 부탄, 몽골, 대만 등지에서도 이에 대한 뿌리 깊은 신앙과 함께 오랜 수행 전통을 이어오고 있습니다. 특히 티벳의 경우 사원 주변이나 성지에 옴마니반메훔을 한 자 한 자 돌에 새기고 채색을 하여 안치하거나, 이것이 새겨진 마니륜摩尼輪을 돌리면서 육자진언을 염송念誦하는 장면을 흔히 볼 수 있습니다. 심지어 육자진언에 곡조를 붙인 노동요勞動謠가 전래되고 있고, 이를 가사로 한 가요도 유행하고 있습니다. 대다수의 티벳인들은 말을 배우기 시작하는 어린 아이 때부터 임종에 이르기까지 생활 속에서 늘 육자진언 염송을 놓지 않으니, 그들에게 있어 육자진언은 삶 그 자체요, 대대로 이어오는 뿌리 깊은 신앙적 전통이라 할 수 있습니다.

육자진언은 어느 시대 어느 누군가에 의해 만들어진 것이 아닙니다. 이것은 바로 석가모니 부처님의 말씀이고, 경전 속에서 그 전거를 찾을 수 있습니다. 그뿐만 아니라 후대의 인도 대학승 용수와 아띠샤, 티벳의 쫑쩬감뽀와 제5대 달라이라마 악왕롭상갸초, 제7대 달라이라마 껠상갸초, 울추 다르마바다, 제14대 달라이라마 뗀진갸초 등 인도와 티벳불교 역사에 위대한 업적을 남긴 인물들에 의해 저술되어 왔습니다. 또한 국내 근·현대의 용성선사 등과 같은 분들도 육자진언을 수행과 중생교화의 방편으로 삼았습니다. 이는 육자진언의 가치와 중요성을 엿볼 수 있는 사례입니다.

본 연구는 지난 40여 년 간 국내에서 연구된 육자진언에 관한 32편의 선행연구 논문과 6편의 단행본 전반에 대한 분석을 통해 한국에 가장 시급하게 보완해야 할 과제가 무엇인가에 대한 고심으로부터 비롯되었습니다. 또한 필자는 인도에서 오랫동안 티벳불교 철학을 배운 사람으로서 티벳 경론을 중심으로 이에 대한 경론적 전거와 수행 전통 및 해석 등을 제시해야 할 책임감이 따랐던 것도 사실입니다. 따라서 필자는 연구 초반에 티벳 경론, 즉 티벳장경 불설부에 등재된 경전과 논소부에 등재된 인도 대학승의 논서, 그 외 티벳 대학승의 논서들을 중심으로 거기에 언급된 육자진언에 대해 살펴보고자 하는 큰 방향을 정하였습니다. 티벳 경론 전반에 걸쳐 조사하는 과정에서 육자진언의 공덕에 관한 것뿐만 아니라 육자의 성취법과 성관자재의 스승유가 등(이하는 '육자의 성취법 등'으로 표기함)과 같은 많은 수행지침서를 접할 수 있었습니다. 이러한 것은 교학을 바탕으로 수행체계를 세운 '보리도차제론'에서 제시하는 현교顯教와 밀교密教(이하는 '현밀'로 표기함) 공통의 수행과제와 잘 접목된 수행법이자 수행체계라는 새로운 사실을 알게 되었습니다. 여기에는 수습修習 및 염송 과제를 정연한 순서에 따라 일목요연하게 제시하고 있습니다. 이는 염송에만 국한된 육자진언수행에 대한 일반의 인식을 완전히 바꾸어 놓기에 충분하였습니다.

본서는 필자의 박사 학위논문(「六字眞言의 修行體系 硏究 -티벳 문헌을 중심으로-」)을 수정 보완한 책입니다. 본서의 구성 및 전개에 관한 보다 구체적인 사항은 필자의 안내에 명시해 두었습니다.

본서의 내용 구성 및 구체적인 연구 목적은 다음과 같습니다.

제Ⅰ장에서는 39종의 티벳 경론에 나타난 육자진언의 내용적 전거를 제시하고 이를 분석하고자 합니다. 본서에서는 이를 제시 및 분석함에 있어 네 가지 주제, 즉 육자진언의 기원, 공덕, 상징적 의미, 수습법修習法 및 염송법念誦法으로 나누었습니다. 여기서 밝힌 전거들은 향후 국내의 육자진언 연구에 기초 자료로 활용되어 폭넓은 연구의 방향성이 되고자 하였습니다. 특히 네 번째 수습법 및 염송법에 관한 것은 본서의 제Ⅱ장에서 채택한 육자진언의 수행체계를 정립하는 데 있어 경론적 전거로 삼고자 하였습니다.

제Ⅱ장에서는 티벳 경론을 중심으로 한 육자진언의 수행체계를 정립하고자 합니다. 티벳 경론의 육자의 성취법 등에서 제시하는 수습 및 염송 과제와 그 전개 순서 및 방법에 있어서는 서로 별다른 차이가 없습니다. 다만 과제의 상세 또는 간략 여부와 특정 성취법에 생략된 것이 별개의 성취법에 포함되거나 하는 등의 차이가 있을 뿐입니다. 따라서 필자는 티벳 경론에서 제시하는 육자진언의 수행법을 국내의 지침서로 활용하기 위한 방안의 하나로, 지나치게 상세하거나 또는 지나치게 간략하지 않은 적정한 분량으로 반드시 익혀야 할 수습 및 염송 과제를 빠짐없이 갖추어 누구나 쉽게 따라 익힐 수 있도록 하였습니다.

아울러 본서의 참고 문헌 중 티벳장경 불설부 경전과 논소부 논서, 그 외에 전집부에 등재된 티벳 대학승의 논서의 경우 최근 대만에서 제작한 '전자티벳장경 ADARSHAH'(이하는 'ADARSHAH'로 표기함)를 주로 참고하였고, 그 외에 '東北帝國大學 法文學部編(1934), 『西藏大藏經總目錄』, 東北帝國大學藏版 -티벳의 데게까규르와 데게땐규르 목록-'도 참고하였습니다.

본서는 다음 몇 가지 점에서 그 의의를 찾을 수 있습니다.

첫째, 한국에는 잘 알려지지 않았지만, 한역漢譯에 비해 육자진언을 주요 내용으로 하는 상당수의 경론들이 잘 보존되어 있는 티벳 경론 연구를 통해 향후 육자진언 연구의 토대를 마련하고 연구의 방향성을 폭넓게 제시한다. 둘째, 본서를 통해 티벳의 오랜 수행 전통과 함께 대학승들의 실수행 경험을 바탕으로 체계화된 육자진언의 실수행 지침을 소개함으로써 다양한 수행법이 요구되는 21세기 한국불교의 현 시대적 소명에 조금이나마 부응한다. 셋째, 본서가 기존의 한역 경론 중심의 연구에서 탈피하여 티벳어 원전 연구의 지평을 넓히는 계기가 된다.

필자는 처음부터 육자진언을 학위 논문의 주제로 정한 것은 아니었습니다. 오래 전부터 관심이 있었던 분야가 따로 있었으므로 박사과정 2학기까지도 그 분야에 대한 자료를 모으면서 공부를 이어왔습니다. 물론 국내에는 티벳 원전 중심의 불교 연구가 그다지 활성화되지 못한 상황이고, 필자가 연구하고자 하는 분야는 더더욱

대다수가 어렵게 생각하는 분위기였기에 솔찍히 처음부터 그 주제에 대해 논문을 쓴다는 것에 부담이 없었던 것은 아니었습니다. 그래도 열심히만 하면 되겠지! 라고 생각했는데, 정말 생각지도 못한 여러 갈등적 요인들이 발생하는 것이었습니다. 우여곡절 끝에 해오던 작업을 잠시 접어두고 지도교수님의 권유대로 육자진언으로 주제를 바꾸게 되었습니다.

막상 결정을 한 후에도 티벳 경론에서, 과연 학위 논문을 쓸 수 있을 만큼의 육자진언에 관한 자료를 확보할 수 있을까 하는 우려와 막막함이 한동안 계속되었습니다. 그도 그럴 것이, 필자 역시 육자진언이라 하면 염송하는 것 정도로만 인식해 왔으므로 이를 주제로 채택한다는 것은 단 한 번도 생각해 본 적이 없었기 때문입니다. '그래! 이제 더 이상 물러설 길이 없다면 내 스스로 육자진언에 대한 신심과 동기부여가 급선무이겠구나!' 하는 생각이 떠올랐습니다. 그로부터 육자진언 염송과 함께 티벳 경론 전반에 걸쳐 조사를 하면서 하나 둘 자료를 모으기 시작했습니다. 모은 자료들의 내용을 파악하고 과목을 분류하면서 정말 깜짝 놀라지 않을 수 없었습니다. 그 이유는 티벳 경론에서의 육자진언수행은 대부분 현밀의 공통의 수행과제를 제시하는 '보리도차제론'과 잘 접목된 수행지침서라는 것과 함께, 과제를 익히는 방법은 한마디로 수습을 병행한 염송 수행이라는 사실을 처음 알게 되었기 때문입니다. 그제서야 '육자진언을 연구의 주제로 채택하기를 잘했구나!' 하는 생각과 육자진언수행에 대한 확신과 신심이 샘솟기 시작했습니다. 그 후부터 본문의 전체 구성과 세부 목차에 이르기까지 이 수행에 대한 신심과 동기유발, 수행의 결실에 미치는 영향, 일반의 인식 전환에 필요한 주제와 내용이 무엇인가에 대한 숱한 고심 속에 작업을 진행해 왔습니다. 그럼에도 불구하고 '본 연구는 티벳 경론 중심의 육자진언 연구의 첫걸음을 내딛는 것에 지나지 않는다'는 아쉬움을 간직한 채 마무리할 수밖에 없었습니다.

본서는 『보리도차제의 마르티 일체지로 나아가는 지름길』에 이어 필자가 발행하는 두 번째 단행본입니다. 처음에는 이를 단행본으로 발행한다는 생각은 감히 하지 못했습니다. 티벳 경론에서의 육자진언의 수행법 자체가 국내에서는 매우 생소한 데다, 필자는 논문을 쓰는 기술도, 글솜씨도 부족하기 때문입니다. 논문을 제출한 후에 몇몇 인연이 있는 교수님들과 지인들에게 인사차 제본한 것을 드렸더니 의외로 다들 이를 단행본으로 발행하면 좋겠다고 말씀해 주셨습니다. 특히 故 김성철 교수님의 격려와 권유에 용기를 낼 수 있었습니다.

더불어 티벳 경론의 육자의 성취법 등은 지금까지 한국에는 소개된 바 없는 내용의 것이고, 필자가 논문 작업을 하는 내내 여기서 제시하는 수행법이자 수행체계에 대한 가치를 마음 깊이 느꼈기 때문이기도 합니다.

또한 육자진언은 우리들에게 매우 친숙하고, 염송 수행의 대표적 대상일 뿐만 아니라 여섯 글자의 짧은 진언이므로 길을 걷거나 신호등을 기다릴 때 등 시간과 공간에 구애됨이 없이 염송할 수 있다는 장점이 있습니다. 이와 같이 육자진언 염송을 생활 속에서 실천해 나간다면 현대인들에게 나타나는 상대적 박탈감, 소외감, 불안과 강박증 등과 같은 여러 가지 정신적 부작용으로부터 벗어날 수 있다고 봅니다. 또한 이로써 시시때때로 끓어오르는 분노와 갈등, 분별망상 등으로부터 자신의 내면을 지키는 안전벨트와 호신용 무기와 같은 역할도 기대해 볼 수 있을 것입니다. 아울러 육자진언 염송은, 100세 시대의 고령화 사회로 접어든 오늘날, 고독한 여생을 보내는 노인들과 임종을 앞둔 환자 분들에게도 매우 유익하리라고 생각합니다.

그뿐만 아니라 티벳 경론의 육자의 성취법 등에서 제시하는 수행과제는 수습 및 염송 준비 → 본 수습 및 염송 → 수습 및 염송의 마무리 실천행의 순서로, 단계별 수행과제를 일목요연하게 제시하고 있습니다. 여기서 제시하는 수행과제는 불교 수행의 최상의 목표인 해탈과 부처님의 경지로 나아가는 효과적이고도 훌륭한 수행 방편이라 생각합니다. 따라서 이 방면에 실수행 경험이 풍부한 스승들의 지도를 받아 익혀간다면 수행에 큰 성취를 얻으리라 믿어 의심치 않습니다.

이와 같이 필자는 연구를 진행하면서 육자진언 염송 수행 또는 수습을 병행한 염송 수행은 다양한 수행법이 요구되는 21세기 한국불교의 현 시대적 소명에 부응할 수 있다는 확신이 들었습니다.

끝으로 인도에서 공부할 때부터 지금까지 정성과 열정을 다해 지도해 주시는 티벳 게쎄하람빠 툽뗀남닥 스님과 잠양닥빠 스님을 비롯한 여러 스님들의 은혜를 잊지 못할 것입니다. 그리고 지금까지 부족한 저를 믿고 아낌없는 성원과 지지를 보내주시는 분들의 은혜에 두 손 모아 감사드립니다.

특히 출판계가 여러모로 어려운 상황임에도 불구하고 본서의 발행을 기꺼이 승낙해 주신 도서출판 운주사 대표님과 여러 관계자분들께 깊이 감사드립니다.

부디 본서가 향후 육자진언 연구 또는 수행에 관심있는 분들에게 단 한 줄이라도 도움이 되기를 간절히 희망합니다. 내용에 있어 모든 부족한 부분은 필자의 허물임을 밝힙니다.

2024년 가을에

법장 

필자의 안내

본서의 본문과 각주의 인용문은 대부분 티벳 경론을 출전出典으로 하였다. 따라서 티벳 경론의 문장을 한글로 옮겨 기술함에 있어 다음과 같이 몇 가지 통일된 규칙을 적용하고자 하였다.

1. 티벳 경론의 문장을 한글로 옮기는 방식

본서에 인용한 티벳 경론의 문장을 한글로 옮기는 방식은 문장에 충실한 직역直譯을 원칙으로 하였다.

2. 티벳 경론 등의 명칭에 대한 표기 및 열거 방식

① 일반적으로 동일한 저본이라 하더라도 한역 경명과 티벳역 경명은 상당한 차이를 보인다. 그 한 예로 한역 경명은 『佛說大乘莊嚴寶王經』, 티벳역 경명은 『성聖 보배함의 장엄이라는 대승경(འཕགས་པ་ཟ་མ་ཏོག་བཀོད་པ་ཞེས་བྱ་བ་ཐེག་པ་ཆེན་པོའི་མདོ།)』이 있다.

② 한역 경론명은 함축적이고 명사화된 것이라면 티벳역 경명은 거의 문장에 가까운 것도 상당히 많다. 그 예로 『성관자재의 근본 밀교경의 왕, 연꽃 그물<u>이라는 것</u>(འཕགས་པ་སྤྱན་རས་གཟིགས་དབང་ཕྱུག་གི་རྩ་བའི་རྒྱུད་ཀྱི་རྒྱལ་པོ་པད་མ་དྲ་བ་ཞེས་བྱ་བ།)』과 무착의 『아비달마집론이 <u>계신다</u>(ཆོས་མངོན་པ་ཀུན་ལས་བཏུས་པ་བཞུགས་སོ།།)』가 있다. 따라서 본서에서 경론명을 한글로 옮겨 표기함에 있어, 한국불교 전통에서는 다소 생소하게 인식될 소지

가 있는 경우 부득이 '○○라는 것, ○○계신다'라는 부분은 제외하고 대신 일부의 경우는 '경' 또는 '론'을 첨가하여 옮기기도 하였다.

③ 티벳장경에 등재된 『འཕགས་པ་ཟ་མ་ཏོག་བཀོད་པ་ཞེས་བྱ་བ་ཐེག་པ་ཆེན་པོའི་མདོ།』(d116)에 대한 대정신수대장경大正新修大藏經에 표기된 경명은 '불설대승장엄보왕경佛說大乘莊嚴寶王經'이고, 東北帝國大學 法文學部編의 『西藏大藏經總目錄』中 일본역은 '聖, 篋の莊嚴と名づくる大乘經', 본서에서 필자가 옮긴 명칭은 '성聖 보배함의 장엄이라는 대승경'이다. 여기서 '팍빠(འཕགས་པ།)'가 명사인 경우 '성인聖人', 형용사인 경우 '탁월한, 성스러운, 출중한, 거룩한' 등의 의미로 사용한다. 한역의 경우 이것을 주로 '佛說(불설)'로, 일본어역에서는 주로 '聖(성)'으로 표기하고 있다. 따라서 필자는 '팍빠(འཕགས་པ།)'라는 용어를 한글로 옮김에 있어 다음과 같이 두 가지 원칙을 세우고자 하였다.

첫째, '성인'으로 옮긴 한 예는 '성십일면관자재라는 다라니경(འཕགས་པ་སྤྱན་རས་གཟིགས་དབང་ཕྱུག་ཞལ་བཅུ་གཅིག་པ་ཞེས་བྱ་བའི་གཟུངས།)'이다.

둘째, '출중한 또는 탁월한' 등으로 옮긴 한 예는 '성聖 능단금강반야바라밀다能斷金剛般若波羅蜜多라는 대승경'이다.

④ 본서에서 육자진언에 관한 내용을 전거로 제시한 티벳 경론 대부분은 한역장경漢譯藏經에는 등재되어 있지 않다. 설령 한역장경에 등재되어 있더라도 티벳 경론의 명칭과는 상당한 차이를 보인다. 따라서 티벳 경론의 명칭은 대부분 필자가 한글로 옮겨서 표기하였다. 이와 같이 동일한 경론에 대한 다양한 번역명은 '표2-2 티벳 경론명 및 번역명'에서 별도로 제시하였다.

⑤ 본서에서 티벳 경론 등에서 직접 인용한 다라니陀羅尼 및 진언眞言,

그리고 일반 문장을 한글로 옮긴 경우 모두 쌍따옴표 안에 함께 기술하였다. 그 사례는 "마니라는 이 보배(མ་ཎི་ཞེས་པ་ནོར་བུ་འདི།)"와 같다.

⑥ 티벳 경론에는 게송 형식의 운문韻文이 많을 뿐만 아니라 산문散文의 경우도 생략 또는 함축된 문장이 종종 등장한다. 따라서 이러한 문장을 그대로 한글로 옮겼을 때 의미가 잘 통하지 않은 부분에 대해서는 문구 또는 낱말을 '( )' 속에 채워 넣거나 각주에서 부연 설명을 달았다.

3. 티벳어의 한글 음역

① 불보살과 스승들의 명호나 지명地名의 경우 이미 고착화된 일부 명호를 제외한 대부분은 티벳어 음역을 원칙으로 하였다.

② 다라니와 진언을 비롯한 일부 용어의 경우 기존 한역 용어가 있더라도 티벳 경론의 용어와는 의미상 차이를 보이거나, 새로운 용어를 만들기가 용이치 않은 경우는 티벳어 음역을 원칙으로 하였다. 그 예는 '이담(ཡི་དམ།), 예쎄(ཡེ་ཤེས།)'이다.

③ 티벳 경론의 다라니와 진언, 그리고 일반 문장들에 대해 티벳어 음역을 하는 경우 티벳 '하싸말'〔위께(དབུས་སྐད།)〕을 기준으로 자음과 모음 철자를 조합하여 표기하였다.

④ 본서에서의 다라니와 진언에 대한 한글 발음표기는 티벳불교계의 보편적 발음에 따라 표기하였다.

4. 경어敬語

티벳 '하싸말'의 경우 동사뿐만 아니라 명사에 이르기까지 상당히 높임말이 발달되어 있다. 하지만 인용한 티벳 경론의 문장에는 높임말로 기술되어 있더라도 한글에는 없거나, 그대로 옮겼을 때 어색한 문장의 경우는 부득이 예사말로 옮길 수밖에 없었다. 반대로 육자의 성취법 등의 간청문, 회향발원문 등에는 예사말로 기술되어 있더라도 불보살님과 스승들에 대한 공경심과 신심을 북돋우기 위해 가급적 높임말로 바꾸어 옮겼다. 이러한 이유로 일부 문장의 경우 한글 문장으로는 다소 어색한 부분도 있다는 것을 미리 밝혀 둔다.

5. 과목

본서에서 제시하는 모든 과목명은 저본에는 기술되어 있지 않다. 하지만 내용 파악의 용이성을 고려하여 필자가 만들어서 첨가하였다.

6. 게송 번호

본서의 본문과 각주에 표기된 게송 번호는 저본의 기술 순서에 따라 필자가 임의로 매긴 것이다.

7. 허사虛辭

티벳 경론의 게송 등의 경우 운율과 글자수를 맞추기 위해 일반적으로 한글 조사 '~은/는'에 해당하는 '니(ནི།)'와 복수사 또는 다수사 '~들'에 해당하는 '닥(དག།)'과 '남(རྣམས།)' 등을 허사로 첨가한 경우가 많다. 따라서 이들이 허사로 판단되는 경우 한글로 옮기지 않았다.

8. 표기 부호

〔 〕: 동의어, 본디말, 준말, 낱말 풀이 등

( ): 본문과 각주에 인용한 산문과 운문이 생략 또는 함축적이어서 내용을 이해하기가 어려운 부분에 대해 일부 문구 또는 낱말을 채워 넣은 부분

- -: 단락과 게송의 요지 등을 해당 부분 바로 옆에 주註 형식으로 기술한 부분

① ② …㉮ ㉯ …㉠ ㉡ : 본문과 각주의 내용 파악의 용이성을 기하기 위해 필자가 임의로 매긴 번호 또는 순서

표 목차

I.

티벳 경론에 나타난 육자진언의 전거와 그 분석

이 장에서는 먼저 다라니와 진언 관련 용어의 정의에 관해 간략히 살펴보고자 한다. 그 다음은 이 장의 핵심이라 할 수 있는 육자진언[1]에 관한 39종의 티벳 경론,[2] 즉 5종의 티벳장경 불설부 경전과 21종의 논소부 논서, 13종의 티벳 대학승의 논서[3]에서 내용적 전거를 제시하고

---

1 본서에서 '옴마니반메훔'을 지칭하는 명칭의 경우는 모두 '육자진언'으로 기술하고, 다만 인용문의 경우는 저본에 따랐다. 이에 관한 자세한 내용은 필자의 논문 '法藏(申月淑), 「육자진언六字眞言의 표기와 명칭에 관한 고찰」, 『한국비즈니스연구』 제6권 제2호(통권 제11호), 한국산업비즈니스학회, 2022년 12월, V. 육자진언六字眞言의 다양한 명칭, pp.42~51' 참고 요망.

2 본서에서 '티벳 경론'이란 까규르(བཀའ་འགྱུར།)라고 하는 티벳장경 불설부佛說部에 등재된 티벳역 불경佛經과 뗀규르(བསྟན་འགྱུར།)라고 하는 티벳장경 논소부論疏部에 등재된 인도 대학승의 논서, 여기에 등재되어 있지 않은 티벳 대학승들의 저술을 통틀어 일컫는 것으로 정의하였다. '티벳장경'은 불설부와 논소부로 나눈다. '까규르'란 일반적으로 인도어로 된 불설 '삼장과 사부밀교', 즉 현밀 경전을 티벳어로 번역하여 집대성한 것이다. 여기에는 104~108함 정도의 불경이 등재되어 있다. '뗀규르'란 일반적으로 불설 '삼장과 사부밀교'에 관해 주석註釋한 것으로 주로 인도 대학승의 논소를 티벳어로 번역하여 집대성한 것이다. 여기에는 213~218함 정도의 논소가 등재되어 있다.(張怡蓀 主編, 『장한대사전(藏漢大辭典, བོད་རྒྱ་ཚིག་མཛོད་ཆེན་མོ།)』(상권), 민족출판사 출판/臺灣 타이베이〔台北〕 신문풍유한공사新文豊有限公司 발행 및 인쇄, 1984, p.69, 표제어: '까규르(བཀའ་འགྱུར།)', p.1126, 표제어: '뗀규르(བསྟན་འགྱུར།)'; 둥까르 롭상틴레(དུང་དཀར་བློ་བཟང་འཕྲིན་ལས།), 『둥까르대사전(དུང་དཀར་ཚིག་མཛོད་ཆེན་མོ།)』(상권), 中國 藏學出版社, 2002, pp.153~154, 표제어: '까규르(བཀའ་འགྱུར།)', pp.1020~1021, 표제어: '뗀규르(བསྟན་འགྱུར།)' 참고)

3 최근 대만臺灣에서 제작한 전자티벳장경 ADARSHAH에는 티벳장경 불설부와

분석함에 있어, 네 가지 주제, 즉 육자진언의 기원, 공덕, 상징적 의미, 수습법修習法[4] 및 염송법에 관한 개별적인 것과 39종의 티벳 경론 전반에 대한 총체적인 것으로 나누고자 한다. 여기서 세부 주제 모두는 육자진언수행에 대한 신심과 동기유발, 수행[5]의 결실에 미치는 영향, 일반의 인식 전환에 필요한 내용, 특히 해탈과 부처님의 경지로 나아가는 훌륭한 수행 방편이라는 데 초점을 맞추어 전개하고자 한다.

1. 다라니와 진언 관련 용어의 정의

먼저 다라니와 진언의 일반적인 정의와 그 작용에 관해 살펴보면, 다라니는 이전에 들은 선법을 잊지 않고 또렷하게 기억한다〔能持〕[6]는

논소부뿐만 아니라 티벳불교 여러 종파의 역대 대학승의 전집 중 일부 인물의 논서를 여기에 등재하는 작업을 진행 중에 있다. 따라서 본서에서 '티벳 대학승의 논서'란 ADARSHAH에 등재된 티벳 대학승의 논서와 여기에 미등재된 논서를 통틀어 일컫는 것으로 정의하였다.

4 현밀의 수행과제를 익히는 데 있어 수습과 관상은 의미상 별다른 차이는 없다. 하지만 수습이 마음에 익힌다는 측면이 강하다면 관상은 대상을 떠올린다는 측면이 강하다. 따라서 본서에서는 인용문은 저본에 따르고, 필자가 기술하는 문장은 전후의 맥락에 따라 채택하였다.(뻰첸라마 롭상예쎄(པཎ་ཆེན་བླ་མ་བློ་བཟང་ཡེ་ཤེས།)/법장 옮김, 『보리도차제의 마르티 일체지로 나아가는 지름길』, 운주사, 2022, p.154, 각주 43 참고)

5 일반적으로 '수행'이란 삼문三門으로 실천하는 행위 모두를 가리킨다. 이에 비해 수습修習은 주로 반복해서 마음에 익히는 것이고, 관상觀想은 마음에 또렷하게 떠올려 사유하는 것을 말한다. 따라서 수습 또는 관상은 모두 수행에 포함된다. 다시 말해 수행이 이들보다 더 범위가 넓다.

6 앞의 사전, 둥까르 롭상틴레(2002), 하권, p.1826, 표제어: '다라니(གཟུངས།)'

뜻으로, 여기에는 특별한 기억력과 수승한 지혜를 지니는 것의 두 가지가 있다. 반면 불선법은 정화시키는 작용(能遮)이 있다. 또한 진언은 자신의 마음을 평범한 범부의 시각과 고집으로부터 보호하며(能遮), 스스로의 마음을 지키는 작용(能持)을 한다.[7] 어떤 이는 글자 수가 긴 것을 다라니라 하고 글자 수가 짧은 것을 진언이라 하는 경우도 있다. 하지만 이것은 명백한 구분 기준은 아닌 것으로 보인다. 본서에 등장하는 백자진언, 육자다라니가 그 사례이다.

주지하는 바와 같이 본서에서 육자진언에 관한 전거로 제시하는 티벳 경론은 대부분 밀교 경론에 한정되어 있다. 따라서 여기서는 다라니와 진언 관련 용어인 정수精髓,[8] 필연적 정수, 비밀주秘密呪, 명주明呪, 다라니주陀羅尼呪의 정의와 그 작용을 밀교적 입장에서 밝히고 있는 디빰까라씨라자냐나(Dīpankara Śrījñāna, དཱི་པཾ་ཀ་ར་ཤྲཱི་ཛྙཱ་ན།)(아띠쌰(Atiśa, ཨ་ཏི་ཤ)[9])의 『현관분별(現觀分別, མངོན་པར་རྟོགས་པ་རྣམ་པར་འབྱེད་པ་ཞེས་བྱ་

참고.

7 앞의 사전, 둥까르 롭상틴레(2002), 상권, p.771, 표제어: '주문(སྔགས།)' 참고.

8 '티벳진언집' 등에는 '○○진언'이라는 용어보다 주로 '○○정수精髓'라는 용어를 사용하고 있다.

9 아띠쌰(Atiśa, ཨ་ཏི་ཤ)(A.D.982~1054)는 남인도 사호르왕의 왕자로 탄생하였다. 그의 존칭이자 별칭으로는 마르메제, 뻴마르메제예쎼, 조오, 조오제, 조오제 아띠쌰 등과 산스크리트어로는 디빰까라씨라자냐나(Dīpankara Śrījñāna, དཱི་པཾ་ཀ་ར་ཤྲཱི་ཛྙཱ་ན།) 등이 있다. 그는 '예쎄외'와 '장춥외'의 초청으로 티벳으로 왔다. 저술로는 현밀顯密을 아우르는 수행체계라 할 수 있는 『보리도등론(菩提道燈論, བྱང་ཆུབ་ལམ་གྱི་སྒྲོན་མ།)』 등을 비롯한 20여 종이 있다.(ཤེས་བྱ་ཀུན་འདུས་ཚོམ་སྒྲིག་ཞུ་གཉེར་ཁང་།(Multi Education Editing center), 『신정자사전(新正字辭典, དག་གསར།)』, 臺灣 財團法人 佛陀敎育基金會 印贈(TI101), 2005, p.685, 표제어: '아띠쌰(ཨ་ཏི་ཤ)'; 앞의 사전, 張怡蓀 主編(1984), 하권, p.3118, 표제어: '아띠쌰(ཨ་ཏི་ཤ)'에서 요약)

པ།)』(D1490)의 문장을 제시하고자 한다.

“여기서㉮ (이담(ཡི་དམ།)[10]의) 마음을 움직이도록 하기 때문에 ‘정수’라 하고 (이 마음은, 대)연민심과 지혜 또는 방편과 지혜가 다름이 없는 보리심菩提心[11]을 가리킨다. 일반적으로 (이담의) 마음을 움직이도록 하기 때문에 ‘정수’라 하고 ㉯ 반드시 (이담의) 마음을 움직이도록 하기 때문에 ‘필연적 정수’라 한다. ㉰ 그로써 세간존재의 시각으로부터 보호해 주기 때문에 ‘비밀주’라고 한

10 ‘이담(ཡི་དམ།)’이란 밀교의 본존本尊 또는 밀교의 부처님〔佛寶〕으로, 자신의 수행에 있어 특별히 의지처로 삼는 존격을 가리킨다.(곰데 툽뗀쌈둡(སྒོམ་སྡེ་ཐུབ་བསྟན་བསམ་གྲུབ།), 『곰데대사전(སྒོམ་སྡེ་ཚིག་མཛོད་ཆེན་མོ།)』(제4권), 남인도 쎄라제사원 대학술창고 편집실(སེར་བྱེས་རིག་མཛོད་ཆེན་མོའི་རྩོམ་སྒྲིག་ཁང་།), 2016, p.75, 표제어: ‘이담(ཡི་དམ།)’의 해설 참고)

11 ‘보리심菩提心’이란 발보리심 또는 발심이라고도 한다. 보리심에는 세속보리심과 승의보리심이 있다. 일반적으로 보리심이라 하면 세속발보리심을 가리킨다. 이것은 원보리심願菩提心과 행보리심行菩提心으로 나눈다. 전자는 일체중생이 고통에서 벗어나 안락을 얻도록 하기 위해 부처님의 경지를 얻겠다는 마음이, 인위적인 조작이 아닌 저절로 일어나는 지고지순至高至順한 마음이다. 이것은 보시수행을 비롯한 육바라밀수행과 사섭법수행 등의 보살행에 실제로 들기 전의 보리심을 가리킨다. 후자는 부처님의 경지를 성취하기 위해 보시수행을 비롯한 육바라밀수행과 사섭법수행 등의, 실제로 보살행에 든 때의 보리심이다. 제쭌 최끼겔첸(རྗེ་བཙུན་ཆོས་ཀྱི་རྒྱལ་མཚན།)(2003), 『현관장엄론「제1품」의 총의(མངོན་རྟོགས་རྒྱན་སྐབས་དང་པོའི་སྤྱི་དོན།)』에는 원보리심은 대승의 자량위로부터 대승 수도위 최후의 무간도의 계위에 오른 십지보살에 이르기까지 존재하는 마음이고, 행보리심은 대승의 자량위에 오른 보살로부터 무학위에 오른 부처님에 이르기까지 존재한다.(앞의 역주서, 뻰첸라마 롭상예쎼/법장 옮김(2022), pp.56~58에서 요약)

다. ㉣ 그와 같이 (이담의 마음을) 거듭거듭 움직이도록 함으로써 특별한 지혜가 생기도록 하기 때문에 '명주'라 한다. ㉤ 보리심을 잊지 않고 기억하도록 하기 때문에 '다라니주'라고 한다. (འདིར་སྙིང་སྐུལ་བར་བྱེད་པས་སྙིང་པོ་སྟེ། སྙིང་རྗེས་ཤེས་རབ་དང་ཐབས་ཤེས་དབྱེར་མེད་པའི་བྱང་ཆུབ་ཀྱི་སེམས་སོ།། དེ་ལ་སེམས་སྐུལ་བར་བྱེད་པས་སྙིང་པོ་དང་། སེམས་ཉེ་བར་བསྐུལ་བས་ཉེ་བའི་སྙིང་པོའོ།། དེ་ཉིད་ཀྱིས་འཇིག་རྟེན་པའི་སེམས་ལས་སྐྱོབ་པས་གསང་སྔགས་ཞེས་བྱའོ།། དེ་ལྟར་ཡང་དང་ཡང་དུ་བསྐུལ་བས་ཤེས་རབ་ཁྱད་པར་ཅན་སྐྱེ་བས་རིག་སྔགས་སོ།། བྱང་ཆུབ་ཀྱི་སེམས་མི་བརྗེད་པའི་དྲན་པ་སྐྱེད་པས་གཟུངས་སྔགས་ཞེས་བྱའོ།།)"[12]

이 아띠쌰의 『현관분별』과 이 논서에 대한 주석서인 제[13] 쫑카빠 대사 롭상닥빠(རྗེ་ཙོང་ཁ་པ་ཆེན་པོ་བློ་བཟང་གྲགས་པ།)'(이하는 '쫑카빠 대사'로 표기함)[14]의 『불세존인 길상한 코르로데촉〔勝樂輪〕의 현관분별광석, 여의

---

12 디빰까라씨라자냐나, 『현관분별』, 티벳장경 데게뗀규르(སྡེ་དགེ་བསྟན་འགྱུར།) 밀교부 ༼ཞི༽ D1490 22-198b.

13 '제(རྗེ།)'란 정수리에 모실 만큼 매우 공경할 만한 분에게 붙이는 수식어이다.

14 게룩빠의 창시자 제 쫑카빠 대사 롭상닥빠(རྗེ་ཙོང་ཁ་པ་ཆེན་པོ་བློ་བཟང་གྲགས་པ།)(A.D.1357~1419)는 암도지방 '쫑카'라는 곳에서 탄생하였다. 법명은 롭상닥빠이고 존칭이자 별칭으로는 제 린뽀체, 제 쫑카빠, 닥니첸뽀, 제 닥니첸뽀, 제라마, 제 탐제켄빠, 잠괸라마 등이 있다. 37세에 티벳 중부지방으로 가서 '제쭌 렌다와 숀두로되'를 비롯한 많은 선지식을 의지하여 현밀에 관한 것과 그 외 학문까지도 두루 수학한 인물이다. 53세에 가덴사원을 창건하고 상수제자로는 곌찹다르마린첸과 제1대 뻰첸라마 케둡게렉뻴상뽀(མཁས་གྲུབ་དགེ་ལེགས་དཔལ་བཟང་པོ།), 제1대 달라이라마 게뒨둡이 있고 그 외에도 수많이 제자들이 있다. 저술로는 『대보리도차제(བྱང་ཆུབ་ལམ་རིམ་ཆེན་མོ།)』와 『밀종도차제(སྔགས་རིམ་ཆེན་མོ།)』를 비롯한 목판본 경서 18권 정도가 있다.(달라이라마 보리도차제법회〔람림법회〕 준비위원회, 『보리도차제 교본(བྱང་ཆུབ་ལམ་གྱི་རིམ་པའི་ཁྲིད་ཡིག)』(경서 제1권), India, Manipal Technolgies

충족(བཅོམ་ལྡན་འདས་དཔལ་འཁོར་ལོ་བདེ་མཆོག་གི་མངོན་པར་རྟོགས་པའི་རྒྱ་ཆེར་བཤད་པ་འདོད་པ་འཇོ་བ་ཞེས་བྱ་བ།)』(JTs74)은 용어와 그 해설에 있어 약간의 차이를 보인다.[15] 하지만 두 논서[16] 모두 밀교적 입장에서 정의한 것이므로 본질적으로는 다를 바가 없다.

필자는 이 두 논서의 정의를 성관자재[17]의 정수인 육자진언 옴마니반메훔[18]에 적용시켜 그 의미를 보다 명확히 드러내 보이고자 한다.

Ltd, Manipal 인쇄 및 제본, 2012, pp.K~L; 앞의 사전, 張怡蓀 主編(1984), 상권, p.2188, 표제어: '쫑카빠 롭상닥빠(ཙོང་ཁ་པ་བློ་བཟང་གྲགས་པ།)'에서 요약)

15 ㉮와 ㉰의 문장은 쫑카빠 대사의 『불세존인 길상한 코르로데촉〔勝樂輪〕의 현관분별광석, 여의충족(བཅོམ་ལྡན་འདས་དཔལ་འཁོར་ལོ་བདེ་མཆོག་གི་མངོན་པར་རྟོགས་པའི་རྒྱ་ཆེར་བཤད་པ་འདོད་པ་འཇོ་བ་ཞེས་བྱ་བ།)』, 전집부 게덴〔게룩〕, 『제 쫑카빠의 전집(རྗེ་ཙོང་ཁ་པའི་གསུང་འབུམ།)』〔ད〕 JTs74 9-5-153b에서,

"㉮ 방편인 (대)연민심과 지혜인 공성을 요해하는 지혜의 본성이 다름이 없는 보리심은 '하〔불보살, 이담〕의 정수'이고 ㉰ 세간존재의 시각으로부터 보호해 주기 때문에 '주문'

㉮ (སྙིང་རྗེ་དང་ཤེས་རབ་ཀྱི་ཐབས་ཤེས་དབྱེར་མེད་པའི་བྱང་ཆུབ་ཀྱི་སེམས་ནི་ལྷའི་སྙིང་པོ་ཡིན་ལ། ㉰ འཇིག་རྟེན་པའི་སེམས་ལས་སྐྱོབ་པས་སྔགས།)"

이라 해설한 것과 다소 차이가 있다.

16 본서에서 '논서'라 함은 불교 경전을 제외한 인도와 티벳 대학승들의 저술 모두를 일컫는 것으로 정의하였다.

17 본서에 등장하는 대비성관자재, 대비여의주, 삼세간의 구제자, 성관자재, 성세간자재, 세간의 구제자, 세간의 구제자 대광명, 착나뻬모 등은 이담, 즉 밀교의 부처님인 관세음 또는 관자재를 가리킨다.

18 이에 대해 본서에서는 집필문의 경우 한글은 '옴마니반메훔', 티벳어는 '옴마니뻬메훙'으로 통일하여 기술하고, 다만 인용문의 경우는 저본에 따랐다. 이에 관한 자세한 내용은 '앞의 논문, 法藏(申月淑)(2022), Ⅳ. 육자진언六字眞言 '옴마니반메훔'의 다양한 표기, pp.36~42' 참고 요망.

㉮ 성관자재께서 육자진언 옴마니반메훔을 반복해서 염송하는 행자에게 가피를 내려야겠다는 마음이 저절로 우러나도록 하기 때문에 이 진언을 '성관자재의 정수'라 한다. 여기서의 '가피'란 이러한 염송행자의 마음에 방편과 지혜, 이 둘의 본성[19]이 다름이 없는 보리심이 생기도록 하는 것을 말한다. 이것이 진정한 의미에서의 '성관자재의 정수'라 할 수 있다. 또한 성관자재께서 이러한 염송행자의 마음에 이와 같은 보리심이 생기도록 하겠다는 마음이 저절로 우러나도록 하기 때문에 이 진언을 '성관자재의 정수'라 한다. ㉯ 성관자재께서 반드시 이러한 염송행자의 마음에 이와 같은 보리심이 생기도록 하겠다는 마음이 저절로 우러나도록 하기 때문에 이 진언을 '성관자재의 필연적 정수'라 한다. ㉰ 이러한 염송행자의 마음에 이와 같은 보리심이 생김으로써 세간의 일체존재, 즉 일체중생[20]의 시각 또는 범부[21]의 고집으로부터 보호해 주기 때문에 이 진언을 '비밀주'라 한

---

19 일반적으로 '본성'과 '본질'은 동의어로 사용한다. 필자는 이 두 용어를 채택함에 있어 유루, 범부, 윤회 쪽에 가까운 내용은 '본질'로, 무루, 성인, 해탈 쪽에 가까운 내용은 '본성'으로 옮겼다.

20 중생의 범위는 계위에 오르지 못한 일반 범부로부터 삼계와 육도윤회하는 중생뿐만 아니라 자량도로부터 무학도에 오른 성문, 연각, 대승의 자량도로부터 대승 수도 최후의 무간도에 오른 보살에 이르기까지 모든 생명이 있는 존재가 여기에 해당한다.(앞의 역주서, 뻰첸라마 롭상예쎄/법장 옮김(2022), p.44, 각주 29에서 요약)

21 범부라 하면 계위에 오르지 못한 일반 범부로부터 삼승의 자량도, 가행도에 머무는 수행자가 여기에 해당한다. 즉 멸성제와 도성제를 성취하지 못한 이는 모두 여기에 해당한다.(앞의 역주서, 뻰첸라마 롭상예쎄/법장 옮김(2022), p.46, 각주 31에서 요약)

다. ㉣ 그와 같이 성관자재께 거듭거듭 그러한 마음이 저절로 우러나게 함으로써 이러한 염송행자에게 공성空性을 요해了解하는 특별한 지혜가 생기도록 하기 때문에 이 진언을 '명주'라 한다. ㉤ 이러한 염송행자가 이와 같은 보리심을 잊지 않고 기억하도록 하기 때문에 이 진언을 '성관자재의 다라니주'라 한다.

2. 육자진언의 기원

여기서는 육자진언의 기원에 관해 중요하게 인식해야 할 필요성을 해탈과 부처님의 경지로 나아가는 근원적 토대라는 측면에서 살펴보고자 한다. 또한 육자진언의 기원에 대한 세 가지 판단기준과 5종의 티벳장경 불설부 경전에 나타난 육자진언의 기원에 관한 내용적 전거를 제시하고 이를 분석하고자 한다.

1) 기원에 관해 인식해야 할 필요성과 그 판단기준

『화엄경華嚴經』「현수품賢首品」에서 "신심은 도道의 근원이요 공덕의 어머니라"[22]고 설한 바와 같이 어떤 수행 방편을 통하여 완전한 자유와 영원한 안락의 경지, 즉 해탈과 부처님의 경지로 나아가기 위해서

---

22 無比, 『華嚴經』(제1권) 「賢首品 第十二之一」, 민족사, 1997, p.348,
"신심은 도道의 근원根源이요 공덕의 어머니라, 일체 모든 선법을 자라나게 하며, 의심의 그물을 끊어 없애고 갈애渴愛의 흐름을 벗어나, 열반과 위없는 도를 열어 보이나니라.
(信爲道元功德母라 長養一切諸善法하며 斷除疑網出愛流하야 開示涅槃無上道니라)"

는 가장 먼저 흔들림 없는 신심에서 출발해야 한다. 육자진언수행에 있어서도 마찬가지이다.

육자진언은 대자대비의 상징인 성관자재의 진언 중 하나이다. 이것은 석가모니 부처님 후대의 어느 누군가에 의해 만들어진 것이 아니다. 이하에서 구체적으로 언급하겠지만 이 진언을 금구金口 등으로써 최초로 설한 인물은 바로 석가모니 부처님이다. 이런 사실을 제대로 인식하는 것만으로도 육자진언수행에 대한 신심과 동기유발이 될 수 있다. 그 이유는, 석가모니 부처님은 우리 불교도들의 신심의 뿌리이기 때문이다. 이러한 인식 위에 수행을 해 나간다면 중도에 해태심懈怠心 또는 퇴굴심退屈心을 내지 않고 시종일관 여일하게 정진해 나갈 수 있고, 더 나아가 지향하는 바 수행의 결실도 성취할 수 있기 때문이다. 따라서 육자진언수행의 기원을 바르게 인식하는 것은 육자진언수행의 결실을 이루는 근원적 토대이자 원동력이라는 데 그 의의가 있다.

필자는 육자진언의 기원에 대한 판단기준으로 다음의 세 가지를 제시하고자 한다. 그것은 육자진언을 금구金口 등으로써 최초로 설한 인물은 누구인가,[23] 이 진언을 어느 경전에서 설하고 있는가, 경전 속

---

23 제쭌 최끼곌첸(2003), 『현관장엄론「제1품」의 총의』, 남인도 쎄라제사원 도서관, 2003, p.116,
"주관경계의 측면에서 ㉮ 친히 설한 가르침 ㉯ 개허開許의 가르침 ㉰ 가피의 가르침의 세 가지가 있다. 첫 번째는 『경섭송經攝頌』과 같고, 두 번째는 (불경 첫머리의) 「인연품」과 같으며, 세 번째는 ㉠ 몸의 측면에서의 가피의 가르침은 『십지경十地經』과 같고, ㉡ 말씀의 측면에서의 가피의 가르침은 『아사세왕회오경阿闍世王悔悟經』〔마계다가 죄업에 대한 회한悔恨의 번민에서 벗어난 내용〕과

에서 어떤 유래가 등장하는가 하는 것이다. 이 물음에 대한 대답은 이하에서 제시하고자 한다.

2) 기원에 관한 내용적 전거

필자가 조사한 바에 따르면, 기원에 관한 세 가지 판단기준에 부합되는 전거는 바로 5종의 티벳장경 불설부 경전이라 할 수 있다.

여기서 5종의 티벳장경 불설부 경전은 ①『연꽃 보관寶冠이라는 밀교경(པད་མ་ཅོད་པན་ཞེས་བྱ་བའི་རྒྱུད།)』(d701)[24] ②『성聖 보배함의 장엄이라는 대승경(འཕགས་པ་ཟ་མ་ཏོག་བཀོད་པ་ཞེས་བྱ་བ་ཐེག་པ་ཆེན་པོའི་མདོ།)』[25](d116)[26] ③『성관자

같으며, ㉢ 마음의 측면에서의 가피의 가르침은 심삼매心三昧에 의한 가피의 (가르침)인『반야심경』의 세부적 항목 (중) '색이 (곧) 공이다'라는 등과 같다. (བདག་རྐྱེན་གྱི་སྒོ་ནས་ཞལ་ནས་གསུངས་པའི་བཀའ། རྗེས་སུ་གནང་བའི་བཀའ། བྱིན་གྱིས་བརླབས་པའི་བཀའ་དང་གསུམ་ཡོད། དང་པོ་ནི། མདོ་སྡུད་པ་ལྟ་བུ། གཉིས་པ་ནི། གླེང་གཞིའི་ལེའུ་ལྟ་བུ། གསུམ་པ་ལ་སྐུའི་སྒོ་ནས་བྱིན་གྱིས་བརླབས་པའི་བཀའ་མདོ་སྡེ་ས་བཅུ་པ་ལྟ་བུ། གསུང་གི་སྒོ་ནས་བྱིན་གྱིས་བརླབས་པ་མ་སྐྱེས་དགྲའི་འགྱོད་སེལ་གྱི་མདོ་ལྟ་བུ། ཐུགས་ཀྱི་སྒོ་ནས་བྱིན་གྱིས་བརླབས་པའི་བཀའ་ལ་ཐུགས་ཏིང་ངེ་འཛིན་གྱིས་བྱིན་གྱིས་བརླབས་པ་ཤེར་སྙིང་གི་ནང་ཚན་དུ་གྱུར་པའི་གཟུགས་སྟོང་པའོ།། ཞེས་སོགས་ལྟ་བུ།)"

24 『연꽃 보관寶冠이라는 밀교경(པད་མ་ཅོད་པན་ཞེས་བྱ་བའི་རྒྱུད།)』, 티벳장경 데게까규르 십만탄트라부༼ཅ༽ d701 93-1-157b2~93-1-164b3.

25 이 경의 인도어본 경명은 Kāraṇḍavyūha Sūtra이고, 인도의 대학승 '지나미따'와 '다나씨라'와 주교열 역경사 '벤데예셰데'가 인도어본에서 티벳어로 번역하고 교정하여 확정 지은 경명은『성聖 보배함의 장엄이라는 대승경』이다. 또한 천식재天息災가 한역漢譯한 경명經名은『불설대승장엄보왕경佛說大乘莊嚴寶王經』이고, 통칭 및 약칭은『대승장엄보왕경』이다. 이 경은 총 4권으로 구성되어 있으며, 주요 내용은 부처님과 제개장보살除蓋障菩薩이 문답한 성관자재의 보살행, 전생담, 수행법, 육자진언의 공덕 등에 관한 것이다.(앞의 사전, 張怡蓀 主編(1984), 하권, p.2443, '표제어: 보배함의 장엄(ཟ་མ་ཏོག་བཀོད་པ།)' 등 참고)

26 『성聖 보배함의 장엄이라는 대승경』, 티벳장경 데게까규르 경부༼ཛ༽ d116

재의 다라니경(འཕགས་པ་སྤྱན་རས་གཟིགས་དབང་ཕྱུག་གི་གཟུངས་ཞེས་བྱ་བ།)』(d696)[27] ④ 『성관자재의 근본 밀교경의 왕 연꽃 그물(འཕགས་པ་སྤྱན་རས་གཟིགས་དབང་ཕྱུག་གི་རྩ་བའི་རྒྱུད་ཀྱི་རྒྱལ་པོ་པད་མ་དྲ་བ་ཞེས་བྱ་བ།)』(J677)[28] ⑤ 『대비성관자재의 다라니와 공덕을 약섭略攝한 경(འཕགས་པ་སྤྱན་རས་གཟིགས་དབང་ཕྱུག་ཐུགས་རྗེ་ཆེན་པོའི་གཟུངས་ཕན་ཡོན་མདོར་བསྡུས་པ་ཞེས་བྱ་བ།)』(d723)[29]이다.

다음은 5종의 티벳장경 불설부 경전에 나타난 육자진언의 기원에 관한 내용적 전거를 차례대로 제시하고자 한다.

① 『연꽃 보관이라는 밀교경』(d701)

"나모랃나따야야 나마아르야쟈나싸가라야 베로짜나야 바유하라자야 따타가따야 아르하떼 쌰약쌈부다야 나마싸르와따타가떼베 아르하데베 쌈약쌈부데베 나마아르야(아)와로끼떼쑈라야 보디싸쏘야 마하싸또야 마하까루니까야 떼야타 옴다라다라 디리디리 두루두루 인떼 왼떼 짜레짜레 따짜레따짜레 꾸쑤메꾸쑤

51-1-200a3~51-1-247b7.

27 『성관자재의 다라니경(འཕགས་པ་སྤྱན་རས་གཟིགས་དབང་ཕྱུག་གི་གཟུངས་ཞེས་བྱ་བ།)』, 티벳장경 데게까규르 십만탄트라부〔ཅོ〕 d696 93-1-147b3~93-1-148a2.

28 『성관자재의 근본 밀교경의 왕 연꽃 그물(འཕགས་པ་སྤྱན་རས་གཟིགས་དབང་ཕྱུག་གི་རྩ་བའི་རྒྱུད་ཀྱི་རྒྱལ་པ་པད་མ་དྲ་བ་ཞེས་བྱ་བ།)』, 티벳장경 장까규르 십만탄트라부〔བ〕 J677 98-1-261b7~98-1-317a8.

29 『대비성관자재의 다라니와 공덕을 약섭略攝한 경(འཕགས་པ་སྤྱན་རས་གཟིགས་དབང་ཕྱུག་ཐུགས་རྗེ་ཆེན་པོའི་གཟུངས་ཕན་ཡོན་མདོར་བསྡུས་པ་ཞེས་བྱ་བ།)』, 티벳장경 데게까규르 십만탄트라부〔ཅོ〕 d723 93-1-201b3~93-1-204a7.

마와레 이리미리 찌띠조라마빠나예쏘하.[30]

(ན་མོ་རཏྣ་ཏྲ་ཡཱ་ཡ། ན་མཿཨཱརྱ་ཛྙཱན་སཱ་ག་རཱ་ཡ། བཻ་རོ་ཙ་ནཱ་ཡ། བྱཱུ་ཧ་རཱ་ཛཱ་ཡ། ཏ་ཐཱ་ག་ཏཱ་ཡ། ཨརྷ་ཏེ། སམྱཀྶཾ་བུདྡྷཱ་ཡ། ན་མཿསརྦ་ཏ་ཐཱ་ག་ཏེ་བྷྱཿ། ཨརྷད་བྷྱཿ། སམྱཀྶཾ་བུདྡྷེ་བྷྱཿ། ན་མཿཨཱརྱཱ་བ་ལོ་ཀི་ཏེ་ཤྭ་ར་ཡ། བོ་དྷི་སཏྭཱ་ཡ། མ་ཧཱ་སཏྭཱ་ཡ། མ་ཧཱ་ཀཱ་རུ་ཎི་ཀཱ་ཡ། ཏདྱ་ཐཱ། ཨོཾ་དྷ་ར་དྷ་ར། དྷི་རི་དྷི་རི། དྷུ་རུ་དྷུ་རུ། ཨིཊྚེ་བཊྚེ། ཙ་ལེ་ཙ་ལེ། པྲ་ཙ་ལེ་པྲ་ཙ་ལེ། ཀུ་སུ་མེ་ཀུ་སུ་མ་བ་རེ། ཨི་ལི་མི་ལི་ཙི་ཏི་ཛྭ་ལ་མ་པ་ན་ཡེ་སྭཱ་ཧཱ།)[31]…(중략)…

이들 주문이 요약된 것을 '옴마니빼메홍'이라 한다.

(དེ་རྣམས་ཀྱི་སྔགས་བསྡུས་པ་ནི། ཨོཾ་མ་ཎི་པདྨེ་ཧཱུྃ་ཞེས་པའོ།།)"[32]

라고 설한 바와 같이 이 경전에는 성십일면관자재다라니聖十一面觀自在陀羅尼[33]와 육자진언이 등장한다.

② 『성聖 보배함의 장엄이라는 대승경』(d116)

"선남자여! 그 육자명주는 관자재보살마하살의 최상의 정수이다.

(རིགས་ཀྱི་བུ་ཡི་གེ་དྲུག་པའི་རིག་སྔགས་དེ་ནི་བྱང་ཆུབ་སེམས་དཔའ་སེམས་དཔའ་ཆེན་པོ་སྤྱན་རས་གཟིགས་ཀྱི་སྙིང་པོ་དམ་པའོ།།)"[34]

---

30 다라니와 진언 등을 인도어에서 티벳어로 음역한 철자 및 띄어쓰기는 판본마다 약간씩 차이를 보인다.

31 앞의 경전, d701 93-160b.

32 앞의 경전, d701 93-160b.

33 이 다라니는 『성십일면관자재聖十一面觀自在라는 다라니경(འཕགས་པ་སྤྱན་རས་གཟིགས་དབང་ཕྱུག་ཞལ་བཅུ་གཅིག་པ་ཞེས་བྱ་བའི་གཟུངས།)』, 티벳장경 데게까규르 십만탄트라부༼ཙ༽ d693 93-139a 등에도 포함되어 있다.

"선남자〔제개장보살〕여! 많은 말을 할 필요가 없다. 하지만 나〔석가모니〕와 같은 천만이나 되는 여래를 한곳에 (모시고) 천신의 겁[35] 동안 의복과 음식, 침구 (등을 공양 올리는 것과) 모든 시봉侍奉을 행할지라도, 그러한 여래들이 육자대명주의 복덕더미를 (다) 헤아릴 수 없다면 나 혼자서 이 세간계에 머무는 것에 대해서는 더 말할 필요가 있겠는가?[36]
(རིགས་ཀྱི་བུ་མང་དུ་བརྗོད་མི་དགོས་ཀྱི་ང་དང་འདྲ་བའི་དེ་བཞིན་གཤེགས་པ་བྱེ་བ་གནས་གཅིག་ཏུ་ལྷའི་བསྐལ་པར་ན་བཟའ་དང་། བཤོས་དང་མལ་སྟན་དང་། བསྙེན་བཀུར་ཐམས་ཅད་བྱས་ཀྱང་དེ་བཞིན་གཤེགས་པ་དེ་དག་གིས་ཡི་གེ་དྲུག་པའི་རིག་སྔགས་ཆེན་མོའི་བསོད་ནམས་ཀྱི་ཕུང་པོ་བགྲང་མི་ནུས་ན། ང་གཅིག་པུ་འཇིག་རྟེན་གྱི་ཁམས་འདི་ན་གནས་པས་ལྟ་ཅི་སྨོས།)"[37]

"'여래 응공 정변지正遍知 연꽃 중 으뜸'[38]에게 관자재보살마하살이 이 육자명주를 올린다. 옴마니빼메훙!

---

34 앞의 경전, d116 51-229b.

35 '천신의 겁'은 인간계 등의 '겁'과는 시간적 개념이 다르다.

36 티벳 경론의 문장을 그대로 옮겼을 때 한글 문장으로는 비문非文처럼 보이는 경우가 종종 있다. 이 문장의 경우도 마찬가지이다. 이것의 의미를 한마디로 요약하면, 무수한 겁 동안의 수많은 여래들이 육자대명주의 공덕을 다 헤아리지 못한다면 세간계에 머무는 나 혼자서는 더 말할 필요가 없다는 의미이다.

37 앞의 경전, d116 51-232b.

38 이 명호는 부처님의 위없는 공덕을 강조한 것으로, 티벳 경론에서 흔히 볼 수 있는 기술 방식이다. 예컨대『율본사(律本事, འདུལ་བ་གཞི།)』, 티벳장경 장까규르 율부 ༼ང༽ J1 4-73b,
"오호! 우리 지방에 '세간의 인도자 여래 응공 정변지正遍知의 부처님'께서…
(ཀྱེ་མ་བདག་གི་ཡུལ་དུ་འཇིག་རྟེན་གྱི་སྟོན་པ་དེ་བཞིན་གཤེགས་པ་དགྲ་བཅོམ་པ་ཡང་དག་པར་རྫོགས་པའི་སངས་རྒྱས།…)"
라는 문장과 같다.

(དེ་བཞིན་གཤེགས་པ་དགྲ་བཅོམ་པ་ཡང་དག་པར་རྫོགས་པའི་སངས་རྒྱས་པད་མའི་མཆོག་ལ་བྱང་ཆུབ་སེམས་དཔའ་སེམས་དཔའ་ཆེན་པོ་སྤྱན་རས་གཟིགས་ཀྱི་དབང་པོས་ཡི་གེ་དྲུག་པའི་རིག་སྔགས་འདི་ཕྱིན་ནོ།། ཨོཾ་མ་ཎི་པད་མེ་ཧཱུྃ།།)"[39]

"어떤 이가 육자대명주를 안다면 그는 탐욕과 성냄, 어리석음에 물들지 않는다. 예컨대 '잠뷔추오의 금'[40]이 더러움에 물들지 않는 것과 같이 선남자여! 어떤 이의 몸에 육자명주의 대여왕을 지니면 그의 몸에는 탐욕과 성냄, 어리석음에 물들지 않는다.

(གང་ཡི་གེ་དྲུག་པའི་རིག་སྔགས་ཆེན་མོ་ཤེས་པ་དེ་ནི་འདོད་ཆགས་དང་། ཞེ་སྡང་དང་། གཏི་མུག་གིས་མི་གོས་ཏེ། དཔེར་ན་འཛམ་བུའི་ཆུ་བོའི་གསེར་དྲི་མས་མི་གོས་པ་དེ་བཞིན་དུ་རིགས་ཀྱི་བུ་གང་གི་ལུས་ལ་ཡི་གེ་དྲུག་པའི་རིག་སྔགས་ཀྱི་རྒྱལ་མོ་ཆེན་མོ་ཐོགས་པ་དེའི་ལུས་ལ་འདོད་ཆགས་དང་། ཞེ་སྡང་དང་། གཏི་མུག་གིས་མི་གོས་སོ།།)"[41]

또한 육자진언 옴마니반메훔은 성관자재의 진언이다. 육자진언의 유래는 과거 전생으로 거슬러 올라간다. 맨 처음 '여래 응공 정변지 연꽃 중 으뜸'은 육자진언에 대해 관세음보살로부터 청문聽聞하고, 석가모니 부처님은 '여래 응공 정변지 연꽃 중 으뜸'으로부터 청문하였다는 전기와 석가모니 부처님이 육자진언의 공덕을 설할 때 그 법석에 있던 제개장보살除蓋障菩薩이 부처님께 이 진언을 어떻게 청문

---

39 앞의 경전, d116 51-234a.

40 '잠뷔추오의 금'이란 천신의 재물인 바닷물에 있는 큰 나무의 열매가 바다에 떨어질 때 '잠부'라는 소리를 내고 바다에 떨어지자마자 금으로 변한다고 하여 '잠뷔추오의 금'이라고 한다. 이것은 매우 훌륭한 금을 상징한다.

41 앞의 경전, d116 51-236b.

할 수 있겠습니까? 라고 여쭙자 부처님은 그에게 '코르모르직'이라는 도시에 있는 법사를 찾아가라고 인도한다. 그 후 제개장보살은 이 법사로부터 육자진언을 청문하였다[42]는 내용이 등장한다.

③『성관자재의 다라니경』(d696)

"선남자나 선여인이 이 주문을 한 번만이라도 염송하거나 기억하고 사유하거나 서사書寫해서 몸에 간직하거나 확실히 믿고 공경하면 오무간업五無間業과 그에 가까운 죄업이 모두 소멸되고 삼악도三惡道와 팔무가八無暇,[43] (그 외의 많은) 고통들도 생기지 않는다. '사람과 사람 아닌 존재'〔非人〕와 맹수에 의한 모든 두려움에서 벗어나고, 모든 질병과 악귀로부터 벗어나게 된다.

(རིགས་ཀྱི་བུའམ། རིགས་ཀྱི་བུ་མོས་སྔགས་འདི་ལན་ཅིག་ཙམ་བཟློད་དམ་དྲན་ཞིང་ཡིད་ལ་བྱས་སམ། བྲིས་ནས་ལུས་ལ་བཅངས་སམ། མོས་ཤིང་གུས་པར་བྱས་ན་མཚམས་མེད་པ་ལྔ་དང་། དེ་དང་ཉེ་བའི་སྡིག་པའི་ལས་ཐམས་ཅད་བྱང་ཞིང་། ངན་སོང་གསུམ་དང་། མི་ཁོམ་པ་བརྒྱད་དང་། སྡུག་བསྔལ་དང་བཅས་པར་མི་སྐྱེའོ།། མི་དང་མི་མ་ཡིན་པ་དང་། གཅན་གཟན་གྱིས་འཇིགས་པ་ཐམས་ཅད་ལས་གྲོལ་

42 앞의 경전, d116 51-229b~51-238b 참고.

43 '팔무가八無暇'란 미묘법을 실천 수행할 수 있는 여가가 없는 여덟 가지에서 벗어난 것이라는 의미이다. 여기서 여덟 가지는 ㉮ 사부대중이 오지 않는 변방 ㉯ 어리석은 바보와 사지, 사지의 사지, 청력 (등)이 온전치 못한 자, 즉 감각기관이 온전치 못한 자 ㉰ 전후생과 업과, 삼보 등이 없다고 고집하는 사견을 지닌 자 ㉱ 부처님께서 출현하지 않은 곳으로, 승리자의 말씀이 없는 곳의 네 가지는 인간으로서의 여가가 없는 것을 말한다. 삼악도〔㉲ 지옥 ㉳ 아귀 ㉴ 축생〕와 ㉵ 장수천신의 네 가지는 인간이 아닌 (것으로 태어나) 여가가 없는 것이다.(앞의 역주서, 뻰첸라마 롭상예쎄/법장 옮김(2022), pp.257~258에서 요약)

བར་འགྱུར་རོ།། ནད་དང་། གདོན་ཐམས་ཅད་ལས་ཐར་བར་འགྱུར་རོ།།)”[44]

④『성관자재의 근본 밀교경의 왕 연꽃 그물』(J677)

"중생의 소지장所知障[45]의 숲을 소제掃除하고
예쎼[46]의 보검寶劍[47]으로써 뿌리를 자르며
나 또한 그 정수〔육자진언〕의 위신력으로
오직 이 이타적 행위를 돕겠나이다.[48]

---

44 앞의 경전, d696 93-147b~93-148a.

45 소지장所知障에 관하여는 번뇌장煩惱障과 함께 언급할 필요가 있어, 이하의 각주 168에서 자세히 설명하고자 한다.

46 티벳 경론의 '예쎼(ཡེ་ཤེས།)'를 한역에서는 주로 지혜로 번역하고 있다. 이 외에 쎄랍(ཤེས་རབ།)도 지혜로 번역되는 용어 중의 하나이다. 따라서 이 두 용어는 구분해서 사용할 필요가 있다. 제2대 꾼켄 잠양셰빠의 환생자인 직메최끼도제(འཇིགས་མེད་ཆོས་ཀྱི་རྡོ་རྗེ།)의 『지도地道의 체계 삼승의 아름다운 목걸이(ས་ལམ་གྱི་རྣམ་བཞག་ཐེག་གསུམ་མཛེས་རྒྱན།)』에 따르면 도道, 해탈도, 변지遍知, 예쎼(ཡེ་ཤེས།), 현관現觀, 모母, 승乘은 동의어이다. 이것은 삼승의 자량도로부터 무학도에 오른 이들에게 존재하는 번뇌성이 없는 심식의 하나라고 정의하고 있다. 쎄랍은 무착(Asanga, 無着, ཐོགས་མེད།)의 『대승아비달마집론』에 따르면 '세밀히 분석한 사물이 좋은지 나쁜지 등을 ~이다, 아니다'라고 철저하게 구분하는 심소의 하나라고 한다. 쎄랍은 일반 범부로부터 부처님에 이르기까지 존재하는 심소로, 공성을 요해하는 쎄랍 등과 같은 바른 쎄랍과 살가야견, 사견 등과 같은 번뇌성이 있는 쎄랍도 있다. 사용 범위의 측면에서 쎄랍이 예쎼보다 더 넓은 반면, 수행의 측면에서는 예쎼가 쎄랍보다 차원이 높다고 할 수 있다. 따라서 쎄랍이 한글의 지혜에 더 가까운 용어에 해당된다고 보고, 본서에서는 이 두 용어의 구분을 위해 예쎼는 티벳어의 음사 그대로 옮겨 사용하였다.(앞의 역주서, 뻰첸라마 롭상예쎼/법장 옮김(2022), pp.134~135, 각주 57에서 요약)

47 '예쎼의 보검'이란 공성을 요해하는 지혜를 가리킨다.

48 이 게송은 공성을 요해하는 지혜에 의해 번뇌장과 소지장의 숲을 쓸어 없애

(འགྲོ་བའི་ཤེས་བྱའི་སྒྲིབ་ནགས་སེལ།།
ཡེ་ཤེས་རལ་གྲིས་རྩ་བ་བྲེགས།།
བདག་ཀྱང་སྙིང་པོ་དེ་ཡི་མཐུས།།
ཕྲིན་ལས་འདི་ཉིད་གྲོགས་བགྱིད་དོ།།)

옴마니뻬메훙 (이) 정수를 그와 같이 올릴 뿐만 아니라
능인能仁이 머무시는 그 가까이에
권속들과 함께 환희로운 모습으로
무릎을 땅에 대고 합장하며 머물렀다.
(ཨོཾ་མ་ཎི་པདྨེ་ཧཱུྃ། སྙིང་པོ་དེ་སྐད་ཕུལ་ནས་ཀྱང་།།
ཐུབ་པའི་ག་ལ་དེ་ཡོགས་སུ།།
འཁོར་བཅས་དགའ་བའི་ཚུལ་གྱིས་ནི།།
པུས་བཙུགས་ཐལ་མོ་སྦྱར་ནས་བཞུགས།།)”[49]

또한 육자진언 옴마니반메훔은 딘빠온뽀(青頸聖觀自在)의 핵심적인 진언이라는 것, 그리고 딘빠온뽀가 석가모니 부처님께 이 진언을 올리고, 석가모니 부처님은 이로써 일체중생을 고통에서 구제하고 안락한 경지로 이끄는 이타적 행위를 한다[50]는 내용이 등장한다.

고, 더 나아가 두 가지 장애를 뿌리째 뽑아 버리며, 나(딘빠온뽀) 또한 육자진언을 석가모니 부처님께 올림으로써 석가모니 부처님의 이타적 행위를 돕겠다는 의미이다.

49 앞의 경전, J677 98-271a.

50 앞의 경전, J677 98-270a~98-271a 참고.

⑤『대비성관자재의 다라니와 공덕을 약섭한 경』(d723)

“세존이시여! 어떤 중생이 이 대비(성관자재)의 명주를 염송하고 온전히 수지하는 이들이 만약 삼악도에 떨어지게 된다면 저는 결코 성등정각成等正覺을 이루지 않겠나이다.

(བཅོམ་ལྡན་འདས་སེམས་ཅན་གང་ལ་ལ་ཞིག་ཐུགས་རྗེ་ཆེན་པོའི་རིག་སྔགས་འདི་འདོན་ཅིང་ཡོངས་སུ་འཛིན་པ་དག་གལ་ཏེ་ངན་སོང་གསུམ་པོ་དག་ཏུ་ལྟུང་བར་གྱུར་ན་བདག་ནམ་ཡང་མངོན་པར་རྫོགས་པར་སངས་རྒྱ་བར་མི་བགྱིའོ།།)”[51]

“(성관자재의) 정수는 옴마니빼메훙, 다라니는

(སྙིང་པོ་ནི། ཨོཾ་མ་ཎི་པདྨེ་ཧཱུྃ། གཟུངས་ནི།)

나모랃나따야야 나마아르야아와로끼떼쑈라야 보디싸또야 마하싸또야 마하까루니까야 떼야타 옴싸르와벤다나…(중략)…나모바가와떼아르야아와로끼떼쑈라야 보디싸또야 마하싸또야 마하까루니까야 씯뎬뚜메멘따빠다니쏘하.

(ན་མོ་རཏྣ་ཏྲ་ཡཱ་ཡ། ན་མ་ཨཱརྻ་ཨ་བ་ལོ་ཀི་ཏེ་ཤྭ་ར་ཡ། བོ་དྷི་སཏྭཱ་ཡ། མ་ཧཱ་སཏྭཱ་ཡ། མ་ཧཱ་ཀཱ་རུ་ཎི་ཀཱ་ཡ། ཏདྱ་ཐཱ། ཨོཾ་སརྦ་བནྡྷ་ན།…(중략)…ན་མོ་བྷ་ག་ཝ་ཏེ་ཨཱརྻ་ཨ་བ་ལོ་ཀི་ཏེ་ཤྭ་ར་ཡ། བོ་དྷི་སཏྭཱ་ཡ། མ་ཧཱ་སཏྭཱ་ཡ། མ་ཧཱ་ཀཱ་རུ་ཎི་ཀཱ་ཡ། སིདྡྷྱནྟུ་མེ་མནྟྲ་པ་དཱ་ནི་སྭཱ་ཧཱ།)”[52]

라는 성천수천안관자재보살광대원만무애대비심다라니[53]이다.

---

51 앞의 경전, d723 93-202b.

52 앞의 경전, d723 93-202b~93-203b.

53 이 다라니의 명칭은, 『성천수천안관자재보살광대원만무애대비심이라는 다라니경(འཕགས་པ་བྱང་ཆུབ་སེམས་དཔའ་སྤྱན་རས་གཟིགས་དབང་ཕྱུག་ཕྱག་སྟོང་སྤྱན་སྟོང་དང་ལྡན་པ་ཐོགས་པ་མི་མངའ་བའི་ཐུགས་རྗེ་ཆེན་པོའི་སེམས་རྒྱ་ཆེར་ཡོངས་སུ་རྫོགས་པ་ཞེས་བྱ་བའི་གཟུངས།)』이라는 경명에 따라 필자가 임의로 명명한 것이다. 이 다라니는 ㉮『성천수천안관자재보살광대원만무애대비심이라는 다라니경』, 티벳장경 데게까규르 십만탄트라부༼ཅ༽ d691

"그런 연후에 관자재보살이 이 다라니를 모두 설한 뒤에 이 다라니를 염송하고 온전히 수지하는 이들을 위해 재앙과 마장魔障을 완전히 없애주기 위해서…

(དེ་ནས་བྱང་ཆུབ་སེམས་དཔའ་སྤྱན་རས་གཟིགས་དབང་ཕྱུག་གིས་གཟུངས་འདི་བསྙན་ཟིན་ནས། གཟུངས་འདི་འདོན་ཅིང་ཡོངས་སུ་འཛིན་པ་དག་གི་ཆེད་དུ། གནོད་པ་དང་བགེགས་ཡོངས་སུ་བསལ་བའི་ཕྱིར།)"[54]

라고 한다.

앞의 성천수천안관자재보살광대원만무애대비심다라니〔神妙章句大陀羅尼〕와 성십일면관자재다라니는 '표2-4 육자진언과 관련된 진언'에서 별도로 제시하였다.

3) 기원에 관한 전거 분석

앞에서 육자진언의 기원에 관해 5종의 티벳장경 불설부 경전에서 그 내용적 전거를 제시하였다. 이를 분석해 본 결과 다음과 같은 몇 가지 사실을 알 수 있었다.

① 앞에서 육자진언의 기원에 대한 판단기준 세 가지를 제시한 바

93-99a~93-99b./티벳장경 데게까규르 다라니집부〔ཨེ〕 d897 101-173a~101-174a. ㉯ 용수(Nāgārjuna, 龍樹, ཀླུ་སྒྲུབ།), 『성천수관자재聖千手觀自在의 성취법(འཕགས་པ་ སྤྱན་རས་གཟིགས་དབང་ཕྱུག་ཕྱག་སྟོང་པའི་སྒྲུབ་ཐབས།)』, 티벳장경 데게땐규르 밀교부〔ཙུ〕 D2736 73-117a~73-118a 등에도 포함되어 있다.

54 앞의 경전, d723 93-203b.

있다. 이 기준에 합당한 전거들을 대입해 보면 다음과 같다. 육자진언을 금구金口 등으로써 최초로 설한 인물은 바로 석가모니 부처님이라는 것, 육자진언에 관해 설한 불경佛經은 5종의 티벳장경 불설부 경전이라는 것, 『성聖 보배함의 장엄이라는 대승경』에는 석가모니 부처님이 육자진언을 과거 전생에 '여래 응공 정변지 연꽃 중 으뜸'으로부터 청문하였다는 유래가 등장한다는 것 등이다.

②『대비성관자재의 다라니와 공덕을 약섭한 경』(d723)에 등장하는 성천수천안관자재보살광대원만무애대비심다라니가 요약된 것이 성십일면관자재다라니이고, 또 이 다라니가 요약된 것이 육자진언 옴마니반메훔이다. 필자는 편의상 이 세 가지를 장구長句, 중구中句, 단구短句라고 명명하기로 한다. 이 세 가지의 관계에 대해서는 제 I 장 2. 육자진언의 기원 ①『연꽃 보관이라는 밀교경』 ⑤『대비성관자재의 다라니와 공덕을 약섭한 경』과, 3. 육자진언의 공덕 ② 미팜 잠양남겔갸초(མི་ཕམ་འཇམ་དབྱངས་རྣམ་རྒྱལ་རྒྱ་མཚོ།)[55]의 『업장의 흐름을 차단하는 수백 가지 주문(ལས་སྒྲིབ་རྒྱུན་གཅོད་ཀྱི་སྔགས་བརྒྱ་པ།)』(MP131)에서 상세히 살펴보고자 한다. 이에 관해서는 향후 여러 경론에서 보다 구체적인 전거를 밝힐 필요가 있다.

---

55 미팜 잠양남겔갸초(མི་ཕམ་འཇམ་དབྱངས་རྣམ་རྒྱལ་རྒྱ་མཚོ།)(A.D.1846~1912)는 티벳 캄지방 '자추카' 출신이다. 그는 티벳불교의 닝마빠의 대학승이며, 미팜린뽀체 또는 주미팜린뽀체로도 불린다. 저술로는 오명학을 비롯한 현밀에 관한 32권이 있다.(앞의 사전, 張怡蓀 主編(1984), 상권, pp.902~903, 표제어: '주미팜(འཇུ་མི་ཕམ།)'에서 요약)

③ 티벳장경 불설부에 등재된 5종의 경전 중에 『성聖 보배함의 장엄이라는 대승경』만 유일하게 현교의 '경부'로 분류되어 있고, 『연꽃 보관이라는 밀교경』, 『성관자재의 근본 밀교경의 왕 연꽃 그물』, 『대비성관자재의 다라니와 공덕을 약섭한 경』은 '십만탄트라부'에 분류되어 있다. 『성관자재의 다라니경』은 '십만탄트라부'와 '다라니집부'[56] 두 곳에 분류되어 있다. 여기서 『대비성관자재의 다라니와 공덕을 약섭한 경』의 경우 비록 '십만탄트라부'에 분류되어 있지만 현밀 공통의 내용을 담고 있다.

④ 5종의 티벳장경 불설부 경전 중에 유일하게 『성聖 보배함의 장엄이라는 대승경』만 현교 경전에 속한다. 나머지 『연꽃 보관이라는 밀교경』을 비롯한 4종의 경전은 모두 밀교 경전에 속한다. 여기서 한 가지 주목해야 할 것은 5종의 경전 중 현교 경전에 속하는 티벳역 『성聖 보배함의 장엄이라는 대승경』의 인도어본 이역경異譯經인 『대승장엄보왕경大乘莊嚴寶王經』만 한역장경에 등재되어 있고 나머지 4종의 경전은 한역장경에 등재되어 있지 않다.

⑤ ADARSHAH[57] 등의 서지 사항에 따르면 이 5종의 경전은 삼전

56 '데게까규르'의 경우 밀교 경전은 대부분 '십만탄트라부'에 분류되어 있다. 특히 다라니와 진언에 관한 경전 중에는 '십만탄트라부'와 '다라니집부' 양쪽에 등재된 경우도 있다.

57 ADARSHAH에 등재된 『성聖 보배함의 장엄이라는 대승경』, 티벳장경 데게까규르(སྡེ་དགེ་བཀའ་འགྱུར།) 경부༼ཇ༽ d116, 티벳장경 장까규르(འཇང་བཀའ་འགྱུར།) 경부༼ཇ༽ J61, 티벳장경 하싸까규르(ལྷ་ས་བཀའ་འགྱུར།) 경부༼ཇ༽ h119의 서지 사항 참고.

법륜三轉法輪[58] 중 마지막 법륜으로, 그 시기[59]에 있어서도 500 B.C. ~1 B.C.로 동일하게 기록되어 있다. 따라서 이 5종의 경전 모두 부처님의 설이라는 것 외에 이 중에 어느 것을 가장 먼저 설하였는가, 이러한 경전에 등장하는 최초의 유래는 어느 것인가에 관한 명확한 전거나 단서는 찾을 수 없었다. 향후 이들 경전은 부처님의 말씀, 즉 ㉮ 친히 설한 가르침 ㉯ 개허開許의 가르침 ㉰ 가피의 가르침 중 어느 쪽에 해당하는가에 대해 살펴보는 것도 의의가 있다고 본다.

⑥ 육자진언에 관한 39종의 티벳 경론 중 5종의 티벳장경 불설부 경전을 제외한 21종의 티벳장경 논소부 논서와 13종의 티벳 대학승의 논서에는 주로 육자진언의 수습법 및 염송법에 관한 내용이 상당수를 차지하고 있다. 그래서인지 육자진언의 기원에 관한 명확한 전거나 단서는 찾을 수 없었다. 따라서 현재로서는 육자진언의 기원에 관해 5종의 티벳장경 불설부 경전을 그 내용적 전거로 제시할 수밖에 없다.

3. 육자진언의 공덕

여기서는 육자진언의 공덕에 관해 중요하게 인식해야 할 필요성을

---

58 일반적으로 '삼전법륜三轉法輪'이란 초전사제법륜初轉四諦法輪, 중전무상법륜中轉無相法輪, 삼전분별법륜三轉分別法輪을 가리킨다.(앞의 사전, 張怡蓀 主編(1984) 상권, p.831, 표제어: '세 가지 순서의 법륜(ཆོས་འཁོར་རིམ་པ་གསུམ།)'에서 요약)

59 ADARSHAH의 서지 사항 중 '시기'라는 항목이 있다. 이것은 부처님 열반 후 경전 결집의 시기 또는 경전 성립 시기로 추정된다.

육자진언수행에 대한 신심과 동기유발, 수행의 결실에 미치는 영향, 일반의 인식 전환에 필요한 세부 주제 및 내용, 해탈과 부처님의 경지로 나아가는 훌륭한 수행 방편이라는 점 등에 초점을 맞추어 전개하고자 한다. 또한 19종의 티벳 경론에 나타난 육자진언의 공덕에 관한 내용적 전거를 제시하고 이를 분석하고자 한다.

1) 공덕에 관해 인식해야 할 필요성

먼저 육자진언수행을 통해 그 공덕, 즉 수행의 결실을 성취하고자 한다면 먼저 육자진언의 공덕에 대해 인식해야 할 필요가 있다. 필자가 이하의 상징적 의미와 수습법 및 염송법에 관한 것보다 이를 먼저 제시하는 것은 반야 경론 등의 보편적인 전개 순서에 따른 것이다. 예컨대 미륵(Maitreya, 彌勒, བྱམས་པ་མགོན་པོ།)[60]의 『현관장엄론(現觀莊嚴論,

---

60 도솔천내원궁〔가덴잇가최진(དགའ་ལྡན་ཡིད་དགའ་ཆོས་འཛིན།)〕에 머물면서 헤아릴 수 없을 만큼 많은 천신의 무리에게 법륜을 굴리고 있던 '담빠똑까르뽀(དམ་པ་ཏོག་དཀར་པོ།)'〔석가모니〕가 남섬부주로 강림할 시기가 가까워지자 미륵(Maitreya, 彌勒, བྱམས་པ་མགོན་པོ།)을 보처補處로 임명하였다. 『잠빠〔미륵〕에 대한 예언(བྱམས་པ་ལུང་བསྟན་པའི་མདོ།)』(본 경명, 『성인 잠빠〔미륵〕에 대한 예언(འཕགས་པ་བྱམས་པ་ལུང་བསྟན་པ།)』, 티벳장경 하싸까규르 경부༼ས༽ h350 74-1-489b7~74-1-496a5)에는 오늘날 불교에 출가하여 계율을 잘 지키고, 경교經敎를 문聞, 사思, 수修 하는 데에 힘쓰게 되면 당장 윤회에서 벗어나 해탈을 성취하지 못하더라도 미래세에는 잠빠괸뽀〔미륵〕가 법륜을 굴릴 때 그의 권속으로 태어나 설법을 듣고 해탈한다는 등의 내용이 등장한다. 무착이 도솔천내원궁에서 잠빠괸뽀〔미륵〕의 설법을 듣고 남섬부주로 모시고 온 것으로 전해지는 것이 바로 미륵오론彌勒五論 또는 자씨오론慈氏五論이다. 여기서 오론은 『현관장엄론(མངོན་རྟོགས་རྒྱན།)』, 『경장엄론(經莊嚴論, མདོ་སྡེ་རྒྱན།)』, 『보성론(寶性論, རྒྱུད་བླ་མ།)』, 『변법법성론(辯法法性論, ཆོས་དང་ཆོས་ཉིད་རྣམ་འབྱེད།)』, 『변중변론(辯中邊論, དབུས་མཐའ་རྣམ་འབྱེད།)』이다.(용진 예쎼곌

མངོན་རྟོགས་རྒྱན།)』[61]에서 여덟 가지 범주[62] 중 일체종지一切種智[63]를 맨 먼저 설한 것과 같다. 이것은 마치 한역 『묘법연화경妙法蓮華經』의 산스크리트어본 이역경인 『미묘법 백련화微妙法 白蓮華라는 대승경(དམ་པའི་ཆོས་པད་མ་དཀར་པོ་ཞེས་བྱ་བ་ཐེག་པ་ཆེན་པོའི་མདོ།)』(d113) 「제7 과거세 행적품」의

첸(ཡོངས་འཛིན་ཡེ་ཤེས་རྒྱལ་མཚན།)(A.D.1713~1793), 『(보리)도차제 법맥 스승들의 전기(ལམ་རིམ་བླ་མ་བརྒྱུད་པའི་རྣམ་ཐར།)』, 북인도 다람싸라 티벳정부 Sherig parkang, 1996, pp.64~74에서 요약)

61 미륵오론 중 『현관장엄론』은 대·중·소의 삼종 반야경, 즉 『십만송 반야경』, 『이만송 반야경』, 『팔천송 반야경』의 주석서로, 이 논서는 '보리도차제'의 교계教誡의 근본 논서이자 모든 반야 논서의 근간이라 할 수 있다. 이 논서에 대한 인도 대학승의 주석서를 티벳어로 번역한 것에는 아사리 쎙게상뽀〔獅子賢〕의 『의현주(義顯註, འགྲེལ་པ་དོན་གསལ།)』를 비롯한 21종이 있다. 『현관장엄론』 등은 현재 티벳 승가대학의 6~8년간의 반야 교과과정의 교재로 사용하고 있으며, 나머지 『경장엄론』을 비롯한 네 가지 논서도 이에 대한 여러 주석서가 있을 뿐만 아니라 다른 여러 논서에도 인용되고 있다. 따라서 미륵오론은 티벳 불교 철학에 있어 매우 중요한 위치를 차지하고 있다.(앞의 논서, 제쭌 최끼겔첸(2003), 『현관장엄론 「제1품」의 총의』, pp.11~13 일부 참고)

62 『현관장엄론』에서 설하는 '여덟 가지 범주'란 일체종지一切種智, 도종지道種智, 일체지一切智, 원만가행圓滿加行, 정가행頂加行, 구경가행究竟加行, 찰나가행刹那加行 과법신果法身을 가리킨다. 여기서 구경의 목표와 이를 성취하는 방편을 설하고 있다. 일체종지와 과법신果法身은 성취할 바 부처님의 경지이고, 나머지 여섯 가지는 이를 성취하는 방편이다.

63 앞의 역주서, 뻰첸라마 롭상예쎄/법장 옮김(2022), pp.33~34, 각주 8, "쫑카빠 대사의 『중론의 고견을 매우 명확히 밝힌 것(དབུ་མ་དགོངས་པ་རབ་གསལ།)』 「제6품」에서 일체법을 눈으로 사물을 보듯 직관적으로 요해하는 본질이라 한 바와 같이 일체종지는 부처님께만 있는 특수한 공덕으로, 일체법을 눈으로 사물을 보듯 직관적으로, 남김없이 철저하게, 동시에, 꿰뚫어 보는 구경의 예쎄(ཡེ་ཤེས།)를 말한다. 이것은 부처님에게 존재하는 예쎄, 도道, 변지遍知, 현관現觀 등이라고도 한다."

비유[64]와도 같다. 또한 비근한 예로, 어떤 한 상인이 아무리 지치고 힘들어도 날마다 장사를 나가는 이유는 오늘 하루도 나가면 돈을 벌 수 있고, 그 돈으로 가족들의 생계를 책임질 수 있다는 희망이 있기 때문이다. 어떤 이가 육자진언수행을 통해 금생의 부귀영화나 무병장수 등과 같은 일시적인 이익 또는 다음 생에 명확히 더 높은 천신과 인간의 생을 받는 것, 더 나아가 해탈과 부처님의 경지와 같은 구경의 안락, 이 중 어느 것을 수행의 목표로 삼더라도 육자진언수행을

---

64 『미묘법 백련화微妙法 白蓮華라는 대승경(དམ་པའི་ཆོས་པད་མ་དཀར་པོ་ཞེས་བྱ་བ་ཐེག་པ་ཆེན་པོའི་མདོ།)』「과거세 행적품(སྔོན་གྱི་སྦྱོར་བའི་ལེའུ།)」, 티벳장경 데게까규르 경부༼ཇ༽ d113 51-72a~51-72b,
"비구들이여! 이와 같다. 예컨대 이와 같이 보배섬에 가기 위해 오백 유순이나 되는 그 광막한 황야에 수많은 사람들이 이르러서…(중략)…비구들이여! 그런 연후에 그러한 사람들이 그 화성化城에 머물렀다 간다, 건너간다, 피로가 풀렸다, 우리가 피로가 풀려 개운해졌다고 생각하게 되었다. 그런 연후에 인도자가 그들이 휴식을 취하였다는 것을 알고는 그 화성이 사라지게 하였다. 그리고는 그들에게 '큰 도성은 그대들이 휴식할 수 있도록 내가 환상幻像을 만든 것이다. 그 큰 보배섬과도 가깝다. 그러니 그대들은 갑시다'라고 이와 같이 타이른 것처럼 비구들이여! '여래 응공 정변지'도 그대와 일체중생의 인도자이다.
(དགེ་སློང་དག་འདི་ལྟ་སྟེ་དཔེར་ན། འདི་ལྟར་རིན་པོ་ཆེའི་གླིང་ལ་འདོང་བའི་ཕྱིར་འབྲོག་དགོན་པ་དཔག་ཚད་ལྔ་བརྒྱ་པ་དེར་སྐྱེ་བོའི་ཚོགས་ལྷགས་པར་གྱུར་ཏེ།…(중략)…དགེ་སློང་དག་དེ་ནས་མི་དེ་དག་རྫུ་འཕྲུལ་གྱི་གྲོང་ཁྱེར་དེར་ཞུགས་ནས་ཕྱིན་པ་སྙམ་དུ་འདུ་ཤེས་པར་གྱུར། རྒལ་བ་སྙམ་དུ་འདུ་ཤེས་པར་གྱུར། མྱ་ངན་ལས་འདས་པར་འདུ་ཤེས་པར་གྱུར། བདག་ཅག་མྱ་ངན་ལས་འདས་ཤིང་བསིལ་བར་གྱུར་པར་སེམས་པར་གྱུར་ཏོ།། དེ་ནས་མཆོན་མས་དེ་དག་ངལ་སོས་པར་ཤེས་ནས་རྫུ་འཕྲུལ་གྱི་གྲོང་ཁྱེར་དེ་མི་སྣང་བར་བྱས་སོ།། མི་སྣང་བར་བྱས་ནས་མི་དེ་དག་ལ་འདི་སྐད་ཅེས་གྲོང་ཁྱེར་ཆེན་པོ་འདི་ནི་ཁྱེད་ངལ་བསོ་བའི་ཕྱིར་ཁོ་བོས་སྤྲུལ་པ་ཡིན་ཏེ། རིན་པོ་ཆེའི་གླིང་ཆེན་པོ་དེ་དང་ཡང་ཉེ་བས་སེམས་ཅན་ཁྱེད་འདོང་ངོ་ཞེས་བསྒོ་བ་དེ་བཞིན་དུ་དགེ་སློང་དག་དེ་བཞིན་གཤེགས་པ་དགྲ་བཅོམ་པ་ཡང་དག་པར་རྫོགས་པའི་སངས་རྒྱས་ཀྱང་། ཁྱེད་དང་སེམས་ཅན་ཐམས་ཅད་ཀྱི་མཆོན་མའོ།།)"
참고로 이 내용은 한역『묘법연화경妙法蓮華經』「第7 화성유품化城喩品」에 등장하는 화성유化城喩에 해당한다.

함으로써 그 공덕을 성취할 수 있다는 확신이 없이는 기꺼이 이 수행을 하고자 하는 동기유발이 되기 어렵다. 설령 수행을 시작하더라도 해태심이나 퇴굴심을 내어 중도에 포기하는 경우가 속출하게 될 것이다.

육자진언의 공덕을 바르게 인식해야 하는 이유는 육자진언의 공덕에 대해 설한 인물이 바로 석가모니 부처님이라는 사실과 함께 공덕의 내용을 또렷하게 기억함으로써 육자진언수행에 대한 신심과 동기유발은 물론 수행의 결실을 성취케 하는 주춧돌과 같은 역할을 하기 때문이다.

2) 공덕에 관한 내용적 전거

필자가 조사한 바에 따르면 육자진언의 공덕에 관한 내용이 나타난 티벳 경론은 모두 19종이다. 여기에는 4종의 티벳장경 불설부 경전과 10종의 논소부 논서, 5종의 티벳 대학승의 논서가 있다. 이들 경론을 차례대로 열거해 보면 다음과 같다.

먼저 4종의 티벳장경 불설부 경전은 ①『연꽃 보관이라는 밀교경』(d701) ②『성聖 보배함의 장엄이라는 대승경』(d116) ③『성관자재의 다라니경』(d696) ④『대비성관자재의 다라니와 공덕을 약섭한 경』(d723)이다.

10종의 티벳장경 논소부 논서는 ① ▪ ----[65], 『쑤카데와가 실지를

---

65 본서에서 '----'는 저자 미상에 대한 표기 부호이다.

이룬 (전기)(ཤུ་ཁ་དེ་བས་གྲུབ་པ་ཐོབ་པ།)』[66](D4346)[67] ② ▪ ----, 『대비(성관자재의 성취법)에 의해 실지를 이룬 전설(ཐུགས་རྗེ་ཆེན་པོ་ལ(ས)་གྲུབ་པ་ཐོབ་པའི་གདམས་རྒྱུད།)』(D4343)[68] ③ ▪ ----, 『세간의 구제자의 성취법』(འཇིག་རྟེན་མགོན་པོའི་སྒྲུབ་ཐབས།)(D3407)[69] ④ ▪ ----,『카르싸빠니성관자재〔空行聖觀自在〕의 성취법(འཕགས་པ་སྤྱན་རས་གཟིགས་དབང་ཕྱུག་ཁ་ཪྵ་པཱ་ཎིའི་སྒྲུབ་ཐབས།)』(D2852)[70] ⑤ ▪ ----, 『아사리 뻬마 우바새가 세간자재에 의해 실지를 이룬 전기(སློབ་དཔོན་པདྨ་དགེ་བསྙེན་གྱིས་འཇིག་རྟེན་དབང་ཕྱུག་ལས་གྲུབ་པ་ཐོབ་པའི་ལོ་རྒྱུས།)』(D4341)[71] ⑥ ▪ ----, 『부인이 실지를 이룬 (전기)(བུད་མེད་ཀྱིས་གྲུབ་པ་ཐོབ་པ།)』(D4345)[72] ⑦ ▪ ----, 『목공이 실지를 이룬 전기』(ཤིང་བཟོ་བས་གྲུབ་པ་

---

66 본서에서 제시하는 몇몇 경론명의 '~성취를 이룬 (전기)(~གྲུབ་པ་ཐོབ་པ།)'는 '실지를 이룬 (전기)(~དངོས་གྲུབ་ཐོབ་པ།)'와 동일한 의미이다. 따라서 이와 관련된 경론 전체를 모두 후자와 동일하게 옮겼다.

67 ▪ ----, 『쑤카데와가 실지를 이룬 (전기)(ཤུ་ཁ་དེ་བས་གྲུབ་པ་ཐོབ་པ།)』, 티벳장경 데게뗀규르 잡부༼ཇོ༽ D4346 203-2-156a2~203-2-156a7.

68 ▪ ----, 『대비(성관자재의 성취법)에 의해 실지를 이룬 전설(ཐུགས་རྗེ་ཆེན་པོ་ལ(ས)་གྲུབ་པ་ཐོབ་པའི་གདམས་རྒྱུད།)』, 티벳장경 데게뗀규르 잡부༼ཇོ༽ D4343 203-2-155a1~203-2-155b1.

69 ▪ ----, 『세간의 구제자의 성취법(འཇིག་རྟེན་མགོན་པོའི་སྒྲུབ་ཐབས)』, 티벳장경 데게뗀규르 밀교부༼ཤུ༽ D3407 77-1-72b2~77-1-72b5.

70 ▪ ----, 『카르싸빠니성관자재〔空行聖觀自在〕의 성취법(འཕགས་པ་སྤྱན་རས་གཟིགས་དབང་ཕྱུག་ཁ་ཪྵ་པཱ་ཎིའི་སྒྲུབ་ཐབས།)』, 티벳장경 데게뗀규르 밀교부༼ཀུ༽ D2852 73-1-194a2~73-1-195a1.

71 ▪ ----, 『아사리 뻬마 우바새가 세간자재에 의해 실지를 이룬 전기(སློབ་དཔོན་པདྨ་དགེ་བསྙེན་གྱིས་འཇིག་རྟེན་དབང་ཕྱུག་ལས་གྲུབ་པ་ཐོབ་པའི་ལོ་རྒྱུས།)』, 티벳장경 데게뗀규르 잡부༼ཇོ༽ D4341 203-2-153a7~203-2-154b6.

72 ▪ ----, 『부인이 실지를 이룬 (전기)(བུད་མེད་ཀྱིས་གྲུབ་པ་ཐོབ་པ།)』, 티벳장경 데게뗀규르 잡부༼ཇོ༽ D4345 203-2-155b6~203-2-156a2.

ཐོབ་པའི་ལོ་རྒྱུས།)(D4344)[73] ⑧ 사마똑꾀빼맹악(ཟ་མ་ཏོག་བཀོད་པའི་མན་ངག)의 『육자의 성취법(ཡི་གེ་དྲུག་པའི་སྒྲུབ་ཐབས།)』[74](D3406)[75] ⑨ 용수(Nāgārjuna, 龍樹, ཀླུ་སྒྲུབ།)[76]의 『성세간자재 육자의 성취법(འཕགས་པ་འཇིག་རྟེན་དབང་ཕྱུག་ཡི་གེ་དྲུག་པའི་སྒྲུབ་ཐབས།)』(D2736a)[77] ⑩ 지존관세음(རྗེ་བཙུན་སྤྱན་རས་གཟིགས།)의 『뽀따라로 가는 순례 안내기(པོ་ཏ་ལར་འགྲོ་བའི་ལམ་ཡིག)』(D3756)[78]이다.

---

73 ▪ ----, 『목공이 실지를 이룬 전기(ཤིང་བཟོ་བས་གྲུབ་པ་ཐོབ་པའི་ལོ་རྒྱུས།)』, 티벳장경 데게땐규르 잡부〔ཇོ〕 D4344, 203-2-155b1~203-2-155b6.

74 '육자의 성취법'이란 육자진언의 수행법 또는 이것을 주요 내용으로 하는 논서들의 통칭이다. 이들 논서는 육자진언의 수습 및 염송에 의해 일시적인 이익과 구경의 안락을 성취하는 수행 방편을 제시하고 있다. 다시 말해 육자진언의 수습 및 염송에 의해 성관자재의 경지를 성취하는 방편이다. 여기서 '성관자재를 성취하는 방편'이란 실제로 그분을 친견하거나 그분으로부터 법문을 들을 기회를 갖는 것 또는 성관자재의 몸과 말씀, 마음의 가피를 성취하기 위한 실천 수행해야 할 과제를 말한다.

75 사마똑꾀빼멘악(ཟ་མ་ཏོག་བཀོད་པའི་མན་ངག), 『육자의 성취법(ཡི་གེ་དྲུག་པའི་སྒྲུབ་ཐབས།)』, 티벳장경 데게땐규르 밀교부〔ཤུ〕 D3406 77-1-71a6~77-1-72b1.

76 불멸 후 400년경에 출현한 용수는 대승 중관학파의 개창자이다. 그는 부처님의 언교를 대승 중관학파의 견해로써 요의경과 불요의경으로 구분하였다. 『성聖 대승입능가경(འཕགས་པ་ལང་ཀར་གཤེགས་པའི་ཐེག་པ་ཆེན་པོའི་མདོ།)』에는 석가모니 부처님께서 용수에 대해 예언하신 내용이 담겨 있다.(앞의 역주서, 뻰첸라마 롭상예쎼/법장 옮김(2022), p.61, 각주 48 참고)
용수의 상수제자로는 쌍계꺙〔佛護〕, 렉덴제〔淸辨〕, 빠오〔英雄〕(馬鳴과 동일 인물), 아르야데와〔聖天〕, 다와닥빠〔月稱〕 등이 있다. 저술로는 『중관근본송반야(中觀根本頌般若, དབུ་མ་རྩ་བའི་ཚིག་ལེའུར་བྱས་པ་ཤེས་རབ།)』를 비롯한 '중관이취육론(中觀理聚六論, དབུ་མ་རིགས་ཚོགས་དྲུག)' 등과 같은 현밀에 관한 논서, 그 외 오명학五明學 등에 관한 저술이 있다.(용진 예쎄겔첸(1996), pp.117~129에서 요약)

77 용수, 『성세간자재 육자의 성취법(འཕགས་པ་འཇིག་རྟེན་དབང་ཕྱུག་ཡི་གེ་དྲུག་པའི་སྒྲུབ་ཐབས།)』, 티벳장경 데게땐규르 밀교부〔ཉུ〕 D2736a 73-1-122b1~73-1-123b7.

78 지존 관세음(རྗེ་བཙུན་སྤྱན་རས་གཟིགས།), 『뽀따라로 가는 순례 안내기(པོ་ཏ་ལར་འགྲོ་བའི་ལམ་

5종의 티벳 대학승의 논서는 ①꾼켄〔一切知者〕 돌뽀빠 쎄랍곌첸(ཀུན་མཁྱེན་དོལ་པོ་པ་ཤེས་རབ་རྒྱལ་མཚན།)[79]의 『육자의 성취법』(ཡི་གེ་དྲུག་པའི་སྒྲུབ་ཐབས།)(JDol185)[80] ②미팜 잠양남곌갸초의 『업장의 흐름을 차단하는 수백 가지 주문』(MP131)[81] ③미팜 잠양남곌갸초의 『팔대보살의 본생담, 보배 염주(བྱང་ཆུབ་སེམས་དཔའ་ཆེན་པོ་ཉེ་བའི་སྲས་བརྒྱད་ཀྱི་རྟོགས་བརྗོད་ནོར་བུའི་ཕྲེང་བ་ཞེས་བྱ་བ།)』(MP215)[82] ④ 쏭쩬감뽀(སྲོང་བཙན་སྒམ་པོ།)[83]의 『마니까붐(མ་ཎི་བཀའ་འབུམ།)』[84](제

ཡིག)』, 티벳장경 데게뗀규르 밀교부〔རྒྱུད〕 D3756 79-1-100a6~79-1-106b6.

79 꾼켄 돌뽀빠 쎄랍곌첸(ཀུན་མཁྱེན་དོལ་པོ་པ་ཤེས་རབ་རྒྱལ་མཚན།)(A.D.1292~1361)은 티벳 불교의 한 종파인 조낭빠의 대학승이다. '조모낭'이라는 지역에서 사원을 건립하고, '돌부빠'에서 주석하면서 교의를 성행시킴에 따라 그 후에 이것을 지키고 계승한 이들을 '조낭빠'라고 부르게 되었다. 그의 저술로는 『조낭빠 전통의 문헌, 요의의 바다(ཇོ་ནང་པའི་ལུགས་ཀྱི་གཞུང་ངེས་དོན་རྒྱ་མཚོ།)』, 『보성론주석서(རྒྱུད་བླ་མའི་ཊཱི་ཀ)』, 『현관장엄론의 주석서(མངོན་རྟོགས་རྒྱན་གྱི་འགྲེལ་པ།)』 등이 있다.(앞의 사전, 張怡蓀 主編(1984), 상권, pp.1310~1311, 표제어: '돌뽀와 쎄랍곌첸(དོལ་པོ་བ་ཤེས་རབ་རྒྱལ་མཚན།)'; 앞의 사전, 둥까르 롭상틴레(2002), 상권, p.70, 표제어: '꾼켄 돌부빠(ཀུན་མཁྱེན་དོལ་བུ་པ།)'에서 요약) 단, 여기서는 '돌뽀와'로 표기하고 있지만, 보편적으로 '돌뽀빠'라고 부른다.

80 꾼켄 돌뽀빠 쎄랍곌첸, 『육자의 성취법(ཡི་གེ་དྲུག་པའི་སྒྲུབ་ཐབས།)』, 전집부 조낭, 『꾼켄 돌뽀빠 쎄랍곌첸의 전집(ཀུན་མཁྱེན་དོལ་པོ་པ་ཤེས་རབ་རྒྱལ་མཚན་གྱི་གསུང་འབུམ།)』〔ཉ〕 JDol185 8-653~8-656.

81 미팜 잠양남곌갸초, 『업장의 흐름을 차단하는 수백 가지 주문(ལས་སྒྲིབ་རྒྱུན་གཅོད་ཀྱི་སྔགས་བརྒྱ་པ།)』, 전집부 닝마, 『주미팜의 전집』〔ཧྲི〕 MP131 7-29-1a1~7-29-47b2.

82 미팜 잠양남곌갸초, 『팔대보살의 본생담, 보배 염주(བྱང་ཆུབ་སེམས་དཔའ་ཆེན་པོ་ཉེ་བའི་སྲས་བརྒྱད་ཀྱི་རྟོགས་བརྗོད་ནོར་བུའི་ཕྲེང་བ་ཞེས་བྱ་བ།)』, 전집부 닝마, 『주미팜의 전집(འཇུ་མི་ཕམ་གྱི་གསུང་འབུམ།)』〔ཙ〕 MP215 14-5-1a1~14-5-220a4.

83 쏭쩬감뽀(སྲོང་བཙན་སྒམ་པོ།)(A.D.618-650 또는 A.D.581-649)는 7세기 토번국 33대 왕이다. 그는 티벳인들로부터 관세음보살의 화신 또는 호법왕으로 추앙을 받는 인물이다. 그의 최대 업적은 인도어의 불전佛典을 번역하기 위해 '퇸미쌈

1 · 2권)[85] ⑤ 쪼네 제쭌 닥빠셰듑(ཅོ་ནེ་རྗེ་བཙུན་གྲགས་པ་བཤད་སྒྲུབ།)[86]의 『마니의 공덕을 명확히 밝히는 등불(མ་ཎིའི་ཕན་ཡོན་གསལ་བར་བྱེད་པའི་སྒྲོན་མེ།)』[87]이다.

보따(ཐོན་མི་སཾ་བྷོ་ཊ།)' 등을 인도로 파견하여 티벳어를 창제하게 한 것과 인도불교를 처음으로 받아들여 성행시킨 점을 들 수 있다.(앞의 사전, 張怡蓀 主編(1984), 하권, p.2991, '표제어: 쏭쩬감뽀(སྲོང་བཙན་སྒམ་པོ།)'에서 요약)

84 『마니까붐(མ་ཎི་བཀའ་འབུམ།)〔摩尼全集〕』은 2권으로 구성되어 있다. 본문에는 대비천불의 대전기와 『성聖 보배함의 장엄이라는 대승경』과 『성천수천안관자재보살광대원만무애대비심聖千手千眼觀自在菩薩廣大圓滿無碍大悲心이라는 다라니경』, 쏭쩬감뽀의 자서전自敍傳, 쏭쩬감뽀의 스물한 가지 행적, 대비관자재의 성취법, 간략하고 상세한 교훈의 글 등이 담겨있다.(쏭쩬감뽀, 『마니까붐』(제1 · 2권)/설역〔티벳〕의 진귀한 보물 총서(གངས་ཅན་ཁྱད་ནོར་དཔེ་ཚོགས་པོད་ཕྲེང་།)(제135~136권), 쎄르쭉 불교 고문헌 조사 · 수집 집성실(སེར་གཙུག་ནང་བསྟན་དཔེ་ཚོགས་དཔེ་རྙིང་འཚོལ་བསྡུ་སྒྲིག་ཁང་།), 西藏人民出版社, 2013(제2쇄) 참고)

85 쏭쩬감뽀, 『마니까붐첸모(མ་ཎི་བཀའ་འབུམ་ཆེན་མོ།)〔大摩尼全集〕』(경서 제1권), 青海省民族出版社와 『마니까붐』(목판인쇄본 제1 · 2권), 테룽뻥탕데첸궁전(ཐེད་ལུང་སྤང་ཐང་བདེ་ཆེན་པོ་བྲང་།).

86 쪼네 제쭌 닥빠셰듑(ཅོ་ནེ་རྗེ་བཙུན་གྲགས་པ་བཤད་སྒྲུབ།)(A.D.1675~1749)은 '쪼네라마'라고도 부른다. 그는 도메 쪼네지방 투우주지역에 속하는 '요싸' 또는 '랍뽀'라는 곳에서 탄생하였다. 9세에 '티첸 게뒨닥빠'의 존전에서 출가하여 22세에 쎄라메사원 퇴쌈링다창에서 '제 따씨뻴상'을 의지해서 오부대경론을 수학하고, 31세에 짱지방의 따씨훈뽀사원으로 가서 뻰첸라마 롭상예쎼의 존전에서 비구계를 수지하였다. 또한 중부지방의 가덴사원과 데뿡사원의 대론에 참여하고, 32세에 도메지방 쪼네사원으로 가서 불교 철학을 논리적인 논쟁방식으로 배우는 승원을 창건하고는 40세에 이 사원의 주지가 되었다. 46세에 주지 소임을 내려놓고 7년 정도의 기간 동안 『성聖 능단금강반야바라밀다경의 주석서, 해탈로 나아가는 훌륭한 도〔방편〕의 심오한 의미를 명확히 밝히는 태양(རྡོར་གཅོད་ཀྱི་འགྲེལ་པ་ཐར་པར་བགྲོད་པའི་ལམ་བཟང་ཟབ་དོན་གསལ་བའི་ཉི་མ་ཞེས་བྱ་བ།)』과 『성보현행원경의 주석서, 바다와 (같은) 법왕자행의 요의를 명확히 밝히는 태양(འཕགས་པ་བཟང་པོ་

먼저 4종의 티벳장경 불설부 경전에 나타난 육자진언의 공덕에 관한 내용적 전거를 차례대로 제시하면 다음과 같다.

① 『연꽃 보관이라는 밀교경』(d701)

"이러한 것들의 주문을 요약한 것을 '옴마니빼메훙'이라 한다. 이 사람은 삼종성三種姓[88]의 주인이 된다. 그것의 공덕은 이러하다.

སྤྱོད་པའི་སྨོན་ལམ་གྱི་འགྲེལ་བ་རྒྱལ་སྲས་ཀྱི་སྤྱོད་པ་རྒྱ་མཚོའི་གནད་དོན་གསལ་བར་བྱེད་པའི་ཉི་མ་ཞེས་བྱ་བ།)』, 『밀승도차제의 개괄(སྔགས་རིམ་གྱི་སྙིང་པོ་བསྡུས་པ།)』, 『쌍와뒤빠〔密集〕, 데촉〔勝樂〕, 도제직제〔大威德〕의 세 본존의 구루유가(གསང་བདེ་འཇིགས་གསུམ་གྱི་བླ་མའི་རྣལ་འབྱོར།)』, 『보리도차제의 마르티 약간의 상세본(བྱང་ཆུབ་ལམ་རིམ་གྱི་དམར་ཁྲིད་ཙུང་ཟད་རྒྱས་པ།)』, 『데촉〔勝樂〕의 근본밀교경의 주석서(བདེ་མཆོག་ཙ་རྒྱུད་ཀྱི་ཊཱིཀཱ།)』 등 목판인쇄본 경서 11권을 저술하였다. 특히 불교논리학을 비롯한 오부대경론 등의 불교 철학에 관한 것은 남인도 쎄라메 사원에서 새롭게 인판印版하여 이 다창과 쪼네사원 등지의 주교재로 채택하여 사용하고 있다. 58세에 밀교 승원을 건립해서 라마운제〔호법護法 또는 유나維那 소임〕와 주지를 겸임하였다. 62세에 이르기까지 강설과 논쟁, 저술에 힘쓰다가 75세 되던 1749년에 입적하였다.(쪼네 제쭌 닥빠쎄둡, 『제쭌 닥빠쎄둡의 전집(རྗེ་བཙུན་གྲགས་པ་བཤད་སྒྲུབ་ཀྱི་གསུང་འབུམ།)』〔ཀ〕, '쪼네 제쭌 닥빠쎄둡의 전기' 관련, 臺灣 財團法人佛陀教育基金會 印贈(TI501), 2009, pp.1~3); 앞의 사전, 둥까르 롭상틴레(2002), 상권, pp.781~782, 표제어: '쪼네 닥빠쎄둡(ཅོ་ནེ་གྲགས་པ་བཤད་སྒྲུབ།)'에서 요약)

87 쪼네 제쭌 닥빠쎄둡, 『마니의 공덕을 명확히 밝히는 등불(མ་ཎིའི་ཕན་ཡོན་གསལ་བར་བྱེད་པའི་སྒྲོན་མེ།)』, 『제쭌 닥빠쎄둡의 전집』〔ཨ〕에 수록, 臺灣 財團法人佛陀教育基金會 印贈(TI513), 2009, pp.297~306.

88 앞의 사전, 둥까르 롭상틴레(2002), 하권, p.2693, 표제어: '삼종성(རིགས་གསུམ།)', "선서종성善逝種姓, 금강종성金剛種姓, 연화종성蓮花種姓은 밀교의 삼종성이다. (དེ་བཞིན་གཤེགས་པའི་རིགས། རྡོ་རྗེའི་རིགས། པདྨའི་རིགས་ཏེ་སྔགས་ལུགས་ཀྱི་རིགས་གསུམ།)"
삼종성의 주존은 대일여래〔毗盧遮那佛〕, 부동불, 아미타불이다.

법신法身과 색신色身[89]의 대비(성관자재)를 친견하게 된다.
(དེ་རྣམས་ཀྱི་སྔགས་བཟླས་པ་ནི། ཨོཾ་མ་ཎི་པདྨེ་ཧཱུྃ་ཞེས་པའོ།། འདི་ནི་རིགས་གསུམ་གྱི་བདག་པོར་འགྱུར་ཏེ། དེའི་ཕན་ཡོན་ནི་འདི་འོ།། ཆོས་ཀྱི་སྐུ་དང་གཟུགས་ཀྱི་སྐུའི་ཐུགས་རྗེ་ཆེན་པོར་མཐོང་བར་འགྱུར་རོ།།)”[90]

② 『성聖 보배함의 장엄이라는 대승경』(d116)
“어떤 이가 이 육자대명주를 항상 수지하고 반복해서 염송하는 데 힘쓰는 그러한 중생은 복덕을 갖추게 된다. 그러한 것을 반복해서 염송할 때 강가강〔항하〕의 모래 수 99개만큼의 불세존이 모여들게 된다. 미세한 먼지 수와 같은 보살이 모여들어 육바라밀의 문門에 머물게 된다.
(གང་ཡང་ཡི་གེ་དྲུག་པའི་རིག་སྔགས་ཆེན་མོ་འདི་རྟག་ཏུ་འཛིན་ཅིང་བཟླས་པ་ལ་བརྩོན་པའི་སེམས་ཅན་དེདགནིབསོདནམསདངལྡནཔཡིནནོ།། དེདགབཟླསཔརབྱེདཔའིཚེསངསརྒྱསབཅོམལྡནའདས་གང་གཱའི་ཀླུང་

89 제쭌 최끼곌첸의 『현관장엄론「제8품」의 총의』에 따르면 불신佛身은 법신과 색신으로 나눈다. 법신에는 자성신과 예쎄법신이 있다. 먼저 자성신은 인과 연에 의해 새롭게 생겨난 것이 아닌, 그 자체로써 청정한 부처님의 몸으로, 여기에는 자성청정자성신自性清淨自性身과 객진청정자성신客塵清淨自性身이 있다. 전자는 불성인佛聖人의 일체종지와 불신의 선상에서의 공성을, 후자는 두 가지 장애를 소멸한 불성인의 멸성제滅聖諦를 가리킨다. 예쎄법신과 일체종지, 부처님의 변지遍知는 동의어이다. 또한 색신은 보신報身과 화신化身으로 나눈다. 보신은 예컨대 밀엄정토에 머무는 툽빠남낭강쩬초〔遍照雪海佛〕(ཐུབ་པ་རྣམ་སྣང་གངས་ཅན་མཚོ།) 등과 같고, 화신은 예컨대 사업화신事業化身, 수생화신受生化身, 수승화신殊勝化身 등과 같다. 일반적으로 보신은 ‘해’에, 화신은 ‘햇빛’에 비유한다.(앞의 역주서, 뻰첸라마 롭상예쎄/법장 옮김(2022), p.47, 각주 33에서 요약)
90 앞의 경전, d701 93-158b.

གི་བྱེ་མ་སྙེད་ཕྲག་དགུ་བཅུ་རྩ་དགུ་འདུ་བར་འགྱུར་རོ།། བྱང་ཆུབ་སེམས་དཔའ་རྡུལ་ཕྲ་རབ་དང་མཉམ་པ་དག་འདུ་བར་འགྱུར་རོ།། ཕ་རོལ་ཏུ་ཕྱིན་པ་དྲུག་སྒྲོན་གནས་པར་འགྱུར་རོ།།)"[91]

"어떤 이의 몸에 이 육자대명주를 간직하면 선남자여! 그의 몸은 금강신金剛身[92]으로 알아야 한다.

(ཡི་གེ་དྲུག་པའི་རིག་སྔགས་ཆེན་མོ་འདི་ལ་ལ་ཞིག་གི་ལུས་ལ་འཆང་ན་རིགས་ཀྱི་བུ་དེའི་ལུས་ནི་རྡོ་རྗེའི་ལུས་སུ་རིག་པར་བྱའོ།།)"[93]

"그런 연후에 '여래 연꽃 중 으뜸'께서 이 육자대명주의 공덕을 칭찬하신 말씀은 선남자여! 이와 같다. 예컨대 내가 미세한 먼지 수는 헤아릴 수 있지만 선남자여! 육자대명주를 한 번 염송하는 복덕더미는 헤아릴 수 없다. 선남자여! 바닷속 각각의 모래는 헤아릴 수 있지만, 선남자여! 육자대명주를 한 번 염송하는 복덕더미는 헤아릴 수 없다.

(དེ་ནས་དེ་བཞིན་གཤེགས་པ་པད་མའི་མཆོག་(གིས་)ཡི་གེ་དྲུག་པའི་རིག་སྔགས་ཆེན་མོ་འདིའི་ཡོན་ཏན་བསྔགས་པ་གསུང་བ་(ནི།) རིགས་ཀྱི་བུ་འདི་ལྟ་སྟེ་དཔེར་ན་ངས་རྡུལ་ཕྲ་རབ་ཀྱི་ཚད་ནི་གཟུང་ནུས་ཀྱི། རིགས་ཀྱི་བུ་ཡི་གེ་དྲུག་པའི་རིག་སྔགས་ཆེན་མོ་ལན་ཅིག་བཟླས་པའི་བསོད་ནམས་ཀྱི་ཕུང་པོ་ནི་བགྲང་མི་ནུས་སོ།། རིགས་ཀྱི་བུ་རྒྱ་མཚོ་མཆིང་རྣམ་གྱི་བྱེ་མ་ནི་རེ་རེ་ནས་བགྲང་ནུས་ཀྱི། རིགས་ཀྱི་བུ་ཡི་གེ་དྲུག་པའི་རིག་སྔགས་ཆེན་མོ་ལན་ཅིག་བཟླས་པའི་བསོད་ནམས་ཀྱི་ཕུང་པོ་ནི་བགྲང་མི་ནུས་སོ།།)"[94]

"선남자여! 이와 같다. 예컨대 사대주四大洲[95]에 머무는 그러한

---

91 앞의 경전, d116 51-230a.

92 여기서 '금강신金剛身'이란 그 어떤 사람이나 어떤 외부의 환경에 의해서도 해침을 당하지 않는다는 의미이다.

93 앞의 경전, d116 51-230a.

94 앞의 경전, d116 51-231b.

95 수미산 사방의 바다에 인접해 있는 '사대주四大洲'란 동불바제, 남섬부주, 서구야

장부와 아녀자, 남아男兒와 여아女兒 모두가 보살의 칠지七地[96]에 머무르게 된다면 그러한 보살의 그 복덕더미보다 육자대명주를 한 번 염송한 복덕더미가 훨씬 더 크다. 선남자여! 이와 같다. 예컨대 열두 달이 있는 한 해나 윤달을 합친 열세 달이 있는 한 해 동안 밤낮없이 비가 내리면 선남자여! 내가 (그) 각각의 빗방울은 헤아릴 수 있지만 선남자여! 육자대명주를 한 번 염송한 복덕더미는 헤아릴 수 없다.

(རིགས་ཀྱི་བུ་འདི་ལྟ་སྟེ་དཔེར་ན་གླིང་ཆེན་པོ་བཞི་ན་གནས་པའི་སྐྱེས་པ་དང་བུད་མེད་དང་། ཁྱེའུ་དང་བུ་མོ་དེ་དག་ཐམས་ཅད་བྱང་ཆུབ་སེམས་དཔའ་ས་བདུན་པ་ལ་གནས་པར་གྱུར་ན། (གང་)བྱང་ཆུབ་སེམས་དཔའ་དེ་དག་གི་བསོད་ནམས་ཀྱི་ཕུང་པོ་དེ་བས་ཡི་གེ་དྲུག་པའི་རིག་སྔགས་ཆེན་མོ་ལན་ཅིག་བཟླས་པའི་བསོད་ནམས་ཀྱི་ཕུང་པོ་ནི་ཤིན་ཏུ་ཆེའོ།། རིགས་ཀྱི་བུ་འདི་ལྟ་སྟེ་དཔེར་ན། ཟླ་བ་བཅུ་གཉིས་པའི་ལོ་འམ། ཟླ་བ་ལྷག་པ་དང་བགྲངས་པས་ཟླ་བ་བཅུ་གསུམ་གྱིས་ལོ་ཚང་བར་གྱུར་པར་ཉིན་མཚན་དུ་ཆར་པ་བབ་ན་རིགས་ཀྱི་བུ་ངས་ཐིགས་པ་རེ་རེ་ནས་བགྲང་ནུས་ཀྱི། རིགས་ཀྱི་བུ་ཡི་གེ་དྲུག་པའི་རིག་སྔགས་ཆེན་མོ་ལན་ཅིག་བཟླས་པའི་བསོད་ནམས་ཀྱི་ཕུང་པོ་ནི་ངས་བགྲང་མི་ནུས་སོ།།)”[97]

“어떤 중생이 이 육자대명주를 끊임없이 반복해서 염송하고 들으며, 사유하고 수승殊勝한 마음[98]으로 수지하는 이들은 복덕을 갖추게 된다. 말씀하시기를 선남자여! 어떤 이가 이 육자대명주

니, 북구로주를 가리킨다.(앞의 사전, 張怡蓀 主編(1984), 상권, p.424, 표제어: '사대주(གླིང་བཞི།)' 참고)

96 '보살의 칠지七地'란 십지의 계위 가운데 제7원행지遠行地를 가리킨다.

97 앞의 경전, d116 51-232b.

98 여기서 '수승한 마음'이란 대연민심, 이타적 발원, 보리심, 공성을 요해하는 지혜 등과 같은 마음이다.

를 질문케[99] 한다면 그는 팔만사천 법온法蘊을 질문케 하는 것과 (같은 것이) 된다.
(སེམས་ཅན་གང་དག་ཡི་གེ་དྲུག་པའི་རིག་སྔགས་ཆེན་མོ་འདི་འཛབ་ཏུ་བགྱིད་པ་དང་། ཉན་པ་དང་། སེམས་པ་དང་། བསམ་པ་ལྷག་པས་འཛིན་པ་དེ་དག་ནི་བསོད་ནམས་དང་ལྡན་པ་ལགས་སོ།། བཀའ་སྩལ་པ། རིགས་ཀྱི་བུ་གང་ཡི་གེ་དྲུག་པའི་རིག་སྔགས་ཆེན་མོ་འདི་འདྲིར་འཇུག་པ་དེས་ནི་ཆོས་ཀྱི་ཕུང་པོ་བརྒྱད་ཁྲི་བཞི་སྟོང་འདྲིར་འཇུག་པར་འགྱུར་རོ།།)"[100]

③『성관자재의 다라니경』(d696)

"'옴마니빼메훙'이라 염송함으로써 성관자재를 친견하게 되고 생을 바꾸더라도 극락세계에 태어나게 된다. 따라서 이것에 대해 의심하거나 의혹을 가지거나 주저하지 말지어다.
(ཨོཾ་མ་ཎི་པདྨེ་ཧཱུྃ་ཞེས་བརྗོད་པས་འཕགས་པ་སྤྱན་རས་གཟིགས་ཀྱི་ཞལ་མཐོང་བར་འགྱུར་ཞིང་། ཚེ་འཕོས་ནས་ཀྱང་བདེ་བ་ཅན་དུ་སྐྱེ་སྟེ། འདི་ལ་ཐེ་ཚོམ་མམ། སོམ་ཉི་འམ། ཡིད་གཉིས་མ་ཟ་ཅིག)"[101]

④『대비성관자재의 다라니와 공덕을 약섭한 경』(d723)

"그 외에 나(성관자재)의 인도자이신 아미타불의 명호를 부르고 그런 연후에 이 다라니를 한 번 또는 일곱 번에 이르기까지 염송한다면 십만 겁, 백 겁, 천 겁 동안 윤회하게 되는 중죄重罪 모두를 소제하게 된다. 만약 이 대비(성관자재의 다라니를) 염송하고

---

99 여기서 '질문케(འདྲིར།)'라고 한 것은 내용상 '서사케(འབྲིར།)'로 보는 것이 타당하다고 본다. 이하도 동일하다.

100 앞의 경전, d116 51-234b~51-235a.

101 앞의 경전, d696 93-148a.

수지하면 임종시에 시방의 여래가 그곳으로 가셔서 팔을 폄으로써 어느 불국토라도 원하는 그곳에 태어나게 된다.

(གཞན་ཡང་བདག་གི་སྔོན་པ་དེ་བཞིན་གཤེགས་པ་འོད་དཔག་མེད་ཀྱི་མཚན་འཛིན་ཅིང་། དེ་ནས་གཟུངས་འདི་ལན་ཅིག་གམ་ལན་བདུན་གྱི་བར་དུ་བཏོན་ན། བསྐལ་པ་འབུམ་ཕྲག་བརྒྱ་སྟོང་ཇི་སྙེད་འཁོར་བར་འགྱུར་བའི་ཁ་ན་མ་ཐོ་བའི་ལྕི་བ་རྣམས་བསལ་ཅིང་འབྱུང་བར་འགྱུར་ལགས་སོ།། གལ་ཏེ་ཐུགས་རྗེ་ཆེན་པོ་འདི་འཛིན་ཅིང་འཆང་ན་འཆི་བའི་དུས་ཀྱི་ཚེ། ཕྱོགས་བཅུའི་དེ་བཞིན་གཤེགས་པ་རྣམས་དེར་གཤེགས་ནས་ཕྱག་རྐྱོང་བར་འགྱུར་བས་བསམས་པ་བཞིན་དུ་སངས་རྒྱས་ཀྱི་ཞིང་གང་དང་གང་དུ་སྐྱེ་བར་འདོད་པ་དེ་དང་དེར་སྐྱེ་བར་འགྱུར་ལགས་སོ།།)"[102]

"이 대비(성관자재)의 명주를 염송하고 온전히 수지하는 이들이 만약 바로 금생에 모든 염원念願대로 성취할 수 없게 된다면, 대비(성관자재)의 마음의 다라니라고 말할 수 없다.

(ཐུགས་རྗེ་ཆེན་པོའི་རིག་སྔགས་འདི་འདོན་ཅིང་ཡོངས་སུ་འཛིན་པ་དག་གལ་ཏེ་ཚེ་འདི་ཉིད་ལ་སྨོན་པ་ཐམས་ཅད་ཅི་ལྟར་སྨོན་པ་བཞིན་དུ་གྲུབ་པར་མ་གྱུར་ན་ཐུགས་རྗེ་ཆེན་པོའི་སེམས་ཀྱི་གཟུངས་ཞེས་མི་བགྱི་ལགས་ཏེ།)"[103]

"조금이라도 의심하는 마음을 일으키게 된다면, 분명코 그 어떤 염원의 결실도 실현할 수 없다.

(ཐེ་ཚོམ་གྱི་བསམ་པ་ཅུང་ཟད་ཅིག་བསྐྱེད་པར་གྱུར་ན་གདོན་མི་ཟ་བར་གང་སྨོན་པའི་འབྲས་བུ་དེ་མངོན་པར་འགྲུབ་པར་མི་འགྱུར་ལགས་སོ།།)"[104]

다음은 10종의 티벳장경 논소부 논서에 나타난 육자진언의 공덕

---

102 앞의 경전, d723 93-202a~93-202b.

103 앞의 경전, d723 93-202b.

104 앞의 경전, d723 93-202b.

에 관한 내용적 전거를 차례대로 제시하고자 한다. 이하의 ① ② ⑤ ⑥ ⑦의 다섯 가지 논서는 육자의 성취법 등을 수행함으로써 가피 또는 실지(悉地, དངོས་གྲུབ།)[105]를 이룬다는 전기 또는 전설에 관한 것이다. 이들 전체의 내용은 이야기 형식으로 전개되어 있으므로 어느 일부 문장만을 전거로 제시하기 어려운 점이 있다. 따라서 이들 논서의 경우는 전체적인 줄거리를 요약해서 제시하고자 한다.

① ▪ ----, 『쑤카데와가 실지를 이룬 (전기)』(D4346)

옛날 남인도에 불교가 성행할 무렵, 어느 도성에 한 상인의 아들 쑤카데와라는 사람이 살고 있었다. 그는 재산을 탕진하고 가난뱅이가 되어 번민에 시달렸다. 그때 그 도성에는 열사병에 걸려 죽게 생긴 한 여인이 있었는데, 의사들은 저마다 '쩬덴고르씨샤(ཙནྡན་གོར་ཤི་ཤ)'[106]

105 '실지'란 법을 여법하게 실천 수행함으로써 성취하는 훌륭한 공덕 또는 원하는 바의 바른 결실을 말한다. 여기에는 공통적 실지와 최상의 실지가 있다. 전자의 경우는 이교도와 불교도 모두 성취할 수 있다. 예컨대 ㉮ 눈으로 먼 곳까지 볼 수 있는 능력〔믹멘(མིག་སྨན།)〕 ㉯ 매우 빨리 걸을 수 있는 능력〔깡곽(རྐང་མགྱོགས།)〕 ㉰ 효력을 불어넣은 검劍을 손에 잡음으로써 날기도 하고 정토에까지도 이를 수 있는 능력〔렐디(རལ་གྲི།)〕 ㉱ 땅속으로 몸을 숨길 수 있는 능력〔싸옥(ས་འོག།)〕 ㉲ 효력을 불어넣은 환약을 입에 넣음으로써 말, 사자 등과 같은 여러 모습을 나툴 수 있는 능력〔릴부(རིལ་བུ།)〕 ㉳ 새처럼 하늘을 날 수 있는 능력〔카쬐(མཁའ་སྤྱོད།)〕 ㉴ 다른 사람이 볼 수 없도록 몸의 자취를 감출 수 있는 능력〔미낭와(མི་སྣང་བ།)〕 ㉵ 음식을 안 먹어도 약초, 꽃 등을 통해 살 수 있는 능력〔쮜렌(བཅུད་ལེན།)〕과 같다. 후자의 경우 예컨대 부처님의 경지를 성취하는 것과 같다.(앞의 사전, 곰데 툽뗀쌈둡(2016), 제2권, p.315, 표제어: '공통적 실지(ཐུན་མོང་གི་དངོས་གྲུབ་བརྒྱད།)' 등을 참고)

106 '쩬덴고르씨샤(ཙནྡན་གོར་ཤི་ཤ)'란 '마라야'라는 인도의 산맥에서 자생하는 백색 전

가 없이는 그녀를 살릴 수 없다고 하였다. 그러자 그녀의 부모는 애가 타서 쑤카데와에게 이러한 사정을 말하였다. "만약 우리 딸의 병을 고칠 수만 있다면 딸을 자네에게 주겠네"라고 하였다. 그 당시 쑤카데와에게는 조상대대로 물려받은 '쩬덴고르씨쌰'로 조성한 불상이 있었다. 이를 갈아서 그녀에게 먹이고 몸에 발라주고 하여 그녀의 병이 씻은 듯이 나았다. 그 후에 쑤카데와가 그녀에게 이런 이야기를 하자 깜짝 놀라면서, 불상을 갈아 먹고 발랐으니 우리 둘 다 지옥에 떨어질 것은 틀림없는 사실이라고 크게 책망하며 근처에 있는 뻰디따〔불교대학자〕를 찾아가 육자진언수행에 관한 법문을 듣고 오라고 충고하였다. 그 후에 쑤카데와가 12년간 육자진언 수습과 염송 수행을 하는 동안 그녀는 그가 수행에만 몰두할 수 있도록 음식 등의 뒷바라지를 해왔다. 그러던 어느 날 쑤카데와는 꿈에서 성관자재를 친견하게 되었다. 성관자재가 "자네가 뽀따라로 가는 것을 허락하겠다"라고 하자 "저 역시 꼭 그곳에 가고 싶습니다"라고 답하자 그렇다면 자네가 뻰디따에게 여쭈어 보라고 하였다. 꿈에서 깨어나 뻰디따와 그녀에게 묻자, '당신이 뽀따라로 갈 수 있게 된 것은 우리 두 사람의 덕분이다. 그러니 당신 혼자만 그곳에 가서는 안 된다'고 말하였다. 그러자 쑤카데와는 다시 몇 년간 육자진언수행을 이어갔다. 그 결과 뻰디따, 쑤카데와, 그리고 그녀 모두 성관자재의 정토인 뽀따라로 갈 수 있었다.[107]

단의 일종으로, 이 전단을 물에 담가 두면 물이 시원해지는 성질이 있다고 한다.(앞의 역주서, 뻰첸라마 롭상예쎄/법장 옮김(2022), p.283, 각주 295 참고)

107 앞의 논서, D4346 203-2-156a2~203-2-156a7 참고.

② ▪ ----,『대비(성관자재의 성취법)에 의해 실지를 이룬 전설』 (D4343)

옛날 동인도에 '비캬따데와'라는 사람이 '비까마니씨라'라는 사원에서 출가를 하게 되었다. 하지만 그는 그곳에 머물지 않고, 보드가야로 가서 조모(ཇོ་མོ།)[108]와 몇몇 권속들에게 법문을 하면서 살았다. 그러던 어느 날 밤, 그의 꿈에 부처님이 나타나 자네는 "3년 후에 무서운 질병에 걸려 죽게 될 것이고, 죽으면 지옥에 태어날 것이다. 당장 다른 사람에게 법문하는 것을 그만두어라 그들에게 아무런 도움도 안 된다. 대신 육자진언 수습과 염송 수행을 하거라 그렇게 하면 지옥에 떨어지지 않을 것이다"라고 현몽을 하였다. 그 후 그는 육자진언수행에 정진함으로써 지옥에 떨어질 고통을 면했다.[109]

③ ▪ ----,『세간의 구제자의 성취법』(D3407)

"'옴마니빼메훙'이라는 (육)자를 십만 번 염송함으로써 모든 죄업이 청결해진다. 두 번째와 세 번째[110]로써 꿈에서 (성관자재를) 친견하게 된다. 천만 번을 염송한다면 오무간업을 지은 사람이라도 (실지를) 성취하게 된다.

(ཨོཾ་མ་ཎི་པདྨེ་ཧཱུྃ་ཞེས་པ་ཡི་གེ་འབུམ་དུ་བཟླས་པས་སྡིག་པ་ཐམས་ཅད་དག་པར་འགྱུར་རོ།། གཉིས་དང་གསུམ་གྱིས་རྨི་ལམ་དུ་མཐོང་བར་འགྱུར་རོ།། བྱེ་བ་བཟླས་ན་མཚམས་མེད་པ་ལྔ་བྱས་པས་ཀྱང་

108 티벳어의 '조모(ཇོ་མོ།)'란 여성 출가자 또는 부인의 높임말이다.

109 앞의 논서, D4343 203-2-155a1~203-2-155b1 참고.

110 여기서 '두 번째와 세 번째'란 십만 번씩 염송하기를 두 차례, 세 차례 한다는 의미이다. 이하도 동일하다.

འགྱུབ་པར་འགྱུར་རོ།།)"[111]

④ ▪ ----, 『카르싸빠니성관자재〔空行聖觀自在〕의 성취법』(D2852)

"부처님의 (이타적 행위가) 구름처럼 비치는

이러한 유가를 수습한다면

'세간의 구제자 대광명'[112]을

바로 이 생에 성취하게 된다.

(སངས་རྒྱས་སྤྲིན་ནི་འཕྲོ་བ་ཡིས།།[113]

རྣལ་འབྱོར་འདི་འདྲ་བསྒོམས་ན་ནི།།

འཇིག་རྟེན་མགོན་པོ་འོད་ཆེན་པོ།།

ཚེ་འདི་ཉིད་ལ་ཐོབ་པར་འགྱུར།།)

수습함으로써 피로하게 된다면 (이때) 자신의 가슴의 월륜月輪 위에 주문이 진주 염주처럼 (돌려져 있다고) 사유하고, 반복해서 염송하도록 한다. 염송하는 주문은 이것이니, 내가 옴마니빼메훙을 백 번, 천 번 반복해서 염송하고서, 세존 당신께 바르게 (공덕수 등을) 공양을 올린다.

(བསྒོམས་པས་ངལ་བར་གྱུར་ན། རང་གི་སྙིང་གའི་ཟླ་བའི་དཀྱིལ་འཁོར་གྱི་སྟེང་དུ་སྔགས་མུ་ཏིག་གི་ཕྲེང་བ་དང་འདྲ་བ་བསམས་ཏེ་བཟླས་པར་བྱའོ།། བཟླས་པའི་སྔགས་ནི་འདི་ཡིན་ཏེ། ཨོཾ་མ་ཎི་པདྨེ་ཧཱུྃ། བརྒྱའམ་སྟོང་དུ་བཟླས་པར་བྱ་སྟེ། བཅོམ་ལྡན་འདས་ལ་བདག་ཉིད་ཀྱིས་མཆོད་པ་ལེགས་པར་བྱའོ།།)"[114]

---

111 앞의 논서, D3407 77-72b.

112 여기서의 '세간의 구제자 대광명'은 '관세음' 또는 '관자재'를 가리킨다.

113 제1구의 '~ཡིས།།'는 '~ཡི།།'로 보는 것이 타당하다고 본다.

⑤ ▪ ----,『아사리 뻬마 우바새가 세간자재에 의해 실지를 이룬 전기』(D4341)

'뻬마'라는 우바새가 한 사원에 머물면서 법당 소임을 살고 있었다. 그 사원에는 금으로 사경한 '팔천송반야경'이 모셔져 있었다. 그가 그중 몇 장을 훔쳐서 창녀에게 가져다주었다. 그는 이와 같은 중죄重罪를 지은 것으로 인해 죽어 지옥에 떨어지게 되었다. 그때 그의 스승이 그에게 육자의 성취법을 가르쳐주고, 12년 동안 육자진언 수습과 염송 수행을 하도록 했다. 그로 인해 죄업이 완전히 소멸되고 신통력까지 얻게 되었다.[115]

⑥ ▪ ----,『부인이 실지를 이룬 (전기)』(D4345)

인도의 '밤가라'라는 지역에 한 부인이 남편과 함께 살고 있었다. 그러던 중 남편이 죽어 아귀로 태어나게 되었다. 그 아귀는 늘 생전의 자기 부인의 집에 찾아와 그가 옛날에 쓰던 물건을 자기 것이라 탐하곤 하였다. 이로 인해 부인은 너무도 시달리며 살고 있었다. 그때 중인도의 한 상인이 이 부인 집에 머물면서 동쪽으로 장사를 다니곤 하였다. 그는 발을 씻겨 주는 등의 하인의 시중을 받으며, 육자진언 수습과 염송 수행을 하고 있었다. 그 상인이 부인의 집에 머물자 아귀는 안으로 들어오지 못하고 밖에서 '꾸루꾸루' 소리만 내곤 하였다. 부인은 상인이 자신의 집에 머물자 아귀가 안으로 들어오지 못한다는 사실을 알아차리고, 그 상인에게 예경과 공양을 올리고는 "당신

---

114 앞의 논서, D2852 73-194b.

115 앞의 논서, D4341 203-2-153a7~203-2-154b6 참고.

께서는 어떤 수행을 하시는지요. 그것을 저에게 좀 가르쳐 주십시오" 라고 간청하자 상인은 부인에게 육자진언의 수행법을 가르쳐주었다. 그러자 부인은 상인의 가르침대로 실천 수행하여 아귀의 해코지로부터 벗어나게 되었다.[116]

⑦ ▪ ----, 『목공이 실지를 이룬 전기』(D4344)

어느 때에, 육자진언 수습과 염송 수행을 너무너무 열심히 하는 한 목공이 있었다. 얼마 안 되어 그는 중병에 걸려 죽어서 지옥에 가게 되었다. 하지만 그는 곧바로 그 지옥으로부터 벗어나 원래 살던 곳으로 되돌아올 수 있었다.[117]

⑧ 사마똑꾀빼멘악의 『육자의 성취법』(D3406)

"'옴마니빼메훙'이라는 (육)자를 십만 번을 염송한다. 그런 연후에 두 번째와 세 번째로써 죄업이 청결해지고, 오무간업을 지은 사람이라도 천만 번을 염송함으로써 실지에 이르게 된다. (ཨོཾ་མ་ཎི་པདྨེ་ཧཱུྃ་ཞེས་པ་ཡི་གེ་འབུམ་དུ་བཟླས་སོ།། དེ་ནས་གཉིས་པ་དང་གསུམ་པས་སྡིག་པ་དག་པར་འགྱུར་རོ།། མཚམས་མེད་པ་ལྔ་བྱེད་པས་ཀྱང་བྱེ་བ་བཟླས་པས་དངོས་གྲུབ་ཏུ་འགྱུར།)"[118]

⑨ 용수의 『성세간자재 육자의 성취법』(D2736a)

"이것은 명호주名號呪의 왕이고

116 앞의 논서, D4345 203-2-155b6~203-2-156a2 참고.

117 앞의 논서, D4344 203-2-155b1~203-2-155b6 참고.

118 앞의 논서, 사마똑꾀빼맹악(D3406) 77-72a.

상반되는 악취〔번뇌〕를 소멸하며

원하는 모든 결실[119]을 주기 때문에

여의보주如意寶珠와 같다.

(འདི་ནི་མཚན་གྱི་རྒྱལ་པོ་སྟེ།།

མི་མཐུན་དྲི་མ་སྤོང་བྱེད་ཅིང་།།

འདོད་པའི་འབྲས་བུ་ཀུན་སྟེར་བས།།

ཡིད་བཞིན་ནོར་བུ་ལྟ་བུའོ།།)"[120]

"최후의 오백 년에 세간계[121]에서

능인의 가르침이 쇠퇴하지 않고

'세간자재의 유가'에 의해

속히 자리이타를 성취하게 된다.[122]

(ལྔ་བརྒྱའི་ཐ་མར་འཇིག་རྟེན་དུ།།

ཐུབ་པའི་བསྟན་པ་རྒྱས་འགྱུར་ཏེ།།

འཇིག་རྟེན་དབང་ཕྱུག་རྣལ་འབྱོར་གྱིས།།

མྱུར་དུ་བདག་གཞན་དོན་འགྲུབ་འགྱུར།།)"[123]

---

119 여기서 '모든 결실'이란 일시적인 이익과 구경의 안락을 가리킨다. 전자는 주로 금생의 안락과 부귀영화, 다음 생에 천신과 인간의 생을 성취하는 것과 같고, 후자는 해탈과 부처님의 경지를 성취하는 것과 같다.

120 앞의 논서, 용수(D2736a) 73-123a.

121 제1구의 '세간계'란 남섬부주를 가리킨다.

122 제3구의 '세간자재의 유가'란 세간자재의 성취법, 즉 육자의 성취법을 가리킨다.

123 앞의 논서, 용수(D2736a) 73-123b.

⑩ 지존 관세음의 『뽀따라로 가는 순례 안내기』(D3756)

"이 옴마니빼메훙 (육)자 주문을 십만 번을 염송함으로써 세존의 가피를 성취하고 죄업에서 벗어나게 된다.

(ཨོཾ་མ་ཎི་པདྨེ་ཧཱུྃ་སྔགས་ཀྱི་ཡི་གེ་འདིའི་གྲངས་ནི་འབུམ་བཟླས་པས་བཅོམ་ལྡན་འདས་ཀྱི་བྱིན་རླབས་ཐོབ་པ་དང་སྡིག་པ་དང་བྲལ་བར་འགྱུར་རོ།།)"[124]

다음은 5종의 티벳 대학승의 논서에 나타난 육자진언의 공덕에 관한 내용적 전거를 차례대로 제시하고자 한다.

① 꾼켄 돌뽀빠 쎄랍곌첸의 『육자의 성취법』(JDol185)

"그와 같이 한다면 수명장수하고 질병이 없고 재물과 권세를 두루 갖추는 데 (방해되는) 원수와 도적盜賊, 불, 물 등과 사람과 사람 아닌 존재와 모든 악귀로부터 (피해를) 입지 않게 된다. 마음이 선량하고 도리에 맞는 행위가 법에 부합하기 때문에 임종시에 그러한 두려운 현상이 나타나지 않는다. 그리고 지존 성관자재와 그 권속을 비롯하여 그의 헤아릴 수 없는 화현들이 (나를) 맞이하여 뽀따라 또는 극락세계의 연꽃에서 화생化生[125]을 한다.

---

124 앞의 논서, 지존 관세음(D3756) 79-102a.

125 쪼네 제쭌 닥빠쎄둡, 『능단금강반야바라밀다경의 주석서, 해탈로 나아가는 훌륭한 도〔방편〕의 심오한 의미를 명확히 밝히는 태양』, 『제쭌 닥빠쎄둡의 전집』〔ཨ་〕에 수록, 臺灣 財團法人佛陀教育基金會 印贈(TI513), 2009, p.111, "화생化生은 겁초의 인간들과 천신, 지옥중생들과 바르도와〔중음신〕, 아수라 (이러한 중생 전체와) 축생 (중 일부)에도 존재한다.
(བརྫུས་སྐྱེས་ནི་བསྐལ་པ་དང་པོའི་མི་རྣམས་དང་ལྷ་དང་དམྱལ་བ་པ་རྣམས་དང་བར་དོ་བ་དང་ལྷ་མིན་དུད་འགྲོ་ལའང་ཡོད་

또한 태어나자마자 다라니와 삼매 등의 많은 공덕을 성취하고 모든 부처님께서 환희하시고, (십)지와 (오)도의 모든 공덕을 온전히 구족하고서 구제자 관세음에 상응하는 경지를 성취하게 된다.

(དེ་ལྟར་བྱས་ན་ཚེ་རིང་ཞིང་ནད་མེད་པ་དང་། ལོངས་སྤྱོད་དང་། དབང་ཕྱུག་ཕུན་སུམ་ཚོགས་པ་ལ་དགྲ་དང་། ཆོམ་རྐུན་དང་། མེ་དང་། ཆུ་ལ་སོགས་པ་དང་། མི་དང་མི་མ་ཡིན་པའི་གནོད་ཐམས་ཅད་ཞི་བ་དང་། བསམ་པ་དགེ་ཞིང་ལས་སུ་རུང་ལ་ཆོས་མཐུན་པས། འཆི་བའི་ཚེ་འཇིགས་པའི་སྣང་བ་དེ་དག་མི་འཆར་བར་རྗེ་བཙུན་སྤྱན་རས་གཟིགས་དབང་ཕྱུག་འཁོར་དང་བཅས་པའམ། དེའི་རྣམ་འཕྲུལ་བསམ་གྱིས་མི་ཁྱབ་པས་བསུ་ནས། པོ་ཏ་ལའམ། བདེ་བ་ཅན་དུ་པད་མ་ལ་བརྫུས་ཏེ་སྐྱེ་ཞིང་། སྐྱེས་མ་ཐག་ཏུ་གཟུང(ས)་དང་། ཏིང་ངེ་འཛིན་ལ་སོགས་པའི་ཡོན་ཏན་མང་པོ་ཐོབ་ནས། སངས་རྒྱས་ཐམས་ཅད་མཉེས་པར་བྱེད་ཅིང་། ས་དང་ལམ་གྱི་ཡོན་ཏན་ཐམས་ཅད་ཡོངས་སུ་རྫོགས་ནས། མགོན་པོ་སྤྱན་རས་གཟིགས་དང་མཚུངས་པའི་གོ་འཕང་ཐོབ་པར་འགྱུར་རོ།།)"126

རོ།།)"

제쭌 최끼곌첸, 「연기의 총의(རྟེན་འབྲེལ་སྤྱི་དོན།)」, 『반야般若의 별책 부록(ཕར་ཕྱིན་ཟུར་བཀོལ།)』에 수록, 남인도 쎄라제사원 도서관, 2003, p.360,

"축생에게 사생四生이 존재하는 까닭은 사생이 존재하는 금시조金翅鳥〔가루다〕는 사생이 존재하는 용을 잡아먹는다고 '룽'〔부처님의 교언〕에서 설하기 때문이다. 아귀에게 태생이 존재하는 까닭은 한 여아귀女餓鬼가 성세간자재에게, '성인이시여! 저는 낮에 다섯 자식과 그와 같이 밤에 다섯 자식들을 낳아서 잡아먹지만 저는 배가 부르지 않습니다'라고 말하지 않았는가, (아귀 중) 화생은 먹을 시체라고는 없기 때문이다.

(དུད་འགྲོ་ལ་སྐྱེ་གནས་བཞི་ཀ་ཡོད་དེ། སྐྱེ་གནས་བཞི་དང་ལྡན་པའི་མཁའ་ལྡིང་གིས་སྐྱེ་གནས་བཞི་དང་ལྡན་པའི་ཀླུ་ཟ་བར་ལུང་ལས་བཤད་པའི་ཕྱིར། ཡི་དྭགས་ལ་མངལ་སྐྱེས་ཡོད་དེ། ཡི་དྭགས་མོ་ཞིག་གིས་འཕགས་པ་འཇིག་རྟེན་དབང་ཕྱུག་ལ། འཕགས་པ་བདག་ཉིན་མོ་བུ་ལྔ་དང་། དེ་བཞིན་མཚན་མོ་བུ་ལྔ་སྐྱེས་ནས་ཟ་བར་འགྱུར་མོད་ཀྱི། འོན་ཀྱང་བདག་ལ་ཚིམ་པ་མེད།། ཅེས་བཤད་པ་གང་ཞིག བརྫུས་སྐྱེས་ལ་རོ་ཟ་རྒྱུ་མེད་པའི་ཕྱིར།)"

126 앞의 논서, 꾼켄 돌뽀빠 쎄랍곌첸(JDol185) 8-655.

② 미팜 잠양남곌갸초의『업장의 흐름을 차단하는 수백 가지 주문』(MP131)

“이 옴마니빼메훙은 하방下方의 지존 딘빠온뽀(성)관자재의 명주로, 소지장을 소제하고 예쎄바라밀[127]을 성취한다. 이 정수[128]를 관세음의 정수 육자모六字母라고도 한다. (이를) 반복해서 염송하는 정도만으로도 업과 번뇌에 물들지 않고, 제7지 보살과 선연善緣이 동등하게 된다. (육자진언을) 보거나, 듣거나, 기억하거나, 닿는 것 (정도만으로도 윤회에서) 벗어나는 희유希有한 (위신력이) 있다고 널리 칭찬하는 것에 대해서는『성聖 보배함의 장엄이라는 대승경』등에서 상세하게 기술한 것과 같다. 이것〔옴마니빼메훙〕의 근원적인 장구長句의 비밀주秘密呪는 바로 천수천안다라니千手千眼陀羅尼이다.

(ཨོཾ་མ་ཎི་པདྨེ་ཧཱུྃ། འདི་ནི་འོག་ཕྱོགས་ཀྱི་སྤྱན་རས་གཟིགས་རྗེ་བཙུན་མཁྲིན་པ་སྔོན་པོའི་རིག་སྔགས་ཏེ། ཤེས་བྱའི་སྒྲིབ་པ་བསལ་ནས་ཡེ་ཤེས་ཀྱི་ཕ་རོལ་ཏུ་ཕྱིན་པ་འགྲུབ་པར་བྱེད་པའོ།། སྙིང་པོ་འདི་ལ་སྤྱན་རས་གཟིགས་ཀྱི་སྙིང་པོ་ཡི་གེ་དྲུག་མ་ཞེས་བཟླས་པ་ཙམ་གྱིས་ལས་ཉོན་གྱིས་མི་གོས་ཤིང་། བྱང་སེམས་ས་བདུན་པ་དང་སྐལ་བ་མཉམ་པར་བྱེད་ལ། མཐོང་ཐོས་དྲན་རེག་གྲོལ་བའི་ཕྲིན་ལས་རྨད་དུ་བྱུང་བའི་བསྔགས་པ་རྒྱ་ཆེན་པོ་ནི་ཟ་མ་ཏོག་སོགས་ལས་རྒྱ་ཆེར་གསལ་བ་བཞིན་ནོ།། འདིའི་རྩ་བའི་གསང་སྔགས་རྒྱས་པ་ནི་ཕྱག་སྟོང་སྤྱན་སྟོང་གི་གཟུངས་ཉིད་དོ།།)”[129]

---

127 여기서의 ‘예쎄바라밀’이란 불성인에게만 존재하는 일체종지와 동일한 의미이다. 이것은 공성을 눈으로 사물을 보듯 직관적으로 요해하는 지혜를 가리킨다.

128 여기서 ‘정수’란 육자진언 옴마니반메훔을 가리킨다.

129 앞의 논서, 미팜 잠양남곌갸초(MP131) 7-29-20a.

③ 미팜 잠양남겔갸초의 『팔대보살의 본생담, 보배 염주』(MP215)

"(육자진언을) 한 번 기억하는 정도만으로도 모든 죄업이 소멸되고, 이것을 한 번 염송하는 (그) 복덕은 (그 무엇에도) 비유할 수가 없다. 모든 미세한 티끌 수와 바닷속의 모래, 오백 유순의 높이와 일백 유순의 넓이가 되는 가정집을 가득 채운 깨알을 백 년이 지날 때마다 한 알씩 (밖으로) 꺼내어 (그것이) 다 없어질 때까지 헤아릴 수 있지만, 이 명주를 염송하는 복덕더미는 헤아릴 수 없다.

(གང་ཞིག་དྲན་པ་ཙམ་གྱིས་སྡིག་པ་ཐམས་ཅད་བྱང་བར་བྱེད་པ་འདི་ལན་གཅིག་བཟླས་པའི་བསོད་ནམས་ནི་དཔེར་བྱ་མི་ནུས་ཏེ། རྡུལ་ཕྲ་རབ་ཐམས་ཅད་ཀྱི་གྲངས་དང་། རྒྱ་མཚོ་མཆིང་རྣམ་གྱི་"བྱེ་མ་དང་། འཕང་དུ་དཔག་ཚད་ལྔ་བརྒྱ་དང་ཞེང་དུ་དཔག་ཚད་བརྒྱ་པའི་ཁྱིམ་ཏིལ་འབྲུས་ཕྱུར་བུར་བཀང་བ་ལས་ལོ་བརྒྱ་འདས་པ་དང་། འབྲུ་རེ་རེ་ཕྱུང་ན་ཟད་པར་བགྲང་ནུས་ཀྱི་རིག་སྔགས་འདི་བཟླས་པའི་བསོད་ནམས་ཕུང་པོ་བགྲང་མི་ནུས་སོ།།)"[130]

④ ㉮ 쏭쩬감뽀의 『마니까붐첸모(མ་ཎི་བཀའ་འབུམ་ཆེན་མོ།)〔大摩尼全集〕』(제1권)[131]

"세존께서 말씀하시기를, 선남자여! 옴마니빼메훙 이 육자명주는 성관자재보살마하살의 마음의 정수이다. 이 육자대명주를 끊임없이 반복해서 염송하거나 듣거나 사유하거나 수승한 마음으

---

130 앞의 논서, 미팜 잠양남겔갸초(MP215) 14-5-114a.

131 테룽뿡탕데첸궁전(ཐེད་ལུང་སྤྱང་ཐང་བདེ་ཆེན་ཕོ་བྲང་།)에서 발행한 목판인쇄본 상·하권의 명칭은 『마니까붐』이고, 青海省 民族出版社에서 발행한 제1·2권의 명칭은 『마니까붐첸모』이다. 내용은 동일하다.

로 수지하는 이들은 복덕을 갖추게 된다. 이 육자명주를 수지하게 하는 이는 팔만사천 법온을 수지하게 하는 것이 된다. 미세한 티끌 수와 같은 여래, 응공, 정변지의 사리의 정수가 깃든 천신의 금보배로 불탑을 조성하게 한다면 그러한 이숙과異熟果[132]의 복덕[133]은 매우 크다. 그보다도 이 육자대명주의 복덕이 훨씬 더 크다. 육자명주를 한 번 서사하는 이숙과의 공덕[134]은 생각으로는 다 헤아릴 수 없다. 이 육자명주를 반복해서 염송하는 그 사람은 생각으로는 다 헤아릴 수 없는 공덕을 성취하게 된다.

(བཅོམ་ལྡན་འདས་ཀྱིས་བཀའ་སྩལ་པ། རིགས་ཀྱི་བུ། ཨོཾ་མ་ཎི་པདྨེ་ཧཱུྃ། ཡི་གེ་དྲུག་པའི་རིག་སྔགས་འདི་ནི། བྱང་ཆུབ་སེམས་དཔའ་སེམས་དཔའ་ཆེན་པོ་འཕགས་པ་སྤྱན་རས་གཟིགས་དབང་ཕྱུག་གི་ཐུགས་ཀྱི་ཡང་སྙིང་ལགས་ཏེ། ཡི་གེ་དྲུག་པའི་རིག་སྔགས་ཆེན་པོ་འདི་འཛབ་ཏུ་བགྱིད་པ་དང་། ཉན་པ་དང་། སེམས་པ་དང་། བསམ་པ་ལྷག་པས་འཛིན་པ་དེ་དག་ནི་བསོད་ནམས་དང་ལྡན་པ་ལགས་སོ།། ཡི་གེ་དྲུག་པའི་རིག་སྔགས་འདི་འཛིན་དུ་འཇུག་པ་དེ་ཆོས་ཀྱི་ཕུང་པོ་བརྒྱད་ཁྲི་བཞི་སྟོང་འཛིན་དུ་འཇུག་

---

132 이숙과異熟果를 이숙異熟이라고도 한다. 제쭌 최끼곌첸의 『아비달마구사론의 난점難點을 바르게 설한 보배 창고(མཛོད་ཀྱི་དཀའ་གནད་ལེགས་བཤད་ནོར་བུའི་བང་མཛོད།)』 「제2품」에 따르면 이숙과의 세 가지 조건은 ㉮ 이숙과의 인因인 불선 또는 번뇌에 의해 지은 선의 업력이 완전히 성숙한 것 ㉯ 보특가라에 속한 것 ㉰ 무부무기無覆無記인 것이다. ㉮는 번뇌에서 생겨난 오온, 즉 유루의 오취온五取蘊과 같은 것이고, ㉯는 사람의 머리카락과 손톱, 발톱 등 죽음과 동시에 함께 부패하고 망가지는 것이며, ㉰는 번뇌장과 소지장 어느 것도 아니고, 선과 불선 어느 것도 아닌 것이다.(제쭌 최끼곌첸의 『아비달마구사론의 난점難點을 바르게 설한 보배 창고(མཛོད་ཀྱི་དཀའ་གནད་ལེགས་བཤད་ནོར་བུའི་བང་མཛོད།)』 「제2품」, 남인도 쎄라제사원 도서관, 2004, p.80 참고)

133 '이숙과異熟果의 복덕'이란 훌륭한 이숙과를 초래하는 복덕을 말한다.

134 '이숙과의 공덕'이란 훌륭한 이숙과를 초래하는 공덕을 말한다.

པར་འགྱུར་རོ།། དེ་བཞིན་གཤེགས་པ་དགྲ་བཅོམ་པ་ཡང་དག་པར་རྫོགས་པའི་སངས་རྒྱས་རྡུལ་ཕྲ་རབ་ཀྱི་གྲངས་དང་མཉམ་པ་ལྷའི་གསེར་རིན་པོ་ཆེ་ལས་བྱེད་ཅིང་བྱས་པ། རིང་བསྲེལ་གྱི་སྙིང་པོ་ཅན་གྱི་མཆོད་རྟེན་བྱེད་དུ་བཅུག་སྟེ། དེའི་རྣམ་པར་སྨིན་པའི་བསོད་ནམས་ཆེ་སྟེ། དེ་བས་ཀྱང་ཡི་གེ་དྲུག་པའི་རིག་སྔགས་ཆེན་མོ་འདི་བསོད་ནམས་ཆེའོ།། ཡི་གེ་དྲུག་པའི་རིག་སྔགས་འདི་ལན་ཅིག་བྲིས་པའི་རྣམ་པར་སྨིན་པའི་ཡོན་ཏན་བསམ་གྱིས་མི་ཁྱབ་བོ།། ཡི་གེ་དྲུག་པའི་རིག་སྔགས་འདི་བཟླ་བའི་མི་དེས་ནི་ཡོན་ཏན་བསམ་གྱིས་མི་ཁྱབ་པ་ཐོབ་པར་འགྱུར་རོ།།)"[135]

"이 육자명주를 조금 염송하는 것만으로도 많은 종류의 대승경에서 (설한 바와 같이) 적정과 해탈을 성취하게 된다. 다른 유가瑜伽[136]들은 벼의 왕겨와 같다. 모든 유가 중에서 이 육자명주의 왕은 쌀과 같은 것이다. 선남자여! 보시바라밀, 지계바라밀, 인욕바라밀, 정진바라밀, 지혜바라밀을 원만구족하게 된다. 육자명주 '옴마니빼메훙'이라고 한 번 염송함으로써 육바라밀이 원만구족하게 된다. 어떤 이가 육자를 서사한 것에 손이 닿으면 그러한 이들도 불퇴전(보살)[137]이 된다. 이 육자다라니주를 한 번 수지한다면 모든 여래께 일체의 의복과 음식, 침구, 병을 치료하는 약과 자구로써 받들어 모시는 것이 된다.『성聖 보배함의 장엄이라는 대승경』이라는 명칭을 듣는 것만으로도 이전의 죄업과 장애障碍[138]가 없어지게 된다. 어떤 이들이 상대방의 아녀자를

---

135 쏭쩬감뽀(1991),『마니까붐첸모〔大摩尼全集〕』(경서 제1권), pp.30~31.

136 여기서의 '유가瑜伽'는 선근善根이라는 의미이다.

137 '반야 논서'에 따르면 '불퇴전보살'이란 소승도에 입문하지 않고 처음부터 대승도에 입문하여 올곧게 부처님의 경지로 나아가기 위해 실천 수행하는 보살을 말한다.

138 '불교 경론'에서 말하는 '장애障碍'란 주로 살아가면서 생기는 고통 정도가 아

탐착함으로써 사음을 저지른 것과 살생업을 지은 것, 부모를 죽인 것, 아라한을 죽인 것, 불탑을 파괴한 것, 법당을 파괴한 것, 나쁜 마음으로 여래의 몸에 피를 낸 것과 (같은) 모든 무간업의 장애 또한 이 『성聖 보배함의 장엄이라는 대승경』에서 (설하신) 육자(진언)에 의해 정화된다. 옴마니빼메훙!

(ཡི་གེ་དྲུག་པའི་རིག་སྔགས་འདི་ཅུང་ཟད་བཟླས་པས་ཀྱང་ཐེག་པ་ཆེན་པོའི་མདོ་རྣམ་པ་མང་པོའི་ཞི་བ་དང་ཐར་པ་ཐོབ་པར་འགྱུར་རོ།། རྣལ་འབྱོར་གཞན་རྣམས་ནི་འབྲས་ཀྱི་ཤུབ་མ་དང་འདྲའོ།། རྣལ་འབྱོར་ཐམས་ཅད་ཀྱི་ནང་ནས་ཡི་གེ་དྲུག་པའི་རིག་སྔགས་ཀྱི་རྒྱལ་པོ་འདི་ནི་འབྲས་ཀྱི་སྙིང་པོ་ལྟར་གྱུར་པའོ།། རིགས་ཀྱི་བུ་སྦྱིན་པའི་ཕ་རོལ་ཏུ་ཕྱིན་པ་དང་།། ཚུལ་ཁྲིམས་ཀྱི་ཕ་རོལ་ཏུ་ཕྱིན་པ་དང་།། བཟོད་པའི་ཕ་རོལ་ཏུ་ཕྱིན་པ་དང་། བསམ་གཏན་གྱི་ཕ་རོལ་ཏུ་ཕྱིན་པ་དང་། ཤེས་རབ་ཀྱི་ཕ་རོལ་ཏུ་ཕྱིན་པ་ཡོངས་སུ་རྫོགས་པའི་ཕྱིར།། ཡི་གེ་དྲུག་པའི་རིག་སྔགས། ཨོཾ་མ་ཎི་པདྨེ་ཧཱུྃ་ཞེས་པ་ལན་ཅིག་བཟླས་པས་ཕ་རོལ་ཏུ་ཕྱིན་པ་དྲུག་ཡོངས་སུ་རྫོགས་པར་འགྱུར་རོ།། ལ་ལ་ཞིག་གིས་ཡི་གེ་དྲུག་པ་བྲིས་པ་ལ་ལག་པས་རེག་པ་དེ་དག་ཀྱང་ཕྱིར་མི་ལྡོག་པར་འགྱུར་རོ།། ཡི་གེ་དྲུག་པའི་གཟུངས་སྔགས་འདི་ལན་ཅིག་བཟུང་ན། དེ་བཞིན་གཤེགས་པ་ཐམས་ཅད་ལ་ན་བཟའ་དང་། བསོས་དང་། མལ་སྟན་དང་། ན་བའི་རྐྱེན་སྨན་དང་། ཡོ་བྱད་ཐམས་ཅད་ཀྱིས་བཀུར་སྟི་བྱས་པར་འགྱུར་རོ།། མདོ་སྡེ་ཟ་མ་ཏོག་བཀོད་པ་འདིའི་མིང་ཐོས་པ་ཙམ་གྱིས་དེ་དག་གིས་སྔོན་གྱི་སྡིག་པ་དང་སྒྲིབ་པ་མེད་པར་འགྱུར་རོ།། གང་དག་ཕ་རོལ་གྱི་བུ་མེད་ལ་ཆགས་པས་འདོད་ལོག་སྤྱོད་པ་དང་། སྲོག་གཅོད་པའི་ལས་བྱས་པ་དང་ཕ་མ་བསད་པ་དང་། དགྲ་བཅོམ་པ་བསད་པ་དང་། མཆོད་རྟེན་བཤིག་པ་དང་། གཙུག་ལག་ཁང་བཤིག་པ་དང་། དེ་བཞིན་གཤེགས་པའི་སྐུ་ལ་ངན་སེམས་ཀྱིས་ཁྲག་ཕྱུང་བ་དང་། མཚམས་མེད་པའི་ལས་ཀྱི་སྒྲིབ་པ་ཐམས་ཅད་ཀྱང་ཟ་མ་ཏོག་བཀོད་པའི་ཡི་གེ་དྲུག་པ་འདིས་དག་པར་བྱེད་དོ།། ཨོཾ་མ་ཎི་

닌 해탈과 부처님의 경지로 나아가는 데 방해가 되는 번뇌장과 소지장을 가리킨다.

པདྨེ་ཧཱུྃ།)"[139]

㉯ 쏭쩬감뽀의 『마니까붐』「육자(진언의) 교계에 관한 것(ཡི་གེ་དྲུག་པའི་ཞལ་གདམས་ཀྱི་སྐོར།)」(제2권)

"옴마니뻬메훙을 육신六身과 연결해 보면 '옴'은 법신, '마'는 원만보신圓滿報身,[140] '니'는 화신〔응신〕, '뻬'는 자성신自性身, '메'는 현등각신現等覺身, '훙'은 불변금강신不變金剛身이다. (이) 육신을 자연성취[141] 하는 것도 육자(진언)에 의해서이다.

(ཨོཾ་མ་ཎི་པདྨེ་ཧཱུྃ། སྐུ་དྲུག་དང་སྦྱར་ན། ཨོཾ་ཆོས་ཀྱི་སྐུ། མ་ལོངས་སྤྱོད་རྫོགས་པའི་སྐུ། ཎི་སྤྲུལ་པའི་སྐུ། པད་ངོ་བོ་ཉིད་ཀྱི་སྐུ། མེ་མངོན་པར་བྱང་ཆུབ་པའི་སྐུ། ཧཱུྃ་མི་འགྱུར་བ་རྡོ་རྗེའི་སྐུ། སྐུ་དྲུག་ལྷུན་གྱིས་གྲུབ་

---

139 앞의 논서, 쏭쩬감뽀(1991), 경서 제1권, pp.31~32.

140 제쭌 최끼겔첸, 『현관장엄론의 소전所詮인 여덟 가지 범주와 칠십의七十義를 확정 짓는 훌륭한 방편 제쭌 최끼겔첸의 구전口傳, 청정무구清淨無垢(བསྟན་བཅོས་མངོན་པར་རྟོགས་པའི་རྒྱན་གྱི་བརྗོད་བྱ་དངོས་བརྒྱད་དོན་བདུན་ཅུ་ངེས་པར་བྱེད་པའི་ཐབས་དམ་པ་རྗེ་བཙུན་ཆོས་ཀྱི་རྒྱལ་མཚན་གྱི་གསུང་རྒྱུན་དྲི་མ་མེད་པ།)』, 남인도 쎄라제사원 도서관, 2007, p.79,

"다섯 가지 결정決定을 갖춘 구경의 색신 그것이 보신의 정의이다. 오결정五決定은 ㉮ 오직 밀엄정토에만 머무는 '처處결정' ㉯ (삼십이)상과 (팔십)종호가 선명하고도 원만구족하게 장엄된 '신身결정' ㉰ 오직 보살성인만으로 둘러싸인 '권속眷屬결정' ㉱ 오직 대승의 법뿐인 '법法결정' ㉲ 윤회가 없어질 때까지 머무는 '시時결정'이다. 범위는 오직 부처님의 경지에만 존재한다.

(ངེས་པ་ལྔ་ལྡན་གྱི་གཟུགས་སྐུ་མཐར་ཐུག་དེ། ལོངས་སྐུའི་མཚན་ཉིད། ངེས་པ་ལྔ་ནི། གནས་ངེས་པ་འོག་མིན་ཁོ་ནར་བཞུགས་པ། སྐུ་ངེས་པ་མཚན་དཔེ་གསལ་རྫོགས་ཀྱིས་སྤྲས་པ། འཁོར་ངེས་པ་བྱང་སེམས་འཕགས་པ་ཤ་སྟག་གིས་བསྐོར་བ། ཆོས་ངེས་པ་ཐེག་ཆེན་གྱི་ཆོས་འབའ་ཞིག་གསུང་བ། དུས་ངེས་པ་འཁོར་བ་ཇི་སྲིད་མ་སྟོང་གི་བར་དུ་བཞུགས་པ་རྣམས་སོ།། ས་མཚམས་སངས་རྒྱས་ཀྱི་ས་ཁོར་ནར་ཡོད།།)"

이 다섯 가지는 보신報身이 갖추어야 할 조건 또는 특징이라 할 수 있다.

141 여기서 '자연성취'란 밀교 수행에 의해 성취하는 출중한 신통변화와 같은 것을 말한다.

པ་གྲོལ་བར་བྱེད་པ་ཡང་ཡིག་དྲུག་ཡིན་ནོ།།)"[142]

"옴마니빼메훙을 육바라밀과 연결해 보면 '옴'은 보시바라밀, '마'는 지계바라밀, '니'는 인욕바라밀, '빼'는 정진바라밀, '메'는 선정바라밀, '훙'은 지혜바라밀이다. (이) 여섯 가지를 원만구족하는 것 또한 육자(진언)를 반복해서 염송함으로써 성취한다.

(ཨོཾ་མ་ཎི་པདྨེ་ཧཱུྃ། ཕ་རོལ་ཏུ་ཕྱིན་པ་དྲུག་དང་སྦྱར་ན། ཨོཾ་སྦྱིན་པའི་ཕ་རོལ་ཏུ་ཕྱིན་པ། མ་ཚུལ་ཁྲིམས་ཀྱི་ཕ་རོལ་ཏུ་ཕྱིན་པ། ཎི་བཟོད་པའི་ཕ་རོལ་ཏུ་ཕྱིན་པ། པད་བརྩོན་འགྲུས་ཀྱི་ཕ་རོལ་ཏུ་ཕྱིན་པ། མེ་བསམ་གཏན་གྱི་ཕ་རོལ་ཏུ་ཕྱིན་པ། ཧཱུྃ་ཤེས་རབ་ཀྱི་ཕ་རོལ་ཏུ་ཕྱིན་པ་དྲུག་ཡོངས་སུ་རྫོགས་པར་བྱེད་པ་ཡང་ཡི་གེ་དྲུག་པ་བཟླས་པས་འོང་བ་ཡིན་ནོ།།)"[143]

"옴마니빼메훙을 오독五毒과 육종번뇌六種煩惱[144]가 있는 것을 제멸除滅하는 것과 연결해 보면 '옴'으로써 어리석음을 제멸하고, '마로써 성냄을 제멸하며, '니'로써 교만을 제멸하고, '빼'로써 탐욕을 제멸하며, '메'로써 질투를 제멸하고, '훙'으로써 일체의 번뇌를 제멸한다. 육종번뇌와 오(독이) 남아 있는 것을 제멸하는 것 또한 육자(진언)를 반복해서 염송함으로써 성취한다.

(ཨོཾ་མ་ཎི་པདྨེ་ཧཱུྃ། དུག་ལྔ་དང་ཉོན་མོངས་པ་དྲུག་གནས་སུ་འཛོམས་པ་དང་སྦྱར་ན། ཨོཾ་གྱིས་གཏི་མུག་འཛོམས། མས་ཞེ་སྡང་འཛོམས། ཎིས་ང་རྒྱལ་འཛོམས། པད་ཀྱིས་འདོད་ཆགས་འཛོམས། མེས་ཕྲག་དོག་འཛོམས། ཧཱུྃ་གིས་ཉོན་མོངས་པ་ཐམས་ཅད་འཛོམས། ཉོན་མོངས་པ་དྲུག་(དང་དུག་)ལྔ་གནས་སུ་འཛོམས་པ་ཡང་ཡི་གེ་དྲུག་པ་བཟླས་པས་འགྲུབ་ཡིན་ནོ།།)"[145]

---

142 쏭쩬감뽀, 『마니까붐』(목판인쇄본 제2권), 테룽뺑탕데첸궁전, 1975, p.63.

143 앞의 논서, 쏭쩬감뽀(1975), 목판인쇄본 제2권, p.64.

144 '육종번뇌六種煩惱'란 육종의 근본번뇌를 가리킨다. 여기서 육종은 오독五毒과 함께 하나의 법수로 산정한 '일체의 번뇌'를 합한 것이다.

"옴마니빼메훙을 중생을 이롭게 하는 육무량심六無量心과 연결해 보면 '옴'은 치우침이 없이 평등하게 중생을 이롭게 하는 대비무량심大悲無量心,[146] '마'는 자무량심慈無量心, '니'는 비무량심悲無量心, '빼'는 희무량심喜無量心, '메'는 사무량심捨無量心, '훙'은 법성무량심法性無量心[147]이다. 육무량심으로써 중생을 이롭게 하는 것 또한 육자(진언)를 반복해서 염송함으로써 성취하게 된다.
(ཨོཾ་མ་ཎི་པདྨེ་ཧཱུྃ། འགྲོ་དོན་ཚད་མེད་པ་དྲུག་དང་སྦྱར་ན། ཨོཾ་འགྲོ་དོན་མཉམ་པ་རིས་མེད་ཐུགས་རྗེ་ཚད་མེད་པ། མ་བྱམས་པ་ཚད་མེད་པ། ཎི་སྙིང་རྗེ་ཚད་མེད་པ། པད་དགའ་བ་ཚད་མེད་པ། མེ་བཏང་སྙོམས་ཚད་མེད་པ། ཧཱུྃ་ཆོས་ཉིད་ཚད་མེད་པའོ།། ཚད་མེད་པ་དྲུག་གིས་འགྲོ་བའི་དོན་བྱེད་པ་ཡང་ཡི་གེ་དྲུག་པ་བཟླས་པས་འགྲུབ་པར་འགྱུར་རོ།།)"[148]

"옴마니빼메훙을 육도중생의 고통을 제멸하는 것과 연결해 보면 '옴'으로써 천신이 죽어 (하계로) 떨어지는 고통을 소멸하고, '마'로써 아수라가 투쟁하는 고통을 소멸하며, '니'로써 인간이 죽는 고통을 소멸하고, '빼'로써 축생과 어리석은 바보의 고통을 소멸하며, '메'로써 아귀의 배고픔과 목마름의 고통을 소멸하고, '훙'으로써 한열旱熱과 한랭寒冷 지옥의 고통을 소멸한다. 육도중생의 고통의 대상을 소멸하는 것 또한 육자(진언)를 염송함으로써 얻는다.
(ཨོཾ་མ་ཎི་པདྨེ་ཧཱུྃ། འགྲོ་དྲུག་གི་སྡུག་བསྔལ་འཇོམས་པ་དང་སྦྱར་ན། ཨོཾ་གྱིས་ལྷ་འཕོ་ལྟུང་གི་སྡུག་བསྔལ་

145 앞의 논서, 쏭쩬감뽀(1975), 목판인쇄본 제2권, pp.64~65.

146 어떤 경우는 '대비무량심大悲無量心'은 보리심과 동의어로 사용되기도 한다.

147 여기서 '법성무량심法性無量心'이란 공성을 요해하는 지혜를 가리킨다.

148 앞의 논서, 쏭쩬감뽀(1975), 목판인쇄본 제2권, p.65.

སྦྱོང་། མས་ལྷ་མ་ཡིན་འཐབ་རྩོད་ཀྱི་སྡུག་བསྔལ་སྦྱོང་། ཎིས་མི་འཆི་འཕོའི་སྡུག་བསྔལ་སྦྱོང་། པད་ཀྱིས་བྱོལ་སོང་གླེན་ལྐུགས་ཀྱི་སྡུག་བསྔལ་སྦྱོང་། མེས་ཡི་དྭགས་བཀྲེས་སྐོམ་གྱི་སྡུག་བསྔལ་སྦྱོང་། ཧཱུྃ་གིས་དམྱལ་བ་ཚ་གྲང་གི་སྡུག་བསྔལ་སྦྱོང་། འགྲོ་དྲུག་གི་སྡུག་བསྔལ་གྱི་གནས་སྦྱོང་བ་ཡང་ཡི་གེ་དྲུག་པ་བཟླས་པས་འབྱུང་ངོ༎)”[149]

“옴마니빼메훙을 발보리심[150]과 연결해 보면 ‘옴’으로써 원보리심願菩提心이 생기고, ‘마’로써 행보리심行菩提心이 생기며, ‘니’로써 무이보리심無二菩提心이 생기고, ‘빼’로써 법성보리심法性菩提心이 생기며, ‘메’로써 예쎄보리심[151]이 생기고, ‘훙’으로써 승의보리심勝義菩提心이 생긴다. 최상의 보리심[152]이 생기는 것 또한 육자(진언)을 반복해서 염송함으로써 얻는다.

(ཨོཾ་མ་ཎི་པདྨེ་ཧཱུྃ། སེམས་བསྐྱེད་དང་སྦྱར་ན། ཨོཾ་གྱིས་སྨོན་པ་བྱང་ཆུབ་ཀྱི་སེམས་སྐྱེ། མས་འཇུག་པ་བྱང་ཆུབ་ཀྱི་སེམས་སྐྱེ། ཎིས་གཉིས་མེད་བྱང་ཆུབ་ཀྱི་སེམས་སྐྱེ། པད་ཀྱིས་ཆོས་ཉིད་བྱང་ཆུབ་ཀྱི་སེམས་སྐྱེ། མེས་ཡེ་ཤེས་བྱང་ཆུབ་ཀྱི་སེམས་སྐྱེ། ཧཱུྃ་གིས་དོན་དམ་བྱང་ཆུབ་ཀྱི་སེམས་སྐྱེ། བྱང་ཆུབ་

---

149 앞의 논서, 쏭쩬감뽀(1975), 목판인쇄본 제2권, pp.65~66.

150 ‘발보리심’이란 대승불교의 수행의 핵심이자, 일체중생을 위해 부처님의 경지를 성취하고자 하는 마음동기에 해당한다. 대승수행자인가 아닌가 하는 것은 어떤 이의 마음에 발보리심이 생겼는가 생기지 않았는가에 달려 있다. 다시 말해 발보리심은 대승수행자인가 아닌가를 판단하는 기준이라 할 수 있다. 이것이 마음에 생김으로써 비로소 대승수행자의 반열에 오른 것이다. 이에 관한 보다 자세한 내용은 ‘앞의 역주서, 뻰첸라마 롭상예쎄/법장 옮김(2022), C. 발보리심의 방법, pp.174~ 175’ 참고 요망.

151 ‘예쎄보리심’이란 불성인에게만 존재하는 공성을 요해하는 지혜로, 이것은 예쎄바라밀과 동의어이다.

152 일반적으로 ‘최상의 보리’란 대승의 완전한 깨달음, 즉 부처님의 깨달음을, ‘최상의 보리심’이란 대승의 보리심을 가리킨다.

མཆོག་གི་སེམས་བསྐྱེད་སྐྱེ་བ་ཡང་། ཡི་གེ་དྲུག་པ་བཟླས་པ་ལས་འབྱུང་ངོ༎)"[153]

"옴마니빼메훙을 병을 낫게 하는 것과 연결해 보면 '옴'으로써 합병증을 낫게 하고, '마'로써 열사병을 낫게 하며, '니'로써 풍병을 낫게 하고, '빼'로써 점액증粘液症을 낫게 하며, '메'로써 냉병을 낫게 하고, '훙'으로써 담병膽病을 낫게 한다. 모든 질병도 육자진언을 반복해서 염송함으로써 소제한다.

(ཨོཾ་མ་ཎི་པདྨེ་ཧཱུྃ། ནད་འདོན་དང་སྦྱར་ན། ཨོཾ་གྱིས་འདུས་པའི་ནད་འདོན། མས་ཚད་པའི་ནད་འདོན། ཎིས་རླུང་གི་ནད་འདོན། པད་ཀྱིས་བད་ཀན་གྱི་ནད་འདོན། མེས་གྲང་བའི་ནད་འདོན། ཧཱུྃ་གིས་མཁྲིས་པའི་ནད་འདོན། ནད་ཐམས་ཅད་ཡི་གེ་དྲུག་པ་བཟླས་པས་སེལ་ལོ༎)"[154]

⑤ 쪼네 제쭌 닥빠쎄둡의『마니의 공덕을 명확히 밝히는 등불』

"선남자여! 어떤 이가 이 육자대명주를 질문케 하는 것은 그가 팔만사천 법온을 질문케 하는 것과 (같다).

(རིགས་ཀྱི་བུ་གང་ཡི་གེ་དྲུག་པའི་རིག་སྔགས་ཆེན་མོ་འདི་འདྲིར་འཇུག་པ་དེས་ནི་ཆོས་ཀྱི་ཕུང་པོ་བརྒྱད་ཁྲི་བཞི་སྟོང་འདྲིར་འཇུག་པར་འགྱུར་རོ༎)"[155]

"모든 유가瑜伽 중에서 이 육자명주의 대여왕은 결실 중 핵심이다.[156]

(རྣལ་འབྱོར་ཐམས་ཅད་ཀྱི་ནང་ན་ཡི་གེ་དྲུག་པའི་རིག་སྔགས་ཀྱི་རྒྱལ་མོ་ཆེན་མོ་འདི་ནི་འབྲས་བུའི་

153 앞의 논서, 쏭쩬감뽀(1975), 목판인쇄본 제2권, p.69.

154 앞의 논서, 쏭쩬감뽀(1975), 목판인쇄본 제2권, p.73.

155 앞의 논서, 쪼네 제쭌 닥빠쎄둡,『마니의 공덕을 명확히 밝히는 등불』(2009), p.298.

156 이것은 모든 수행의 결실 중 정수, 으뜸, 꽃이라는 의미이다.

སྙིང་པོར་གྱུར་པའོ།།)"[157]

3) 공덕에 관한 전거 분석

앞에서 육자진언의 공덕에 관해 19종의 티벳 경론, 즉 4종의 티벳장경 불설부 경전과 10종의 논소부 논서, 5종의 티벳 대학승의 논서에서 그 내용적 전거를 제시하였다. 이를 분석해 본 결과, 티벳 경론 중에는 지금까지 한국에 알려지지 않은 여러 육자진언의 공덕에 관한 내용이 등장하고 있다는 사실을 알 수 있었다. 본서에서는 이러한 공덕에 관한 내용을 찬탄, 일반적 공덕, 수승한 공덕의 세 가지로 분류해 보았다.

① 육자진언의 찬탄에 관한 것에는, 미세한 먼지 수와 바닷속 각각의 모래 수와 빗방울은 다 헤아릴 수 있지만 육자진언을 한 번 염송한 복덕더미는 이루 헤아릴 수 없다는 것, 오백 유순의 높이와 일백 유순 넓이의 가정집을 가득 채운 깨알을 백 년이 지날 때마다 한 알씩 밖으로 꺼내어 그것이 다 없어질 때까지 헤아릴 수 있지만 이 명주를 염송하는 복덕더미는 헤아릴 수 없다는 것, 육자진언은 바로 팔만사천 법온, 즉 부처님 말씀 전체와 같다는 것, 이것은 성관자재의 마음의 정수라는 것, 이것은 명호주의 왕이자 여의보주와 같다는 것, 다른 유가들은 벼의 왕겨라면 육자진언은 알곡과 같다는 것, 이것은 모든 유가 중 수행의 중요한 결실이라는 것 등이 있다.

---

157 앞의 논서, 쪼네 제쭌 닥빠쎄둡, 『마니의 공덕을 명확히 밝히는 등불』(2009), p.299.

② 육자진언의 일반적 공덕에 관한 것에는, 육자진언을 수지, 독송, 해설, 서사를 하면 복덕을 갖추게 된다는 것, 오무간업 또는 그에 가까운 죄업이 소멸되고 삼악도와 팔무가, 그 외의 여러 고통들도 생기지 않는다는 것, 사람과 사람 아닌 존재와 맹수의 두려움에서 벗어나고 모든 질병에서 벗어난다는 것, 육자진언을 알면 탐욕과 성냄, 어리석음에 물들지 않는다는 것, 육자진언을 염송함으로써 십만팔천겁 동안 윤회하는 중죄를 소제한다는 것, 육자의 성취법 등에 따라 실천 수행함으로써 무병장수와 부귀영화, 그리고 도적, 물, 불, 사람과 사람 아닌 존재, 악귀의 해침에서 벗어난다는 것, 육자진언을 염송함으로써 성관자재를 친견하고 지옥고를 면하며 아귀의 해코지로부터 벗어난다는 것 등이 있다.

③ 육자진언의 수승한 공덕에 관한 것에는, 육자진언을 염송함으로써 임종시에 두려운 현상이 나타나지 않고 성관자재의 정토인 보타락가 또는 아미타불의 정토인 극락세계에 태어나 다라니삼매의 공덕을 구족하고 관세음의 경지를 성취한다는 것, 이를 반복해서 염송하는 정도만으로도 업과 번뇌에 물들지 않고 제7지 보살과 선연善緣이 동등하게 되는 것, 육자진언을 수지, 독송, 해설, 서사를 하거나 이것이 몸에 닿기만 해도 윤회에서 벗어나는 희유한 위신력이 있다는 것, 이것을 한 번 기억하는 것만으로도 모든 죄업이 소멸되고 복덕더미는 비유할 수 없다는 것, 육자진언 옴마니반메훔을 염송함으로써 법신을 비롯한 육신을 자연성취하고 육바라밀과 육무량심, 원보리심을 비롯한 육보리심을 성취하고 이와 반대로 오독五毒과 육종

번뇌, 육도윤회에서 벗어난다는 것 등이 있다.

여기서 한 가지 주목할 것은 『지도地道의 체계, 지자知者의 의락意樂(ས་ལམ་གྱི་རྣམ་གཞག་མཁས་པའི་ཡིད་འཕྲོག་ཅེས་བྱ་བ།)』에 따르면 오지五智 각각은 부처님에게만 존재하는 일체종지[158]라고 설한 바와 같이 육자진언수행은 결코 노느니 염불이나 하는 정도의 수행이라거나, 범부들이 조금의 공을 들여 금생에 무병장수나 부귀영화를 누리고자 하는 차원에 있는 하근기의 수행이 아니라는 사실을 알 수 있다. 다시 말해 이는 심신의 안정과 더불어 타인을 배려하는 의미있는 삶을 실현하는 것뿐만 아니라 해탈과 부처님의 경지로 나아가는 훌륭한 수행 방편이라는 것이다. 이러한 점에서 육자진언의 가치를 다시 한 번 인식할 수 있게 되었다. 여기서 한 가지 간과해서는 안 될 것은 육자진언을 수행함에 있어 마음동기가 바르지 못하거나, 지나치게 성급한 마음으로 빨리 수행의 결실을 얻고자 한다면 자칫 역경계에 휘말릴 수 있다는 것이다. 이러한 역경계에 관한 사례로는 우룡 대강백의 『불교의 수행법과 나의 체험』에서도 언급되어 있다.[159]

---

158 케둡게렉뻴상뽀, 『지도地道의 체계, 지자知者의 의락意樂』, 『논리의 백문百門을 여는 신통한 열쇠 제3권(རིགས་ལམ་སྒོ་བརྒྱ་འབྱེད་པའི་འཕྲུལ་གྱི་ལྡེ་མིག་གསུམ་པ།)』에 수록, 남인도 DREPUNG LOSELING LIBRARY SOCIETY, 2014, pp.90~91 참고.

159 우룡 큰스님, 『불교의 수행법과 나의 체험』(불교신행총서13), 도서출판 효림, 2013, pp.48~58.

4. 육자진언의 상징적 의미

여기서는 육자진언의 상징적 의미를 중요하게 인식할 필요성을 해탈과 부처님의 경지로 나아가는 데 반드시 실천 수행해야 할 주된 수행과제의 측면에서 살펴보고자 한다. 또한 4종의 티벳 대학승의 논서에 나타난 육자진언의 상징적 의미에 관한 내용적 전거를 제시하고 이를 분석하고자 한다.

1) 상징적 의미에 관해 인식해야 할 필요성

어떤 이가 '석가모니 부처님은 왜 여섯 글자의 짧은 이 진언을 여러 경전에서 장황하게 설하였는가? 인도의 용수, 티벳의 쏭쩬감뽀, 제5대 달라이라마 악왕롭상갸초(སྐུ་ཕྲེང་ལྔ་པ་ཏཱ་ལའི་བླ་མ་ངག་དབང་བློ་བཟང་རྒྱ་མཚོ།)(이하는 '제5대 달라이라마'로 표기함),[160] 제7대 달라이라마 껠상갸초(སྐུ་ཕྲེང་བདུན་པ་ཏཱ་ལའི་བླ་མ་བསྐལ་བཟང་རྒྱ་མཚོ།)(이하는 '제7대 달라이라마'로 표기함),[161]

---

160 제5대 달라이라마 악왕롭상갸초(སྐུ་ཕྲེང་ལྔ་པ་ཏཱ་ལའི་བླ་མ་ངག་དབང་བློ་བཟང་རྒྱ་མཚོ།)(A.D.1617~1682)는 6세에 제4대 뻰첸라마 롭상최겐과 잠양꾄촉최펠로부터 그가 제4대 달라이라마 욘뗀갸초의 환생자라는 판단을 받았다. 또한 8세에 이 두 분으로부터 사미계를 수지하고, 11세부터 잠양꾄촉최펠에게 오부대경론을 수학하였으며, 또한 20세 되던 해에 이 두 분으로부터 비구계를 수지하였다. 유명한 제자로는 지방관리인 쌍계갸초와 잠양셰뻬도제 등이 있다. 저술로는 『보리도차제 잠뻴〔문수〕의 구전심요(口傳心要)(ལམ་རིམ་འཇམ་དཔལ་ཞལ་ལུང་།)』 등 목판인쇄본 경서 26권이 있다. 특히 하싸의 뽀타라궁전을 증축한 것도 이분에 의해서이다.(달라이라마 보리도차제법회〔람림법회〕 준비위원회, 『보리도차제 교본(བྱང་ཆུབ་ལམ་གྱི་རིམ་པའི་ཁྲིད་ཡིག)』(경서 제3권), India, Manipal Technolgies Ltd, Manipal 인쇄 및 제본, 2012, pp.141~142 등에서 요약)

울추 다르마바다(དངུལ་ཆུ་དྷརྨ་བྷ་དྲ།),[162] 제14대 달라이라마 뗀진갸초(སྐུ་ཕྲེང་བཅུ་བཞི་པ་ཏཱ་ལའི་བླ་མ་བསྟན་འཛིན་རྒྱ་མཚོ།)(이하는 '제14대 달라이라마'로 표기함)[163] 등

---

161 제7대 달라이라마 껠상갸초(སྐུ་ཕྲེང་བདུན་པ་ཏཱ་ལའི་བླ་མ་བསྐལ་བཟང་རྒྱ་མཚོ།)(A.D.1708~1757)는 리탕지방에서 탄생하였다. 8세에 용진 차겐노민헨과 추상노민헨 등의 선지식을 의지해서 오부대경론 등과 현밀에 관해 수학하였다. 13세에 중부지방으로 가서 뻰첸라마 롭상예쎼로부터 사미계를 수지하고 롭상껠상갸초라는 법명을 받았다. 뻰첸 일체지자 뻴덴예쎼, 짱갸 롤빼도제 등의 수많은 제자가 있었다. 그들에게 비구계를 하사하는 한편 보리도차제의 쎄티(བཤད་ཁྲིད།)를 비롯한 현밀 등에 관한 강설을 하였다. 저술로는 목판인쇄본 경서 7권의 전집이 있다.(앞의 사전, 둥까르 롭상틴레(2002), 상권, pp.681~684, 표제어: '곌와껠상갸초(རྒྱལ་བ་བསྐལ་བཟང་རྒྱ་མཚོ།)' 등에서 요약)

162 울추 다르마바다(དངུལ་ཆུ་དྷརྨ་བྷ་དྲ།)(A.D.1772~1851)는 짱지방 예루이차 '롱뙤축모'라는 곳에서 탄생하였다. 14세에 따씨게펠링으로 가서 아사리 롭상곌첸의 존전에서 출가하고 롭상체링이라는 법명을 받았으며, 그해 악왕도제의 존전에서 우바새계와 사미계를 수지하였다. 19세에 '울추'라는 외딴 산중으로 들어가서 수행정진에 힘쓰는 한편 아사리 예쎼뻴둡의 존전에서 비구계를 수지하였다. 21세에 롭상껠상최곈을 아사리로 의지해서 많은 가르침을 받았다. 22세부터 32세에 이르기까지 여러 차례 따씨훈뽀사원으로 가서 동쩨 롭상출팀을 비롯한 여러 스승으로부터 수학하였다. 35세부터 80세에 이르기까지 '울추'라는 곳의 산중에서 주로 수행정진에 힘썼다. 뛰어난 제자로는 켄첸 악왕넨닥, 리북 뚤꾸 롭상뗀퐁 등이 있다. 그는 현밀 등에 정통하였으며 저술로는 『길상한 금강살타의 수습과 염송 의궤, (더러움을) 청결하게 하는 감로의 훌륭한 보병(དཔལ་རྡོ་རྗེ་སེམས་དཔའི་སྒོམ་བཟླས་དག་བྱེད་བདུད་རྩིའི་བུམ་བཟང་།)』을 비롯한 현밀에 관한 것과 그 외에 시문詩文에 이르기까지 많은 저술이 있다.(울추 다르마바다, 『울추 다르마바다의 전집(དངུལ་ཆུ་དྷརྨ་བྷ་དྲའི་གསུང་འབུམ།)』(제1권)에 수록, 西藏 藏文古籍出版社, 2010, pp.1~2; 앞의 사전 둥까르 롭상틴레(2002), 상권, pp.752~753, 표제어: '울추 다르마바다(དངུལ་ཆུ་དྷརྨ་བྷ་དྲ།)'에서 요약)

163 제14대 달라이라마 뗀진갸초(སྐུ་ཕྲེང་བཅུ་བཞི་པ་ཏཱ་ལའི་བླ་མ་བསྟན་འཛིན་རྒྱ་མཚོ།)(A.D.1935~현재)는 1935년 양력 7월 6일에 도메지방의 '붐네답딱체르'라는 곳에서 탄생하였다. 그는 티벳불교 게룩빠의 수장으로, 1959년에 인도로 망명하여 티벳 망

의 인도와 티벳불교 역사에 위대한 업적을 남긴 분들이 왜 육자진언 수행법에 관한 저술을 남겼는가? 또한 한국의 용성 선사를 비롯한 회당 대종사, 우룡 대강백 등과 같은 분들이 왜 육자진언을, 수행과 중생교화의 방편으로 삼았는가?'라고 묻는다면 필자는 단연코 육자진언의 상징적 의미 때문이라고 답할 것이다. 제14대 달라이라마의 티벳어본『마니육자(མ་ཎི་ཡིག་དྲུག)』[164]에 따르면 '마니'라는 글자는 보배라는 의미로 광대한 보리심을 상징하고, '빼마'라는 글자는 연꽃이라는 의미로 심오한 공성을 요해하는 지혜[165]를 상징한다는 것을 알 수 있다. 이 두 가지는 '보리도차제론'[166]을 비롯한, 도차제를 밝힌 반야 경론 등에서 설한 바와 같이 불교 수행의 최상의 목표인 해탈과 부처님의 경지, 즉 자리이타의 삶을 완성하는 주된 원인이자 최상의 수행 방편이다. 이러한 경지로 나아가기 위해 반드시 두 자량, 즉 복덕자량과

명 정부를 수립하고 현재까지 특히 교육, 양로, 의료, 티벳 전통문화 계승 등에 큰 관심을 기울여 왔다. 1989년에는 노벨평화상을 수상한 바 있고, 티벳불교의 정신적 지도자이자 세계인들의 영적 스승으로 추앙을 받고 있으며, 현재에도 세계 불자들의 간청에 의해 법회를 열어 불법을 널리 전파하고 있다.(앞의 사전, 둥까르 롭상틴레(2002), 상권, pp.692~693, 표제어: '곌와 뗀진갸초(རྒྱལ་བ་བསྟན་འཛིན་རྒྱ་མཚོ།)'에서 일부 참고)

164 제14대 달라이라마 , 『마니육자(མ་ཎི་ཡིག་དྲུག)』, 『불교도의 관점과 행위 집론(ནང་པའི་ལྟ་སྤྱོད་ཀུན་བཏུས།)』에 수록, 북인도 다람싸라 Institute of Buddhist Dialectics, 1996, pp.168~170.

165 여기서 '공성을 요해하는 지혜'란 티벳 경론에는 정견正見이라고도 한다. 이에 관한 보다 자세한 내용은 '앞의 역주서, 뻰첸라마 롭상예쎼/법장 옮김(2022), pp.58~59' 참고 요망.

166 본서에서의 '보리도차제론'은 쫑카빠 대사의 『대보리도차제』를 비롯한 보리도차제를 주요 내용으로 하는 논서를 통틀어 일컫는 것으로 정의하였다.

예쎄자량[167]을 쌓고 동시에 십불선업十不善業 등의 죄업과 두 장애障碍, 즉 번뇌장煩惱障과 소지장[168]을 소멸해야만 한다.

---

167 복덕자량과 예쎄자량의 두 자량을 육바라밀과 연결해 보면 보시수행, 지계수행, 인욕수행은 복덕자량에 속하고, 선정수행과 반야수행은 예쎄자량에 속한다. 정진수행의 일부는 복덕자량에 속하고, 일부는 예쎄자량에 속한다. 또한 다와닥빠〔월칭〕의 『입중론의 자주自註(དབུ་མ་ལ་འཇུག་པའི་རང་འགྲེལ།)』「제3품」에 따르면 복덕자량은 주로 부처님의 색신인 화신化身과 보신報身을 성취하는 원인〔방편〕이고, 예쎄자량은 주로 부처님의 법신法身인 자성신自性身과 예쎄법신인 일체종지를 성취하는 원인이라 한다.(앞의 역주서, 뻰첸라마 롭상예쎄/법장 옮김(2022), pp.52~54에서 요약)

168 『현관장엄론「제1품」의 총의』에 따르면 번뇌장은 주로 해탈을 성취하는 데 장애가 되는 것이고, 소지장은 주로 일체종지一切種智 또는 부처님의 경지를 성취하는 데 장애가 되는 것이다. 예컨대 근본번뇌根本煩惱와 수번뇌隨煩惱, 즉 현행번뇌現行煩惱와 번뇌의 종자는 번뇌장이다. 번뇌의 습기는 소지장이다. 염리심을 마음동기로 한 공성을 요해하는 지혜는 번뇌장의 대치對治이고, 보리심을 마음동기로 한 공성을 요해하는 지혜는 소지장의 대치이다.(앞의 논서, 제쭌 최끼걜첸(2003), 『현관장엄론「제1품」의 총의』, p.479 참고)

중관귀류논증파의 견해에 따르면 예컨대 성냄의 경우 ㉮ 화나서 소리 지르고 싸우고 있는 도중의 성냄 그것은 현행 성냄〔표출되는 성냄〕이다. ㉯ 지금 당장 화내고 있지 않지만 인연이 회합할 때 언제라도 화를 낼 수 있는 세력은 성냄의 종자이다. ㉰ 이후에 성냄으로 직결되지는 않지만 거친 말을 하거나 몸과 말, 뜻, 즉 삼문의 나쁜 습관을 기르는 데 영향을 미치는 잠재적인 여력은 성냄의 습기이다. ㉮와 ㉯는 번뇌장에 해당하고 ㉰는 소지장에 해당한다.

또한 이를 공양 올리는 향에 비유하면 ㉮ 불을 붙인 향기가 깃든 향의 연기는 현행번뇌이다. ㉯ 불을 붙이지 않았지만 언제든지 불을 붙여 사용할 수 있도록 가공된 향은 번뇌의 종자이다. ㉰ 향을 피우고 난 향로 주변에 그을음이나 주변에 배인 향내음은 번뇌의 습기이다. 번뇌장을 남김없이 소멸하지 못하면 윤회에서 벗어나 해탈을 얻지 못하고, 소지장을 남김없이 소멸하지 못하면 일체법을 눈으로 사물을 보듯 직관적으로, 남김없이 철저히, 동시에, 꿰뚫어 알지 못한다. 소지장을 소멸하지 못하면 일체중생을 구제할 수 없다. 즉 중생들

여기서 '마니'가 상징하는 보리심은 복덕자량에 속하고, '반메'가 상징하는 공성을 요해하는 지혜는 예쎄자량에 속한다. 먼저 보리심은 자신이 일체중생을 위해 부처님의 경지를 성취하기를 희구하는 마음이다. 이것은 부처님의 경지로 나아가고자 하는 마음동기이자 수행의 방향성을 제시하는 나침반과 같다. 이것이 자신의 마음에 생김으로써 밤낮없이 육바라밀과 사섭법 등을 기꺼이 실천 수행할 수 있다. 공성을 요해하는 지혜는 일체법이 자성自性[169]으로 존재하는 것이 공하다는 것을 요해하는 지혜이다. 이것은 번뇌장과 소지장의 대치對治, 즉 치료제이다. 번뇌장을 뿌리째 뽑지 못하면 해탈을 성취하지 못하고, 소지장을 뿌리째 자르지 못하면 일체종지와 부처님의

의 성품과 근기, 습관, 원하는 바 등을 알지 못하면 그들을 구제할 방편을 알지 못한다. 처음부터 대승도에 입문한 보살의 경우 번뇌장은 제1환희지로부터 소멸하기 시작하여 제7원행지(七不淸淨地)에 이르기까지 소멸하여, 제8부동지를 성취함과 동시에 남김없이 소멸한다. 소지장은 제8부동지로부터 제10법운지(三淸淨地)에 이르기까지 소멸하여, 부처님의 경지를 성취함과 동시에 소지장을 남김없이 소멸한다. 소지장을 남김없이 소멸하면 하나의 심식(마음)으로 세속제世俗諦와 승의제勝義諦를 동시에, 눈으로 사물을 보듯 직관적으로 요해할 수 있다. 따라서 소지장은 대승도에 입문하지 않고서는 소멸하지 못한다는 것을 알 수 있다.(앞의 역주서, 뻰첸라마 롭상예쎄/법장 옮김(2022), pp.90~92에서 요약)

169 본서에서의 '자성自性'이란 설일체유부와 경량부가 '자기만의 고유한 성질'을 자성이라 하는 것과 의미상 차이가 있다. 중관학파는 자성, 자상自相, 본질, 실체(dravya) 등을 동의어로 사용한다.(신월숙(법장), 「자립논증파自立論證派의 십이연기 해석 연구 -제쭌 최끼곌첸의 티벳어본『연기緣起의 총의總義』를 중심으로-」,『동아시아불교문화』(제60집), 동아시아불교문화학회, 2023, p.156, 각주 19) 참고)

경지로 나아가지 못한다.

다시 말해 염리심厭離心[170]이 없이는 해탈을 성취하지 못하고, 이타적 발원과 대연민심大憐憫心[171]이 없이는 보리심을 일으키지 못한다. 즉 염리심은 대연민심이 일어나는 토대〔원인〕이며, 이타적 발원[172]과 대연민심은 보리심이 일어나는 토대이다. 공성을 요해하는 지혜는 해탈과 부처님의 경지로 나아가기 위해 반드시 실천 수행해야 할 과제이다. 왜냐하면 이것은 번뇌장과 소지장의 대치이고, 두 가지 장애를 끊지 못하면 이러한 경지에 도달할 수 없기 때문이다. 여기서의

---

170 '염리심厭離心'은 출리심出離心이라고도 한다. 이것은 윤회를 고통 그 자체로 알고 윤회에서 벗어나고자 하는 마음이다. 염리심은 조금도 인위적인 조작이 아닌 저절로 우러나는 절박한 마음이다. 이것은 일시적 비관이나 일이 잘 안 풀려서 여기서 빨리 벗어나고자 하는 정도의 괴로움이 아니다. 아무리 높은 지위와 명예, 부귀영화를 누린다 하더라도 윤회에서 벗어나지 못하는 한, 고통 그 자체라는 것을 뼈저리게 느끼고 지긋지긋한 윤회에서 벗어나고자 하는 마음이다. 진정한 의미에서의 염리심은 삼승 오도에 오른 성문, 연각, 보살, 부처님에 이르기까지 존재한다.(앞의 역주서, 뻰첸라마 롭상예쎄/법장 옮김(2022), p.55에서 요약)

171 '대연민심大憐憫心'이란 일체중생을 외동자식과 같이 어여삐 여기는 자애심의 동기를 가지고 고통으로 핍박당하는 일체중생이 모든 고통에서 벗어나기를 원하는 마음이다. 대연민심도 인위적인 조작이 아닌 저절로 우러나는 간절한 마음이다. 이것은 일반 범부로부터 부처님에 이르기까지 존재한다.(앞의 역주서, 뻰첸라마 롭상예쎄/법장 옮김(2022), pp.55~56에서 요약)

172 '이타적 발원'은 일체중생을 고통에서 구제하는 그 짐을 내가 기꺼이 짊어지겠다는 마음이다. 이타적 발원도 인위적인 조작이 아닌 저절로 우러나는 강한 사명감이다. 일반적으로 이타적 발원은 대연민심에 포함된 것으로 이것은 일반 범부로부터 부처님에 이르기까지 존재한다.(앞의 역주서, 뻰첸라마 롭상예쎄/법장 옮김(2022), p.55에서 요약)

공성을 요해하는 지혜는 자세히는 공성을 눈으로 사물을 보듯 직관적으로, 남김없이 철저하게, 동시에, 꿰뚫어 보는 지혜이다. 이것은 반드시 사마타〔止〕와 위빠사나〔觀〕의 쌍운에 의해 성취할 수 있다. 따라서 보리심과 공성을 요해하는 지혜는 해탈과 부처님의 경지로 나아가는 데 있어 새의 두 날개와 같다.[173]

육자진언의 상징적 의미를 바르게 인식해야 하는 이유는 해탈과 부처님의 경지로 나아가는 데 있어 반드시 실천 수행해야 할 과제를 바르게 인식하고 이를 실천 수행함으로써 그 경지에 도달하는 데 의의가 있다. 결국 육자진언의 상징적 의미를 바르게 인식하는 것은 불교의 주된 수행과제, 즉 불교의 핵심을 아는 것이고, 이를 실천 수행함으로써 대승불교가 지향하는 진정한 자리이타의 삶을 완성하는 것이다. 육자진언에 내포된 상징적 의미를 모른 채로 염송한다고 해서 아무런 공덕도 없는 것은 아니다. 바른 마음동기와 간절한 정성이 있다면 좋은 결실도 기대할 수 있다. 하지만 육자진언 속에 내포된 광대하고 심오한 상징적 의미를 바르게 알고 실천 수행한다면 이는 금상첨화錦上添花가 아닐 수 없다.

2) 상징적 의미에 관한 내용적 전거

필자가 조사한 바에 따르면 티벳장경 불설부 경전과 논소부 논서에서는 육자진언의 상징적 의미에 관한 내용적 전거를 찾을 수 없었다. 다만 4종의 티벳 대학승의 논서에서 그 전거를 찾을 수 있었다.

---

173 앞의 역주서, 뻰첸라마 롭상예쎄/법장 옮김(2022), pp.52~59에서 요약.

4종의 티벳 대학승의 논서는 ① 제 궁탕 뗀뻬된메(རྗེ་གུང་ཐང་བསྟན་པའི་སྒྲོན་མེ།)[174]의 『불법의 태양 제쭌 담빠가 저술한 마니 성취법의 주석서, 심오한 햇빛(བསྟན་པའི་ཉི་མ་རྗེ་བཙུན་དམ་པས་མཛད་པའི་མ་ཎིའི་སྒྲུབ་ཐབས་ཀྱི་འགྲེལ་པ་ཟབ་མོ་སྣང་བ།)』[175] ② 제14대 달라이라마의 티벳어본 『마니육자(མ་ཎི་ཡིག་དྲུག)』 ③ 꾼켄 돌뽀빠 셰랍곌첸의 『마니의 요의(མ་ཎི་ངེས་དོན།)』(JDol186)[176] ④ 꾼켄 돌뽀빠 셰랍곌첸의 『육자의 성취법』(JDol185)이다.

다음은 4종의 티벳 대학승의 논서에 나타난 육자진언의 상징적 의미에 관한 내용적 전거를 차례대로 제시하고자 한다.

① 제2대 켈카 제쭌 담빠 롭상뗀뻬곌첸[177]의 『심오한 마니의 성취법

---

174 제 궁탕 뗀뻬된메(རྗེ་གུང་ཐང་བསྟན་པའི་སྒྲོན་མེ།)(A.D.1762~1823)는 티벳불교 게룩빠의 대학승이다. 그는 뻴덴데뿡따씨고망다창사원에서 불교를 수학하였다. 또한 일체지자一切知者라는 수식어가 붙을 만큼 뛰어난 인물이다. 저술로는 제 궁탕 뗀뻬된메의 전집 8권이 있다.(제 궁탕 뗀뻬된메, 『제 궁탕 뗀뻬된메의 전집』(경서 제3권)에 수록, 남인도 뻴덴데뿡따씨고망사원 도서관, 2016, pp.Ⅳ~Ⅴ '저자의 전기 개괄'에서 요약)

175 제 궁탕 뗀뻬된메, 『불법의 태양 제쭌 담빠가 저술한 마니 성취법의 주석서, 심오한 햇빛(བསྟན་པའི་ཉི་མ་རྗེ་བཙུན་དམ་པས་མཛད་པའི་མ་ཎིའི་སྒྲུབ་ཐབས་ཀྱི་འགྲེལ་པ་ཟབ་མོ་སྣང་བ།)』, 『제 궁탕 뗀뻬된메의 전집(རྗེ་གུང་ཐང་བསྟན་པའི་སྒྲོན་མེའི་གསུང་འབུམ།)』(경서 제6권)에 수록, 남인도 뻴덴데뿡따씨고망사원 도서관, 2016, pp.137~203.

176 꾼켄 돌뽀빠 셰랍곌첸, 『마니의 요의了義(མ་ཎི་ངེས་དོན།)』, 전집부 조낭, 『꾼켄 돌뽀빠 셰랍곌첸의 전집』「ཉ」 JDol186 8-1-657~8-1-660.

177 제2대 켈카 제쭌 담빠 롭상뗀뻬곌첸(A.D.1635~1723)은 1635년에 몽골 켈카 지방에서 탄생하였다. 그는 15세에 티벳의 위짱지방으로 와서 제4대 뻰첸라마 롭상최끼곌첸으로부터 사미계를 받고 그로부터 제1대 조낭빠의 비구 따라나

(མ་ཎིའི་སྒྲུབ་ཐབས་ཟབ་མོ།)』에 대한 주석서에 해당하는 제 궁탕 뗀빼된메의 『불법의 태양 제쭌 담빠가 저술한 마니 성취법의 주석서, 심오한 햇빛』

"다른 (논서)에는, '마니(མ་ཎི།) 빼마(པདྨ།)'[178]라는 것은 성관자재의 명호에서 비롯된 것이니, '뎅부(འགྲེང་བུ།)'[179]를 결합한 '에(ཨེ།)'는 꼐(ཀྱཻ།)라고 하는 제8격 호환사呼喚詞[180]이고, '훙(ཧཱུྃ།)'[181]자는 (성관자재의) 마음의 종자이므로 마음을 움직이게 하는 것이다. '옴

타의 환생자라는 판단을 받았다. 그는 티벳의 데뿡사원 밀교의 스승 남카쏘남을 몽골로 초청하여 자신의 용진〔經師〕으로 모시고자 하였다. 17세에 제5대 달라이라마를 만나 현밀을 배우고 몽골로 돌아갔다. 그 후 21세가 되던 해에 또다시 티벳의 위짱지방으로 와서 제5대 달라이라마와 제4대 뻰첸라마 롭상 최끼곌첸으로부터 불법을 배우고 몽골로 돌아갔다. 그는 몽골에서 여러 사원을 건립하고 몽골어 일부를 창제하는 한편 많은 역경사들을 불러서 『정자학正字學의 보배함(དག་ཡིག་ཟ་མ་ཏོག)』이라는 서적을 몽골어로 번역하고, 1723년 되던 해에 몽골에서 입적하였다.(앞의 사전, 張怡蓀 主編(1984), 상권, p.227, 표제어: '켈카 제쭌 담빠(ཁལ་ཁ་རྗེ་བཙུན་དམ་པ།)'; 앞의 사전, 둥까르 롭상틴레(2002), 상권, p.309, 표제어: '켈카 제쭌 담빠 뗀빼곌첸(ཁལ་ཁ་རྗེ་བཙུན་དམ་པ་བློ་བཟང་བསྟན་པའི་རྒྱལ་མཚན།)'에서 요약)

178 '마니(མ་ཎི།) 빼마(པདྨ།)'라는 것은 연꽃과 보배 염주를 쥔 분, 즉 성관자재의 오른손에 쥔 보배 염주는 방편인 보리심을, 왼손에 쥔 연꽃은 지혜인 공성을 요해하는 지혜를 상징한다. 여기서 연꽃과 보배 염주는 해탈과 부처님의 경지로 나아가는 주된 수행 방편임을 나타내 보인 것이다.

179 '뎅부(འགྲེང་བུ།)'란 티벳어의 네 가지 모음 중 세 번째에 해당한다.

180 '야! 어이! 여보!' 등과 같이 상대방을 부르는 소리는 한글 문법에서는 감탄사로 분류되는 것이 일반적이다. 하지만 티벳어 문법에서는 이것은 주로 제8격 호격呼格 또는 호성呼聲으로 분류된다. 따라서 필자는 부득이 호환사呼喚詞라고 옮길 수밖에 없었다.

181 '훙(ཧཱུྃ།)'은 일반적으로 모든 부처님의 마음의 종자이다. 여기서는 성관자재의 마음의 종자로 보아도 무방하다.

(ཨོཾ།)'자를 각각 분리한 '아(ཨ།), 우(ཨུ།), 마(མ།)'의 세 글자의 상징적 의미는 '몸〔身〕과 말〔口〕, 뜻〔意〕의 세 가지 실지를 내려주소서!'라는 의미라고 위없는 스승들께서 말씀하셨다. 금강언구金剛言句[182] 하나하나에 대해서도 고견을 해설하는 많은 방법에서 나온 것이므로 (서로) 모순이 되지 않는다.[183]

(སྐབས་གཞན་དུ་མ་ཎི་པདྨ་ཞེས་འཕགས་པ་སྤྱན་རས་གཟིགས་ཀྱི་མཚན་ནས་བཟུང་སྟེ། འགྲེང་བུར་འགྲོ་རྒྱུའི་ཨེ་ཎི་ཀྱི་ཞེས་བརྒྱད་པ་བོད་པའི་སྒྲ་དང་། ཧཱུྃ་ཐུགས་ཀྱི་ས་བོན་ཡིན་པས་ཐུགས་རྒྱུད་བསྐུལ་ཏེ། ཨོཾ་ཡིག་སོ་སོར་ཕྲལ་བའི་ཨ་ཨུ་མ་གསུམ་གྱི་མཚོན་དོན་སྐུ་གསུང་ཐུགས་གསུམ་གྱི་དངོས་གྲུབ་སྩོལ་ཞེས་པའི་དོན་ཡིན་པར་བླ་མ་རྣམས་གསུངས་ཏེ། རྡོ་རྗེའི་ཚིག་རེ་རེ་ལའང་དགོངས་པ་འགྲེལ་ཚུལ་མང་དུ་འབྱུང་བས་མི་འགལ་ལོ།།)"[184]

② 제14대 달라이라마의 티벳어본 『마니육자』[185]

"'옴마니빼메훙'이라는 이 다라니주陀羅尼呪를 염송하면 유익하다. 그것을 헤아릴 때는[186] 반드시 그 의미를 생각해야 한다. 무엇

---

182 여기서의 '금강언구金剛言句'란 육자진언 옴마니반메훔을 가리킨다. 일반적으로 금강언구의 특징으로는 하나의 문구에 수많은 의미를 내포하고 있는 것, 심오한 의미를 내포하고 있어 내용을 철저히 꿰뚫어 알기 어려운 것, 매우 다양한 방편으로 해설해야 하는 것 등이 있다.

183 이것은 육자진언의 상징적 의미에는 여러 가지 다른 해설이 있다. 하지만 이 중 이것이 맞고, 저것이 틀린 것이 아니라는 의미이다.

184 앞의 논서, 제 궁탕 뗀빼된메(2016), 경서 제6권, p.177.

185 이 『마니육자』는 제14대 달라이라마가 미국 네우자르씨에 거주하는 러시아 켈묵지역 출신 몽골리안 불자 단체를 위해 강설한 것으로, 여기에는 육자진언의 상징적 의미에 관한 내용을 담고 있다.

186 여기서 '헤아릴 때'란 '염송을 할 때'라는 의미이다. 티벳인들은 '마니를 쌓는

때문인가 하면, 여섯 글자의 그 의미가 심오하고도 광대하기 때문이다. 먼저 '옴(ཨོཾ།)'이라는 것에는 아(ཨ།), 우(ཨུ།), 마(མ།)의 세 글자가 포함되어 있다. 이들로써 수행자의 부정不淨한 몸과 말, 뜻의 세 가지와 부처님의 청정한 몸과 말씀, 마음을 상징한다.

부정한 몸과 말, 뜻의 세 가지를 청정한 몸과 말씀, 마음의 세 가지의 본성으로 바꿀 수 있는가? 그렇지 않으면 이 자체가 근본적으로 (서로) 다른 것인가라고 한다면 제불諸佛께서도 과거 어느 때에는 우리(범부)들과 마찬가지였다. 그 후에 오직 도道[187]를 의지해서 보리〔부처님〕의 경지를 성취했을 뿐, 불교는 처음부터 모든 허물을 없애고 모든 공덕을 갖추었다는 것은 인정하지 않는다. 청정한 몸과 말씀, 마음의 세 가지는 부정한 본질들을 차례차례 제거하여 청정한 본성으로 바꿈으로써 이룬 것이다.

이것을 어떻게 성취해야 하는가 하면, 그 자체를 성취하는 도는 뒤 네 글자로 상징되고 있다. '마니(མ་ཎི།)'라는 것은 보배를 의미한다. 이것은 방편적 측면인 보리심, (대)연민심, 자애심慈愛心[188]을 상징한다. 보배는 가난을 면하게 하는 위신력이 있는 것처

다'라는 표현을 많이 쓴다. 이것은 '염주 등으로 숫자를 헤아리면서 반복해서 염송한다' 또는 '많이 염송한다'는 의미이다.

187 여기서 '도道'란 염리심, 대연민심, 보리심, 공성을 요해하는 지혜와 같은 부처님의 경지로 나아가는 방편도를 가리킨다.

188 일반적으로 자애심에는 두 가지가 있다. 하나는 일체중생을 어여삐 여기는 마음이고, 다른 하나는 일체중생이 안락하다면 얼마나 좋을까 하는 마음이다. 인과칠요결因果七要訣에서의 자애심은 후자의 의미로, 안락하지 못한 중생을 대상으로 해서 그러한 중생이 안락하기를 원하는 마음이다.(앞의 역주서, 뻰첸라마 롭상예셰/법장 옮김(2022), p.364, 각주 433 참고)

럼 보리심도 생사윤회와 (소승 아라한의) 열반적정의 쇠락[189] 전부를 없앨 수 있는 위신력이 있다. 보배가 중생의 염원을 충족시켜 주는 것처럼 보리심에 의해서도 중생들의 염원을 충족시킬 수 있다.

'빼마(པདྨ།)'라는 두 글자는 연꽃을 의미한다. 그것은 지혜를 상징한다. 그 연꽃은 진흙에서 피어나지만 진흙의 허물〔더러움〕에 물들지 않는 것처럼 지혜에도 자신이 모순〔과오〕을 초래하지 않는 경지에 들게 하는 위신력을 가지고 있다. 만약 지혜가 없다면 모순을 초래한다. 지혜에는 ㉮ 무상을 요해하는 지혜[190] ㉯ 보특가라補特伽羅[191]가 독립적 실체[192]로써 존재하는 것이 공함을 요해하는 지혜[193] ㉰ 대경對境과 유경有境[194]의 본질〔자성〕이 서로

189 티벳 경론에는 성문과 연각 아라한의 경우는 스스로 일체법의 실상을 남김없이 꿰뚫어 요해하지 못한다. 따라서 일체중생을 남김없이 제도하지는 못한다고 한다.

190 '무상을 요해하는 지혜'는 설일체유부의 일파인 '독자부犢子部'가 가장 중요하게 여기는 지혜이다.

191 '보특가라補特伽羅'란 크게 육도중생 가운데 인간 혹은 흔히 말하는 사람 등과, 사온四蘊 또는 오온五蘊을 가진 '생명이 있는 모든 존재〔有情〕'를 말한다. 예컨대 범부인 천신과 사람, 소, 돼지, 그리고 살아있는 성문과 연각, 보살, 부처님 등이 후자에 속한다.(앞의 역주서, 뻰첸라마 롭상예쎄/법장 옮김(2022), p.89에서 요약)

192 '독립적 실체'란 독립적 실유實有를 가리킨다. 이것은 하나의 대상 자체가 마음에 비추어지는 데 있어 다른 법이 마음에 비추어지는 것을 의지할 필요가 없다는 의미이다.

193 예컨대 보특가라는 자신의 명명처命名處인 오온에 의존하지 않고 독립적으로 존재하지 않는다. 즉 보특가라는 다른 것에 의존하지 않고 독립적으로 존재하

다른 것으로 존재하는 것이 공한 것,[195] (즉) 두 가지가 (별개로) 존재하는 것이 공함을 요해하는 지혜 ㉱ 자상自相으로 존재하는 것이 공함을 요해하는 지혜 (등과 같이) 지혜에는 다양한 종류가 있다. 하지만 주된 것은 공성을 요해하는 지혜 그것이다.[196]

마지막 글자인 '훙(ཧཱུྃ)'으로써 본성이 다름이 없는 것을 나타내 보인 것과 그로써 자신의 마음의 허물이 청정한 것은 반드시 방편과 지혜의 (본성이) 다름이 없는 (도를) 의지해서 성취할 수 있다는 것을 상징한다. 현교 방면에 따르면 이와 같은 방편과 지혜가 다름이 없다는 것은, 방편을 바탕으로 한 지혜와, 지혜를 바

는 것이 공하다는 것과 같다. 이 견해는 사대학파, 즉 설일체유부, 경량부, 유식학파, 중관학파가 모두 인정하지만 특히 설일체유부와 경량부에서 가장 중요하게 여기는 지혜이다.

194 일반적으로 '유경有境'이란 자신의 대경對境을 가진 사물〔무상〕이라고 정의한다.
앞의 사전, 張怡蓀 主編(1984), 하권, p.2589, 표제어: '세 가지 유경(ཡུལ་ཅན་གསུམ།)',
"㉮ 능전성能詮聲, (즉 명칭〔名〕과 문구〔句〕와 같은 어떤 신호에 의해 대상을 알아듣는 바 또는 소리)와 색성의 (오)근과 같은 색법유경 ㉯ 심왕心王과 심소心所와 같은 심식유경 ㉰ 보특가라와 같은 불상응행법유경의 세 가지가 있다.
(རྗོད་བྱེད་ཀྱི་སྒྲ་(བརྡའི་དབང་གིས་རང་ཡུལ་གོ་བྱེད་ཀྱི་མཉན་བྱའམ་སྒྲ། མིང་དང་ཚིག་ལྟ་བུའི་)དང་དབང་པོ་གཟུགས་ཅན་པ་ལྟ་བུ་གཟུགས་སུ་གྱུར་པའི་ཡུལ་ཅན་དང་། སེམས་དང་སེམས་བྱུང་ལྟ་བུ་ཤེས་པར་གྱུར་པའི་ཡུལ་ཅན་དང་། གང་ཟག་ལྟ་བུ་ལྡན་མིན་འདུ་བྱེད་དུ་གྱུར་པའི་ཡུལ་ཅན་ཏེ་གསུམ་སོ།)"

195 대경과 유경이 공하다는 것은 대상인 형색과 형색을 집지하는 바른 심식의 본질이 서로 다르지 않다는 의미이다. 이것은 유식학파가 주장하는 미세한 공성의 의미이다.

196 자상自相으로 존재하는 것이 공한 것을 요해하는 지혜는 중관귀류논증파가 주장하는 미세한 공성의 의미이다.

탕으로 한 방편을 의미한다. 진언승眞言乘 또는 밀승密乘에 따르면 그 자체는 방편과 지혜의 본성이 다름이 없는, (두) 부분이 원만구족한 하나의 (심)식을 의미한다. 오방불五方佛[197]의 종자자種子字에 따르면 '훙(ཧཱུྃ)'이라는 그것은 누구도 마음을 어지럽힐 수 없고, 흔들림이 없는 부동불의 종자자이다.

따라서 '옴마니빼메훙'이라는 여섯 글자는 방편과 지혜가 다름이 없는 쌍운雙運[198]의 도를 수행함으로써 자신의 부정한 몸과 말, 뜻의 세 가지가 부처님의 청정한 몸과 말씀, 마음의 본성으로 바뀔 수 있다는 것을 나타내 보이고 있다. (석가모니 부처님께서는) 그 부처님의 경지를 바깥에서 찾아서는 안 되며, 그것을 성취하는 원인이나 역량은 자신의 마음에 있다고 말씀하셨다. 미륵의 『대승보성론(大乘寶性論, ཐེག་པ་ཆེན་པོ་རྒྱུད་བླ་མ།)』에서 일체중생의

197 오방불五方佛은 오불五佛이라고도 하며, 이것은 밀교 수행의 주된 의지처인 이담이자 밀교의 부처님이다.
앞의 사전, 張怡蓀 主編(1984), 상권, p.554, 표제어: '오방불(རྒྱལ་བ་རིགས་ལྔ།)'에는, 오방불은 대일여래大日如來〔비로자나불(毗盧遮那佛, རྣམ་པར་སྣང་མཛད།)〕, 아촉불(阿閦佛, མི་བསྐྱོད་པ།), 보생불(寶生佛, རིན་ཆེན་འབྱུང་ལྡན།), 무량광불(無量光佛, སྣང་བ་མཐའ་ཡས།), 불공성취불(不空成就佛, དོན་ཡོད་གྲུབ་པ།)이라 한다.

198 현교 전통에서의 '방편과 지혜의 쌍운'이란 '보리심과 공성을 요해하는 지혜의 쌍운'과 동일한 의미이다. 어떤 이의 마음에 방편인 보리심과 지혜인 공성을 요해하는 지혜가 둘 다 생기면 보리심은 공성을 요해하는 지혜를 향상시키고, 공성을 요해하는 지혜는 보리심을 향상시키는 것으로, 이 둘은 상생적 관계라 할 수 있다. 밀교 전통에서의 '방편과 지혜의 쌍운'이란 방편과 지혜의 본성이 조금도 다름이 없는 것, 즉 방편인 대락의 예쎄가 지혜인 공성을 눈으로 사물을 보듯 직관적으로 요해하는 지혜, 이 둘의 본성이 조금도 다름이 없는 상태를 말한다.

마음에 본래부터 불종성佛種姓이 존재한다고 말씀하셨으므로 원만구족한 부처님의 본성을 성취하는 청정한 종자인 그 여래장如來藏[199]은 우리 각자의 마음에 존재한다.

(ༀ་མ་ཎི་པདྨེ་ཧཱུྃ། ཞེས་པའི་གཟུངས་སྔགས་འདི་བགྲང་ན་ཡག་པོ་ཡོད་ཅིང་། དེ་བགྲང་སྐབས་དེའི་དོན་ལ་བསམ་བློ་ཏིངས་པར་དུ་གཏོང་དགོས། གང་ཡིན་ཟེར་ན། ཡིག་འབྲུ་དྲུག་པོའི་དོན་དེ་ཟབ་པོ་དང་རྒྱ་ཆེན་པོ་ཡོད། དང་པོ་ཨོཾ་ཞེས་པར་ཡི་གེ་ཨ་དང་། ཨུ། མ་བཅས་གསུམ་བསྡུས་ཡོད། འདི་རྣམས་ཀྱིས་ཉམས་ལེན་པའི་མ་དག་པའི་ལུས་ངག་ཡིད་གསུམ་དང་། དེ་བཞིན་སངས་རྒྱས་ཀྱི་དག་པའི་སྐུ་གསུང་ཐུགས་མཚོན་གྱི་ཡོད།

མ་དག་པའི་ལུས་ངག་ཡིད་གསུམ་དག་པའི་ལུས་ངག་ཡིད་གསུམ་གྱི་ངོ་བོར་བསྒྱུར་ཐུབ་བམ། ཡང་ན་འདི་ཉིད་རྩ་བ་ནས་ཐ་དད་པ་ཡིན་ནམ་ཞེ་ན། སངས་རྒྱས་ཐམས་ཅད་སྔོན་སྐབས་ཤིག་ན་ང་ཚོ་ལྟ་བུ་ཡིན་པ་དང་། དེ་ནས་ལམ་ལ་བརྟེན་ཏེ་བྱང་ཆུབ་ཀྱི་གོ་འཕང་ཐོབ་པ་ཞིག་ཡིན་པ་ལས། ནང་པའི་ཆོས་ནང་ཐོག་མ་ཉིད་ནས་སྐྱོན་ཀུན་ཟད་དང་ཡོད་ཏན་ཀུན་ལྡན་ཞིག་བཞེད་ཀྱི་མེད། དག་པའི་ལུས་ངག་ཡིད་གསུམ་ནི། མ་དག་པའི་ངོ་བོ་རྣམས་རིམ་པས་དོར་ནས་དག་པའི་ངོ་བོར་འགྱུར་པ་ལས་འབྱུང་བ་ཡིན།

འདི་ཇི་ལྟར་བསྒྲུབ་དགོས་ཤེ་ན། དེ་ཉིད་སྒྲུབ་པར་བྱེད་པའི་ལམ་ནི་ཡིག་འབྲུ་ཕྱི་མ་བཞིས་མཚོན་གྱི་ཡོད། མ་ཎི་ཞེས་པ་ནོར་བུའི་དོན་ཡིན་ལ། འདིས་ཐབས་ཀྱི་ཆ་བྱང་ཆུབ་ཀྱི་སེམས་དང་། སྙིང་རྗེ། བྱམས་པ་བཅས་མཚོན་གྱི་ཡོད། ནོར་བུར་དབུལ་ཕོངས་སེལ་བའི་ནུས་པ་ཡོད་བཞིན་དུ། བྱང་ཆུབ་ཀྱི་སེམས་ལའང་སྲིད་ཞིའི་རྒུད་པ་མཐའ་དག་སེལ་བའི་ནུས་པ་ཡོད། དེ་བཞིན་ནོར་བུས་སེམས་ཅན་གྱི་རེ་བ་སྐོང་བ་བཞིན་དུ། བྱང་ཆུབ་ཀྱི་སེམས་ཀྱིས་ཀྱང་སེམས་ཅན་གྱི་རེ་བ་སྐོང་གི་ཡོད།

པདྨ་ཞེས་པའི་ཡིག་འབྲུ་གཉིས་པོ་མེ་ཏོག་པདྨའི་དོན་ཡིན་ལ། དེས་ཤེས་རབ་མཚོན་གྱི་ཡོད། པདྨ་དེ་

199 '여래장如來藏'이란 불종성佛種姓을 가리킨다. 이것은 번뇌가 있는 중생들의 마음 자체가 자성으로 존재하는 것이 공한 것, 즉 연기적 존재인 일체중생들을 성불의 가능성이 있는 존재로 보는 것을 의미한다.

འདམ་ལས་སྐྱེས་ནའང་འདམ་གྱི་སྐྱོན་གྱིས་མ་གོས་པ་བཞིན་དུ། ཤེས་རབ་ལའང་རང་ཉིད་འགལ་འདུ་མི་ཡོང་བའི་སར་འཛོག་པའི་ནུས་པ་ཡོད་ལ། གལ་ཏེ་ཤེས་རབ་མེད་ན་འགལ་འདུ་ཡོང་གི་ཡོད། ཤེས་རབ་ལ་མི་རྟག་པ་རྟོགས་པའི་ཤེས་རབ་དང་གང་ཟག་རང་རྐྱ་བའམ་རྫས་ཡོད་〔གང་ཟག་རང་རྐྱ་ཐུབ་པའི་རྫས་ཡོད་〕ཀྱིས་སྟོང་པ་རྟོགས་པའི་ཤེས་རབ། ཡུལ་ཡུལ་ཅན་ངོ་བོ་ཐ་དད་(དུ་གྲུབ་)པས་སྟོང་པ་གཉིས་སྟོང་རྟོགས་པའི་ཤེས་རབ། རང་གི་མཚན་ཉིད་ཀྱིས་གྲུབ་པས་སྟོང་པ་རྟོགས་པའི་ཤེས་རབ་བཅས་ཤེས་རབ་ལ་རིགས་མི་འདྲ་བ་དུ་མ་ཞིག་ཡོད་རུང་། གཙོ་བོ་ནི་སྟོང་ཉིད་རྟོགས་པའི་ཤེས་རབ་དེ་ཡིན།

ཡིག་འབྲུ་ཐ་མ་ཧཱུྃ་གིས་ངོ་བོ་དབྱེར་མེད་བསྟན་པ་དང་། དེས་རང་རྒྱུད་ཀྱི་སྐྱོན་དག་པ་དེ་ངེས་པར་དུ་ཐབས་ཤེས་དབྱེར་མེད་ལ་བརྟེན་ནས་ཐོབ་དགོས་པ་མཚོན་གྱི་ཡོད། མདོ་ཕྱོགས་ལྟར་ན། འདི་ལྟ་བུའི་ཐབས་ཤེས་དབྱེར་མེད་ནི་ཐབས་ཀྱིས་ཟིན་པའི་ཤེས་རབ་དང་། ཤེས་རབ་ཀྱིས་ཟིན་པའི་ཐབས་ལ་གོ་བ་དང་། སྔགས་སམ་རྒྱུད་ཀྱི་ཐེག་པ་ལྟར་ན། དེ་ཉིད་ཐབས་ཤེས་ངོ་བོ་དབྱེར་མེད་ཀྱི་ཆ་ཡོངས་སུ་རྫོགས་པའི་རྣམ་པར་ཤེས་པ་གཅིག་ལ་གོ། རྒྱལ་བ་རིགས་ལྔའི་ས་བོན་གྱི་ཡིག་འབྲུ་ལྟར་ན། ཧཱུྃ་ཞེས་པ་དེ་ནི་གང་གིས་ཀྱང་རྒྱུད་དཀྲུགས་མི་ནུས་ཤིང་། མི་གཡོ་བའི་རྒྱལ་བ་མི་བསྐྱོད་པའི་ས་བོན་གྱི་ཡིག་འབྲུ་ཡིན།

དེས་ན་ཨོཾ་མ་ཎི་པདྨེ་ཧཱུྃ། ཞེས་པའི་ཡིག་འབྲུ་དྲུག་པོས་ཐབས་ཤེས་དབྱེར་མེད་ཀྱི་ཟུང་འབྲེལ་གྱི་ལམ་གྱི་ཉམས་ལེན་ལ་བརྟེན་ནས་〔ཐབས་ཤེས་དབྱེར་མེད་ཀྱི་ལམ་ཉམས་སུ་བླངས་པ་ལ་བརྟེན་ནས་〕རང་ཉིད་ཀྱི་མ་དག་པའི་ལུས་ངག་ཡིད་གསུམ་སངས་རྒྱས་ཀྱི་དག་པའི་སྐུ་གསུང་ཐུགས་ཀྱི་ངོ་བོར་བསྒྱུར་ཐུབ་པ་བསྟན་གྱི་ཡོད། སངས་རྒྱས་ཀྱི་གོ་འཕང་དེ་ཕྱི་ནས་བཙལ་མི་དགོས་པར། དེ་ཐོབ་པའི་རྒྱུའམ། ནུས་པ་ནི་རང་གི་རྒྱུད་ལ་ཡོད་པ(ར)་གསུངས། རྗེ་བཙུན་བྱམས་མགོན་གྱིས་ཐེག་པ་ཆེན་པོ(འི)་རྒྱུད་བླ་མའི་ནང་ལ་སེམས་ཅན་ཐམས་ཅད་ཀྱི་རྒྱུད་ལ་རང་ཆས་སུ་སངས་རྒྱས་ཀྱི་རིགས་ཡོད་པར་གསུངས་ཡོད་པས་སངས་རྒྱས་ཀྱི་ངོ་བོ་ཡོངས་སུ་རྫོགས་པ་འགྲུབ་རྒྱུའི་དག་པའི་ས་བོན་དེ་བཞིན་གཤེགས་པའི་སྙིང་པོ་དེ་ང་རང་ཚོ་སོ་སོའི་རྒྱུད་ལ་ཡོད།།)”[200]

③ 꾼켄 돌뽀빠 셰랍곌첸의 『마니의 요의』(JDol186)

"옴마니뻬메훙!
'마니'라는 이 보배는
무연대비심無緣大悲心과 대락大樂의 방편이고
'뻬마'(라는 이 연꽃은) 대공大空의 지혜이며
(이 경지에) 머무시는 당신께 예경하나이다.[201]
(ཨོཾ་མ་ཎི་པདྨེ་ཧཱུྃ།
མ་ཎི་ཞེས་པ་ནོར་བུ་འདི||
དམིགས་མེད་སྙིང་རྗེ་བདེ་ཆེན་ཐབས||
པད་མ་སྟོང་ཆེན་ཤེས་རབ་ལ||
བཞུགས་པ་ཁྱེད་ལ་ཕྱག་འཚལ་ལོ||)

방편과 지혜가 다름이 없고
대락과 대공이 다름이 없기 때문에
공성과 비심悲心이 다름이 없는
보배와 연꽃[202]께 예경하나이다.[203]

---

200 앞의 논서, 제14대 달라이라마(1996), pp.168~170.

201 '마니'는 보배라는 의미로, 방편 방면인 무연대비심인 대락의 예쎄를 상징하고, '뻬마'는 연꽃이라는 의미로, 지혜 방면인 대공大空의 지혜를 상징한다. 여기서 '대락의 예쎄'란 대락이자 예쎄인 매우 미세한 마음으로, 불성인의 마음의 예쎄 또는 불성인의 마음의 대수인大手印을, '대공大空의 지혜'란 공성을 눈으로 사물을 보듯 직관적으로 요해하는 지혜를 가리킨다.

202 여기서 '보배와 연꽃'이란 보배와 연꽃을 쥔 성관자재를 가리킨다.

203 이 게송의 의미를 부연 설명하면 다음과 같다. 방편과 지혜의 본성이 조금도 다름이 없고 대락의 예쎄와 대공大空의 본성이 조금도 다름이 없다. 따라서 공

(ཐབས་དང་ཤེས་རབ་དབྱེར་མེད་ཅིང་།།
བདེ་ཆེན་སྟོང་ཆེན་དབྱེར་མེད་པས།།
སྟོང་ཉིད་སྙིང་རྗེ་དབྱེར་མེད་པ།།
ནོར་བུ་པད་མ་ལ་ཕྱག་འཚལ།།)"[204]

④ 꾼켄 돌뽀빠 쎼랍곌첸의 『육자의 성취법』(JDol185)

"부정不淨한 온蘊, 계界, 처處 이 모두는 공하고도 (아무것도) 없는 것을 (결택하는) 토대이다.[205] ㉮ 청정한[206] 법인 진여眞如는

성과 대연민심의 본성이 조금도 다름이 없는 것과, 대락의 예쎼 그 자체가 공성을 눈으로 사물을 보듯 직관적으로 요해하게 되면 이것을 '대락의 예쎼와 공성을 눈으로 사물을 보듯 직관적으로 요해하는 지혜, 이 둘의 본성이 조금도 다름이 없는 예쎼'라 한다. 이러한 것이 자신의 마음에 생기면 부정한 몸과 말, 뜻이 청정한 몸과 말씀, 마음의 본성으로 바뀐다. 이로써 성관자재의 경지 또는 부처님의 경지를 성취할 수 있다. 이러한 경지에 머무시는 보배와 연꽃을 쥔 분, 즉 성관자재께 예경한다는 것이다. '보리도차제론'에 따르면 보리심과 공성을 요해하는 지혜는 성관자재 또는 부처님의 경지로 나아가는 최상의 수행 방편이다.

204 앞의 논서, 꾼켄 돌뽀빠 쎼랍곌첸(JDol186) 8-657.

205 부정한 온蘊, 계界, 처處는 공성을 결택決擇하는 토대이다. 이러한 선상에서의 공성이 바로 청정한 진여眞如이다. 공성을 눈으로 사물을 보듯 직관적으로 요해하는 대락의 예쎼 또는 대락의 예쎼가 공성을 눈으로 사물을 보듯 직관적으로 요해하면 이것은 대락의 예쎼이자 공성을 눈으로 사물을 보듯 직관적으로 요해하는 지혜이기도 하다. 따라서 '대락의 예쎼와 공성을 눈으로 사물을 보듯 직관적으로 요해하는 지혜, 이 둘의 본성이 조금도 다름이 없는 것, 즉 방편과 지혜의 합일이 바로 마니〔보배〕와 뻬마〔연꽃〕의 의미이다.

206 여기서 '청정한'이란 자성으로 존재하는 것이 공하다는 의미이다. 이 '된(དོན།)'을 필자는 '법'으로 옮겼다.

방편과 지혜가 둘이 없고 ㉯ 티 없이 맑은 빛의 (대)락과 공성의 합일이 '마니〔보배〕와 뻬마〔연꽃〕'의 의미이다.
(མ་དག་པའི་ཕུང་པོ་ཁམས་དང་སྐྱེ་མཆེད་འདི་ཐམས་ཅད་ཀྱི[207]སྟོང་ཞིང་དབེན་པའི་གཞི་ལ། དག་པའི་དོན་དེ་བཞིན་ཉིད་ཐབས་དང་ཤེས་རབ་གཉིས་སུ་མེད་ཅིང་འོད་གསལ་པའི་བདེ་བ་དང་། སྟོང་པ་ཟུང་དུ་འཇུག་པ་མ་ཎི་དང་པད་མའི་དོན།)"[208]

3) 상징적 의미에 관한 전거 분석

앞에서 육자진언의 상징적 의미에 관해 세 분의 티벳 대학승이 저술한 4종의 논서에서 그 내용적 전거를 제시하였다. 이를 분석해 본 결과 다음과 같은 몇 가지 사실을 알 수 있었다.

① 제 궁탕 뗀뻬된메의 『불법의 태양 제쭌 담빠가 저술한 마니 성취법의 주석서, 심오한 햇빛』에는 '옴(ཨོཾ།)'자는 아(ཨ།), 우(ཨུ།), 마(མ།)의 세 글자가 결합된 것으로 이것은 '몸과 말, 뜻의 세 가지 실지를 내려주소서!'라는 의미이고, '마니'와 '반메'는 성관자재의 명호에서 비롯된 것이다. '반메'에는 끼(ཀྱི།)라고 하는 제8격 호환사인 '에(ཨེ།)'가 결합된 것이고, '훙(ཧཱུྃ།)'자는 성관자재의 마음의 종자이므로 마음을 움직이게 한다고 한다.

② 제14대 달라이라마의 티벳어본 『마니육자』에는 '옴(ཨོཾ།)'이라는 글자는 아(ཨ།), 우(ཨུ།), 마(མ།)의 세 글자가 포함된 것으로, 이것은 중

---

207 이 문장에서 소유적 연결사 '끼(ཀྱི།)'는 문맥상 없는 것이 타당하다고 본다.
208 앞의 논서, 꾼켄 돌뽀빠 쎄랍곌첸(JDol185) 8-653.

생의 부정不淨한 몸과 말, 뜻 또는 부처님의 청정한 몸과 말씀, 마음을 상징한다. '마니(མ་ཎི།)'는 보배라는 의미로 방편인 보리심과 대연민심, 자애심을 상징하고, '빼마(པདྨ།)'는 연꽃이라는 의미로 공성을 요해하는 지혜를 상징한다. '훙(ཧཱུྃ།)'은 본성이 다름이 없다는 것을 나타내 보인 것이다. 따라서 '옴마니빼메훙'이라는 여섯 글자는 방편과 지혜가 본성이 다름이 없는 쌍운의 도를 수행함으로써 자신의 부정한 몸과 말, 뜻이 부처님의 청정한 몸과 말씀, 마음으로 바뀐다는 것을 상징한다고 한다.

③ 꾼켄 돌뽀빠 쎄랍곌첸의 『마니의 요의』(JDol186)와 『육자의 성취법』(JDol185)에 따르면 '마니'는 보배라는 의미로 방편인 무연대비심, 대락의 예쎄를 상징하고, '빼마'는 연꽃이라는 의미로 공성을 요해하는 지혜를 상징한다. 다시 말해 '마니'와 '반메'는 대락의 예쎄와 공성을 눈으로 사물을 보듯 직관적으로 요해하는 지혜, 이 둘의 본성이 조금도 다름이 없는 예쎄를 상징한다는 것이다.

이들 논서에서 해설한 상징적 의미는 내용적인 면에서는 큰 차이를 보이지 않는다. 이들 모두 사부밀교四部密教 중 '무상유가밀無上瑜伽密'의 전통에 입각한 것이고, 이 중 제14대 달라이라마의 티벳어본 『마니육자』의 경우는 일부 내용에 있어서는 현교와 밀교의 전통으로 나누어 강설한 것이다. 이들 논서는 '무상유가밀無上瑜伽密'의 전통에 입각한 해설이므로 이 속에 내포된 의미를 바르게 이해하기가 어려운 측면이 있다. 그뿐만 아니라 육자진언은 여섯 글자의 짧은 진언이지만 이 속에 광대하고 심오한 의미가 내포되어 있고, 이에 대한 상징적 의미를 해설하는 방식도 무수히 많기 때문에 어느 하나의 의미로만 단정짓기 어려운 측면도 있다. 따라서 이 방면에 정통한 스승들에게 청문할 필요가 있다.

5. 육자진언의 수습법 및 염송법

여기서는 티벳 경론의 육자의 성취법 등의 특징에 관해 살펴보고, 육자진언의 수습법 및 염송법을 중요하게 인식해야 할 필요성에 대해 육자의 성취법 등에서 제시하는 수습과제와 순서, 방법, 그리고 해탈과 부처님의 경지로 나아가는 주된 수행 방편의 측면에서 살펴보고자 한다. 또한 수습을 병행한 염송 수행의 필요성과 27종의 티벳 경론에 나타난 육자진언의 수습법 및 염송법에 관한 내용적 전거를 제시하고 이를 분석하고자 한다.

1) 티벳 경론의 육자의 성취법 등의 특징

티벳 경론에는 지금까지 국내에는 알려지지 않은 육자의 성취법 등과 같은 많은 육자수행 지침서가 전승되어 오고 있다. 여기서 제시하는 수행과제는 수습을 병행한 염송 수행으로, 수습 및 염송 준비 → 본 수습 및 염송 → 수습 및 염송의 마무리 실천행의 순서로, 단계별 수행과제를 일목요연하게 제시하고 있다. 이 수행과제를 익히는 방식을 본서에서는 크게 세 가지로 나누어 보았다. 첫째, 일정 기간 무문관 등의 장소에서 안거에 들어 하루에 4회의 일과시간을 정해 놓고 수행하는 방식이다. 둘째, 일상생활에서 일정한 시간을 정해 놓고 할 수 있는 몇몇 과제들을 선별적으로 익히거나 과제 전체를 시간을 줄여서 간단하게 익히는 방식이다. 셋째, 이와 같은 여건이 안 되는 경우는 조용한 장소와 시간을 정해 오롯이 육자진언 염송 수행에 집중하거나 행行, 주住, 좌坐, 와臥에 염송을 이어가는 방식이다. 이 중 각자의 여건이나 성향에 맞게 실천 수행하는 것이 바람직하다고 본다.

또한 흔히 우리는 '육자진언'이라고 하면 염송 수행을 먼저 떠올리는 경향이 있다. 육자의 성취법 등에서 제시하는 수행과제를 익히는 방법은 염송 수행에만 국한되어 있지 않다. 티벳 밀교 수행법은 기본적으로 현밀 공통의 수행체계이자 수행지침서의 백미白眉라 할 수 있는 '보리도차제론'에서 제시하는 수행과제와 잘 접목된 수행법이다. 이것은 밀교 수행은 반드시 현교의 이론적 바탕 및 수행과제가 선행先行되어야 함을 잘 나타내 보인 사례라 할 수 있다. 그리고 육자의 성취법 등에서 제시하는 수행과제는 오로지 육자진언의 수행법에만 한정된 것이 아니라, 여타의 밀교 수행의 경우도 마찬가지이다. 따라서 티벳 경론의 육자의 성취법 등에서 제시하는 육자진언의 수행법이자 수행체계는 다양한 수행법이 요구되는 21세기 한국불교의 새로운 수행법의 하나로 자리매김하기에 충분한 가치를 지니고 있다. 또한 이것은 기존의 수행법과 상호 보완적 기능을 할 수 있으리라 확신한다.

2) 수습법 및 염송법에 관해 인식해야 할 필요성

티벳인들에 있어 육자진언은 뿌리 깊은 전통 속에서 널리 신행信行되어 왔으며 삶 그 자체라고 해도 과언이 아니다. 육자의 성취법 등의 경우도 오늘날까지 그 수행 전통을 이어오고 있다. 여기서의 '육자진언의 수습법 및 염송법'이란 전력적 집중수습 또는 분별적 사유수습[209] 등과 같이 수습할 때의 자세 등이나 음성염송, 금강염송, 삼마지염송, 진실염송 등과 같은 수행법을 의미하는 것이 아니다. 이것은 육자의 성취법 등에서 제시하는 수습 및 염송 과제를 정연한 순서에

209 전력적 집중수습은 티벳어로 '족곰(འཇོག་སྒོམ།)'이라 하고, 분별적 사유수습은 '쬐곰(དཔྱད་སྒོམ།)'이라 한다. 앞의 역주서, 뻰첸라마 롭상예쎼/법장 옮김(2022), pp.73~74,

"전력적 집중수습은 수습할 바의 대상에 대해 경론을 인용하거나 바른 이유 등으로써 분석하거나 사유하지 않고 마음을 하나의 수습대상에 오롯이 집중시키는 것을 말한다. 분별적 사유수습은 수습할 바의 대상에 마음을 오롯이 집중시킴과 동시에 경론 등에서 말씀하신 의미가 ~그와 같다면 그 이유, 역할, 방향 등을 바른 이유로써 거듭거듭 분석하거나 사유하는 것을 말한다. 사마타〔止〕의 수습방법은 오직 전력적 집중수습뿐이다. 따라서 수습대상에 대해 전력적 집중수습을 하는 것은 사마타〔止〕를 수습하는 것이다." "그 예로는 정원의 큰 나무 한 그루를 수습대상으로 할 때 큰 나무 주위에 꽃이 있든 화분이 있든 전혀 시선과 마음을 두지 않고 큰 나무 하나에 오롯이 집중하는 것과 같은 것이다. 위빠사나〔觀〕는 분별적 사유수습의 결실이기는 하나 반드시 전력적 집중수습인 사마타〔止〕가 바탕이 되어야 한다. 위빠사나〔觀〕는 수승한 분별적 사유수습에 속한다. 따라서 분별적 사유수습의 결실이 위빠사나〔觀〕이고 위빠사나〔觀〕의 수습방법은 분별적 사유수습이다. 그 예로는 정원의 큰 나무 한 그루를 수습대상으로 할 때 이 나무의 이름이 무엇인가, 심은 지가 얼마나 되었을까, 꽃이 피면 예쁜가, 열매는 주렁주렁 열리는가, 열매의 영양은 풍부한가 등을 분석하고 사유하는 것을 말한다."

따라 반복해서 마음에 수습하거나 염송하는 수행법을 의미한다. 육자의 성취법 등에서 제시하는 수행과제는 일과시간과 여가시간으로 나눈다. 또 일과시간에는 수습 및 염송 준비, 본 수습 및 염송, 수습 및 염송의 마무리 실천행으로 나눈다. 또한 단계별 수행과제를 일목요연하게 제시하고 있다. 특이한 점은 육자진언 염송 과제를 이행하는 데 있어 귀의歸依[210]와 발보리심 등으로부터 회향발원과 길상 원만을 축원하는 등의 수습과제를 병행한다는 것이다. 따라서 본서에서는 수습과 염송 수행을 '수습을 병행한 염송 수행'이라 정의하였다.

육자의 성취법 등의 수습 및 염송에 있어서도 주된 수행과제는 보리심과 공성을 요해하는 지혜이다. 이 두 가지는 '보리도차제론'과 여러 반야 경론 등에서 공통적으로 제시하고 있다. 따라서 여기서 제시하는 수행과제를 제대로 익히는 것은 바로 해탈과 부처님의 경지로 나아가는 지름길이라 할 수 있다.

3) 수습을 병행한 염송 수행의 필요성

불교 수행의 구경의 목표는 생사윤회의 고통에서 벗어나 해탈과 부처님의 경지를 성취하는 데 있다. 뻰첸라마 롭상예쎄(པཎ་ཆེན་བླ་མ་བློ་བཟང་ཡེ་ཤེས།)의 『보리도차제의 마르티 일체지로 나아가는 지름길』 등에서

---

210 '귀의歸依'란 불교도의 마음의 서약으로, 이것은 불교 수행의 근본 뿌리이자 첫출발이라 할 수 있다. 불교도인가 아닌가는, 그 사람의 마음에 귀의가 있는가 없는가에 달려있다. 따라서 귀의는 불교도인가 아닌가를 판단하는 기준이라 할 수 있다. 귀의에 관해서는 '앞의 역주서, 뻰첸라마 롭상예쎄/법장 옮김(2022), B. 귀의하는 방법, pp.167~173' 참고 요망.

는 수행의 목표를 크게 일시적인 이익과 구경의 안락의 두 가지로 나눈다. 전자는 금생의 부귀영화나 무병장수 등과 다음 생에 삼악도의 고통에서 벗어나 명확히 더 높은 천신과 인간의 안락을 얻는 것이고, 후자는 윤회에서 벗어나 해탈과 부처님의 경지를 성취하는 것이다. 이러한 경지에 안착하기 위해서는 모든 허물, 즉 번뇌장과 소지장을 끊어야 함[211]을 강조하고 있다.

이러한 번뇌장과 소지장을 끊고 생사윤회의 고통에서 벗어나 해탈과 부처님의 경지로 나아가기 위해서는 먼저, 생사윤회의 뿌리와 윤회의 고통이 발생하는 과정을 바르게 인식할 필요가 있다. 그 이유는 그렇지 않으면 끊어야 할 바가 무엇인지, 무엇으로 끊어야 하는지를 정확히 인식할 수 없기 때문이다. 그렇다면 생사윤회의 고통은 어디서 생기는가. 그 과정에 대해 용수의 『중관근본송반야(དབུ་མ་རྩ་བའི་ཚིག་ལེའུར་བྱས་པ་ཤེས་རབ་ཅེས་བྱ་བ།)』에는

> "업과 번뇌가 다함으로써 벗어나고
> 업과 번뇌는 분별망상으로부터 (생기고)
> 그러한 것은 희론戱論으로부터 (생기며),
> 희론은 공성으로써 끊게 된다.
> (ལས་དང་ཉོན་མོངས་ཟད་པས་ཐར།།
> ལས་དང་ཉོན་མོངས་རྣམ་རྟོག་ལས།།
> དེ་དག་སྤྲོས་ལས་སྤྲོས་པ་ནི།།
> སྟོང་པ་ཉིད་ཀྱིས་འགག་པར་འགྱུར།།)"[212]

---

211 앞의 역주서, 뻰첸라마 롭상예쎄/법장 옮김(2022), p.59 참고.

212 용수, 『중관근본송반야(中觀根本頌般若, དབུ་མ་རྩ་བའི་ཚིག་ལེའུར་བྱས་པ་ཤེས་རབ་ཅེས་བྱ་བ།)』「제

라고 한다. 이와 같이 희론, 즉 실집무명實執無明에서 '불합리한 분별망상'〔출민잇젯끼남똑(ཚུལ་མིན་ཡིད་བྱེད་ཀྱི་རྣམ་རྟོག)〕[213]이 생기고, 이로 인하여 탐, 진, 치 등의 다른 번뇌가 생기며, 이로 인하여 업을 짓고, 이로 인하여 생사윤회의 고통을 겪어야만 한다는 것이다. 중관귀류논증파에서는 고통의 뿌리인 실집무명을 보특가라아집補特伽羅我執[214]과 법아집法我執[215]으로 나눈다. 이 두 아집은 무엇으로써 끊을 수 있는가. 그것은 공성을 눈으로 사물을 보듯 직관적으로 요해하는 지혜 또는 이 지혜의 수습에 의해 끊을 수 있다. 나아가 번뇌장과 소지장도 마찬가지이다. 따라서 생사윤회에서 벗어나기 위해서는 반드시 그 뿌리와 발생과정에 대해 바르게 인식할 필요가 있다.

그렇다고 해서 육자진언수행에 있어 반드시 수습을 병행한 염송수행만을 고집할 필요는 없다. 앞에서 밝힌 바와 같이 순수한 마음동기, 바른 신심, 간절한 정성, 쉼 없는 정진력의 바탕 위에 육자진언을

18장 아我와 법에 대한 고찰(བདག་དང་ཆོས་བརྟག་པ།)」, 티벳장경 데게뗀규르 중관부 ༼ཙ༽ D3824 96-11a, 제5게송.

213 '불합리한 분별망상'이란 예컨대 어떤 상황과 대상에 대해 합리적 판단이 없이, 마음에 드는 사람의 행동은 무조건 좋게만 보고, 마음에 안 드는 사람의 행동은 무조건 나쁘게만 보는 것 등이다.

214 앞의 역주서, 뻰첸라마 롭상예쎼/법장 옮김(2022), p.90,
"보특가라가 자성으로 존재하는 것을 '보특가라아'라 하고, 보특가라가 자성으로 존재한다고 고집하는 마음을 '보특가라아집'이라 한다."

215 앞의 역주서, 뻰첸라마 롭상예쎼/법장 옮김(2022), p.90,
"법들이 자성으로 존재하는 것을 '법아'라 하고, 법이 자성으로 존재한다고 고집하는 마음을 '법아집'이라 한다."

염송한다면 이로써 자신의 마음의 평온을 유지할 수 있고, 마음의 도량度量을 향상시키는 등의 공덕을 성취할 수 있다. 육자의 성취법 등에 따르면 수습을 병행한 염송 수행을 하는 것은 그 자체로 공덕이 한량이 없다는 것을 알 수 있다. 왜냐하면 귀의와 발보리심 수습을 통해 공덕을 성취하고, 수습대상인 자량전資糧田을 청하여 모신 뒤에 칠지공양을 올리는 데 힘쓰는 것은 자량을 쌓고 죄업과 장애를 소멸하는 으뜸이 되기 때문이다. 육자진언을 염송할 때 감로가 흘러내림으로써 죄업과 장애가 소멸되었다고 수습함과 동시에 실제로 육자진언을 반복해서 염송하는 것은 성관자재의 몸과 말씀, 마음의 가피를 성취하는 것이고, 현밀의 도〔수행과제〕 전체와 관련 지어 성관자재께 간청함으로써 이것이 수행자의 마음에 남아 있게 된다. 마지막으로 회향발원을 하는 것은 지은 모든 선근을 회향함으로써 원만구족한 보리를 성취하는 원인이 되기 때문이다.

이와 같이 육자진언수행에 입문한 유가행자는, 육자의 성취법 등에서 제시하는 보리심과 공성을 요해하는 지혜의 수습과 함께 육자진언을 반복해서 염송할 때 수습할 대상인 자신의 가슴의 육자진언의 행렬에서 빛과 감로가 흘러내림으로써 자신의 죄업과 장애가 청결해졌다고 하는 등을 수습하도록 한다. 이와 동시에 실제로 육자진언을 돌탑을 쌓는 마음으로, 산골의 물처럼 청아하게, 쉼 없이 흐르는 강물과 같이 옴마니반메훔을 반복해서 염송하도록 한다. 이와 같이 실천해 나간다면 이는 분명 해탈과 부처님의 경지로 나아가는 훌륭한 수행 방편이 되리라 본다.

4) 수습법 및 염송법에 관한 내용적 전거

필자가 조사한 바에 따르면 육자진언의 수습법 및 염송법에 관한 내용이 나타난 티벳 경론은 모두 27종이다. 여기에는 4종의 티벳장경 불설부 경전과 15종의 논소부 논서, 8종의 티벳 대학승의 논서가 있다. 이들 경론을 차례대로 열거해 보면 다음과 같다.

먼저 4종의 티벳장경 불설부 경전은 ①『연꽃 보관이라는 밀교경』(d701) ②『성聖 보배함의 장엄이라는 대승경』(d116) ③『성관자재의 다라니경』(d696) ④『대비성관자재의 다라니와 공덕을 약섭한 경』(d723)이다.

15종의 티벳장경 논소부 논서는 ① ▪ ---------,『세간자재의 성취법(འཇིག་རྟེན་དབང་ཕྱུག་གི་སྒྲུབ་ཐབས།)』(D3416)[216] ② ▪ ---------,『세간의 구제자의 성취법』(D3407) ③ ▪ ---------,『카르싸빠니성관자재의 성취법』(D2852) ④ ▪ ---------,『딘빠온뽀쩬성관자재의 성취법(འཕགས་པ་སྤྱན་རས་གཟིགས་དབང་ཕྱུག་མགྲིན་པ་སྔོན་པོ་ཅན་གྱི་སྒྲུབ་ཐབས།)』(D3431)[217] ⑤ ▪ ---------,『육자의 밀승차제의 만다라를 설한 성취법(ཡི་གེ་དྲུག་པའི་རྒྱུད་ཀྱི་རིམ་པའི་དཀྱིལ་འཁོར་བསྟན་པའི་སྒྲུབ་པའི་ཐབས།)』(D2851)[218]

---

216 ▪ ----,『세간자재의 성취법(འཇིག་རྟེན་དབང་ཕྱུག་གི་སྒྲུབ་ཐབས།)』, 티벳장경 데게뗀규르 밀교부{ཤུ} D3416 77-1-82a3~77-1-82a6.

217 ▪ ----,『딘빠온뽀쩬성관자재〔青頸聖觀自在〕의 성취법(འཕགས་པ་སྤྱན་རས་གཟིགས་དབང་ཕྱུག་མགྲིན་པ་སྔོན་པོ་ཅན་གྱི་སྒྲུབ་ཐབས།)』, 티벳장경 데게뗀규르 밀교부{ཤུ} D3431 77-1-90a4~77-1-90b5.

218 ▪ ----,『육자의 밀승차제의 만다라를 설한 성취법(ཡི་གེ་དྲུག་པའི་རྒྱུད་ཀྱི་རིམ་པའི་དཀྱིལ་འཁོར་བསྟན་པའི་སྒྲུབ་པའི་ཐབས།)』, 티벳장경 데게뗀규르 밀교부{ཏུ} D2851 73-1-

⑥ ▪ ---------, 『육자의 성취법(ཡི་གེ་དྲུག་པའི་སྒྲུབ་ཐབས།)』(D3150) [219]
⑦ ▪ ---------, 『육자의 성취법(ཡི་གེ་དྲུག་པའི་སྒྲུབ་ཐབས།)』(D3408)[220]
⑧ 뻴마르메제예셰(དཔལ་མར་མེ་མཛད་ཡེ་ཤེས།)〔아띠샤〕의 『성관세자재의 성취법(འཕགས་པ་སྤྱན་རས་གཟིགས་འཇིག་རྟེན་དབང་ཕྱུག་སྒྲུབ་པའི་ཐབས།)』(D1893)[221] ⑨ 뻴자렌다라빠(དཔལ་ཛཱ་ལནྡྷ་ར་པ།)의 『길상한 대비(성관자재)의 관정 하사에 (관한) 긴요한 가르침의 장章(དཔལ་ཐུགས་རྗེ་ཆེན་པོའི་དབང་བསྐུར་བའི་མན་ངག་གི་རབ་ཏུ་བྱེད་པ་ཞེས་བྱ་བ།)』(D2139)[222] ⑩ 뻴헨찍꼐빼롤빠(དཔལ་ལྷན་ཅིག་སྐྱེས་པའི་རོལ་པ།)의 『성聖 육자모대명六字母大明의 성취법(འཕགས་པ་ཡི་གེ་དྲུག་མ་རིག་པ་ཆེན་པོའི་སྒྲུབ་ཐབས།)』(3405)[223] ⑪ 뻴헨찍꼐빼롤빠의 『성관자재의 육자의 성취법(འཕགས་པ་སྤྱན་རས་གཟིགས་དབང་ཕྱུག་གི་ཡི་གེ་དྲུག་པའི་སྒྲུབ་པའི་ཐབས།)』(D3332)[224] ⑫

192a1~73-1-194a2.

219 ▪ ----, 『육자의 성취법(ཡི་གེ་དྲུག་པའི་སྒྲུབ་ཐབས།)』, 티벳장경 데게뗀규르 밀교부〔པུ〕 D3150 75-1-173b2~75-1-174b1.

220 ▪ ----, 『육자의 성취법(ཡི་གེ་དྲུག་པའི་སྒྲུབ་ཐབས།), 티벳장경 데게뗀규르 밀교부〔ཕུ〕 D3408 77-1-72b5~77-1-73b1.

221 뻴마르메제예셰(དཔལ་མར་མེ་མཛད་ཡེ་ཤེས།)〔아띠샤〕, 『성관세자재의 성취법(འཕགས་པ་སྤྱན་རས་གཟིགས་འཇིག་རྟེན་དབང་ཕྱུག་སྒྲུབ་པའི་ཐབས།)』, 티벳장경 데게뗀규르 밀교부〔པི〕 D1893 44-1-231b6~44-1-233a4.

222 뻴자렌다라빠(དཔལ་ཛཱ་ལནྡྷ་ར་པ།), 『길상한 대비(성관자재)의 관정 하사에 (관한) 긴요한 가르침의 장章(དཔལ་ཐུགས་རྗེ་ཆེན་པོའི་དབང་བསྐུར་བའི་མན་ངག་གི་རབ་ཏུ་བྱེད་པ་ཞེས་བྱ་བ།)』, 티벳장경 데게뗀규르 밀교부〔ཚི〕 D2139 49-1-199a5~49-1-205a2.

223 뻴헨찍꼐빼롤빠(དཔལ་ལྷན་ཅིག་སྐྱེས་པའི་རོལ་པ།), 『성聖 육자모대명六字母大明의 성취법(འཕགས་པ་ཡི་གེ་དྲུག་མ་རིག་པ་ཆེན་པོའི་སྒྲུབ་ཐབས།)』, 티벳장경 데게뗀규르 밀교부〔ཕུ〕 D3405 77-1-70b1~77-1-71a6.

224 뻴헨찍꼐빼롤빠, 『성관자재의 육자의 성취법(འཕགས་པ་སྤྱན་རས་གཟིགས་དབང་ཕྱུག་གི་ཡི་གེ་དྲུག་པའི་སྒྲུབ་པའི་ཐབས།)』, 티벳장경 데게뗀규르 밀교부〔ཕུ〕 D3332 77-1-24b7~77-1-25b4.

뿌자벤자(སྤུ་ཛ་བཛྲ།)의 『성聖 육자의 성취법(འཕགས་པ་ཡི་གེ་དྲུག་པའི་སྒྲུབ་ཐབས།)』(D2853)[225] ⑬ 사마똑꾀뻬멘악의 『육자의 성취법』(D3406) ⑭ 용수의 『성세간자재 육자의 성취법』(D2736a) ⑮ 용수의 『세간자재의 성취법(འཇིག་རྟེན་དབང་ཕྱུག་གི་སྒྲུབ་ཐབས།)』(D2850)[226]이다.

8종의 티벳 대학승의 논서는 ① 꾼켄 돌뽀빠 쎄랍겔첸의 『육자의 성취법』(JDol185) ② 쏭쩬감뽀의 『마니까붐』(제1권) ③ 울추 다르마바다의 『성관자재의 스승유가(འཕགས་པ་སྤྱན་རས་གཟིགས་ཀྱི་བླ་མའི་རྣལ་འབྱོར།)[227]』[228] ④ 제 궁탕 뗀뻬된메의 『불법의 태양 제쭌 담빠가 저술한 마니 성취법의 주석서, 심오한 햇빛』 ⑤ 제14대 달라이라마의 『(근본)스승과 관세음의 본성이 다름이 없는 유가, 실지 모음(བླ་མ་དང་སྤྱན་རས་གཟིགས་དབྱེར་མེད་ཀྱི་རྣལ་འབྱོར་དངོས་གྲུབ་ཀུན་འབྱུང་ཞེས་བྱ་བ།)』[229] ⑥ 제14대 달라이라마의

225 뿌자벤자(སྤུ་ཛ་བཛྲ།), 『성聖 육자의 성취법(འཕགས་པ་ཡི་གེ་དྲུག་པའི་སྒྲུབ་ཐབས།)』, 티벳장경 데게뗀규르 밀교부༼རྒྱུད༽ D2853 73-1-195a1~73-1-195b5.

226 용수 , 『세간자재의 성취법(འཇིག་རྟེན་དབང་ཕྱུག་གི་སྒྲུབ་ཐབས།), 티벳장경 데게뗀규르 밀교부༼རྒྱུད༽ D2850 73-1-191b1~73-1-192a1.

227 '성관자재의 스승유가'란 자신의 스승과 성관자재의 본성이 조금도 다름이 없다고 확실히 믿고 이분에게 귀의하는 것과 죄업을 참회하는 등으로 자량을 쌓고, 반대로 죄업과 장애, 즉 번뇌장과 소지장을 소멸해 가는 수행을 말한다. 본서에서 등장하는 성관자재의 스승유가는 육자의 성취법 등과 그 내용적인 면에서는 별다른 차이가 없다.

228 울추 다르마바다, 『성관자재의 스승유가(འཕགས་པ་སྤྱན་རས་གཟིགས་ཀྱི་བླ་མའི་རྣལ་འབྱོར།)』, 『울추 다르마바다의 전집』(제2권)에 수록, 西藏 藏文古籍出版社, 2010, pp.287~288.

229 제14대 달라이라마, 『(근본)스승과 관세음의 본성이 다름이 없는 유가, 실지 모음(བླ་མ་དང་སྤྱན་རས་གཟིགས་དབྱེར་མེད་ཀྱི་རྣལ་འབྱོར་དངོས་གྲུབ་ཀུན་འབྱུང་ཞེས་བྱ་བ།)』, 북인도 다람싸라 Namgyal Monastery, 2014, pp.1~18.

『스승유가, 두진정토의 계단(བླ་མའི་རྣལ་འབྱོར་གྲུ་འཛིན་ཞིང་གི་ཐེམ་སྐས།)』[230] ⑦ 제5대 달라이라마의 『관자재의 성취법, 두진산으로 가는 계단(སྤྱན་རས་གཟིགས་ཀྱི་སྒྲུབ་ཐབས་རི་བོ་གྲུ་འཛིན་དུ་བགྲོད་པའི་ཐེམ་སྐས་ཞེས་བྱ་བ།)』[231] ⑧ 제7대 달라이라마의 『뻴모 전통의 십일면(관자재)의 재계齋戒[232]에 관한 의궤(བཅུ་གཅིག་ཞལ་དཔལ་མོ་ལུགས་ཀྱི་སྨྱུང་གནས་ཆོ་ག)』[233]이다.

여기서 필자가 각각의 경론에서 전거를 제시하는 방식은 어떤 경우는 해당되는 일부 문장을, 어떤 경우는 필자가 논서 전체의 내용을 파악 및 분류한 후에 만든 과목명만을 제시하고자 한다. 여기서 몇몇 논서의 과목명을 제시하는 이유는 제Ⅱ장의 육자진언 수습 및 염송 과제에 대한 세부 과목과 육자진언의 수습 및 염송 과제에 대한 구체적인 내용에 대한 전거가 되는 것은 물론, 티벳 경론의 여러 육자의

---

230 제14대 달라이라마, 『스승유가, 두진정토의 계단(བླ་མའི་རྣལ་འབྱོར་གྲུ་འཛིན་ཞིང་གི་ཐེམ་སྐས།)』, 북인도 다람싸라 Namgyal Monastery, 2014, pp.19~22. 여기서 '두진정토(གྲུ་འཛིན་ཞིང་།)'란 관세음이 상주하는 정토로, 이것과 두진(གྲུ་འཛིན།), 두진산(རི་བོ་གྲུ་འཛིན།), 산스크리트어의 potalaka, 뽀따라(པོ་ཊ་ལ།), 뽀따라까(པོ་ཊ་ལ་ཀ།)의 티벳어 음역의 뽀따라(པོ་ཏ་ལ།), 한역의 보타락가補陀落伽, 보타산 등은 모두 동의어이다.

231 제5대 달라이라마, 『관자재의 성취법, 두진산으로 가는 계단(སྤྱན་རས་གཟིགས་ཀྱི་སྒྲུབ་ཐབས་རི་བོ་གྲུ་འཛིན་དུ་བགྲོད་པའི་ཐེམ་སྐས་ཞེས་བྱ་བ།)』, 『악왕롭상갸초의 전집(ངག་དབང་བློ་བཟང་རྒྱ་མཚོའི་གསུང་འབུམ།)』(제10권)에 수록, TBRC〔Tibetan Buddhist Resource Center〕, 2007, pp.565~572.

232 '재계齋戒'란 출가자나 재가자가 일정기간 동안 음식과 수면, 말 등을 줄이고 모든 행위를 삼가는 수행 또는 이러한 의궤를 말한다.

233 제7대 달라이라마, 『뻴모 전통의 십일면(관자재)의 재계齋戒에 관한 의궤(བཅུ་གཅིག་ཞལ་དཔལ་མོ་ལུགས་ཀྱི་སྨྱུང་གནས་ཆོ་ག)』, 남인도 쎄라메사원 게쎄하람빠 잠양쏘남 PDF, pp.1~55.

성취법 등의 내용을 상호 비교해 보는 근거도 되기 때문이다.

특히 여기서 전거로 제시하는 27종의 티벳 경론 중에 용수의 『성세간자재 육자의 성취법』(D2736a)과 울추 다르마바다의 『성관자재의 스승유가』, 제14대 달라이라마의 『스승유가, 두진정토의 계단』의 세 논서의 경우는 첫머리의 논서명, 저자와 번역자의 서두예찬문, 저술에 있어 다짐하는 글, 저술 및 번역 기록문과 같은 티벳 논서의 정형화된 체제의 내용을 제외한 나머지 모두를 제시하고자 한다.

먼저 4종의 티벳장경 불설부 경전에 나타난 육자진언의 수습법 및 염송법에 관한 내용적 전거를 차례대로 제시하고자 한다.

① 『연꽃 보관이라는 밀교경』(d701)

“‘히(ཧྲཱིཿ)’자에서 생긴 살타薩埵의 몸[234]은
하나의 입과 두 손, 금빛 몸에
장엄구를 모두 갖추고 연꽃을 쥐고 계시며
손이 천 개인 것처럼 (눈) 또한 그와 같으니
(ཧྲཱིཿལས་བྱུང་བ་སེམས་དཔའི་སྐུ།།
ཞལ་གཅིག་ཕྱག་གཉིས་སྐུ་མདོག་སེར།།
རྒྱན་རྣམས་རྫོགས་པ་པདྨ་བསྣམས།།
ཕྱག་སྟོང་སྤྱན་ཡང་དེ་བཞིན་ཏེ།།

234 제1구의 ‘살타(sattva, 薩埵)의 몸’은 수습대상에 대한 통칭이다. 여기서는 성관자재의 몸을 가리킨다.

원만구족한 몸을 (자신의) 앞에 사유하고서

다섯 가지 공양물[235] 로써 바르게 공양 올리고

'히(ཧྲཱིཿ)'자의 (빛이) 비치고 거두어지는 것을 (수습하고) 또랑또랑하게 반복해서 염송하도록 한다.

རྒྱས་པའི་སྐུ་ནི་མདུན་བསམས་ནས།།

མཆོད་པ་ལྔ་ཡིས་ཡང་དག་མཆོད།།

ཧྲཱིཿཡི་འཕྲོ་འདུ་གསལ་བར་བཟླས།།)"[236]

② 『성聖 보배함의 장엄이라는 대승경』(d116)

"관자재보살마하살 당신의 명호를 수념隨念하는 중생들은 안락을 얻는다. 흑승지옥, 호규지옥, 지옥중생 또는 아귀의 도성都城에 태어난 모든 이들이 당신의 명호를 수념하고 그들은 악도의 큰 고통에서 벗어난다. 당신의 명호를 수념하는 그러한 중생들은 훌륭한 생각을 가진다. 그러한 이들은 극락세계에 나서 무량광불無量光佛로부터 법을 듣게 된다.

(གང་བྱང་ཆུབ་སེམས་དཔའ་སེམས་དཔའ་ཆེན་པོ་སྤྱན་རས་གཟིགས་ཀྱི་དབང་པོ་ཁྱོད་ཀྱི་མཚན་རྗེས་སུ་དྲན་པའི་སེམས་ཅན་དེ་དག་ནི་བདེ་བ་དང་ལྡན་པ་ལགས་སོ།། ཐིག་ནག་པོ་ཅན་དང་། འོ་དོད་འབོད་པ་དང་། སེམས་ཅན་དམྱལ་བར་སྐྱེས་པ་དང་། ཡི་དགས་ཀྱི་གྲོང་ཁྱེར་དུ་སྐྱེས་པ་གང་དག་ཁྱོད་ཀྱི་མཚན་རྗེས་སུ་དྲན་པ་དེ་དག་ནི་ངན་སོང་གི་སྡུག་བསྔལ་ཆེན་པོ་ལས་ཐར་བ་ལགས་སོ།། གང་ཁྱོད་ཀྱི་མཚན་རྗེས་སུ་དྲན་པའི་སེམས་ཅན་དེ་དག་ནི་བསམ་པ་ལེགས་པ་དང་ལྡན་པ་ལགས་ཏེ། དེ་དག་ནི་བདེ་

---

235 일반적으로 '다섯 가지 공양물'이란 꽃, 향, 밝은 등불, 향수, 백미가 깃든 음식을 가리킨다.

236 앞의 경전, d701 93-159b.

བ་ཅན་གྱི་འཇིག་རྟེན་གྱི་ཁམས་སུ་མཆིས་ནས་དེ་བཞིན་གཤེགས་པ་སྣང་བ་མཐའ་ཡས་ལས་ཆོས་ཉན་པར་འགྱུར་རོ།།)"[237]

③ 『성관자재의 다라니경』(d696)

"성관자재께서 자애심을 수습하는 상태에서 (대)연민심의 힘으로써 최상의 보리심을 일으켜 연꽃좌대, 해방석, 달방석의 '히(ཧྲཱིཿ)'자[238]의 (빛이) 비치고 거두어지는 것[239]으로부터 하나의 입에 네 손이 있다. 첫 번째 두 손은 합장을 하고 있으며, 아래쪽 오른(손)에는 하얀 진주 염주를, 왼(손)에는 하얀 연꽃을 쥐고 계신다. 하얀 빛으로 된 몸과 발은 결가부좌〔금강가부좌〕를 하고 있으며, 갖가지 보배 장엄구와 보관으로 아름답게 장식하고 계신다. 불모佛母 하모둑마와 불부佛父 노르부린뽀체가 (성관자재를) 의지하고, 많은 보살부와 보살모로 둘러싸인 채 '이와 같이' 라고 말씀하셨다. -성관자재의 수습법을 나타내 보임-

(འཕགས་པ་སྤྱན་རས་གཟིགས་དབང་ཕྱུག་བྱམས་པའི་ངང་ལས་སྙིང་རྗེའི་ཤུགས་ཀྱིས་བྱང་ཆུབ་ཀྱི་སེམས་རབ་ཏུ་བསྐྱེད་ནས། པདྨ་དང་། ཉི་མ་དང་། ཟླ་བའི་གདན་ལ་ཧྲཱིཿའི་འཕྲོ་འདུ་ལས་ཞལ་གཅིག་པ་ལ་ཕྱག་བཞི་པ། དང་པོ་གཉིས་ཐལ་མོ་སྦྱར་བ། གཡས་འོག་མ་ན་བགྲང་ཕྲེང་མུ་ཏིག་དཀར་པོ། གཡོན་

237 앞의 경전, d116 51-215b.

238 '히(ཧྲཱིཿ)'자는 성관자재의 종자라 한다. 따라서 성관자재는 '히(ཧྲཱིཿ)'자에서 생겼다고 한다.

239 이 문장은 연꽃좌대 위에 해방석이 있고, 또 그 위에 달방석이 있으며, 그 위에 '히(ཧྲཱིཿ)'자가 있다. 이 글자에서 빛이 비치어서 중생들을 이롭게 하고 다시 거두어진다. 이 '히(ཧྲཱིཿ)'자가 성관자재의 본성으로 바뀐 것에서~ 라는 의미가 함축된 것이다. 이하의 문장들도 이와 같이 유추해 보기 바란다.

འོག་མ་ན་པདྨ་དཀར་པོ་བརྫམས་པ། སྐུ་མདོག་དཀར་པོ་ཞབས་རྗོགས་པའི་སྐྱིལ་ཀྲུང་བཅས་པ། རིན་པོ་ཆེའི་རྒྱན་སྣ་ཚོགས་དང་། རིན་པོ་ཆེའི་དབུ་རྒྱན་གྱིས་མཛེས་པ། མ་ཧཱ་མོ་དྲུག་མ་དང་། ཡབ་ནོར་བུ་རིན་པོ་ཆེས་བརྟེན་པ། བྱང་ཆུབ་སེམས་དཔའ་དང་། སེམས་མ་རབ་ཏུ་མང་པོས་བསྐོར་ཏེ་འདི་སྐད་ཅེས་གསུངས་སོ།།)”[240]

“선남자나 선여인이 이 주문을 한 번만이라도 염송하거나 (의미를) 기억하고 사유하거나 서사해서 몸에 간직하거나 확실히 믿고 공경하면 오무간업 또는 그에 가까운 죄업 모두가 소멸되고 삼악도와 팔무가, (그 외의 여러) 고통들도 생기지 않는다. 사람과 사람 아닌 존재와 맹수로 인한 모든 두려움으로부터 벗어나게 된다. 그리고 모든 질병과 악귀로부터 벗어나게 된다. -육자진언의 공덕을 나타내 보임-

(རིགས་ཀྱི་བུའམ། རིགས་ཀྱི་བུ་མོས་སྔགས་འདི་ལན་ཅིག་ཙམ་བརྗོད་དམ་དྲན་ཞིང་ཡིད་ལ་བྱས་སམ། བྲིས་ནས་ལུས་ལ་བཅངས་སམ། མོས་ཤིང་གུས་པར་བྱས་ན་མཚམས་མེད་པ་ལྔ་དང་། དེ་དང་ཉེ་བའི་སྡིག་པའི་ལས་ཐམས་ཅད་བྱང་ཞིང་། ངན་སོང་གསུམ་དང་། མི་ཁོམ་པ་བརྒྱད་དང་། སྡུག་བསྔལ་དང་བཅས་པར་མི་སྐྱེའོ།། མི་དང་མི་མ་ཡིན་པ་དང་། གཅན་གཟན་གྱིས་འཇིགས་པ་ཐམས་ཅད་ལས་གྲོལ་བར་འགྱུར་རོ།། ནད་དང་། གདོན་ཐམས་ཅད་ལས་ཐར་བར་འགྱུར་རོ།།)”[241]

“옴마니빼메훙!

(ཨོཾ་མ་ཎི་པདྨེ་ཧཱུྃ་)”[242]

“이라고 염송함으로써 성관자재의 모습을 친견하게 되고 생을

240 앞의 경전, d696 93-147b. 여기서 ‘의지하고’는 ‘예경’ 또는 ‘공경’이라는 의미에 가깝다.

241 앞의 경전, d696 93-147b~93-148a.

242 앞의 경전, d696 93-148a.

바꾸더라도 극락세계에 태어나게 된다. 따라서 이것에 대해 의심하거나 의혹을 가지거나 주저하지 말지어다. -다시 공덕을 설하고 결론 지음-
(ཞེས་བརྗོད་པས་འཕགས་པ་སྤྱན་རས་གཟིགས་ཀྱི་ཞལ་མཐོང་བར་འགྱུར་ཞིང་། ཚེ་འཕོས་ནས་ཀྱང་བདེ་བ་ཅན་དུ་སྐྱེ་སྟེ། འདི་ལ་ཐེ་ཚོམ་མམ། སོམ་ཉིའམ། ཡིད་གཉིས་མ་ཟ་ཅིག།)"[243]

④『대비성관자재의 다라니와 공덕을 약섭한 경』(d723)

"만약 비구, 비구니, 우바새, 우바이, 남아男兒, 여아女兒 그 누구라도 (육자진언을) 염송하고 수지하기를 원하는 이들은 일체중생을 위해 대비심을 가지고[244] 먼저 이와 같은 마음을 일으켜야 한다. 대비성관자재께 예경하나이다. 내가 일체법을 속히 요해了解하여지이다. 대비성관자재께 예경하나이다. 내가 예쎼의 눈[245]을 속히 성취하여지이다. 대비성관자재께 예경하나이다. 내가 일체중생을 속히 구제救濟하여지이다. 대비성관자재께 예경하나이다. 내가 선교방편善巧方便을 속히 성취하여지이다. 대비성관자재께 예경하나이다. 내가 속히 지혜의 배로써 (일체중생을) 구제하여지이다. 대비성관자재께 예경하나이다. 내가 속히 고

243 앞의 경전, d696 93-148a.

244 '대비심大悲心을 가지고'란 일체중생을 고통에서 건져주기 위해 부처님의 경지를 성취하겠다는 마음동기로 대비성관자재의 다라니를 염송하는 등을 실천 수행하겠다는 의미이다.

245 '예쎼의 눈'이란 공성을 눈으로 사물을 보듯 직관적으로 요해하는 지혜를 말한다. 이것은 삼승의 성인, 즉 성문, 연각, 보살의 견도위, 수도위, 무학위에 오른 성인에게 존재한다.

해苦海에서 벗어나지이다. 대비성관자재께 예경하나이다. 내가 속히 계율의 보행로를 성취하여지이다.[246] 대비성관자재께 예경하나이다. 내가 속히 열반의 산에 올라지이다. 대비성관자재께 예경하나이다. 내가 속히 무위無爲의 집으로 가지이다. 대비성관자재께 예경하나이다. 내가 속히 법성신法性身과 상응하여지이다. 내가 검수도산劍樹刀山을 오를 때 그 산이 저절로 폭삭 내려앉아지이다. 내가 화탕지옥火湯地獄을 만날 때 화탕지옥의 불씨가 저절로 꺼져지이다. 내가 지옥중생으로 가게 될 때 지옥중생이 저절로 말라지이다. 내가 아귀가 사는 곳으로 가게 될 때 (그들의) 배고픔과 목마름이 해소되어지이다. 내가 아수라가 사는 곳으로 가게 될 때 (그들의) 나쁜 마음이 저절로 순화되어지이다. 내가 축생이 사는 곳으로 가게 될 때 (그들이) 저절로 큰 지혜를 성취하여지이다. 그와 같은 서원을 세우고 오롯한 마음으로 집중해서 나〔성관자재〕의 명호를 염송하고 수념隨念하도록 한다. -귀의하기와 발보리심을 수습하기에 관한 내용-

(ཀ་ལ་ཧྲི་དགེ་སློང་ངམ། དགེ་སློང་མའམ། དགེ་བསྙེན་ནམ་དགེ་བསྙེན་མའམ། ཁྱེའུ་འམ། བུ་མོས་འདོན་པ་དང་འཆང་བར་འདོད་པས་སེམས་ཅན་ཐམས་ཅད་ཀྱི་ཆེད་དུ་ཐུགས་རྗེ་ཆེན་པོའི་སྔོ་ནས་ཐོག་མར་འདི་ལྟ་བུའི་སེམས་བསྐྱེད་པར་བྱའོ།། སྤྱན་རས་གཟིགས་དབང་ཕྱུག་ཐུགས་རྗེ་ཆེན་པོ་ལ་ཕྱག་འཚལ་ལོ།། བདག་གིས་ཆོས་རྣམས་ཐམས་ཅད་མྱུར་དུ་རྟོགས་པར་ཤོག། སྤྱན་རས་གཟིགས་དབང་ཐུགས་རྗེ་ཆེ་ལ་ཕྱག་འཚལ་ལོ།། བདག་གིས་ཡེ་ཤེས་མིག་ནི་མྱུར་དུ་ཐོབ་པར་ཤོག། སྤྱན་རས་གཟིགས་

246 '계율의 보행로'란 이곳에서 저곳으로 가기 위해서는 길이 있어야 하듯, 생사윤회에서 벗어나 피안의 경지로 나아가기 위해서는 반드시 계율을 지켜야 한다. 이와 같이 계율을 보행로에 비유한 것이다.

དབང་ཕྱུགས་རྗེ་ཆེ་ལ་ཕྱག་འཚལ་ལོ།། བདག་གིས་སེམས་ཅན་ཐམས་ཅད་མྱུར་དུ་སྒྲོལ་བར་ཤོག། སྤྱན་རས་གཟིགས་དབང་ཕྱུགས་རྗེ་ཆེན་ལ་ཕྱག་འཚལ་ལོ།། བདག་གིས་ཐབས་མཁས་པ་དག་མྱུར་དུ་ཐོབ་པར་ཤོག། སྤྱན་རས་གཟིགས་དབང་ཕྱུགས་རྗེ་ཆེ་ལ་ཕྱག་འཚལ་ལོ།། བདག་ནི་མྱུར་དུ་ཤེས་རབ་ཀྱི་ཡིས་སྒྲོལ་བར་ཤོག། སྤྱན་རས་གཟིགས་དབང་ཕྱུགས་རྗེ་ཆེ་ལ་ཕྱག་འཚལ་ལོ།། བདག་ནི་མྱུར་དུ་སྡུག་བསྔལ་མཚོ་ལས་འདའ་བར་ཤོག། སྤྱན་རས་གཟིགས་དབང་ཕྱུགས་རྗེ་ཆེ་ལ་ཕྱག་འཚལ་ལོ།། བདག་ནི་མྱུར་དུ་ཚུལ་ཁྲིམས་ཀྱང་གི་ལམ་ཐོབ་ཤོག། སྤྱན་རས་གཟིགས་དབང་ཕྱུགས་རྗེ་ཆེ་ལ་ཕྱག་འཚལ་ལོ།། བདག་ནི་མྱུར་དུ་མྱ་ངན་འདའ་བའི་རི་འཛེག་ཤོག། སྤྱན་རས་གཟིགས་དབང་ཕྱུགས་རྗེ་ཆེ་ལ་ཕྱག་འཚལ་ལོ།། བདག་ནི་མྱུར་དུ་འདུས་མ་བྱས་ཀྱི་ཁྱིམ་ཕྱིན་ཤོག། སྤྱན་རས་གཟིགས་དབང་ཕྱུགས་རྗེ་ཆེ་ལ་ཕྱག་འཚལ་ལོ།། བདག་ནི་མྱུར་དུ་ཆོས་ཉིད་སྐུ་དང་མཚུངས་པར་ཤོག། བདག་ནི་རལ་གྲིའི་རི་འཛེག་ན།། རལ་གྲིའི་རི་ནི་རང་ཞིག་ཤོག། བདག་ནི་ཆུ་ཚན་འཁྱུད་གྱུར་ན།། ཆུ་ཚན་མེ་མུར་རང་ཞིར་ཤོག། སེམས་ཅན་དམྱལ་བར་བདག་སོང་ན།། སེམས་ཅན་དམྱལ་བ་རང་སྐམས་ཤོག། བདག་ནི་ཡི་དགས་གནས་སོང་ན།། བཀྲེས་སྐོམ་དག་ནི་འགྲངས་པར་ཤོག། བདག་ནི་ལྷ་མིན་གནས་སོང་ན།། ངན་སེམས་རང་ཉིད་དུལ་བར་ཤོག། བདག་ནི་དུད་འགྲོ་གནས་སོང་ན།། རང་ཉིད་ཤེས་རབ་ཆེ་ཐོབ་ཤོག། དེ་སྐད་དུ་སྨོན་ལམ་བཏབ་ནས་སེམས་རྩེ་གཅིག་ཏུ་བདག་གི་མིང་ནས་འདོན་ཅིང་རྗེས་སུ་དྲན་པར་བགྱིའོ།།)"[247]

다음은 15종의 티벳장경 논소부 논서에 나타난 육자진언의 수습법 및 염송법에 관한 내용적 전거를 차례대로 제시하고자 한다.

① ▪ ----, 『세간자재의 성취법』(D3416)

"달빛처럼 (하얗게) 빛나고 모든 장엄구로 장식되었다. 머리카

247 앞의 경전, d723 93-201b~93-202a.

락으로 장식한 보관을 쓰고 있고, 연화좌대 (위의) 달방석에 가부좌를 하고 앉아 계시며, 왼손에는 연꽃을 쥐고, 오른손은 여원인與願印을 한 세간의 구제자를 수습하도록 한다. (자신의) 두 손은 깍지를 끼고, 가운데 (두) 손가락은 연꽃이 피기 직전의 모습처럼 서약誓約[248]의 수인手印을 맺도록 한다. -자신이 성관자재라고 수습하기-

(འཇིག་རྟེན་མགོན་པོ་ཟླ་བའི་འོད་ཟེར་ལྟ་བུ་འབར་ཞིང་རྒྱན་ཐམས་ཅད་ཀྱིས་བརྒྱན་པ། རལ་པའི་ཅོད་པན་ཅན་པདྨ་དང་ཟླ་བ་ལ་སྐྱིལ་མོ་ཀྲུང་གིས་བཞུགས་པ། ཕྱག་གཡོན་ན་པདྨ་བསྣམས་ཤིང་། གཡས་མཆོག་སྦྱིན་པ་བསྒོམ་པར་བྱའོ།། དམ་ཚིག་གི་ཕྱག་རྒྱ་ནི་ཁུ་ཚུར་གཉིས་བཅིངས་ནས་གུང་མོ་དག་པདྨ་ཁ་འབྱུས་པའི་རྣམ་པར་སྦྱར་བར་བྱའོ།།)"[249]

"반복해서 염송하는 주문은 '옴마니빼메훙'이다.

(ཨོཾ་མ་ཎི་པདྨེ་ཧཱུྃ་ཞེས་པ་ནི་བཟླས་པའི་སྔགས་སོ།།)"[250]

② ▪ ----, 『세간의 구제자의 성취』(D3407)

"그것들이 완전히 바뀐 것으로부터 길상한 '세간의 구제자 평온존'이 머리카락으로 장식한 보관을 쓰고 있고, 몸은 달과 같이 악취〔번뇌〕가 없으며, 모든 장엄구로써 장식되었다. 왼손에는 연꽃

---

248 밀교수행에서 '서약誓約'은 매우 중요한 의미를 지닌다. 수행마다 반드시 지켜야 할 바가 있다. 이것은 수행자가 수행을 시작하기에 앞서 반드시 무엇 무엇을 지키겠다고 마음에 다짐하는 것을 말한다. 또한 '서약誓約의 수인手印'은 여러 수인 중 하나이다.(앞의 사전, 곰데 툽뗀쌈둡(2016), 제2권, pp.386~387 참고)

249 앞의 논서, D3416 77-82a.

250 앞의 논서, D3416 77-82a.

을 쥐고, 오른손에는 여원인與願印을 맺고 있으며, 두 손은 깍지를 끼고 있고, 가운데 (두) 손가락은 연꽃이 피기 직전과 같다.[251] 연꽃좌대, 달방석에 가부좌로 앉아 계신다고 수습하도록 한다. 이 수인手印으로써 (수습할 내용을) 확고부동하게 하도록 한다. -성관자재라고 수습하기-

(དེ་རྣམས་ཡོངས་སུ་གྱུར་པ་ལས་དཔལ་ལྡན་འཇིག་རྟེན་མགོན་པོ་ཞི་བ་རལ་པའི་ཅོད་པན་འཆང་བ། སྐུ་ཟླ་བ་བཞིན་དུ་དྲི་མ་མེད་པ། རྒྱན་ཐམས་ཅད་ཀྱིས་བརྒྱན་པ། ཕྱག་གཡོན་ན་པདྨ་བསྣམས་པ། གཡས་པ་མཆོག་སྦྱིན་པ། ཕྱག་གཉིས་ཁྲུ་ཚུར་བཅིངས་ནས་གུང་མོ་པདྨ་ཁ་མ་བྱེ་བ་ལྟ་བུ། པདྨ་དང་ཟླ་བའི་གདན་ལ་བཞུགས་པར་བསྒོམ་པར་བྱའོ།། འདིའི་ཕྱག་རྒྱས་རྒྱས་གདབ་པར་བྱའོ།།)”[252]

“‘옴마니뻬메훙’이라는 (육)자를 십만 번을 염송함으로써 모든 죄업이 청결해진다. 두 번째, 세 번째로써 꿈에서 친견하게 된다. (만약) 천만 번을 염송한다면 오무간업을 지었더라도 (실지를) 성취하게 된다. -육자진언을 반복해서 염송하기-

(ཨོཾ་མ་ཎི་པདྨེ་ཧཱུྃ་ཞེས་པ་ཡི་གེ་འབུམ་དུ་བཟླས་པས་སྡིག་པ་ཐམས་ཅད་དག་པར་འགྱུར་རོ།། གཉིས་དང་གསུམ་གྱིས་རྨི་ལམ་དུ་མཐོང་བར་འགྱུར་རོ།། བྱེ་བ་བཟླས་ན་མཚམས་མེད་པ་ལྔ་བྱས་པས་ཀྱང་འགྲུབ་པར་འགྱུར་རོ།།)”[253]

③ ▪ ----,『카르싸빠니성관자재의 성취법』(D2852)

“마음에 드는 어느 한 쪽에 가장 편안한 방석에 앉아서, (비록)

---

251 이것은 두 손을 깍지 낀 상태에서 가운데 두 손가락, 즉 두 중지中指의 끝이 맞닿은 것이 마치 연꽃이 피기 직전의 꽃봉오리와 같다는 의미이다.

252 앞의 논서, D3407 77-72b.

253 앞의 논서, D3407 77-72b.

탕카 등(이지만 실제) 세간자재의 불신佛身이 앞에 머문다고 관상한다. -자량전〔카르싸빠니성관자재〕을 수습하기-
(ཡིད་དང་མཐུན་པའི་ཕྱོགས་གང་ཡང་རུང་བར་ཇོ་ལྷར་བདེ་བའི་སྟན་ལ་འདུག་སྟེ། རས་རིས་ལ་སོགས་པའི་འཇིག་རྟེན་དབང་ཕྱུག་གི་སྐུ་མདུན་དུ་བཞུགས་པར་དམིགས་ལ།)"[254]

"내외의 공양물[255]로써 바르게 공양 올리고 나서 죄업을 참회懺悔하기, 복덕을 수희隨喜하기, 삼(보)에 귀의하기, 자신을 공양 올리기, 보리심을 일으키기 -칠지공양에 의해 자량을 쌓고 죄업과 장애를 소멸하는 등을 행하기-
(ཕྱི་ནང་གི་མཆོད་པས་ལེགས་པར་མཆོད་དེ། སྡིག་པ་བཤགས་པ་དང་། བསོད་ནམས་ལ་རྗེས་སུ་ཡི་རང་བ་དང་། གསུམ་ལ་སྐྱབས་སུ་འགྲོ་བ་དང་། བདག་ཉིད་དབུལ་བ་དང་། བྱང་ཆུབ་ཏུ་སེམས་བསྐྱེད་པ་ནི།)"[256]

"삼보에 귀의하나이다.
죄업인 불선업을 각각 참회[257]하나이다.
중생의 선근을 수희하나이다.
부처님의 보리를 (희구하는) 마음을 굳게 지니겠나이다.[258]

---

254 앞의 논서, D2852 73-194a.

255 『쌍와뒤빠〔密集〕의 근본밀교경(གསང་བ་འདུས་པའི་རྩ་རྒྱུད།)』 등에 따르면 '내적인 공양'이란 계율을 잘 지키는 것과 법에 대해 제대로 문聞, 사思, 수修하는 것 등이며, 외적인 공양은 예컨대 꽃, 과일, 마실 것, 의복 등이다.

256 앞의 논서, D2852 73-194a.

257 '각각 참회'란 예컨대 중생을 상대로 지은 불선업은 중생에게 참회하고, 불보살을 상대로 지은 불선업은 불보살에게 참회하며, 승가를 상대로 지은 불선업은 승가에 참회하는 것과 같다.

258 제4구는 일체중생을 위해 내가 부처님의 경지를 성취하겠다는 마음, 즉 보리

-먼저 귀의하기 등을 하고 나서 보살행을 실천하겠다고 다짐하기-

(དཀོན་མཆོག་གསུམ་ལ་སྐྱབས་སུ་མཆི།།
སྡིག་པ་མི་དགེ་སོ་སོར་བཤགས།།
འགྲོ་བའི་དགེ་ལ་རྗེས་ཡི་རང་།།
སངས་རྒྱས་བྱང་ཆུབ་ཡིད་ཀྱིས་གཟུང་།།)"[259]

"수습을 하는 것이 피로할 때 자신의 가슴의 월륜 위의 주문이 진주 염주(처럼 돌려져 있다고) 사유하고 반복해서 염송하도록 한다. 염송하는 주문은 이것이니 옴마니빼메훙을 백 번 또는 천 번 반복해서 염송하도록 한다. -육자진언을 반복해서 염송하기-
(བསྒོམས་པས་དུབ་པར་གྱུར་ན།　རང་གི་སྙིང་གའི་ཟླ་བའི་དཀྱིལ་འཁོར་གྱི་སྟེང་དུ་སྔགས་མུ་ཏིག་གི་ཕྲེང་བ་དང་འདྲ་བ་བསམས་ཏེ་བཟླས་པར་བྱའོ།། བཟླས་པའི་སྔགས་ནི་འདི་ཡིན་ཏེ། ཨོཾ་མ་ཎི་པདྨེ་ཧཱུྃ། བརྒྱའམ་སྟོང་དུ་བཟླས་པར་བྱ་སྟེ།)"[260]

"내 마음의 어리석음으로 인해
(육자의 성취법 등을 수행하는) 이때 지은 모든 잘못을
'몸을 가진 모든 존재'〔중생〕의 귀의처인
구제자 당신께서 인내하여 주소서.
(གང་ཡང་བདག་བློ་གཏི་མུག་པས།།
འདིར་ནི་ཉེས་པ་གང་བྱས་པ།།

심을 일으키겠다는 의미이다.

259 앞의 논서, D2852 73-194a.

260 앞의 논서, D2852 73-194b.

གང་ཡང་ལུས་ཅན་སྐྱབས་གྱུར་པས།།
མགོན་པོ་ཁྱོད་ནི་བཟོད་པ་བཞེས།།)

주된 것은 (나의) 역량이 부족함으로 인해
완전히 갖추지 못한 것과 구하지 못한 (것으로써)
이때 지은 모든 행위를
구제자 당신께서 그것을 인내하여 주소서. -더 보태거나 빠뜨린 것에 대해 관용을 베풀어 주시기를 청하기-
(གཙོ་བོ་ནུས་པ་མ་མཆིས་པས།།
མ་ཚང་བ་དང་མ་རྙེད་པའི།།
འདིར་ནི་བྱ་བ་གང་བྱས་པ།།
མགོན་ཁྱེད་དེ་ནི་བཟོད་པར་མཛོད།།)"[261]

"나의 이 선근으로써
성불한 후에도
건너기 어려운 생사윤회의 바다로부터
중생을 남김없이 구제하여지이다. -회향발원하기-
(བདག་གི་དགེ་བའི་རྩ་བ་འདིས།།
སངས་རྒྱས་ཉིད་ནི་ཐོབ་ནས་ཀྱང་།།
སྲིད་པའི་རྒྱ་མཚོ་བརྒལ་དཀའ་ལས།།
འགྲོ་བ་མ་ལུས་སྒྲོལ་བར་ཤོག།)"[262]

---

261 앞의 논서, D2852 73-194b.

262 앞의 논서, D2852 73-194b.

④ ▪ ----, 『딘빠온뽀쩬성관자재의 성취법』(D3431)[263]

"자신의 가슴에서 첫 번째 모음자[264]가 완전히 바뀐 것으로부터 월륜月輪 위의 노란색 '히(ཧྲཱིཿ)'자의 모양을 수습하도록 한다. 그 빛 무더기로써 수습할 세존[265]을 청하여 모신다. -자량전인 딘빠온뽀성관자재를 청하여 모시기- 그런 연후에

(རང་གི་སྙིང་གར་དབྱངས་ཡིག་དང་པོ་ཡོངས་སུ་གྱུར་པ་ལས་ཟླ་བའི་དཀྱིལ་འཁོར་གྱི་སྟེང་དུ་ཧྲཱིཿཡིག་སེར་པོ་རྣམ་པར་བསྒོམ་པར་བྱའོ།། དེའི་འོད་ཟེར་གྱི་ཚོགས་ཀྱིས་བསྒོམ་པར་བྱ་བའི་བཅོམ་ལྡན་འདས་གདན་དྲངས་ཏེ། དེ་ནས་)"[266]

"꽃 등으로 바르게 공양하고 그분 존전에서 죄업을 참회하는 것 등을 행하고서 -칠지공양에 의해 자량을 쌓고 죄업과 장애를 소멸하는 등을 행하기-

(མེ་ཏོག་ལ་སོགས་པ་རྣམས་ཀྱིས་ཡང་དག་པར་མཆོད་ནས། དེའི་མདུན་དུ་སྡིག་པ་བཤགས་པ་ལ་སོགས་པ་བྱས་ཏེ།)"[267]

"자무량심 등의 사범주四梵住[268]를 수습하도록 한다. -사무량심을

---

263 이 논서에는 '육자진언'이 직접적으로 등장하지는 않는다. 하지만 육자진언의 수습법 및 염송법과 매우 관련이 있으므로 본서에서 내용적 전거로 제시하였다.

264 티벳어의 첫 번째 모음은 '이(ཨི།)'자이고, 산스크리트어의 첫 번째 모음은 '아(ཨ།)'자이다. 여기서는 후자로 추측된다.

265 여기서 '세존'은 '성관자재'로 바꾸었다. 그 이유는 티벳 밀교 의궤에는 공통적인 부분이 많기 때문이다. 이하도 동일하다.

266 앞의 논서, D3431 77-90a.

267 앞의 논서, D3431 77-90a.

268 여기서 '사범주四梵住'는 사무량심을 가리킨다. 이를 사범주라고 하는 이유는 이를 수습함으로써 색계 초선천인 대범천大梵天에 태어나기 때문이다.

수습하기- 그런 연후에

(བྱམས་པ་ལ་སོགས་པ་ཚངས་པའི་གནས་བཞི་བསྒོམ་པར་བྱའོ།། དེ་ནས་)"[269]

"내외의 일체 사물〔일체법〕이 자성으로 존재하는 것이 공하다는 것을 바르게 수습하고서 '옴 쏘바와 쓔다 싸르와 다르마 쏘바와 쓔도 항'[270]이라는 주문을 염송하도록 한다. -공성을 수습하기-

---

앞의 사전, 張怡蓀 主編(1984), 상권, p.2253, 표제어: '사범주(四梵住, ཚངས་པའི་གནས་པ་བཞི།)',

"세간도의 본질인 자慈, 비悲, 희喜, 사捨의 네 가지를 수습함으로써 범천세간의 낙과樂果를 성취하고 대범천도 이 네 가지에 항상 머물기 때문에 사범주라고 한다.

(འཇིག་རྟེན་ལམ་གྱི་ངོ་བོར་གྱུར་པའི་བྱམས་པ་དང་། སྙིང་རྗེ་དང་། དགའ་བ་དང་། བཏང་སྙོམས་བཅས་བཞི་སྟེ། འདི་བཞི་བསྒོམས་པས་ཚངས་པའི་འཇིག་རྟེན་གྱི་བདེ་འབྲས་ཐོབ་པར་བྱེད་ཅིང་། ཚངས་པ་ཆེན་པོའང་འདི་བཞི་ལ་རྟག་ཏུ་གནས་པས་ཚངས་པའི་གནས་པ་བཞི་ཞེས་བྱའོ།།)"

269 앞의 논서, D3431 77-90a.

270 뻰디따 롭상훈둡(པཎྜི་ཏ་བློ་བཟང་ལྷུན་གྲུབ།), 『뻰디따 훈둡의 도제직제〔大威德〕의 생기차제와 원만차제(ལྷུན་གྲུབ་པཎྜི་ཏའི་འཇིགས་བྱེད་བསྐྱེད་རྫོགས།)』(SJRB-0358), 남인도 쎄라제사원 대학술창고 편집실, 2022, p.93,

"('옴(Oṃ)'은 몸과 말, 뜻을 상징,) '쏘바와(svabhāva)'는 자성으로, '쓔다(śuddha)'는 청정한 것〔없는 것〕, '싸르와 다르마(sarvadharmā)'는 일체법, '쏘바와(svabhava) 쓔도(śuddho)'는 자성으로 존재하는 것이 청정한 것, '항(haṃ)'은 '나〔보특가라〕다'라는 의미이다. 다시 말해 대경과 유경에 속하는 일체법은 자성으로 존재하는 것이 공한 본성 그것이 '나다'라고 한다.

(སྭ་བྷཱ་ཝ་ནི་རང་བཞིན་གྱིས། ཤུད་དྷ་ནི་རྣམ་པར་དག་པ། སརྦ་དྷརྨ་ནི་ཆོས་ཐམས་ཅད། སྭ་བྷཱ་ཝ་ཤུད་དྷ་ནི་རང་བཞིན་གྱིས་རྣམ་པར་དག་པ། ཨ་ཧཾ་ནི་ངའོ་ཞེས་པའོ།། སྭ་བྷཱ་ཝ་ཤུད་དྷ་གཉིས་ཟློས་པ་ནི། དང་པོས་གཟུང་བས་བསྡུས་པའི་ཆོས་ཐམས་ཅད་རང་བཞིན་གྱིས་རྣམ་པར་དག་པ་དང་། གཉིས་པས་འཛིན་པས་བསྡུས་པའི་ཆོས་ཐམས་ཅད་རང་བཞིན་གྱིས་རྣམ་པར་དག་པ་སྟོན་པའོ།། མདོར་ན། གཟུང་འཛིན་གྱིས་བསྡུས་པའི་ཆོས་ཐམས་ཅད་རང་བཞིན་གྱིས་རྣམ་པར་དག་པའི་བདག་ཉིད་དེ་ངའོ།། ཞེས་པའོ།།)"

참고로 산스크리트어의 '쏘바와'에 해당하는 티벳어 용어를 '자성'이라고 기술한 곳도 있다.(앞의 사전, 곰데 툽땐쌈둡(2016), 제4권, p.150 문장 중)

(ཕྱི་དང་ནང་དུ་བཅས་པའི་དངོས་པོ་རྣམས་སྟོང་པའི་རང་བཞིན་དུ་རྣམ་པར་བསྒོམས་ནས། ཨོཾ་སྭ་བྷཱ་བ་ཤུདྡྷཿསརྦ་དྷརྨཱཿསྭ་བྷཱ་བ་ཤུདྡྷོ྅ཧཾ་ཞེས་པའི་སྔགས་བརྗོད་པར་བྱའོ།།)"[271]

⑤ ▪ ----,『육자의 밀승차제의 만다라를 설한 성취법』(D2851) '제쭌〔성관자재〕의 백자진언百字眞言'[272]을 7번 염송하는 것[273]과 함께 "가슴의 '빰(པཾ།)'자에서 하얀 연꽃이, 그 위의 '아(ཨ།)'자에서 월륜이, 그 위의 '옴마니뻬메훙'이라는 글자를 앞과 같이 관상한다.[274] 거기서 빛이 뿜어져 나와 일체중생의 (죄업과 장애가) 완전히 소멸되고 세존의 본성을 성취하고는 또다시 거두어져 바로 그 (육자)에 흡수되었다. -감로가 흘러내림으로써 죄업과 장애가 소멸되었다고 수습하기-

(སྙིང་གར་པཾ་ལས་པདྨ་དཀར་པོ། དེའི་སྟེང་དུ་ཨ་ལས་ཟླ་བའི་དཀྱིལ་འཁོར་དེའི་སྟེང་དུ་ཨོཾ་མ་ཎི་པདྨེ་ཧཱུྃ་ཞེས་སྔ་མ་བཞིན་དུ་ཡི་གེ་རྣམས་བསམས་ལ། དེ་ལས་འོད་ཟེར་སྤྲོས་ནས་སེམས་ཅན་ཐམས་ཅད་ཡང་དག་པར་སྦྱངས་ནས། བཅོམ་ལྡན་འདས་ཀྱི་ངོ་བོར་བསྒྲུབས་ནས། ཡང་བསྡུས་ཏེ་དེ་ཉིད་དུ་ཞུགས་སོ།།)"[275]

---

271 앞의 논서, D3431 77-90a~77-90b.

272 티벳 경론에는 금강살타의 백자진언(རྡོ་རྗེ་སེམས་དཔའི་ཡི་གེ་བརྒྱ་པ།), 야만따까의 백자진언(གཤིན་རྗེ་གཤེད་ཀྱི་ཡི་གེ་བརྒྱ་པ།), 헤루까의 백자진언(ཧེ་རུ་ཀའི་ཡི་གེ་བརྒྱ་པ།), 지존〔성관자재〕의 백자진언(རྗེ་བཙུན་གྱི་ཡི་གེ་བརྒྱ་པ།), 여래의 백자진언(དེ་བཞིན་གཤེགས་པའི་ཡི་གེ་བརྒྱ་པ།)과 같이 여러 종류의 백자진언이 등장한다.

273 앞의 논서, D2851 73-192a~73-192b 참고.

274 이 문장은 가슴에 '빰(པཾ།)'자가 있다. 이 글자가 바뀌어서 하얀 연꽃이 되고, 그 위의 '아(ཨ།)'자가 바뀌어서 월륜月輪이 되고, 그 위의 옴마니반메훔이라는 글자가~ 라는 의미가 함축된 것이다. 여기서 '하얀 연꽃'은 연꽃좌대, '월륜月輪'은 달방석으로 이해하여도 무방하다.

라고 수습하도록 한다.

티벳에서는 백자진언도 육자진언과 마찬가지로 사부대중이 널리 염송하는 진언 중 하나이다. 대부분의 티벳 밀교 의궤에는 백자진언이 수행과제의 일부로 편입되어 있다. 그 이유는 이때 백자진언을 염송하는 것은 다라니와 진언, 그리고 여러 성취법에서 제시하는 수행과제를 더 보태거나 빠뜨린 과실을 참회하기 위한 방편이다. 육자의 성취법 등에서도 마찬가지이다.

육자진언의 수습법 및 염송법에 관한 티벳장경 논소부 논서인 ⑥ ⑩ ⑪ ⑫ ⑬ ⑮와 티벳 대학승의 논서인 ⑤ ⑦ 의 경우는 그 내용적 전거를 문장으로 제시하지 않고, 필자가 전체의 내용을 파악 및 분류한 후에 만든 과목명만을 제시하고자 한다. 그 이유는 이러한 과목들을 통해 전체적인 내용 파악과 함께 성취법을 상호 비교해 볼 수 있기 때문이다.

⑥ ▪ ----, 『육자의 성취법』(D3150)[276]

이 성취법에서 제시하는 수행과제는 수습 및 염송 준비, 본 수습 및 염송, 수습 및 염송의 마무리 실천행으로 나눌 수 있다. 먼저 수습 및 염송 준비는 수습할 때의 몸을 두는 자세, 귀의처를 수습하기, 귀의하기로 나눈다. 본 수습 및 염송은 공성을 수습하기, 자신이 성관자재라고 수습하기, 다른 두 권속의 하〔이담〕[277]를 수습하기, 육자진언

275 앞의 논서, D2851 73-193b.

276 앞의 논서, D3150 75-1-173b2~75-1-174b1.

을 반복해서 염송할 때 수습함과 동시에 실제로 육자진언을 반복해서 염송하기로 나눈다. 그런 연후에 수습 및 염송의 마무리 실천행에서는 육자의 성취법 등에서 제시하는 수행과제를 더 보태거나 빠뜨린 과실을 참회하기 위한 방편으로 '금강살타金剛薩埵의 백자진언'을 염송한다.

⑦ ▪ ----, 『육자의 성취법』(D3408)

"진언행자는 여가시간 또는 4회의 (일과시간)에
사람이 없는 거처 등에서
십만 번을 염송해야 한다. -실제 이 성취법을 수행하는 횟수와 염송 숫자, 그리고 수행할 장소에 관한 것-
(ཐུན་མཚམས་དག་ནི་བཞི་རྣམས་སུ།།
སྐྱེ་བོས་དབེན་པའི་ཁྱིམ་སོགས་སུ།།
སྔགས་པས་འབུམ་ཕྲག་གཅིག་ཏུ་བཟླས།།)"[278]

⑧ 뻴마르메제예셰〔아띠쌰〕의 『성관세자재의 성취법』(D1893)

"그런 연후에 기꺼이 (실천할) 마음이 일어나면[279] 예셰쎔빠[280]

---

277 여기서 주존은 성관자재이고, 권속은 불모 두둑마와 불부 노르부린뽀체를 가리킨다.

278 앞의 논서, D3408 77-73a.

279 이것은 '기꺼이 수습하고 싶은 마음이 생기면'이라는 의미이다.

280 '예셰쎔빠'는 예셰빠와 동의어이다. 일반적으로 '예셰빠'란 본래 상주하는 정토로부터 청하여 모시는 이담의 총칭이다. '담칙빠'란 자신의 앞에 또렷하게 떠올려 수습하는 이담의 총칭이다. 여기서의 '예셰빠'란 성관자재가 상주하

의 가슴의 종자인 ('히(ཧྲཱིཿ)'자의 가장자리)에 '옴아옴마니뻬메훙훙히쏘하'라는 것을 왼쪽으로 돌아가며 배치하고,[281] 긴요한 가르침에 따라 수습하도록 한다. 그런 연후에 잠시 수습을 멈추고자 한다면 예쎄셈빠를 밖으로 모시고 공양 올리고서…
(དེ་ནས་སྒྲོ་བར་གྱུར་ན་ཡེ་ཤེས་སེམས་དཔའི་ཐུགས་ཀའི་ས་བོན་ལ། ཨོཾ་ཨཱཿཨོཾ་མ་ཎི་པདྨེ་ཧཱུྃ་ཧཱུྃ་ཧྲཱིཿསྭཱ་ཧཱ། ཞེས་བྱ་བ་གཡོན་སྐོར་དུ་བཀོད་དེ། མན་ངག་ཇི་ལྟ་བ་བཞིན་དུ་བསྒོམ་པར་བྱའོ།། དེ་ནས་ལྡང་བར་འདོད་ན་ཡེ་ཤེས་སེམས་དཔའ་ཕྱུང་ལ་མཆོད་པ་བྱས་ཏེ།)"[282]

"내 마음의 어리석음으로 인해
이때 하지 말아야 할 행위를 한 모든 것을
몸을 가진 모든 존재의 귀의처인
구제자 당신께서 인내하여 주소서. -널리 관용을 베풀어 주시기를 청하기-
(གང་ཡང་བདག་བློ་གཏི་མུག་པས།།
འདིར་ནི་བྱ་མིན་གང་བྱས་པ།།
གང་ཡང་ལུས་ཅན་སྐྱབས་གྱུར་པ།།
མགོན་པོ་ཁྱོད་ནི་བཟོད་པར་མཛོད།།)"[283]

는 정토로부터 청하여 모시는 실제의 성관자재를, '담칙빠'란 자신의 앞에 또렷하게 떠올려 수습하는 성관자재를 가리킨다.(앞의 역주서, 뻰첸라마 롭상예쎄/법장 옮김(2022), p.190, 각주 124 참고)

281 여기서 필자는 '왼쪽으로 돌아가며'라고 한 것과 관련하여 의문이 든다. 그 이유는 불교 전통에서는 사원이나 탑돌이를 할 때 오른쪽으로 도는 것이 관례이기 때문이다. 이에 관해서는 향후 경론적 전거를 밝힐 필요가 있다.

282 앞의 논서, 뻴마르메제예쎄(D1893) 44-232b.

⑨ 뻴자렌다라빠의 『길상한 대비(성관자재)의 관정 하사에 (관한) 긴요한 가르침의 장』(D2139)

"그런 연후에 모든 '하(ཧཱ།)'를 또렷하게 떠올리고서 반복해서 염송하는 것은 가슴의 '히(ཧྲཱིཿ)'자의 (가장자리)에 '옴아훙히 옴마니빼메훙펫쏘하 옴벤자와라히 옴싸르와뷔다다끼니예 벤자와르나니예 벤자베로짜니예훙펫 하리니싸훙펫쏘하'라는 주문이 돌려져 있다고 떠올려서 반복해서 염송한다. 또한 빛으로써 시방의 모든 여래께 공양 올리고 그들의 가피가 자신의 가슴의 '히(ཧྲཱིཿ)'자에 거두어졌다.
(དེ་ནས་ཧཱ་ཐམས་ཅད་གསལ་བཏབ་ལ་བཟླས་པ་བྱ་བ་ནི། ཐུགས་ཀའི་ཧྲཱིཿལ། ཨོཾ་ཨཱཿཧཱུྃ་ཧྲཱིཿ། ཨོཾ་མ་ཎི་པདྨེ་ཧཱུྃ་ཕཊ་སྭཱ་ཧཱ། ཨོཾ་བཛྲ་བཱ་རཱ་ཧྲཱི། ཨོཾ་སརྦ་བུདྡྷ་ཌཱ་ཀི་ནི་ཡེ། བཛྲ་ཝརྞ་ནི་ཡེ། བཛྲ་བཻ་རོ་ཙ་ནི་ཡེ་ཧཱུྃ་ཕཊ། ཧ་རི་ནི་ས་ཧཱུྃ་ཕཊ་སྭཱ་ཧཱ། ཞེས་པའི་སྔགས་ཀྱིས་བསྐོར་བ་ལ་དམིགས་ནས་བཟླས་པ་བྱ་བ་དང་། འོད་ཟེར་གྱིས་ཕྱོགས་བཅུའི་དེ་བཞིན་གཤེགས་པ་ཐམས་ཅད་ལ་མཆོད་པ་ཕུལ་ཏེ། དེ་རྣམས་ཀྱི་བྱིན་བརླབས་རང་གི་ཐུགས་ཀའི་ཧྲཱིཿལ་བསྡུའོ།།)"[284]

라고 수습하도록 한다.

"삼보께 귀의하나이다.
죄업인 불선업을 각각 참회하고
중생의 선근을 수희하며
부처님의 보리를 (희구하는) 마음을 굳게 지니겠나이다.
(དཀོན་མཆོག་གསུམ་ལ་སྐྱབས་སུ་མཆི།།

---

283 앞의 논서, 뻴마르메제예쎄(D1893) 44-232b.

284 앞의 논서, 뻴자렌다라빠(D2139) 49-202a.

སྡིག་པ་མི་དགེ་སོ་སོར་བཤགས།།
འགྲོ་བའི་དགེ་ལ་རྗེས་ཡི་རང་།།
སངས་རྒྱས་བྱང་ཆུབ་ཡིད་ཀྱིས་གཟུང་།།)

중생들을 이롭게 하기 위해
최상의 보리심을 (희구하는) 마음을 일으키겠나이다.[285]
(སེམས་ཅན་རྣམས་ལ་ཕན་སླད་དུ།།
བྱང་ཆུབ་མཆོག་ཏུ་སེམས་བསྐྱེད་དོ།།)

그와 같이 귀의하는 것과 발보리심을 (수습하도록 한다.)
(དེ་ལྟར་སྐྱབས་སུ་འགྲོ་བ་དང་། སེམས་བསྐྱེད་ལ།)"[286]

⑩ 뻴헨찍꼐뻬롤빠의 『성聖 육자모대명의 성취법』(D3405)[287]

이 성취법에서 제시하는 수행과제는 수습 및 염송 준비, 본 수습 및 염송, 수습 및 염송의 마무리 실천행으로 나눌 수 있다. 먼저 수습 및 염송 준비는 여덟 가지 몸을 두는 자세, 귀의하기, 발보리심을 수습하기로 나눈다. 본 수습 및 염송은 공성을 수습하기, 자신이 성관자재라고 수습하기, 다른 두 권속의 하〔이담〕를 수습하기, 담칙빠와 예쎄빠가 본성이 다름이 없다고 수습하기, 육자진언을 반복해서 염송

---

285 제1~2구는 '내가 일체중생을 고통에서 구제하기 위해 최상의 부처님의 보리, 즉 부처님의 경지를 성취하겠다라는 마음을 일으키겠다'는 의미이다.

286 앞의 논서, 뻴자렌다라빠(D2139) 49-202b.

287 앞의 논서, 뻴헨찍꼐뻬롤빠(D3405) 77-1-70b1~77-1-71a6.

할 때 수습할 대상인 일체중생이 성관자재라고 수습함과 동시에 실제로 육자진언을 반복해서 염송하기로 나눈다. 그런 연후에 수습 및 염송의 마무리 실천행에서는 육자의 성취법 등에서 제시하는 수행과제를 더 보태거나 빠뜨린 과실을 참회하기 위한 방편으로 '금강살타의 백자진언'을 염송한다.

⑪ 뻴헨찍꼐뻬롤빠의 『성관자재의 육자의 성취법』(D3332)[288]

이 성취법에서 제시하는 수행과제는 수습 및 염송 준비, 본 수습 및 염송, 수습 및 염송의 마무리 실천행으로 나눌 수 있다. 먼저 수습 및 염송 준비는 여덟 가지 몸을 두는 자세, 귀의하기, 발보리심을 수습하기로 나눈다. 본 수습 및 염송은 공성을 수습하기, 자신이 성관자재라고 수습하기, 다른 두 권속의 하〔이담〕를 수습하기, 육자진언을 반복해서 염송할 때 수습할 대상인 일체중생이 성관자재라고 수습함과 동시에 실제로 육자진언을 반복해서 염송하기로 나눈다. 그런 연후에 수습 및 염송의 마무리 실천행에서는 육자의 성취법 등에서 제시하는 수행과제를 더 보태거나 빠뜨린 과실을 참회하기 위한 방편으로 '금강살타의 백자진언'을 염송한다.

⑫ 뿌자벤자의 『성聖 육자의 성취법』(D2853)[289]

이 성취법에서 제시하는 수행과제는 수습 및 염송 준비, 본 수습 및 염송, 수습 및 염송의 마무리 실천행으로 나눌 수 있다. 먼저 수습 및

288 앞의 논서, 뻴헨찍꼐뻬롤빠(D3332) 77-1-24b7~77-1-25b4.

289 앞의 논서, 뿌자벤자(D2853) 73-1-195a1~73-1-195b5.

염송 준비는 씻고 청소하기, 편안한 방석에 앉기, 귀의하기, 발보리심을 수습하기로 나눈다. 본 수습 및 염송은 공성을 수습하기, 자신이 성관자재라고 수습하기, 육자진언을 반복해서 염송할 때 수습할 대상인 일체중생이 성관자재라고 수습함과 동시에 실제로 육자진언을 반복해서 염송하기로 나눈다. 그런 연후에 수습 및 염송의 마무리 실천행에서는 육자의 성취법 등에서 제시하는 수행과제를 더 보태거나 빠뜨린 과실을 참회하기 위한 방편으로 '금강살타의 백자진언'을 염송한다.

⑬ 사마똑꾀빼멘악의 『육자의 성취법』(D3406)

이 성취법에서 제시하는 수행과제는 수습 및 염송 준비, 본 수습 및 염송, 수습 및 염송의 마무리 실천행으로 나눌 수 있다. 먼저 수습 및 염송 준비는 귀의하기, 발보리심을 수습하기로 나눈다. 본 수습 및 염송은 공성을 수습하기, 자신이 성관자재라고 수습하기, 육자진언을 반복해서 염송할 때 수습할 대상인 자신의 가슴에 주문자의 행렬이 염주처럼 돌아가며 배치되어 있다고 수습함과 동시에 실제로 육자진언을 반복해서 염송하기, 육자진언 염송의 공덕과 4가행을 권고하기로 나눈다. 수습 및 염송의 마무리 실천행에는 회향발원하기, 백자진언을 염송하기,[290] 질병의 치유 등의 방법, 성취의 판단기준으로 이 육자의 성취법대로 6개월만 제대로 익힌다면 성관자재를 친견하고 이분의 가피를 입는 것 등 원하는 바를 다 성취할 수 있다[291]는 내용

---

290 앞의 논서, 사마똑꾀빼맹악(D3406) 77-1-71a6~771-72b1.

291 앞의 논서, 사마똑꾀빼맹악(D3406) 77-72a~77-72b 참고.

도 등장한다.

⑭ 용수의 『성세간자재 육자의 성취법』(D2736a)[292]

㉮ 일과시간

A. 수습 및 염송 준비: 부처님의 몸〔佛身〕과 말씀, 마음의 (공덕을 수념하는) 토대와 공양물을 배치하기[293]

"토대와 공양물을 차례대로 배치하고
(རྟེན་དང་མཆོད་པ་རིམ་བཞིན་བཤམས།།)"[294]

B. 본 수습 및 염송

A) 자량전을 청하여 모시기

"그런 연후에 해치지는 않을까 하는 의심을 모두 끊고서
깨끗이 씻고 편안한 방석에 앉아
자신의 가슴에 '히(ཧྲཱིཿ)'자가 있다고 여기고
(그 '히(ཧྲཱིཿ)'자의) 빛으로써 성관자재를 초청해 모시고
(དེ་ནས་འཚེ་དོགས་ཀུན་སྤངས་ནས།།
ཁྲུས་བྱས་བདེ་བའི་སྟན་འདུག་སྟེ།།
རང་ཉིད་སྙིང་གར་ཧྲཱིཿབལྟས་ལ།།

292 앞의 논서, 용수(D2736a) 73-1-122b1~73-1-123b7.

293 이것은 거처를 쓸고 닦고 부처님의 몸과 말씀, 마음의 공덕을 수념하는 토대인 불단을 장엄하는 것과 공양은 정직하고 장엄한 것으로 마련하여 아름답게 배치하는 것에 해당한다.(앞의 역주서, 뻰첸라마 롭상예셰/법장 옮김(2022), p.47 참고)

294 앞의 논서, 용수(D2736a) 73-122b, 제4게송 제4구.

འོད་ཀྱིས་འཕགས་པ་སྤྱན་དྲང་ཞིང་།།)”[295]

B) 칠지공양을 올리기

“예경하는 것과 공양 올리는 것 등으로써
복덕자량을 쌓도록 하고
(ཕྱག་འཚལ་མཆོད་འབུལ་ལ་སོགས་པས།།
བསོད་ནམས་ཚོགས་ནི་བསགས་པར་བྱ།།)”[296]

C) 발보리심을 수습하기

“중생에 대한 대연민심과
보리심도 수습하도록 한다.
(འགྲོ་ལ་སྙིང་རྗེ་ཆེན་པོ་དང་།།
བྱང་ཆུབ་སེམས་ཀྱང་བསྒོམ་པར་བྱ།།)”[297]

D) 공성을 수습하기

“옴 마하 쑤냐따 쟈나 벤자 쏘바와 엔마꼬 항[298]

---

295 앞의 논서, 용수(D2736a) 73-122b, 제5게송.

296 앞의 논서, 용수(D2736a) 73-122b, 제6게송 제1~2구.

297 앞의 논서, 용수(D2736a) 73-122b, 제6게송 제3~4구.

298 앞의 논서, 뻰디따 롭상훈둡(2022), pp.93~94,
“옴(Oṃ)은 앞과 같다. (마하(mahā)는 ‘大’,) 쑤냐따(śūnyatā)는 ‘공성’, 쟈나(jňāna)는 ‘예쎼’, 벤자(vajra)는 ‘금강 또는 나눌 수 없는 것’, 쏘바와(svābhāva)는 ‘자성으로’, 엔마꼬(ātmako)는 ‘본질’, 항(haṃ)은 ‘나다’라고 한다. 요약하면 대경인 공성과 유경인 대락의 예쎼, (이) 둘이 물에 물을 붓는 것처럼 나눌 수 없는 성질이 된 본성 그것이 나다.

일체사물〔일체법〕을 매우 잘 익히고서
(ཨོཾ་མ་ཧཱ་ཤཱུ་ནྱ་ཏཱ་ཛྙཱ་ན་བཛྲ་སྭ་བྷཱ་བ་ཨཱཏྨ་ཀོ྅ཧཾ།།
དངོས་རྣམས་ཐམས་ཅད་རབ་སྦྱངས་ཏེ།།)”[299]

E) 육자진언을 반복해서 염송할 때 수습할 대상

(A) 의지처인 무량궁無量宮을 수습하기

“오직 공한 상태에서
풍륜風輪, 감로, 수미산 (위의)[300]
(སྟོང་པ་ཉིད་ཀྱི་ངང་ཉིད་ལས།།
རླུང་དང་བདུད་རྩི་རི་རབ་སྟེ།།)

(ཨོཾ་ནི་སྔར་བཤད་ཡིན་ལ། ཤཱུ་ནྱ་ཏཱ་ནི་སྟོང་ཉིད། ཛྙཱ་ན་ནི་ཡེ་ཤེས། བཛྲ་ནི་རྡོ་རྗེ་འམ་མི་ཕྱེད་པ། སྭ་བྷཱ་ཝ་ནི་རང་བཞིན་གྱིས། ཨཱཏྨ་ཀོ྅་བདག་ཉིད། ཨ་ཧཾ་ནི་ངའོ་ཞེས་པ་ཡིན་ལ། མདོར་ན་ཡུལ་སྟོང་པ་ཉིད་དང་། ཡུལ་ཅན་བདེ་བ་ཆེན་པོའི་ཡེ་ཤེས་གཉིས་ཆུ་ལ་ཆུ་བཞག་པ་ལྟར་དབྱེར་མི་ཕྱེད་པའི་རང་བཞིན་དུ་སོང་བའི་བདག་ཉིད་དེ་ངའོ།།)”
이 외에도 ‘옴 마하 쑤냐따 쟈나 벤자 쏘바와 엔마꼬 항’의 의미를 다음과 같이 해설하는 경우도 있다. ㉮ 공성과 본성이 조금도 다름이 없는 대락의 예쎼의 본성 그것이 나다. ㉯ 공성을 눈으로 사물을 보듯 직관적으로 요해하는 대락의 예쎼 그것에 의해 이름 붙인 보특가라 그것이 나다. ㉰ 대경인 공성과 유경인 대락의 예쎼가 물에 물을 부은 것처럼 본성이 조금도 다름이 없는 고유한 성질 그것이 나다. ㉱ 대경인 공성과 유경인 애초부터 함께 생긴 정광명淨光明의 예쎼가 물에 물을 부은 것처럼 본성이 조금도 다름이 없는 그것이 나다라고 한다. 참고로 마지막 부분의 ‘꼬(ཀོ)’와 ‘항(ཧཾ)’ 사이의 ‘냐(ཉ)’의 경우 글자 표기는 하지만, 티벳인들은 염송할 때 이 글자를 발음하지 않는 경향이 있다.

299 앞의 논서, 용수(D2736a) 73-122b, 제7게송 제1~2구.

300 이 두 구는 오직 일체법이 자성으로 존재하는 것이 공하다는 것 외에 그 어떤 것도 떠올리지 않는 상태에서 풍륜 위에 수륜이 있고, 이 위에 수미산이 있다. 그 위에 ‘둠(དྲུྃ)’자에서~ 라는 의미이다.

'둠(བྷྲཱུཾ)'자에서 보배 무량궁[301]이[302]

네모난 것에 네 개의 문과

패방牌坊[303] 등으로 매우 아름답다.

궁전이 여섯 개의 꽃잎을 가진 연꽃에

(བྷྲཱུཾ་ལས་རིན་ཆེན་གཞལ་ཡས་ཁང་།།

གྲུ་བཞི་པ་ལ་སྒོ་བཞི་པ།།

རྟ་བབས་ལ་སོགས་རྣམ་པར་མཛེས།།

ཕོ་བྲང་ཆུ་སྐྱེས་འདབ་དྲུག་ལ།།)"[304]

(B) 의지하는 자인 이담의 무리를 수습하기

"몸과 말씀, 마음의 만다라[305]를 수습하고

그 중심부에 연꽃좌대, 달방석 위의

'히(ཧྲཱིཿ)'자에서 빛이 비치어 (일체중생을) 이롭게 하고서[306]

다시 거두어져 완전히 바뀐 것으로부터[307]

---

301 여기서의 '무량궁'이란 성관자재가 상주하는 곳을 상징적으로 표현한 것이다.

302 '둠(བྷྲཱུཾ)'자는 보배 무량궁의 종자이다. 다시 말해 '둠(བྷྲཱུཾ)'자에서 보배 무량궁이 생겨난다는 의미이다.

303 '패방牌坊'이란 티벳 사원 법당 문고리에 실로 매듭해서 단 오색 장식과 같은 것이다.

304 앞의 논서, 용수(D2736a) 73-122b, 제7게송 제3~4구~제8게송.

305 일반적으로 '만다라'란 '본성 또는 핵심을 취한다'는 의미이다. 제1구는 몸과 말씀, 마음의 본성을 완전히 구족한 성관자재를 수습한다는 것을 말한다.

306 제3구는 중생의 고통을 없애 주고 대신 안락을 준다는 의미이다.

307 제2~4구는 그 만다라의 중심부에 연꽃좌대가 있고, 그 위에 달방석이 있다. 그 위에 '히(ཧྲཱིཿ)'자가 있다. 그 '히(ཧྲཱིཿ)'자에서 빛이 비치어 일체중생을 이롭게 한

(སྐུ་གསུང་ཐུགས་ཀྱི་དཀྱིལ་འཁོར་བསྒོམ།།
དེ་དབུས་པདྨ་ཟླ་བའི་སྟེང་།།
ཧྲཱིཿལས་འོད་འཕྲོས་དོན་བྱས་ནས།།
སླར་འདུས་ཡོངས་སུ་གྱུར་པ་ལས།།)

나툰 세간자재의 몸에는[308]
하나의 얼굴에 네 손이 (있다.)
첫 번째 (두 손)은 가슴에 합장하고
오른(손)에는 진주 염주를 쥐고
(འཇིག་རྟེན་དབང་ཕྱུག་སྐུར་བསྐྱེད་དེ།།
ཞལ་གཅིག་པ་ལ་ཕྱག་བཞི་པ།།
དང་པོ་ཐུགས་ཀར་ཐལ་མོ་སྦྱར།།
གཡས་ན་མུ་ཏིག་ཕྲེང་བ་འཛིན།།)

왼(손)에는 하얀 연꽃을 쥐고 계시며
몸 빛은 소라와 꾼다〔하얀 연꽃〕 또는
설산과 같이 하얗다.
(대)연민심에 의해 불그스름한 눈
(གཡོན་པ་པདྨ་དཀར་པོ་བསྣམས།།
སྐུ་མདོག་དུང་དང་ཀུན་དའམ།།

뒤에 다시 그 '히(ཧྲཱིཿ)'자에 거두어져 그 전체가 성관자재로 바뀌었다. 그로부터 다음과 같이 수습해야 한다는 의미이다.

308 제1구는 어떤 경우에는 세간자재의 몸으로 수습한다는 의미로도 사용한다.

ཁ་བའི་རི་ལྷར་དཀར་བ་ལ།།
ཐུགས་རྗེས་ཡིད་ཙམ་དམར་བའི་སྤྱན།།)

입은 미소를 띠고
몸은 뒤틀림이 없이 반듯하며
두 발은 가지런히 가부좌로 앉아
땋은 감청색의 머리카락을 늘어뜨리고 계신다.
(ཞལ་ནི་འཛུམ་པའི་མདངས་དང་ལྡན།།
སྐུ་ནི་མི་འགྱུར་དྲང་པོ་སྟེ།།
ཞབས་གཉིས་མཉམ་པའི་སྐྱིལ་ཀྲུང་བཞུགས།།
དབུ་སྐྲ་མཐོན་མཐིང་ལྷུང་ལོ་འཁྱིལ།།)

정수리에는 아미따바〔아미타불〕를 장엄하고
삼십이상과
팔십종호를 갖추고
갖가지 보배 장엄구로써 장식되었다.
(ཨ་མི་ཏཱ་བྷས་སྤྱི་གཙུག་བརྒྱན།།
མཚན་བཟང་སུམ་ཅུ་རྩ་གཉིས་དང་།།
དཔེ་བྱད་བཟང་པོ་བརྒྱད་ཅུར་ལྡན།།
རིན་ཆེན་སྣ་ཚོགས་རྒྱན་གྱིས་སྤྲས།།)

주홍 빛깔 비단 의복을 착용하고
삼세간의 구제자[309]

모자母子를 함께 수습하도록 한다.[310]

그런 연후에 세 곳을 가피하고서[311]

(ལེ་བཀན་དར་གྱི་ན་བཟའ་འཆང་།།

འཇིག་རྟེན་གསུམ་གྱི་མགོན་པོ་ནི།།

ཡུམ་དང་སྲས་བཅས་བསྐྱེད་པར་བྱ།།

དེ་ནས་གནས་གསུམ་བྱིན་བརླབས་ཏེ།།)

정수리와 목, 가슴에

이 최상의 삼금강三金剛[312]의 정수인

---

309 '삼세간의 구제자'란 성관자재를 가리킨다. '삼세간'이란 삼선도의 유정, 즉 천신, 인간, 아수라 또는 삼선도의 유정이 의지하는 기세간 또는 지하와 지면, 지상을 가리킨다.

310 제3구의 의미는 주존(母)인 성세간자재와 함께 권속(子)인 두둑마와 노르부린뽀체를 수습한다는 것이다. 전자는 불모佛母로, 지혜의 본성을, 후자는 불부佛父로, 대연민심의 본성을 가리킨다. 이와 같이 『藏傳佛教神明大全(བོད་བརྒྱུད་ནང་བསྟན་ལྷ་ཚོགས་ཆེན་མོ།)』에는 두 권속의 명호를 노르부진빠와 두둑마로 표현하고 있다.(직메최끼도제 編著, 『藏傳佛教神明大全(བོད་བརྒྱུད་ནང་བསྟན་ལྷ་ཚོགས་ཆེན་མོ།)』(제2권), 青海省 民族出版社, 2001, pp.480~481)

311 제4구의 의미는 그런 연후에 정수리에 하얀색 '옴(ཨོཾ།)'자, 목에 붉은색 '아(ཨཱ།)'자, 가슴에 파란색 '훙(ཧཱུྃ།)'자가 있다고 수습하고 가피한다는 것이다. 여기서 '가피'란 정수리에 '옴(ཨོཾ།)'자와 목에 '아(ཨཱ།)'자, 가슴에 '훙(ཧཱུྃ།)'자의 힘으로써 자신의 부정한 몸과 말, 뜻이 부처님의 몸과 말씀, 마음으로 바뀐다는 것을 말한다.

312 '삼금강三金剛'이란 신금강身金剛, 구금강口金剛, 의금강意金剛의 세 가지를 가리킨다. 정수리의 하얀색 '옴(ཨོཾ།)'자는 신금강의 본성이고, 목의 붉은색 '아(ཨཱ།)'자는 구금강의 본성이며, 가슴의 파란색 '훙(ཧཱུྃ།)'자는 의금강의 본성이다. 신금강은 부처님의 몸과 구금강은 부처님의 말씀, 의금강은 부처님의 마음이다. 여기서 '금강'이란 나눌 수 없는 것, 즉 본성이 조금도 다름이 없다는 의미이다. 다시

삼색을 띤 글자[313]를 배치하고
시방의 선서를 청하여 모시고서
(སྤྱི་བོ་མགྲིན་པ་ཐུགས་ཀ་རུ།།
རྡོ་རྗེ་གསུམ་མཆོག་སྙིང་པོ་འདི།།
ཁ་དོག་གསུམ་ལྡན་ཡི་གེ་དགོད།།
ཕྱོགས་བཅུའི་བདེ་གཤེགས་སྤྱན་དྲངས་ནས།།)

공양 올리고 간청함으로써
예쎄의 감로수가 흘러내리는 것으로써[314]
관정을 하사하고, (연화)종성의 주존主尊을 장엄하고
그런 연후에 가슴의 종자에서[315]
(མཆོད་དེ་གསོལ་བ་བཏབ་པ་ཡིས།།
ཡེ་ཤེས་བདུད་རྩིའི་ཆུ་རྒྱུན་གྱིས།།
དབང་བསྐུར་རིགས་ཀྱི་བདག་པོས་བརྒྱན།།
དེ་ནས་ཐུགས་ཀའི་ས་བོན་ལས།།) ”[316]

말해 밀교 수행 전통에서는 몸과 말씀, 마음의 세 가지의 본성이 오직 하나이므로 조금도 나눌 수 없다는 의미이다.

313 여기서 '삼색을 띤 글자'란 정수리에 하얀색 '옴(ཨོཾ།)'자, 목에 붉은색 '아(ཨ།)'자, 가슴에 파란색 '훙(ཧཱུྃ།)'자를 가리킨다.

314 제2구는 성관자재의 마음의 자애심과 공성을 요해하는 예쎄 등을 감로가 끊임없이 흘러내리는 데 비유하고 있다.

315 제3~4구는 가피를 내리는 것, 즉 관정을 하사하고, 연화종성의 주존인 아미타불을 정수리에 장엄한 다음 가슴의 성관자재의 종자 하얀색 '히(ཧྲཱིཿ)'자에서~ 라는 의미이다.

316 앞의 논서, 용수(D2736a) 73-122b~73-123a, 제9게송~16게송.

(C) 예쎄빠가 담칙빠의 본성과 다름이 없다고 수습하기

“빛이 비치어 밀엄정토로부터
예쎄쎔빠를 청하여 모시고서
공양 올리고, 두 분의 본성이 다름이 없이 합일되게 하고
자신의 청정한 마음이 ‘하(ལྷ།)’[317]라고 또렷하게 떠올린다.[318]
(འོད་ཟེར་སྤྲོས་ཏེ་འོག་མིན་ནས།།
ཡེ་ཤེས་སེམས་དཔའ་སྤྱན་དྲངས་ལ།།
མཆོད་ཅིང་གཉིས་མེད་བསྲེ་བར་བྱ།།
རང་སེམས་རྣམ་དག་ལྷར་གསལ་བ།།)

현현顯現하지만 자성이 공한 것이
물 (속)의 달과 거울 속의 영상映像 또는
허공의 무지개와 같이
양변을 벗어난 하의 몸,[319] (즉)
(སྣང་བ་རང་བཞིན་མེད་པ་ཡི།།
ཆུ་ཟླ་མེ་ལོང་གཟུགས་བརྙན་ནམ།།
ནམ་མཁའ་ཡི་ནི་འཇའ་ཚོན་ལྟར།།

---

317 제4구의 ‘하(ལྷ།)’는 성관자재를 가리킨다. 자신의 청정한 마음이 성관재의 본성과 조금도 다름이 없다고 또렷하게 떠올린다는 의미이다.

318 제1구의 ‘밀엄정토’란 보신불이 상주하는 정토를 가리킨다. 제3~4구는 예쎄빠와 담칙빠의 본성이 조금도 다름이 없다는 것과 자신의 청정한 마음, 즉 공성을 눈으로 사물을 보듯 직관적으로 요해하는 대락의 예쎄가 청정한 하〔성관자재〕의 본성으로 바뀌었다고 또렷하게 떠올린다는 의미이다.

319 제4구는 자성으로 존재하는 것이 공한 성관자재의 몸이라는 의미이다.

མཐའ་གཉིས་ལས་གྲོལ་ཟླ་ཡི་སྐུ།།)

현현하는 몸과 현현하지 않는 몸의

합일이 환술과 같다고[320]

유가행자는 언제나 수습하도록 한다.

(སྐུ་བཅས་སྐུ་ནི་མེད་པ་ཡི།།

ཟུང་འཇུག་སྒྱུ་མ་ལྟ་བུར་ནི།།

རྣལ་འབྱོར་པ་ཡིས་རྟག་ཏུ་བསྒོམ།།)"[321]

F) 육자진언을 염송하기

"그와 같이 또렷하게 떠오르게 되었을 때

삼세의 일체 선서께서

가피하신 이 비밀주[322]를

흐름을 끊지 않고 염송하도록 한다.

옴마니빼메훙!

(དེ་ལྟར་གསལ་བར་གྱུར་པ་དང་།།

དུས་གསུམ་བདེ་གཤེགས་ཐམས་ཅད་ཀྱིས།།

བྱིན་གྱིས་བརླབས་པའི་གསང་སྔགས་འདི།།

320 이것은 몸과 마음, 이 둘의 본성이 다름이 없는 것을 환술에 비유하고 있다. 그 이유는 몸은 세속제의 측면에서는 존재하지만 승의제의 측면에서는 '진실로' 또는 '자성으로' 존재하는 몸은 아예 없기 때문이다.

321 앞의 논서, 용수(D2736a) 73-123a, 제17~19게송 제1~3구.

322 여기서 '비밀주'란 육자진언 옴마니반메훔을 가리킨다.

རྒྱན་མི་འཆད་དུ་བཟླས་པར་བྱ།།
ཨོཾ་མ་ཎི་པདྨེ་ཧཱུྃ།།)"[323]

G) 육자진언의 공덕에 대한 찬탄과 공덕

"이것은 명호주의 왕이고
상반되는 악취를 소멸하며
원하는 모든 결실을 주기 때문에
여의보주와 같다.
(འདི་ནི་མཚན་གྱི་རྒྱལ་པོ་སྟེ།།
མི་མཐུན་དྲི་མ་སྦྱང་བྱེད་ཅིང་།།
འདོད་པའི་འབྲས་བུ་ཀུན་སྟེར་བས།།
ཡིད་བཞིན་ནོར་བུ་ལྟ་བུའོ།།)"[324]

H) 자신이 성관자재라고 수습〔自身生起〕한 것을 거두어들이기[325]

"그런 연후에 가슴의 빛으로써
기세간器世間과 중생세간衆生世間[326]이 사라져 (빛이) 몸에

---

323 앞의 논서, 용수(D2736a) 73-123a, 제19게송 제4구~제20게송.

324 앞의 논서, 용수(D2736a) 73-123a, 제21게송.

325 이것은 자신이 성관자재라고 또렷하게 떠올려 수습하고 난 뒤에 다시 거두어들이는 것을 의미한다.

326 앞의 역주서, 뻰첸라마 롭상예쎼/법장 옮김(2022), p.115, 각주 7,
"일반적으로 세간을 크게 중생세간과 기세간으로 나눈다. 중생세간은 번뇌와 업에 의해 윤회하는 중생을 말하며 중생세간과 중생은 동의어이다. 기세간은 중생들이 머무는 산하, 대지 등 국토 환경 전체를 말한다. 겔참 다르마린첸의 『대승아비달마집론 다르마린첸주소』에 따르면 산, 강, 물, 집, 나무 등과 같은

흡수되고 몸 또한 말씀의 글자에 차례차례
동그라미마저도 보이지 않는 공한 모양에 흡수되며[327]
(དེ་ནས་ཐུགས་ཀའི་འོད་ཟེར་གྱིས།།
སྣོད་བཅུད་སྦྱངས་ཏེ་སྐུ་ལ་བསྡུ།།
སྐུ་ཡང་གསུང་ཡིག་རིམ་གྱིས་ནི།།
ཐིག་ལེ་མི་དམིགས་གཟུགས་སུ་བསྡུ།།)

표상表象의 분별망상[328]을 완전히 쉬고
청정한 법성의 본성[329]과
언제나 밝은 빛의 본성인
진여를 (수습하는) 상태로 머물러야 한다.[330]

기세간은 '업과 번뇌에 의해 생긴 것이므로 고성제 그 자체인 예토穢土다. 한편 서원과 선근에 의해 생긴 것은 고성제가 아닌 정토'라고 말씀하셨다."

327 이 게송은 가슴에 있는 성관자재의 종자인 '히(ཧྲཱིཿ)'자의 빛으로써 예토의 기세간과 중생세간이 차례차례 청정한 기세간과 중생세간의 본성으로 바뀌고, 이것이 성관자재로 바뀐 자신의 몸에 흡수되며, 이것이 성관자재의 몸을 상징하는 글자 또는 몸의 본성인 '옴(ཨོཾཿ)'자에 흡수되고, 이것이 말씀을 상징하는 글자 또는 말씀의 본성인 '아(ཨཿ)'자에 흡수되며, 이것이 마음을 상징하는 글자 또는 마음의 본성인 '훙(ཧཱུྃཿ)'자에 흡수되고, 이것이 가슴에 있는 성관자재의 종자인 '히(ཧྲཱིཿ)'자에 흡수되며, 이 글자가 점점 작아져서 '히(ཧྲཱིཿ)'자의 동그라미〔ི기구〕마저도 보이지 않는 공한 그것에 흡수된다는 의미이다. 여기서 거두어들이는 순서와 방법에는 여러 가지가 있다.

328 여기서 '표상表象의 분별망상'이란 이것이다, 저것이다, 맞다, 틀리다는 등과 같이 분별하는 것을 말한다. 넓은 의미에서 이것은 어떤 대상에 대해 자성으로 존재한다고 고집하는 실집무명 또는 아집, 삼독三毒을 가리키기도 한다.

329 여기서 '청정한 법성의 본질'이란 공성을 가리킨다.

(མཚན་མའི་རྟོག་པ་རབ་ཞི་བ།།
ཆོས་དབྱིངས་དག་པའི་ངོ་བོ་ཉིད།།
རང་བཞིན་ཀུན་ཏུ་འོད་གསལ་བའི།།
དེ་བཞིན་ཉིད་ཀྱི་ངང་དུ་གཞག།) ”[331]

I) 견見, 문聞, 각지覺知의 세 가지를 성관자재의 삼밀三密로 받아들이는 유가[332]

“그로부터 하〔성관자재〕의 몸으로 (바뀌었다고)
조금 사유하고서, 사위의四威儀에[333]
요동없이 흐르는 강물과 같이 수습하고
견, 문, (각지를) 몸과 말씀, 마음으로 받아들인다.[334]
(དེ་ལས་ཅུང་ཟད་ལྷ་ཡི་སྐུར།།
ལངས་ཏེ་སྤྱོད་ལམ་རྣམ་བཞི་རུ།།

330 제4구는 공성의 의미를 마음에 또렷하게 떠올려 집중한 상태로 머물러야 한다는 의미이다.

331 앞의 논서, 용수(D2736a) 73-123a, 제22~23게송.

332 눈에 보이는 대상들이 모두가 성관재의 몸인 것으로, 들리는 소리 모두가 성관재의 말씀인 것으로, 즉 성관자재의 정수인 옴마니뻬메훙의 소리인 것으로, 마음에 현현하는 법 모두가 대비성관자재의 예쎄의 법 자체가 떠오르는 것으로 전심專心으로 확실히 믿는 그것을 견, 문, 각지의 세 가지를 성관자재의 삼밀로 받아들이는 유가라 한다.(앞의 사전, 곰데 툽뗀쌈둡(2016), 제1권, pp.220~221, 표제어: ‘세 가지 태도〔마음가짐〕의 유가(ཁྱེར་སོ་གསུམ་གྱི་རྣལ་འབྱོར།)’; 제2권, p.703, 표제어: ‘견見, 문聞, 각지覺知의 세 가지(སྣང་གྲག་རིག་གསུམ།)’ 참고)

333 제1~2구는 그러한 마음으로부터 자신이 성관자재의 몸의 본성으로 바뀌었다고 조금 사유하고 나서 사위의四威儀에~ 라는 의미이다.

334 제4구는 ‘각지覺知’가 생략된 문장이다.

མ་ཡེངས་ཆུ་བོའི་རྒྱུན་ལྟར་བསྒོམ།།

སྣང་གྲག་སྐུ་གསུང་ཐུགས་སུ་ཁྱེར།།) ”[335]

J) 자신의 앞[336] 허공의 성관자재를 수습하기[337]

“그 외에 복덕자량을 쌓기 위해

앞의 멘델〔만다라〕 바로 중심부의

토대로부터 담칙빠의 만다라를 나투고[338]

(གཞན་ཡང་བསོད་ནམས་ཚོགས་བསགས་ཕྱིར།།

མདུན་གྱི་མཎྜལ་དབུས་ཉིད་དུ།།

རྟེན་ལས་དམ་ཚིག་དཀྱིལ་འཁོར་བསྐྱེད།།) ”[339]

K) 공양 및 찬탄 등을 하기

“예쎼빠의 만다라[340] 내부로부터

---

335 앞의 논서, 용수(D2736a) 73-123a~73-123b, 제24게송.

336 여기서 ‘자신의 앞’은 ‘자신의 앞 허공’으로도 표현한다. 이 높이는 자신의 정수리 끝 정도의 앞을 말한다.

337 이것은 ‘대면생기對面生起’에 관한 것이다.

338 제2구에서 ‘멘델’은 만다라이고, 제3구의 ‘토대’는 만다라의 중심부이며, 제4구의 ‘담칙빠의 만다라’는 자신의 앞에 수습하는 성관자재의 무량궁을 가리킨다.

339 앞의 논서, 용수(D2736a) 73-123b 제25게송 제1~3구.

340 여기서 ‘예쎼빠의 만다라’란 성관자재의 정토로부터 청하여 모시는 만다라이다. 이것은 불성인 또는 이담에게 존재하는 대락의 예쎼와 공성을 눈으로 사물을 보듯 직관적으로 요해하는 지혜, 이 둘의 본성이 조금도 다름이 없는 예쎄로부터 성취한 만다라를 말한다.

(ཡེ་ཤེས་དཀྱིལ་འཁོར་དབྱིངས་ནས་ནི།།)

청하여 모시기, 씻기를 청하기, 흡수되게 하기,[341]
예경하기, 공양 올리기, 찬탄하기를 행하고서
가슴의 연꽃좌대, 해방석, (달방석 위)의
비밀주를 관상하고 염송하도록 한다.[342]
(སྤྱན་དྲངས་ཁྲུས་གསོལ་བསྟིམ་བཞུགས་ཤིང་།།
ཕྱག་འཚལ་མཆོད་ཅིང་བསྟོད་བྱ་སྟེ།།
ཐུགས་ཀི་པདྨའི་དཀྱིལ་འཁོར་དུ།།
གསང་སྔགས་དམིགས་ཤིང་བཟླས་པར་བྱ།།)"[343]

C. 수습 및 염송의 마무리 실천행

"그런 연후에 관용을 베풀어 주시기를 청하기, 예쎼빠를 되돌아가시게 하기, 담칙빠의 만다라를 자신에게 거두어들이기, 자신도 보이지 않는다고 확고부동하게 하고[344]

---

341 여기서 '흡수되게 하기'란 예쎼빠를 담칙빠에게 흡수되도록 하는 것이다. 이것은 예쎼빠와 담칙빠의 본성이 조금도 다름이 없는 빛의 본성으로 합일되었다고 수습하는 것을 말한다.

342 이 게송은 비밀주 옴마니빼메훙으로부터 빛이 비치어 일체중생의 고통이 사라지고 빛이 반복해서 비추어 일체중생을 성관자재의 경지로 이끄는 것과 예토의 기세간이 소멸되었다고 수습하고 나서 공양을 올리는 등과 함께 육자진언을 염송해야 한다는 것을 의미한다.

343 앞의 논서, 용수(D2736a) 73-123b, 제25게송 제4구~제26게송.

344 제3구는 자신도 차례차례 빛의 본성으로 바뀌어서 자성으로 존재하는 것이 공한 것 외에 그 어떤 것도 떠올리지 않는다는 의미이다.

하〔성관자재〕의 모습으로 바뀌어서 머문다.[345]

(དེ་ནས་བཟོད་གསོལ་ཡེ་ཤེས་གཤེགས།།

དམ་ཚིག་དཀྱིལ་འཁོར་རང་ལ་བསྡུ།།

རང་ཡང་མི་དམིགས་རྒྱས་བཏབ་སྟེ།།

ལྷ་ཡི་རྣམ་པར་ལངས་ཏེ་གནས།།)"[346]

라고 수습하도록 한다.

"4회의 일과(시간) 등과

(ཐུན་བཞི་ལ་སོགས་~)"[347]

㉯ 여가시간

"여가시간에는

널리 법을 실천 수행하도록 한다.

(~ཐུན་བར་དུ།།

ཆོས་ཀྱི་སྤྱོད་པ་རྒྱ་ཆེར་བྱ།།)"[348]

---

345 이 게송은 그런 연후에 관용을 베풀어 주시기를 청하기, 예쎄빠를 그분이 본래 상주하는 정토로 되돌아가시기를 간청하기, 빛의 본성으로 바뀐 담칙빠의 만다라를 자신에게 거두어들이기, 자신도 차례차례 빛으로 바뀌어 오직 텅빈 허공과 하나가 되었다고 확실히 믿고서 성관자재의 모습으로 바뀌어서 머문다고 수습하기 등이다.

346 앞의 논서, 용수(D2736a) 73-123b, 제27게송.

347 앞의 논서, 용수(D2736a) 73-123b, 제28게송 제1구 일부.

348 앞의 논서, 용수(D2736a) 73-123b, 제28게송 제1구 일부~2구.

⑮ 용수의 『세간자재의 성취법』(D2850)[349]

이 성취법에서 제시하는 수행과제는 수습 및 염송 준비, 본 수습 및 염송, 수습 및 염송의 마무리 실천행으로 나눌 수 있다. 먼저 수습 및 염송 준비는 귀의하기, 발보리심을 수습하기, 자량전을 청하여 모시기, 예경하기, 공양 올리기, 죄업을 참회하기, 수희하기, 법륜을 굴려 주시기를 권청하기, 열반에 들지 않으시도록 간청하기, 회향하기로 나눈다. 본 수습 및 염송은 자신이 성세간자재라고 수습하기, 예쎄빠가 담칙빠의 본성과 다름이 없다고 수습하기, 육자진언을 반복해서 염송할 때 수습할 대상인 ㉮ 일체중생이 성관자재라고 수습하기 ㉯ 일체의 소리가 육자진언의 소리라고 수습하기 ㉰ 자신과 일체중생이 함께 육자진언을 반복해서 염송한다고 수습함과 동시에 실제로 육자진언을 반복해서 염송하기로 나눈다. 수습 및 염송의 마무리 실천행은 회향발원하기로 마무리한다.

다음은 8종의 티벳 대학승의 논서에 나타난 육자진언의 수습법 및 염송법에 관한 내용적 전거를 차례대로 제시하고자 한다.

① 꾼켄 돌뽀빠 쎄랍곌첸의 『육자의 성취법』(JDol185)

"입으로 육자(진언)를 염송하는 소리가 온 허공에 가득찬다고 관상한다. 그런 상태에서 예경하기,[350] 주변을 돌기,[351] 공양 올리

349 앞의 논서, 용수(D2850) 73-1-191b1~73-1-192a1 참고.

350 불보살에 대한 예경에는 몸으로 하는 예경, 말로 하는 예경, 뜻으로 하는 예경의 세 가지가 있다. 여기서의 예경은 말로 하는 예경이다.(앞의 역주서, 뻰첸

기, 찬탄하기, 또르마[352]와 물에 넣어 헌공을 올리는 또르마[353]를 (올리기), 죄업을 참회하기, 선근을 수희하기, (법륜을 굴려주시기를) 권청하기, (열반에 들지 않으시도록) 간청하기, 멘델을 올리기 등의 모든 선행을 실천하고, 심오한 원만차제 또한 스승의 긴요한 가르침과 같이 수습해야 한다.

(ཡི་གེ་དྲུག་པ་ངག་ཏུ་བཟླས་པའི་སྐབས་ནམ་མཁའ་ཐམས་ཅད་གང་བར་བསམ། དེའི་ངང་ནས་ཕྱག་དང་། བསྐོར་བ་དང་། མཆོད་པ་དང་། བསྟོད་པ་དང་། གཏོར་མ་དང་། ཆབ་གཏོར་དང་། སྡིག་བཤགས་དང་། དགེ་བ་ལ་རྗེས་སུ་ཡི་རང་བ་དང་། བསྐུལ་ཞིང་གསོལ་བ་གདབ་པ་དང་། མཎྜལ་འབུལ་བ་ལ་སོགས་པ་དགེ་བའི་བྱ་བ་ཐམས་ཅད་བྱ་ཞིང་། རྫོགས་རིམ་ཟབ་མོ་ཡང་བླ་མའི་མན་ངག་བཞིན་དུ་བསྒོམ་པར་བྱའོ།།)”[354]

② 쏭쩬감뽀의 『마니까붐』(제1권)

이 논서에는 상세본인 『대성취법에 관한 것으로부터 여섯 가지 대비(성관자재의 성취법)에 관한 것과 가지기도법의궤집加持祈禱法儀

라마 롭상예쎼/법장 옮김(2022), p.200, c. 말의 예경 참고)

351 여기서 ‘주변을 돌기’란 탑돌이와 같이 부처님의 몸과 말씀, 마음의 공덕을 상징하는 사원, 탑, 경전이 모셔진 곳 등을 도는 것을 말한다. 이것은 칠지공양 중 예경하는 것에 포함된다.

352 ‘또르마’란 불보살에게 공양 올리기 위해 보릿가루 등에 버터를 섞어 갖가지 색깔과 모양으로 만든 것을 말한다.(앞의 역주서, 뻰첸라마 롭상예쎼/법장 옮김(2022), p.155, 각주 47 참고)

353 찬탄하는 것과 함께 ‘또르마’와 마실 것을 올리는 것은 칠지공양 중 공양 올리는 것에 포함된다.

354 앞의 논서, 꾼켄 돌뽀빠 쎼랍곌첸(JDol185) 8-655.

軌集(སྒྲུབ་ཐབས་ཆེན་མོའི་སྐོར་ལས་ཐུགས་རྗེ་ཆེན་པོའི་དྲུག་སྐོར་ལས་ཚོགས་དང་བཅས་པ།)』,[355] 중간본인 『세 가지 대비여의주〔성관자재〕의 성취법에 관한 것(ཐུགས་རྗེ་ཆེན་པོ་ཡིད་བཞིན་ནོར་བུའི་སྒྲུབ་ཐབས་སུམ་སྐོར།)』,[356] 요약본인 『한 가지 대비여의주〔성관자재〕의 성취법에 관한 것(ཐུགས་རྗེ་ཆེན་པོ་ཡིད་བཞིན་ནོར་བུའི་སྒྲུབ་ཐབས་གཅིག་སྐོར།)』[357] 등과 같은 여러 육자의 성취법이 수록되어 있다.

③ 울추 다르마바다의 『성관자재의 스승유가』[358]

이 성관자재의 스승유가의 주요 내용은 자신의 근본스승과 성관자재, 이 두 분의 본성이 조금도 다름이 없다고 수습하는 것, 즉 모습은 성관자재이지만 본성은 자신의 근본스승인 것으로 수습하는 것에 관한 것이다. 이 스승유가의 특징은 육자의 성취법 등에서 실제로 마음에 또렷하게 떠올려서 염송해야 할 내용을 제시하는 육자진언의 수행지침서다. 여기서 제시한 수행과제는 다음과 같다.

㉮ 수습 및 염송 준비

A. 귀의하기[359]

> "부처님과 법, '자량 중의 으뜸'〔승가〕께
> 제가 보리에 이르기까지 귀의하나이다(3번).

---

355 앞의 논서, 쏭쩬감뽀(2013), 제135권, pp.417~446.

356 앞의 논서, 쏭쩬감뽀(2013), 제135권, pp.446~459.

357 앞의 논서, 쏭쩬감뽀(2013), 제135권, pp.460~463.

358 앞의 논서, 울추 다르마바다(2010), 제2권, pp.287~288.

359 '㉮ 수습 및 염송 준비 A. 귀의하기로부터 ㉯ 본 수습 및 염송 I. 간청하기'까지는 티벳에 전승된 현밀의 수행법 및 의궤에 있어 공통적인 부분에 해당한다.

(སངས་རྒྱས་ཆོས་དང་ཚོགས་ཀྱི་མཆོག་རྣམས་ལ།།
བྱང་ཆུབ་བར་དུ་བདག་ནི་སྐྱབས་སུ་མཆི།།)"[360]

B. 발보리심을 수습하기

"제가 보시 등을 행한 이러한 것으로써
중생을 이롭게 하기 위해 성불하여지이다.
(བདག་གིས་སྦྱིན་སོགས་བགྱིས་པ་འདི་དག་གིས།།
འགྲོ་ལ་ཕན་ཕྱིར་སངས་རྒྱས་འགྲུབ་པར་ཤོག།)"[361](3번).

㉯ 본 수습 및 염송

A. 자량전인 성관자재를 청하여 모시기[362]

"자신의 정수리에 하얀 연꽃좌대, 달방석 위
근본스승이신 구제자 관자재가
하얀 빛의 몸과 하나의 입, 네 손이 (있다.)
첫 번째 두 손은 가슴에 합장하고
(རང་གི་སྤྱི་བོར་པད་དཀར་ཟླ་བའི་སྟེང་།།
རྩ་བའི་བླ་མ་མགོན་པོ་སྤྱན་རས་གཟིགས།།
སྐུ་མདོག་དཀར་པོ་ཞལ་གཅིག་ཕྱག་བཞི་པ།།
དང་པོའི་ཕྱག་གཉིས་ཐུགས་ཀར་ཐལ་མོ་སྦྱར།།)

---

360 앞의 논서, 울추 다르마바다(2010), 제2권, p.287, 제1게송 제1~2구.

361 앞의 논서, 울추 다르마바다(2010), 제2권, p.287, 제1게송 제3~4구.

362 이것은 앞의 역주서, '뻰첸라마 롭상예쎄/법장 옮김(2022), 자량전을 떠올리는 방법, pp.179~191'에 해당한다.

오른(손)에는 수정 염주, 왼(손)에는 하얀 연꽃을 쥐고
보배 장엄구와 비단 의복으로 장식하고
두 발은 금강가부좌로 앉아 계시는 분의
세 곳에 옴(ཨོཾ།), 아(ཨཱཿ), 훙(ཧཱུྃ།) 표기의 빛으로써[363]
(གཡས་པས་ཤེལ་འཕྲེང་གཡོན་པས་པད་དཀར་འཛིན།།
རིན་ཆེན་རྒྱན་དང་དར་གྱི་ན་བཟས་གླུབས།།
ཞབས་གཉིས་རྡོ་རྗེ་སྐྱིལ་ཀྲུང་གིས་བཞུགས་པའི།།
གནས་གསུམ་ཨོཾ་ཨཱཿཧཱུྃ་མཚན་འོད་ཟེར་གྱིས།།)

본래 머무는 곳으로부터 청하여 모신 스승이신 관자재[364]는
삼귀의가 모두 응집된 본성으로 바뀌었다.[365]
(རང་བཞིན་གནས་ནས་བླ་མ་སྤྱན་རས་གཟིགས།།
སྤྱན་དྲངས་སྐྱབས་གསུམ་ཀུན་འདུས་ངོ་བོར་གྱུར།།)"[366]

---

363 제4구는 정수리의 하얀색 '옴(ཨོཾ།)'자, 목의 붉은색 '아(ཨཱཿ)'자, 가슴의 파란색 '훙(ཧཱུྃ།)'자에서 빛이 비침으로써~ 라는 의미이다.

364 '스승이신 관자재'란 자신의 근본스승과 성관자재의 본성이 조금도 다름이 없다는 의미이다.

365 이 두 구는 자신의 근본스승과 본성이 다름이 없는 성관자재를 본래 상주하는 정토인 뽀따라로부터 청하여 모시는 예쎄빠가 자신의 앞에 수습하는 담칙빠에게 흡수되어, 이분이 삼귀의가 모두 응집된 본성으로 바뀌었다고 수습한다는 의미이다.

366 앞의 논서, 울추 다르마바다(2010), 제2권, p.287, 제2~3게송과 제4게송 제1~2구.

B. 예경하기[367]

"근본스승이신 관자재께[368]

몸과 말, 뜻의 삼문으로 공경히 예경하나이다.

(རྩ་བའི་བླ་མ་སྤྱན་རས་གཟིགས་དབང་ལ།།

ལུས་ངག་ཡིད་གསུམ་གུས་པས་ཕྱག་འཚལ་ལོ།།)"[369]

C. 공양 올리기

"실제로 진열하는 것과 마음으로 만들어서 남김없이 공양 올리고

(དངོས་བཤམས་ཡིད་སྤྲུལ་མཆོད་པ་མ་ལུས་འབུལ།།)"[370]

D. 죄업을 참회하기

"비롯함이 없는 때로부터 쌓은 모든 죄업과 타죄墮罪[371]를 참회하며

(ཐོག་མེད་ནས་བསགས་སྡིག་ལྟུང་ཐམས་ཅད་བཤགས།།)"[372]

---

367 B~H는 자량을 쌓고 죄업과 장애를 소멸하는 핵심이 응집된 칠지공양에 해당한다.

368 이 구는 근본스승과 관자재의 본성이 조금도 다름이 없다는 것을 의미한다.

369 앞의 논서, 울추 다르마바다(2010), 제2권, pp.287~288, 제4게송 제3~4구.

370 앞의 논서, 울추 다르마바다(2010), 제2권, p.288, 제5게송 제1구.

371 '타죄墮罪'란 부처님께서 반드시 해서는 안 된다고 제정한 계율을 어기거나, 반드시 지켜야 한다고 제정한 계율을 어기는 과실을 말한다. 이와 같은 죄업을 지으면 다음 생에 삼악도 등에 떨어지게 되기 때문에 이를 '타죄'라고 한다.

372 앞의 논서, 울추 다르마바다(2010), 제2권, p.288, 제5게송 제2구.

E. 수희하기

"범부와 성인의 선근들을 수희하고
(སྐྱེ་འཕགས་དགེ་བ་རྣམས་ལ་རྗེས་ཡི་རང་།།)"[373]

F. 열반에 들지 않으시도록 간청하기

"윤회가 다할 때까지 바르게 머무셔서
(འཁོར་བ་མ་སྟོངས་བར་དུ་ལེགས་བཞུགས་ནས།།)"[374]

G. 법륜을 굴려주시기를 권청하기

"중생에게 법륜을 남김없이 굴려주소서.
(འགྲོ་ལ་ཆོས་འཁོར་མ་ལུས་བསྐོར་དུ་གསོལ།།)"[375]

H. 회향하기

"모든 선근을 원만구족한 대보리로 회향하나이다.
(དགེ་ཀུན་རྫོགས་པའི་བྱང་ཆུབ་ཆེན་པོར་བསྔོ།།)"[376]

I. 간청하기

"귀의처가 모두 응집된 '스승이신 수승한 본존'(라마학빼하)[377]

---

[373] 앞의 논서, 울추 다르마바다(2010), 제2권, p.288, 제5게송 제3구.

[374] 앞의 논서, 울추 다르마바다(2010), 제2권, p.288, 제5게송 제4구.

[375] 앞의 논서, 울추 다르마바다(2010), 제2권, p.288, 제6게송 제1구.

[376] 앞의 논서, 울추 다르마바다(2010), 제2권, p.288, 제6게송 제2구.

[377] '스승이신 수승한 본존'은 스승, 이담, 보살, 빠오, 칸도 등의 본성이 모두 응집된, 스승이자 자신의 주된 본존이기도 한 분을 말한다. 본서에 등장하는 '라마

구제자 성관자재께 간청하나이다.

(སྐྱབས་གནས་ཀུན་འདུས་བླ་མ་ལྷག་པའི་ལྷ།།

མགོན་པོ་སྤྱན་རས་གཟིགས་ལ་གསོལ་བ་འདེབས།།)"[378]

"자신과 허공과 같은 일체중생의

바른 의지처〔귀의처〕와 지원자〔友軍〕가 되어 주소서.

(བདག་དང་མཁའ་མཉམ་སེམས་ཅན་ཐམས་ཅད་ཀྱི།།

མགོན་སྐྱབས་དཔུང་གཉེན་དམ་པ་མཛད་དུ་གསོལ།།)"[379] (3번)

J. 육자진언을 반복해서 염송할 때 수습할 대상

A) 자신이 성관자재라고 수습하기

"그와 같이 공양하고 간청한 힘으로써

성인〔성관자재〕의 가슴에 월륜月輪(이 있다. 그) 위의 '히(ཧྲཱིཿ)'자의 가장자리에

(དེ་ལྟར་མཆོད་ཅིང་གསོལ་བ་བཏབ་པའི་མཐུས།།

འཕགས་པའི་ཐུགས་ཀར་ཟླ་སྟེང་ཧྲཱིཿཡིག་མཐར།།)

육자가 돌려져 있는 것에서 감로가

흘러내림으로써 일체의 질병과 악귀, 죄업과 장애가 씻겨

자신이 성관자재로 (바뀌어서) 또렷하게 드러난 (그의)

학빼하'와 '라마하'는 동의어이다.

378 앞의 논서, 울추 다르마바다(2010), 제2권, p.288, 제6게송 제3~4구.

379 앞의 논서, 울추 다르마바다(2010), 제2권, p.288, 제7게송 제1~2구.

(ཡི་གེ་དྲུག་པས་བསྐོར་ལས་བདུད་རྩིའི་རྒྱུན།།
བབས་པས་ནད་གདོན་སྡིག་སྒྲིབ་ཐམས་ཅད་བཀྲུས།།
རང་ཉིད་སྤྱན་རས་གཟིགས་སུ་གསལ་བ་ཡི།།)"[380]

B) 일체의 기세간과 중생세간이 청정무구하고 광대무변하다고 수습하기

"가슴의 ('히(ཧྲཱིཿ)'자의) 빛으로써 기세간과 중생세간의 허물
이 소멸되어 견, 문, 각지의 세 가지를 성인의 삼밀로
받아들이는 최상의 유가에 머물게 되었다.
(ཐུགས་ཀའི་འོད་ཀྱིས་སྣོད་བཅུད་སྐྱོན་སྦྱངས་ཏེ།།
སྣང་གྲག་རིག་གསུམ་འཕགས་པའི་གསང་གསུམ་དུ།།
འཁྱེར་བའི་རྣལ་འབྱོར་མཆོག་ལ་གནས་པར་གྱུར།།)"[381]

C) 실제로 육자진언을 반복해서 염송하기

"옴마니빼메훙을
백 번, 천 번을 염송한다.
(ཨོཾ་མ་ཎི་པདྨེ་ཧཱུྃ།
བརྒྱ་སྟོང་བཟླ།)"[382]

---

380 앞의 논서, 울추 다르마바다(2010), 제2권, p.288, 제7게송 제3~4구~8게송 제1~3구.

381 앞의 논서, 울추 다르마바다(2010), 제2권, p.288, 제8게송 제4구와 제9게송 제1~2구.

382 앞의 논서, 울추 다르마바다(2010), 제2권, p.288, 제9게송 제3~4구.

㉰ 수습 및 염송의 마무리 실천행

A. 회향발원하기

"이를 위시하여, 자타가 삼세의 선근의 힘으로써[383]

스승이신 관자재께서 섭수하시고

내가 세 가지 고통[384]으로 핍박당하는 중생들을

인도하는 대선장이 되어지이다.

(འདིས་མཚོན་རང་གཞན་དུས་གསུམ་དགེ་བའི་མཐུས།།

བླ་མ་སྤྱན་རས་གཟིགས་ཀྱིས་རྗེས་བཟུང་སྟེ།།

---

383 제1구는 성관자재를 수습하고 육자진언을 염송한 선근의 힘으로써~ 라는 의미이다.

384 고통을 그 본질적인 측면에서 구분하면 고고苦苦, 괴고壞苦, 변행고遍行苦가 있다. 티벳 경론에 따르면 ㉮ '고고苦苦'란 괴로움 그 자체로 예컨대 아파서 통증을 느끼는(苦受) 것과 같은 것이다. 이것은 욕계 중생에게만 존재한다. ㉯ '괴고壞苦'란 변하는 고통으로 예컨대 사랑하는 사람과의 이별의 아픔(樂受)과 같은 것이다. 이것은 욕계와 색계 중생에게만 존재할 뿐 무색계의 천신에게는 존재하지 않는다. ㉰ '변행고遍行苦'란 삼계 안의 육도 중생 모두에게 존재하는 것이다. 이것은 지금 당장 고통을 느끼지는 못하지만 언제라도 고고 또는 괴고가 일어날 수 있는 토대가 되는 고통(捨受)이다. 이 변행고를, 범부는 손바닥에 머리카락이 놓인 것처럼 제대로 느끼지 못하지만 성인은 이를 눈에 눈썹이 들어간 것처럼 여실히 느낀다고 한다. 예컨대 업과 번뇌로 받은 사취온 또는 오취온, 예토의 기세간 등의 고성제가 여기에 속한다. 이것은 정토에 머무는 성문과 연각 아라한, 견도위, 수도위에 머무는 보살성인과 부처님을 제외한 삼계 및 육도의 범부, 자량위와 가행위에 머무는 성문과 연각의 범부, 견도위, 수도위에 머무는 성문과 연각 성인에게까지 두루 존재한다.(침잠뻬양(མཆིམས་འཇམ་དཔའི་དབྱངས།), 『아비달마구사론소阿毘達磨俱舍論疏, 대법장엄對法莊嚴(ཆོས་མངོན་མཛོད་ཀྱི་ཚིག་ལེའུར་བྱས་པའི་འགྲེལ་པ་མཆིམས་མཛོད་མངོན་པའི་རྒྱན།)』「제6장 도道와 보특가라 현시품」, 臺灣 財團法人佛陀教育基金會 印贈(TI311), 2007, p.488 참고)

སྡུག་བསྔལ་གསུམ་གྱིས་མནར་བའི་འགྲོ་བ་རྣམས།།
འདྲེན་པའི་དེད་དཔོན་ཆེན་པོར་བདག་གྱུར་ཅིག།)

자신 등이 금생의 감각작용이 멈추자마자〔죽음〕
구제자 아미타불께서 연민심의 쇠갈고리로써
친히 인도하여 극락세계의 연꽃에서
태어나 보리의 수기를 받아지이다.
(བདག་སོགས་ཚེ་འདིའི་སྣང་བ་འགགས་མ་ཐག།
འོད་དཔག་མེད་མགོན་ཐུགས་རྗེའི་ལྕགས་ཀྱུ་ཡིས།།
ཉེར་དྲངས་བདེ་བ་ཅན་དུ་པདྨ་ལས།།
སྐྱེས་ནས་བྱང་ཆུབ་ལུང་བསྟན་འཐོབ་པར་ཤོག།)"[385]

B. 길상 원만을 축원하기

"일시적인 무병장수, 심신의 안락,
법이 아닌 것, 좋지 못한 사상 및 행위가 생기지 않고
법과 재물, 안락, 선행으로써 항상 생활하는 등
안락과 행복의 길상을 향수享受하는 행운을 얻어지이다.
(གནས་སྐབས་ཚེ་རིང་ནད་མེད་ལུས་སེམས་བདེ།།
ཆོས་མིན་བསམ་སྦྱོར་ངན་པ་མི་སྐྱེ་ཞིང་།།
ཆོས་འབྱོར་བདེ་དགེས་རྟག་ཏུ་འཚོ་བ་སོགས།།
བདེ་སྐྱིད་དཔལ་ལ་རོལ་བའི་བཀྲ་ཤིས་ཤོག།)"[386]

---

385 앞의 논서, 울추 다르마바다(2010), 제2권, p.288, 제10~11게송.

386 앞의 논서, 울추 다르마바다(2010), 제2권, p.288, 제12게송.

④ 제 궁탕 뗀빼된메의 『불법의 태양 제쭌 담빠가 저술한 마니 성취법의 주석서, 심오한 햇빛』에는 앞에서 언급한 바와 같이 이 성취법은 제2대 켈카 제쭌 담빠, 롭상뗀빼겔첸의 『심오한 마니의 성취법』에 대한 상세한 주석이다. 전체적인 내용은 육자의 성취법과 마찬가지로 수습 및 염송 준비, 본 수습 및 염송, 수습 및 염송의 마무리 실천행으로 나눌 수 있다.

⑤ 제14대 달라이라마의 『(근본)스승과 관세음의 본성이 다름이 없는 유가, 실지 모음』[387]

이 논서의 일부인 '도 전체와 관련된 간청에 관한 부분'에 해당하는 내용을 분류하고 나서 만든 과목명만을 제시하고자 한다. 여기서는 기초수행도基礎修行道,[388] 하사도下士道,[389] 중사도中士道,[390] 상사

---

387 앞의 논서, 제14대 달라이라마(2014), 『(근본)스승과 관세음의 본성이 다름이 없는 유가, 실지 모음』, pp.11~14 참고.

388 '기초수행도基礎修行道'란 삼사가 본 수습 및 염송 과제를 익히기 전에 반드시 선행해야 하는 공통적 기초 수행과제를 말한다.(앞의 역주서, 뻰첸라마 롭상예쎄/법장 옮김(2022), pp.46~47 참고)

389 앞의 역주서, 뻰첸라마 롭상예쎄/법장 옮김(2022), pp.45~46, '하사下士'란 "자신이 금생의 안락보다 다음 생에 삼악도의 고통에서 벗어나 천신과 안락을 성취하고자 하는 마음동기를 가지고 이를 목표로 실천 수행하는 이를 가리킨다." "아직 계위에 오르지 못한 일반 범부"가 여기에 속한다.

390 앞의 역주서, 뻰첸라마 롭상예쎄/법장 옮김(2022), pp.45~46, '중사中士'란 "자신만이 윤회의 고통 전체로부터 영원히 벗어나 해탈과 열반의 안락을 증득하고자 하는 마음동기를 가지고 이를 목표로 실천 수행하는 이를 가리킨다." "성문이나 연각의 자량도로부터 무학도까지의 계위에 오른 수행자"가 여기에 속한다.

도上士道,[391] 비밀금강승秘密金剛乘[392]을 익히는 방법, 스승인 성관자재께서 자신의 가슴의 중심부에 계신다고 수습하면서 육자진언을 염송하는 것으로 나눈다. 먼저 기초수행도는 도의 근본인 선지식을 의지하는 방법과 유가와 원만의 몸을 얻기 어려움을 수습하기로 나눈다. 하사도는 죽음무상[393]을 수습하기, 악도의 고통을 수습하기, 삼보에 대한 귀의를 익히기, 업과에 대한 신심을 일으키기로 나눈다. 중사도는 해탈을 희구하는 마음을 일으키기, 해탈로 나아가는 도의 자성을 확정하기로 나눈다. 상사도는 보리를 희구하는 마음을 일으키기, 보살행을 총체적으로 익히는 방법, 특히 육바라밀의 마지막 두 가지를 익히는 방법으로 나눈다. 비밀금강승을 익히는 방법에 이르기까지 현밀의 도 전체가 마음에 생기도록 간청하는 것과 쌰르곰(ཤར་

---

391 앞의 역주서, 뻰첸라마 롭상예쎄/법장 옮김(2022), pp.45~46,
'상사上士'란 "자신뿐만 아니라 일체중생을 위해 위없는 부처님의 경지를 증득하고자 하는 마음동기를 가지고 이를 목표로 실천 수행하는 이를 가리킨다." "대승의 자량도로부터 무학도까지의 계위에 오른 수행자"가 여기에 속한다.

392 일반적으로 밀교 수행에 대한 의지가 없거나 관정을 받지 않은 대상에게 자신이 밀교 수행을 한다고 말을 하거나 수행하는 것을 드러내지 않아야 하기에 '비밀'이라 하고, 범부의 시각으로부터 보호하기에 '밀교'라 하며, 방면과 지혜, 즉 보리심과 공성을 요해하는 지혜, 이 둘의 본성이 조금도 다름이 없는 합일의 경지에 이르게 하기에 '금강'이라 하고, 구경의 자리이타를 실현하게 하기에 '승'이라 한다.

393 '죽음무상'이란 ㉮ '죽음의 무상'이라 하면 죽음 그것이 무상이라는 의미이다. ㉯ '죽음과 무상'이라 하면 두 가지 의미가 별개의 것이 된다. 따라서 이 두 가지 의미와 차이가 있으므로 하나의 관상용어로 정착된 이 용어를 채택하였다.(앞의 역주서, 뻰첸라마 롭상예쎄/법장 옮김(2022), p.49, 각주 38에서 요약)

སྒོམ།)[394]을 한 다음 마지막에 스승인 성관자재께서 자신의 가슴 중심부에 계신다고 수습하면서 육자진언을 염송한다.[395]

⑥ 제14대 달라이라마, 『스승유가, 두진정토의 계단』

㉮ 수습 및 염송 준비: 귀의와 발보리심을 수습하기

"자신의 스승과 성관자재의 (본성이) 다름이 없는 유가를 간요簡要하게 수행하기를 원하는 이는 귀의하기와 발보리심을 선행하고서
(བླ་མ་དང་སྤྱན་རས་གཟིགས་དབྱེར་མེད་ཀྱི་རྣལ་འབྱོར་མདོར་བསྡུས་ཉམས་སུ་ལེན་པར་འདོད་པས་སྐྱབས་སེམས་སྔོན་དུ་བཏང་སྟེ།)"[396]

㉯ 본 수습 및 염송

A. 자량전을 또렷하게 떠올리기

"자신의 정수리의 연꽃좌대, 달방석에
은혜로운 근본스승과
본성이 다름이 없는 최상의 세간자재께서

394 '쌰르곰(ཤར་སྒོམ།)'은 예컨대 달리는 차 안에서 스쳐지나는 바깥 사물을 보는 것처럼 한 주제주제를 자세하고 깊이 있게 수습하는 것이 아닌, 전체 내용을 줄거리 또는 과목 정도로만 대략대략 재빠르게 떠올리는 수습방법이다.

395 이것은 전력적 집중수습보다 분별적 사유수습에 가까운 수습을 하고 나서, 마지막에 스승을 자신의 정수리로부터 가슴에 핀 연꽃의 중심부에 모실 때 연꽃이 아무는 등 언제나 자신의 가슴에 계신다고 수습하고 나서 육자진언을 반복해서 염송하는 것이다.

396 앞의 논서, 제14대 달라이라마(2014), 『스승유가, 두진정토의 계단』, p.19.

하나의 얼굴과 네 손이 (있다.) 첫 번째 두 손은

(རང་གི་སྤྱི་བོར་པད་ཟླའི་སྟེང་།།

དྲིན་ཅན་རྩ་བའི་བླ་མ་དང་།།

དབྱེར་མེད་འཕགས་མཆོག་འཇིག་རྟེན་དབང་།།

ཞལ་གཅིག་ཕྱག་བཞིའི་དང་པོ་གཉིས།།)

합장을 하고 아래 (손에는) 수정 염주와

활짝 핀 하얀 연꽃 줄기를 쥐고[397]

한 쌍의 발은 흐트러짐 없이 가부좌를 한 모습과

선명하게 구족된 (삼십이)상과 (팔십)종호의 청명한 달과

(같은) 몸은

(ཐལ་སྦྱར་འོག་མ་ཤེལ་ཕྲེང་དང་།།

རབ་རྒྱས་པད་དཀར་སྡོང་བུ་འཛིན།།

ཞབས་ཟུང་མི་ཤིགས་སྐྱིལ་ཀྲུང་ཚུལ།།

གསལ་རྫོགས་མཚན་དཔེའི་ཟླ་གཞོན་སྐུ།།)

비단과 보배 장엄구로 장식되고

삼금강을 장식하는 '훙(ཧཱུྃ༔)'자의 빛으로써[398] (청하여 모신)

---

397 제1~2구는 위쪽 또는 첫 번째 두 손은 합장을 하고, 아래쪽 오른손에는 수정 염주를 쥐고 왼손에는 활짝 핀 하얀 연꽃 줄기를 쥐고~ 라는 의미이다.

398 제2구는 정수리에 신금강의 본성인 '옴(ཨོཾ།)'자, 목에 구금강의 본성인 '아(ཨཱ།)'자, 가슴에 의금강의 본성인 '훙(ཧཱུྃ།)'자가 장식되어 있다. 이 '훙(ཧཱུྃ།)'자의 빛으로써~ 라는 의미이다.

다함이 없는 삼보가 (담칙빠에게) 흡수되어

모든 귀의처가 응집된 본성으로 바뀌었다.[399]

(དར་དང་རིན་ཆེན་རྒྱན་གྱིས་ཀླུབས།།

རྡོ་རྗེ་གསུམ་མཚན་ཧཱུྃ་འོད་ཀྱིས།།

མཆོག་གསུམ་མ་ལུས་སྤྱན་དྲངས་བཐིམས།།

སྐྱབས་གནས་ཀུན་འདུས་ངོ་བོར་གྱུར།།)"[400]

B. 자량을 쌓고 죄업과 장애를 소멸하는 방편도의 핵심이 응집된 칠지공양을 올리기

"악취를 여읜 자연구족한 실지의 광산

'스승이신 수승한 본존'(라마하)께 공경히 예경하나이다.

보현普賢의 공양구름의 바다로써 공양 올리고[401]

지은 모든 잘못을 참회하고 경계하나이다.

(དྲི་བྲལ་ལྷུན་རྫོགས་དངོས་གྲུབ་གཏེར།།

བླ་མ་ལྷ་ལ་གུས་ཕྱག་འཚལ།།

ཀུན་བཟང་མཆོད་སྤྲིན་རྒྱ་མཚོས་མཆོད།།

---

399 제3~4구는 가슴의 '훙(ཧཱུྃ)'자의 빛으로써 모든 삼보를 청하여 모시고, 그분들이 걸림 없이 '즉시' 오셔서 '담칙빠'에게 흡수됨으로써, 이것이 모든 귀의처가 응집된 본성으로 바뀌었다는 의미이다.

400 앞의 논서, 제14대 달라이라마(2014), 『스승유가, 두진정토의 계단』, pp.19~20, 제1~3게송.

401 티벳 경론에 따르면 '보현普賢'이란 보현보살 또는 모든 방면에서 훌륭하다는 두 가지 의미로 사용한다. 여기서 후자는 공양 올리는 이의 마음동기로부터 공양물의 색상, 모양, 향 등에 이르기까지 모두가 훌륭하다는 의미이다.

ཉོངས་པ་གང་བགྱིས་ག་ཤགས་ཤིང་སྨོམ།།)

삼밀행三密行을 하는 것을 수희하고
심오하고 광대한 법비를 내려 주시고
백겁 동안 변함없이 견고하게 머물러 주소서.
선근의 무더기를 대보리로 회향하나이다.
(གསང་གསུམ་མཛད་པར་རྗེས་ཡི་རང་།།
ཟབ་རྒྱས་ཆོས་ཆར་འབེབས་པར་བསྐུལ།།
བསྐལ་བརྒྱར་མི་གཡོ་རྟན་བཞུགས་གསོལ།།
དགེ་ཚོགས་བྱང་ཆུབ་ཆེན་པོར་བསྔོ།།)"[402]

C. 육자진언을 반복해서 염송할 때 수습할 대상

"가슴의 생명자生命字인 '히(ཧྲཱིཿ)'자의 (가장자리) 주문의 행렬로부터
빛이 비치어 예토穢土의 기세간과 중생세간의 (허물이) 소멸되어
일체중생을 착나뻬모[403]의
최상의 경지로 인도하게 되었다.
(ཐུགས་སྲོག་ཧྲཱིཿཡིག་སྔགས་ཕྲེང་ལས།།
འོད་འཕྲོས་མ་དག་སྣོད་བཅུད་སྦྱངས།།

---

402 앞의 논서, 제14대 달라이라마(2014), 『스승유가, 두진정토의 계단』, p.20, 제4~5게송.

403 '착나뻬모'란 왼손에 연꽃을 쥐고 있는 관세음을 가리킨다.

འགྲོ་ཀུན་ཕྱག་ན་པདྨོ་ཡི།།
གོ་འཕང་མཆོག་ལ་འགོད་པར་གྱུར།།)"[404]

D. 실제로 육자진언을 반복해서 염송하기

"라고 반복해서 염송할 때 수습할 대상과 관련 지어 육자(진언) 옴마니빼메훙을 가능한 많이 염송하도록 한다.
(ཅེས་བཟླས་དམིགས་དང་འབྲེལ་ཡིག་དྲུག ཨོཾ་མ་ཎི་པདྨེ་ཧཱུྃ༔ ཅི་ནུས་བཟླས།)"[405]

E. 간청하기

"스승이신 지존 관자재
당신 외에 의지할 곳이 달리 없기 때문에
금생부터 보리를 성취하기 전까지
대자애심으로써 섭수하소서.
(བླ་མ་རྗེ་བཙུན་སྤྱན་རས་གཟིགས།།
ཁྱོད་ལས་རེ་ས་གཞན་མེད་པས།།
འདི་ནས་བྱང་ཆུབ་མ་ཐོབ་བར།།
བརྩེ་ཆེན་ཐུགས་ཀྱིས་རྗེས་གཟུང་མཛོད།།)"[406]

---

404 앞의 논서, 제14대 달라이라마(2014), 『스승유가, 두진정토의 계단』, pp.20~21, 제6게송.

405 앞의 논서, 제14대 달라이라마(2014), 『스승유가, 두진정토의 계단』, p.21.

406 앞의 논서, 제14대 달라이라마(2014), 『스승유가, 두진정토의 계단』, p.21, 제7게송.

㉰ 수습 및 염송의 마무리 실천행

A. 자신의 앞에 수습하는 성관자재, 즉 자량전을 거두어들이기[407]

"그와 같이 마음 깊은 곳에서 간청한 힘으로써
스승이 빛으로 변화해서 자신에게 흡수되고
삼밀三密 금강의 가피로써
삼문三門이 가피를 입게 되었다.[408]
(དེ་ལྟར་སྙིང་ནས་གསོལ་བཏབ་མཐུས།།
བླ་མ་འོད་ཞུ་རང་ལ་ཐིམ།།
གསང་གསུམ་རྡོ་རྗེའི་བྱིན་བརླབས་ཡིས།།
སྒོ་གསུམ་བྱིན་གྱིས་བརླབ་པར་གྱུར།།)"[409]

B. 회향발원하기

"내가 이 선근으로써 속히
관자재의 (경지를) 성취하여
한 중생도 남김없이

407 이 부분은 '대면생기(མདུན་བསྐྱེད།)'에 관한 것이다.

408 제2~4구는 스승이신 성관자재가 빛의 본성으로 바뀌어서, 자신에게 흡수되고 성관자재의 삼밀 금강의 가피로써 자신의 삼문, 즉 몸과 말, 뜻이 가피는 입는다는 의미이다. 또한 '삼밀三密'이란 성관자재의 몸과 말씀, 마음을 가리킨다. '삼밀 금강'이란 삼문을 금강에 비유한 것이다. 제4구는 자세하게는 자신의 부정한 몸과 말, 뜻이 성관자재의 청정한 몸과 말씀, 마음의 본성으로 바뀌었다는 의미이다.

409 앞의 논서, 제14대 달라이라마(2014), 『스승유가, 두진정토의 계단』, p.21, 제8게송.

그분의 경지[410]로 인도하여지이다.
(དགེ་བ་འདི་ཡིས་མྱུར་དུ་བདག།
སྤྱན་རས་གཟིགས་དབང་འགྲུབ་གྱུར་ནས།།
འགྲོ་བ་གཅིག་ཀྱང་མ་ལུས་པ།།
དེ་ཡི་ས་ལ་འགོད་པར་ཤོག།)

보배와 같은 수승한 보리심
(아직) 생기지 않은 것은 생기게 하고
(이미) 생긴 것은 쇠퇴하지 않을 뿐만 아니라 또한
더욱더 향상되어지이다. -수승한 보리심송-
(བྱང་ཆུབ་སེམས་མཆོག་རིན་པོ་ཆེ།།
མ་སྐྱེས་པ་རྣམས་སྐྱེས་གྱུར་ཅིག།[411]
སྐྱེས་པ་ཉམས་པ་མེད་པ་ཡང་།།
གོང་ནས་གོང་དུ་འཕེལ་བར་ཤོག།)"[412]

⑦ 제5대 달라이라마의 『관자재의 성취법, 두진산으로 가는 계단』[413]

이 성취법에서 제시하는 수행과제는 일과시간에 어떻게 해야 하는

---

410 여기서 '그분의 경지'란 부처님의 경지를 가리킨다.

411 제2구에서 'མ་སྐྱེས་པ།'와 'སྐྱེས་གྱུར་ཅིག'이 저본에는 동사의 과거형으로 표기되어 있다. 하지만 의미상 미래형 '꼐빠(མ་སྐྱེ་བ།)'와 (སྐྱེ་འགྱུར་ཅིག)'으로 표기하는 것이 타당하다고 본다. 이하의 게송도 마찬가지이다.

412 앞의 논서, 제14대 달라이라마(2014), 『스승유가, 두진정토의 계단』, pp.21~22, 제9~10게송.

413 앞의 논서, 제5대 달라이라마(2007), pp.565~572.

가, 여가시간에 어떻게 해야 하는가의 두 부분으로 나눈다. 또한 일과시간은 수습 및 염송 준비, 본 수습 및 염송, 수습 및 염송의 마무리 실천행으로 나눈다. 수습 및 염송 준비에는 귀의하기, 발보리심을 수습하기, 사무량심을 수습하기로 나눈다. 본 수습 및 염송은 자신생기自身生起[414]와 대면생기對面生起[415]로 나눈다. 먼저 자신생기는 자신이 성관자재라고 수습하기, 예셰빠를 청하여 모시기, 공양 가피하기,[416] 공양 올리기, 성관자재를 찬탄하기, 육자진언을 반복해서 염송할 때 수습할 대상인 ㉮ 자신의 가슴의 육자진언의 행렬에서 빛과 감로가 흘러내림으로써 자신의 죄업과 장애가 청결해졌다고 수습하기 ㉯ 자신의 모공에서 빛이 비치어 일체중생의 죄업과 장애가 소멸되었다고 수습하기 ㉰ 육자 각각으로부터 빛이 비치어 성관자재의 경지로 인도한다고 수습하기 ㉱ 견, 문, 각지의 세 가지를 성관자재의 삼밀로 받아들이는 유가의 네 가지를 수습함과 동시에 실제로 육자

---

414 '자신생기自身生起'란 자신을 '이담의 하(ལྷ)'로 또렷하게 떠올려 수습하는 것을 말한다.

415 일반적으로 '대면생기'란 자신의 앞에 자량전을 또렷하게 떠올려 수습하는 것을 말한다. 이때 수습하는 자량전은 어떤 경우는 예셰빠이고, 어떤 경우는 담칙빠이다.

416 '공양 가피'란 이것은 대부분의 티벳 밀교 의궤에 포함되는 것으로, 이것은 자신이 올리는 공양이 비록 적고 값비싼 것은 아니더라도 삼매와 다라니, 수인手印 등으로 훌륭하고 깨끗하며 많은 양으로 바뀌었다고 수습하면서 염송하는 것을 말한다. 이것은 한국의 사찰의 불공의식의 하나인 「삼보통청三寶通請」 등의 진언권공眞言勸供' 중, '나막 살바다타 아다 바로기제 옴 삼마라 삼마라 훔'이라는 무량위덕 자재광명 승묘력 변식진언變食眞言과 같은 맥락이라 할 수 있다.

진언을 반복해서 염송하기, '제쭌〔성관자재〕의 백자진언'을 염송하기로 나눈다. 대면생기는 자신의 앞의 성관자재를 수습하기, 예쎼빠를 청하여 모시기, 공양 가피하기, 공양 올리기, 또르마를 공양 올리기, 간청하기, 감로가 흘러내림으로써 죄업과 장애가 소멸되었다고 수습하기로 나눈다. 수습 및 염송의 마무리 실천행은 자량전을 거두어들이기로 마무리한다. 또한 여가시간에는 어떻게 해야 하는가에 관한 내용이 등장한다.

⑧ 제7대 달라이라마의『뻴모 전통의 십일면(관자재)의 재계에 관한 의궤』

"'옴 쏘바와 쓔다 싸르와 다르마 쏘바와 쓔도 항' 자신과 수습할 내용의 하〔십일면관자재〕와 일체법이 자성이 공한 일미一味의 본성으로 바뀌었다.[417] 공성을 (수습하는) 상태에서 '옴마니빼메훙'이라는 주문 소리가 허공계에 가득차게 되었다.…(중략)…그것이 완전히 바뀐 것에서 순금과 같이 빛나는 천 개의 연꽃잎 중심부에 '옴마니빼메훙'이라고 표기되었다.…(중략)…보배로 장식된 금허리띠를 매고, 주황빛 긴 머리는 구슬 족두리로 아름답게 (장식되어 있고), 보관, 귀걸이, 어깨 장엄구, 목걸이, 팔찌, 발찌를 하고, 갖가지 비단 의복을 착용하고 (있으며 몸에는) 하얀 빛을 내뿜는다.

(ཨོཾ་སྭ་བྷཱ་ཝ་ཤུདྡྷཿ་སརྦ་དྷརྨཿ་སྭ་བྷཱ་ཝ་ཤུདྡྷོ྅ཧཾ། བདག་དང་བསྒོམ་བྱའི་ལྷ་དང་། ཆོས་ཐམས་ཅད་རང་

417 이것은 일체법의 본성이 자성으로 존재하는 것이 공하다는 측면에서는 동일하다는 의미이다.

བཞིན་སྟོང་པ་ཉིད་དུ་རོ་གཅིག་པའི་བདག་ཉིད་དུ་གྱུར། སྟོང་བའི་ངང་ལས། ཨོཾ་མ་ཎི་པདྨེ་ཧཱུྃ། ཞེས་པའི་སྔགས་ཀྱི་གདངས་ཀྱི་རྣམ་པ་ནམ་མཁའི་ཁམས་ཁྱབ་པར་གྲགས་པར་གྱུར།”[418]…(중략)…“དེ་ཡོངས་སུ་གྱུར་བ་ལས། གསེར་བཙོ་མ་ལྟར་འབར་བའི་པདྨ་འདབ་མ་སྟོང་དང་ལྡན་པ་ལྟེ་བ་ལ་ཨོཾ་མ་ཎི་པདྨེ་ཧཱུྃ་ཞེས་པས་མཚན་པར་གྱུར།”[419]…중략)…“ནོར་བུས་སྤྲས་པའི་གསེར་གྱི་སྐྲ་རགས་དང་ལྡན་པ་རལ་པ་དམར་སེར་གྱི་ཁྲིད་བས་མཛེས་པ། རིན་པོ་ཆེའི་དབུ་རྒྱན། སྙན་རྒྱན། མགུལ་རྒྱན། དཔུང་རྒྱན། ཕྱག་གདུབ། ཞབས་གདུབ་ཅན། དར་སྣ་ཚོགས་ཀྱི་ན་བཟས་ཀླུབས་ཤིང་། འོད་ཟེར་དཀར་པོ་འཕྲོ་བར་གྱུར།)”[420]

“‘옴마니뻬메훙’이라고 염송함으로써 주존 성대비관자재와 권속이 자신의 앞 허공으로 오셨다.
(ཨོཾ་མ་ཎི་པདྨེ་ཧཱུྃ། ཞེས་བརྗོད་པས། འཕགས་པ་ཐུགས་རྗེ་ཆེན་པོ་གཙོ་འཁོར་རང་གི་མདུན་གྱི་ནམ་མཁར་བྱོན།)”[421]

5) 수습법 및 염송법에 관한 전거 분석

앞에서 육자진언의 수습법 및 염송법에 관해 27종의 티벳 경론, 즉 4종의 티벳장경 불설부 경전과 15종의 논소부 논서, 8종의 티벳 대학승 논서에서 그 내용적 전거를 제시하였다. 이를 분석해 본 결과 다음과 같은 몇 가지 사실을 알 수 있다.

① 필자가 조사한 39종의 티벳 경론 중에는 육자진언의 수습법 및

---

418 앞의 논서, 제7대 달라이라마, p.21.
419 앞의 논서, 제7대 달라이라마, p.21.
420 앞의 논서, 제7대 달라이라마, pp.21~23.
421 앞의 논서, 제7대 달라이라마, p.44.

염송법에 관한 내용이 가장 큰 비중을 차지하고 있다.

② 4종의 티벳장경 불설부 경전과 15종의 논소부 논서에는『성聖보배함의 장엄이라는 대승경』만 유일하게 현교의 '경부'로 분류되어 있고, 나머지 모두는 티벳장경 불설부의 '십만탄트라부'와 논소부의 '밀교부'에 분류되어 있다.[422] 그 외에 티벳장경에 등재되어 있지 않은 8종의 티벳 대학승의 논서도 마찬가지로 모두 밀교 논서에 속한다. 따라서 티벳 경론의 육자진언의 수행법은 밀교 수행 전통에 따른 것임을 알 수 있었다.

③ 육자의 성취법 등에서 제시하는 수습 및 염송 과제의 중요성도 다시 한 번 인식하게 되었다. 그 이유는 귀의를 하지 않으면 불교 수행이라 할 수 없고, 발보리심을 수습하지 않으면 대승불교 수행이라 할 수 없다. 칠지공양을 올리는 것은 자량을 쌓고 죄업을 소멸하는 중요한 수행 방편이다. 따라서 이 세 가지는 현밀의 기초수행도에 해당한다. 육자의 성취법 등에서는 보리심과 공성을 요해하는 지혜가 수습과제의 하나로 포함되어 있다. 이를 육자진언수행과 결부시켜 보면 보리심은 일체중생을 위해 육자진언수행을 하여 부처님의 경지를 성취하겠다는 마음동기이고, 공성을 요해하는 지혜는 번뇌장과 소지장을 뿌리째 제거하는 대치이다. 이 두 가지는 대승불교 수행

---

422 육자진언에 관한 4종의 티벳장경 불설부 경전과 15종의 논소부 논서의 분류는 ADARSHAH의 서지 사항과 東北帝國大學 法文學部編의『西藏大藏經總目錄』에 따른 것이다.

의 열쇠이자 대승불교가 지향하는 자리이타의 삶의 완성, 즉 해탈과 부처님의 경지로 나아가는 수레의 두바퀴와 같다.

④ 육자의 성취법 등은 현밀의 공통의 수행과제이자 밀교의 전단계 수행과제를 제시하는 '보리도차제론'과 잘 접목된 수행법이자 수행체계라 할 수 있다. 따라서 육자의 성취법 등에서 제시하는 수행과제는 여타의 밀교 수행에도 충분히 응용할 수 있는 것으로 보인다.

⑤ 한 가지 주목할 것은 백자진언이 육자의 성취법 등의 과제의 일부로 편입되어 있어 육자진언수행과 불가분의 관계에 있다는 점이다. 육자의 성취법은 수습 및 염송 준비, 본 수습 및 염송, 수습 및 염송의 마무리 실천행으로 전개되어 있다. 상세한 육자의 성취법의 경우 백자진언을 본 수습 및 염송, 수습 및 염송의 마무리 실천행에서 각각 염송하도록 제시하고 있다. 본 수습 및 염송의 경우 육자진언 옴마니반메훔을 반복해서 염송하면서 진언자를 더 보태거나 빠뜨린 과실을 참회하기 위함이다. 수습 및 염송의 마무리 실천행의 경우 육자의 성취법 등에서 제시하는 수행과제를 더 보태거나 빠뜨리고 이행한 과실을 참회하기 위함이다. 백자진언에는 여러 가지가 있다. 이 중 육자의 성취법 등에 편입된 백자진언은 '제쭌〔성관자재〕의 백자진언'과 '금강살타의 백자진언'으로 나타난다. 그 실례로는 ▪ ----, 『육자의 밀승차제의 만다라를 설한 성취법』(D2851)[423]과 제5대 달라

423 앞의 논서, D2851 73-192a~73-192b.

이라마의 『관자재의 성취법, 두진산으로 가는 계단』[424] 등의 경우는 '제쭌〔성관자재〕의 백자진언'을 제시하고 있다. 뻴헨찍꺠뻬롤빠의 『성聖 육자모대명의 성취법』(D3405)[425]과 뿌자벤자의 『성聖 육자의 성취법』(D2853)[426] 등의 경우는 '금강살타의 백자진언'을 제시하고 있다. 여기서 종성과 부합되게 염송하는 경우는 주로 '제쭌〔성관자재〕의 백자진언'을 채택하는 경향이 있다. 육자의 성취법 등은 사부밀교 중 주로 작밀作密 전통의 의궤에 속하고, 성관자재는 주로 작밀의 삼종성三種姓 중 연화종성에 속한다. 작밀과 연화종성의 경우 대체로 '제쭌〔성관자재〕의 백자진언'을 염송하고, 일반적으로는 '금강살타의 백자진언'을 염송하는 것으로 나타난다. 따라서 육자의 성취법 등의 수습 및 염송 과제에 편입된 백자진언을 이행함에 있어, 이 중 어느 쪽을 채택해도 무방한 것으로 보인다.

또한 티벳 밀교 의궤에는 '백자진언의 수습법 및 염송법'만 하나의 독립적 의궤로 수록되어 있거나, 여러 '상세본 밀교 의궤' 중에 편입되어 있는 경우도 있다. 특히 3년 이상 장기간 무문관수행을 하는 경우 한 분의 이담을 수념修念하게 될 때 기초수행과제의 하나로 반드시 백자진언 등을 십만 번씩 염송하도록 한다. 잠뻴닥빠(འཇམ་དཔལ་གྲགས་པ།)의 『길상한 일체 밀교의 공통적 의궤의 심요장엄心要莊嚴(དཔལ་གསང་བ་ཐམས་ཅད་ཀྱི་སྤྱིའི་ཆོ་གའི་སྙིང་པོ་རྒྱན་ཞེས་བྱ་བ།)』(D2490)에는

---

424 앞의 논서, 제5대 달라이라마(2007), p.568.

425 앞의 논서, 뻴헨찍꺠뻬롤빠(D3405) 77-71a.

426 앞의 논서, 뿌자벤자(D2853) 73-195b.

"모든 불신佛身이 하나로 (응축된)[427]

하얀 연꽃좌대 (위), 달방석의 중심부에 머물러서

금강저와 금강요령, (보배) 장엄구로 장식한[428]

금강살타를 바르게 떠올려서

(སངས་རྒྱས་ཀུན་གྱི་སྐུ་གཅིག་པོ།།

པད་དཀར་ཟླ་བའི་དབུས་གནས་ཤིང་།།

རྡོ་རྗེ་དྲིལ་བུ་རྒྱན་སྤྲས་པའི།།

རྡོ་རྗེ་སེམས་དཔའ་ལེགས་དམིགས་ཤིང་།།)

백자진언을 의궤와 같이

날마다 스물한 번씩 염송하면

타죄 등이 가피로 바뀌어서

(그것이) 늘어나지 않게 된다고

(ཡི་གེ་བརྒྱ་པ་ཆོ་ག་བཞིན།།

ཉི་ཤུ་རྩ་ནི་རེ་རེ་བཟླས།།

ལྟུང་སོགས་བྱིན་གྱིས་བརླབས་གྱུར་པ།།

འཕེལ་བ་ཧུ་ནི་མི་འགྱུར་ཞེས།།)

최상의 성취자들께서 말씀하셨으므로

---

427 제1구는 모든 부처님의 몸과 말씀, 마음의 공덕이 하나로 응축되었다는 의미이다.

428 제3구는 오른손에는 금강저와 왼손에는 금강요령을 쥐고서 머리와 손, 발 등에는 갖가지 보배 장엄구로 장식된 금강살타의 특징적 모습을 기술한 것이다.

여가시간에 실천하도록 한다.
(이를) 십만 번 염송하게 되면
청정한 본성으로 바뀌게 된다.[429]
(གྲུབ་པ་མཆོག་རྣམས་ཀྱིས་བཤད་པས།།
ཐུན་མཚམས་སུ་ནི་སྤྱད་པར་བྱ།།
འབུམ་ཕྲག་ཏུ་ནི་བཟླས་གྱུར་ན།།
རྣམ་པར་དག་པའི་བདག་ཉིད་འགྱུར།།)"[430]

라는 내용이 등장한다.

또한 티벳 스승들에 따르면 육자의 성취법 등에서 제시하는 수습 및 염송 과제와는 별개로, 백자진언을 날마다 21번씩 염송하면 죄업이 소멸되는 것뿐만 아니라 늘어나는 것을 막을 수 있다고 한다. 따라서 티벳에서는 이 진언이 죄업을 참회하는 으뜸으로 알려져 있다. 또한 '금강살타의 수습과 염송 의궤'에 의해 백자진언수행을 하는 것도 죄업과 장애를 소멸하는 매우 유익한 방편이라 한다. 또한 본 수습 및 염송 과제를 익히는 일과시간 외의 여가시간에 백자진언을 염송하는 것은 본 수습 및 염송 과제를 성취하는 데에도 도움이 된다고 한다. 이로써 미루어 본다면 티벳 밀교 수행 전통에서는 백자진언이,

---

429 제1구의 '최상의 성취자'란 정진에 의해 부처님의 경지에 이른 수행자, 즉 석가모니 부처님 또는 용수 등과 같은 분을 가리킨다. 제3~4구는 백자진언을 십만 번을 염송하면 죄업과 타죄와 같은 업장이 소멸된다는 의미이다.

430 잠뻴닥빠(འཇམ་དཔལ་གྲགས་པ།), 『길상한 일체 밀교의 공통적 의궤의 심요장엄心要莊嚴(དཔལ་གསང་བ་ཐམས་ཅད་ཀྱི་སྤྱིའི་ཆོ་གའི་སྙིང་པོ་རྒྱན་ཞེས་བྱ་བ།)』, 티벳장경 데게뗀규르 밀교부 རྒྱུད། D2490 53-238a.

모든 수행의 본 수습 및 염송 과제에 편입되어 반드시 함께 익혀야 할 과제로 자리매김하고 있다는 것을 알 수 있다.

6. 총체적 분석

다음은『연꽃 보관이라는 밀교경』(d701)을 비롯한 39종의 티벳 경론 전반에 대해 총체적으로 분석한 결과 중 핵심적인 몇 가지를 제시하고자 한다.

① 육자진언에 관한 39종의 티벳 경론에는 5종의 티벳장경 불설부 경전과 21종의 논소부 논서, 13종의 티벳 대학승의 논서가 있다.

먼저 5종의 티벳장경 불설부 경전은 ⓐ『연꽃 보관이라는 밀교경』(d701) ⓑ『성聖 보배함의 장엄이라는 대승경』(d116) ⓒ『성관자재의 다라니경』(d696 등) ⓓ『성관자재의 근본 밀교경의 왕 연꽃 그물』(J677) ⓔ『대비성관자재의 다라니와 공덕을 약섭한 경』(d723)이다.

21종의 티벳장경 논소부 논서는 ⓐ ▪ ----,『대비(성관자재의 성취법)에 의해 실지를 이룬 전설』(D4343) ⓑ ▪ ----,『부인이 실지를 이룬 (전기)』(D4345) ⓒ ▪ ----,『세간자재의 성취법』(D3416) ⓓ ▪ ----,『세간의 구제자의 성취법』(D3407) ⓔ ▪ ----,『카르싸빠니성관자재의 성취법』(D2852) ⓕ ▪ ----,『딘빠온뽀쩬성관자재의 성취법』(D3431) ⓖ ▪ ----,『육자의 밀승차제의 만다라를 설한 성취법』(D2851) ⓗ ▪ ----,『육자의 성취법』

(D3150) ⓘ ▪ ----, 『육자의 성취법』(D3408) ⓙ ▪ ----, 『목공이 실지를 이룬 전기』(D4344) ⓚ ▪ ----, 『쑤카데와가 실지를 이룬 (전기)』(D4346) ⓛ ▪ ----, 『아사리 삐마 우바새가 세간자재에 의해 실지를 이룬 전기』(D4341) ⓜ 뻴마르메제예쎄의 『성관세자재의 성취법』(D1893) ⓝ 뻴자렌다라빠의 『길상한 대비(성관자재)의 관정 하사에 (관한) 긴요한 가르침의 장章』(D2139) ⓞ 뻴헨찍꼐삐롤빠의 『성聖 육자모대명의 성취법』(D3405) ⓟ 뻴헨찍꼐삐롤빠의 『성관자재의 육자의 성취법』(D3332) ⓠ 뿌자벤자의 『성聖 육자의 성취법』(D2853) ⓡ 사마뜩꾀삐맹악의 『육자의 성취법』(D3406) ⓢ 용수의 『성세간자재 육자의 성취법』(D2736a) ⓣ 용수의 『세간자재의 성취법』(D2850) ⓤ 지존 관세음의 『뽀따라로 가는 순례 안내기』(D3756)이다.

13종의 티벳 대학승의 논서는 ⓐ 꾼켄 돌뽀빠 셰랍곌첸의 『마니의 요의』(JDol186) ⓑ 꾼켄 돌뽀빠 셰랍곌첸의 『육자의 성취법』(JDol185) ⓒ 미팜 잠양남곌갸초의 『팔대보살의 본생담, 보배 염주』(MP215) ⓓ 미팜 잠양남곌갸초의 『업장의 흐름을 차단하는 수백 가지 주문』(MP131) ⓔ 쏭쩬감뽀의 『마니까붐』(제1·2권) ⓕ 울추 다르마바다의 『성관자재의 스승유가』 ⓖ 제 궁탕 뗀삐된메의 『불법의 태양 제쭌 담빠가 저술한 마니 성취법의 주석서, 심오한 햇빛』 ⓗ 제14대 달라이라마의 『(근본)스승과 관세음의 본성이 다름이 없는 유가, 실지 모음』 ⓘ 제14대 달라이라마의 『스승유가, 두진정토의 계단』 ⓙ 제14대 달라이라마의 티벳어본 『마니육자』 ⓚ 제5대 달라이라마의 『관자재의 성취법, 두진산으로 가는 계단』 ⓛ 제7대 달라이라마의 『뻴모 전통의 십일면(관자재)의 재계齋戒에 관한 의궤』 ⓜ 쪼네 제쭌 닥빠쎄둡의 『마니의 공덕을 명확히 밝히는 등불』이다.

② 육자진언에 관한 39종의 경론을 네 가지 주제, 즉 육자진언의 기원, 공덕, 상징적 의미, 수습법 및 염송법으로 나누어 각각 내용적 전거를 제시한 바 있다. 이러한 주제별 해당 경론에 대한 분류는 '표 2-3 육자진언에 관한 39종의 티벳 경론'에서 별도로 제시하였다.

③ 육자진언에 관한 39종의 티벳 경론 중에 현교 경전에 속하는 티벳역 『성聖 보배함의 장엄이라는 대승경』(d116)의 인도어본 이역경인 『대승장엄보왕경大乘莊嚴寶王經』을 제외한 나머지 38종의 경론은 모두 밀교 경론에 속한다. 또한 이들 경론 중에 한역이 존재하는 경전은 '고려대장경과 대정신수대장경'에 등재된 『대승장엄보왕경』이 유일하다.[431] 또한 이들 39종의 티벳 경론 중 한글역이 존재하는 것은 『대승장엄보왕경』과 『마니깐붐』뿐이다.

④ 육자진언을 최초로 설한 인물은 바로 석가모니 부처님이고, 경전 속에서 그 전거를 찾을 수 있다. 본서에서 내용적 전거로 제시한 육자진언에 관한 티벳 경론 중 저자가 밝혀진 인물만을 오름차순으로 열거해 보면 꾼켄 돌뽀빠 쎄랍곌첸, 미팜 잠양남곌갸초, 뻴자렌다라빠, 뻴헨찍꼐뻬롤빠, 뿌자벤자, 사마똑꾀뻬맹악, 쏭쩬감

---

431 육자진언에 관한 39종의 티벳 경론의 한역 존재 여부에 대한 판단은 東北帝國大學 法文學部編의 『西藏大藏經總目錄』을 기준으로 하였다.

뽀, 아띠쌰, 용수, 울추 다르마바다, 제 궁탕 뗀뻬된메, 제5대 달라이라마, 제7대 달라이라마, 제14대 달라이라마, 지존 관세음, 쪼네 제쭌 닥빠셰듑이 있다. 이와 같이 육자진언에 관한 논서는 대부분 인도와 티벳불교 역사에 위대한 업적을 남긴 인물들에 의해 저술되어 왔다.

⑤ 필자는 39종의 티벳 경론의 저술 시기에 관한 명확한 전거는 찾지 못하였다. 따라서 저자의 생몰 시기로 추정해 볼 수밖에 없다. 그마저도 저자 미상과 전기 미상으로 인해 전체를 명확히 밝힐 수 없는 한계는 있다. 우선 생몰 시기가 밝혀진 인물만을 오름차순으로 열거해 보면 다음과 같다. 인도의 대학승 중에는 불멸 후 400년경 용수, A.D. 10~11세기 아띠쌰가 있다. 티벳 대학승 중에는 A.D. 7세기 쏭쩬감뽀, 13~14세기 꾼켄 돌뽀빠 셰랍곌첸, 17세기 제5대 달라이라마, 17~18세기 쪼네 제쭌 닥빠셰둡, 18세기 제7대 달라이라마, 18~19세기 울추 다르마바다, 18~19세기 제 궁탕 뗀뻬된메, 19~20세기 미팜 남곌갸초, 20세기~현재 제14대 달라이라마가 있다. 이로써 본다면 육자진언에 관한 저술은 불멸 후 400년경의 용수 그리고 A.D. 7세기 쏭쩬감뽀와 10세기 아띠쌰로부터 오늘날까지 꾸준히 이어져 왔다는 것을 알 수 있다.

⑥ 육자진언에 관한 논서를 저술한 열세 분의 티벳 대학승을 소속된 종파와 승속 여부에 따라 분류해 보면 다음과 같다. 먼저 소속된 종파는 티벳에서 종파가 형성되기 전의 쏭쩬감뽀를 제외한 닝마

빠 소속은 미팜 남곌갸초이고, 조낭빠(ཇོ་ནང་པ།) 소속은 꾼켄 돌뽀빠 쎼랍곌첸이며, 게룩빠 소속은 제5대 달라이라마, 쪼네 제쭌 닥빠쎼둡, 제7대 달라이라마, 울추 다르마바다, 제 궁탕 뗀뻬된메, 제14대 달라이라마이다. 이로써 미루어 본다면 육자진언에 관한 논서의 저술은 티벳불교의 어느 한 종파에만 국한된 것이 아니라 여러 종파에 소속된 대학승들에 의한 것임을 알 수 있다. 승속 여부는 이들 저자 중 쏭쩬감뽀를 제외한 모두는 출가 승려이다. 티벳에 있어 육자진언수행은 어느 특정 종파나 출가자에 한정되어 있지 않다는 것을 알 수 있다.

앞의 ④ ⑤의 경우 저자 미상, 전기 미상 등으로 인하여 명확한 결론을 도출하기가 어려운 것이 사실이다. 하지만 향후 육자진언 연구의 기초 토대로서 유용한 정보가 되리라고 본다.

⑦ 본서에서 육자진언에 관해 제시한 내용적 전거에 따르면 육자진언과 관련이 있는 불보살은 '여래 응공 정변지 연꽃 중 으뜸'이라는 과거세 부처님, 석가모니 부처님, 딘빠온뽀성관자재〔靑頸聖觀自在〕, 사비관음四臂觀音, 성십일면관자재, 성천수관자재, 그리고 관자재보살마하살, 성천수천안관자재보살, 제개장보살 등이다. 이에 관해서는 향후 더 많은 경론을 대상으로 그 전거를 밝힐 필요가 있다.

⑧ 본서에서 육자진언에 관해 제시한 내용적 전거에 따르면 육자진언은 관자재보살마하살의 정수이고, 딘빠온뽀성관자재의 명주이

다. 또한 육자진언의 근원적 다라니는 성천수천안관자재보살광대원만무애대비심다라니이고, 이것이 요약된 다라니는 성십일면관자재다라니이며, 또 이것이 요약된 것이 육자진언 옴마니반메훔이라는 것을 알 수 있다. 이에 관해서는 향후 더 많은 경론을 대상으로 그 전거를 밝힐 필요가 있다.

앞에서 밝힌 바와 같이 육자진언에 관해 39종의 티벳 경론, 즉 5종의 티벳장경 불설부 경전과 21종의 논소부 논서, 13종의 티벳 대학승의 논서에서 내용적 전거를 제시하고 분석하였다. 이러한 전거를 분석함에 있어 육자진언의 기원, 공덕, 상징적 의미, 수습법 및 염송법의 네 가지 개별적인 것과 총체적인 것으로 나누어 분석해 보았다. 이것이 향후 국내의 육자진언 연구에 기초 자료로 활용되어 폭넓은 연구의 방향성을 설정하는 데 유익한 정보가 되기를 기대한다.

ཨོཾ་མ་ཎི་པ་དྨེ་ཧཱུྃ།།

Ⅱ.

티벳 경론을 중심으로 한 육자진언의 수행체계

이 장에서는 먼저 육자진언수행이 가지는 현 시대적 의미를 주로 염송 수행의 측면에서 살펴보고, 티벳 경론의 육자의 성취법 등을 내용적 전거로 하여 육자진언의 새로운 수행체계를 정립할 필요성을 검토함과 동시에 이러한 수행체계의 특징에 관해 살펴보고자 한다. 육자진언 수습 및 염송 과제에 대해서는 이를 전반부와 후반부로 나누고, 전반부에는 '육자진언 수습 및 염송 과제의 세부 과목'을 제시하고, 후반부에는 세부 과목의 순서에 따라 육자진언 수습 및 염송 과제의 구체적인 내용을 제시하고자 한다.

1. 육자진언수행의 현 시대적 의미

21세기를 살아가는 우리는 키보드 하나만 누르면 무엇이든 쉽게 정보를 얻을 수 있고 또 상상에 지나지 않았던 세계가 현실로 펼쳐지는 최첨단 스마트시대를 살아가고 있다. 그렇다고 해서 이러한 편리함이 마음의 고통까지 쉽게 없애지는 못한다. 물질이 풍부한 만큼 삼독심三毒心은 덩달아 더욱 치성해지고 상대적 박탈감, 소외감, 불안과 강박증 등과 같은 여러 가지 정신적 부작용이 나타나고 있다. 그렇다면 결국 마음의 평온은 외적인 환경보다는 자신의 내면을 다스리는 노력, 즉 수행을 통해서만 얻을 수 있다는 결론에 도달하게 된다.

석가모니 부처님의 가르침은 2,600여 년을 이어오면서 각 나라와 시대에 적합한 수행 전통으로 확립되어 왔다. 그 과정에서 염불, 간경, 참선, 다라니와 진언 염송, 명상 등과 같은 여러 수행법이 자리잡아 오고 있다. 육자진언은 우리에게 친숙한 진언으로 염송 수행의 대표적인 대상이라 할 수 있다. 필자는 육자진언수행이 가지는 현 시대적 의미를 다음과 같이 제시해 보고자 한다.

첫째, 바쁜 일상을 살아가는 현대인들은 일정 기간을 정해 놓고 적정처寂靜處에서 안거에 들어 수행할 여건에 있지 않다. 하지만 육자진언은 여섯 글자의 짧은 진언이므로 시간과 장소에 크게 구애됨이 없이 길을 걸을 때나, 차로 이동을 할 때나, 심지어 신호등을 기다리는 등과 같은 때에도 염송할 수 있다는 장점이 있다.

둘째, 앞에서 밝힌 바와 같이 육자진언 염송 수행은 비교적 실천하기가 쉬운 반면, 순수한 마음동기, 바른 신심, 간절한 정성, 쉼 없는 정진력이 뒷받침이 된다면 결코 그 공덕은 적지 않다.

셋째, 앞에서 밝힌 바와 같이 진언은 '마음을 지킨다'는 의미가 있다. 조용히 육자진언을 염송하는 그 순간만이라도 들끓는 분노와 갈등, 분별심 등을 차단할 수 있다는 점에서 이것은 자신의 내면을 지키는 안전벨트이자 호신용 무기와도 같다.

넷째, 육자진언을 염송하는 자신의 소리에 오롯이 귀 기울이기를 반복하다 보면 어느 새 마음이 고요해지고 지혜가 밝아져 이것이 자신의 삶 속에 고스란히 스며들게 될 것이다. 이로써 선업과 자량을 쌓아서 자신의 심성 정화와 함께 마음의 도량을 향상시킬 수 있다.

다섯째, 100세 시대의 고령화 사회로 접어든 오늘날, 고독한 여생을 보내는 노인들과 임종을 앞둔 환자들에게도 육자진언 염송은 충분히 권장할 만하다. 이 주장에 대한 전거로는 사후세계에 대한 희망의 메세지를 담고 있는 '제 I 장 3. 육자진언의 공덕'에서 제시한 『성관자재의 다라니경』(d696)과 『대비성관자재의 다라니와 공덕을 약섭한 경』(d723), 꾼켄 돌뽀빠 쎄랍곌첸의 『육자의 성취법』(JDol185), 그리고 '제 I 장 5. 육자진언의 수습법 및 염송법'에서 제시한 『성聖 보배함의 장엄이라는 대승경』(d116)과 ▪ ----, 『쑤카데와가 실지를 이룬 (전기)』(D4346) 등이 있다.

그 외에 수행할 여건이 어느 정도 갖추어진 이들의 경우 티벳 경론의 육자의 성취법 등에서 제시하는 수행과제를 바탕으로 수습을 병행한 염송 수행에 정진해 나간다면 이는 분명 해탈과 부처님의 경지로 나아가는 지름길이 될 것이다.

2. 수행체계의 필요성 및 특징

'제 I 장 5. 육자진언의 수습법 및 염송법'에서 제시한 바와 같이 인도와 티벳 대학승들에 의해 저술된 육자의 성취법 등은 사부밀교 중 주로 작밀 전통의 의궤에 속한다. 이것은 모두 현밀 공통의 수행과제를 제시하는 '보리도차제론'과 잘 접목된 수행법이라 할 수 있다. 또한 이것은 수습 및 염송 준비, 본 수습 및 염송, 수습 및 염송의 마무리 실천행의 순서로, 단계별 수행과제를 정연한 순서에 따라 일목요연하게 제시하고 있다.

또한 티벳 경론의 육자의 성취법 등은 수습 및 염송 과제와 그 전개 순서 및 방법에 있어서는 서로 별다른 차이가 없다. 다만 과제의 상세 또는 간략 여부와 특정 성취법에 생략된 것이 별개의 성취법에 포함되거나 하는 등의 차이가 있을 뿐이다. 따라서 필자는 지나치게 상세하거나 또는 지나치게 간략하지 않은 적정한 분량으로 반드시 익혀야 할 과제를 제시하여 누구나 쉽게 따라 익힐 수 있도록 하고자 한다. 이러한 수행체계는 주로 '제 I 장 5. 육자진언의 수습법 및 염송법'에서 제시한 용수의 『성세간자재 육자의 성취법』(D2736a)과 울추 다르마바다의 『성관자재의 스승유가』, 제14대 달라이라마의 『스승유가, 두진정토의 계단』 등과 같은 여러 티벳 경론을 내용적 전거로 삼았다. 여기서 제시한 수습 및 염송 과제를 실수행 경험이 풍부한 스승들의 인도를 받아 익혀간다면 수행에 큰 성취를 얻을 수 있을 것이다.

3. 수습 및 염송 과제에 대한 세부 과목

여기서는 육자진언 수습 및 염송 과제에 대한 구체적인 내용을 제시하기에 앞서, 먼저 이에 대한 세부 과목을 제시하고자 한다. 왜냐하면 과목은 하나의 설계도 또는 이정표와 같아서 이로써 익혀야 할 과제가 무엇인지, 어떤 순서에 따라 익혀야 하는지를 쉽게 떠올릴 수 있을 뿐만 아니라 제시된 과제가 어느 정도 숙지된 후에는 언제 어디서나 이 과목만 몸에 지니고 다니더라도 쉽게 익힐 수 있기 때문이다.

□ 표1-1 육자진언 수습 및 염송 과제에 대한 세부 과목

1) 일과시간

(1) 수습 및 염송 준비

① 거처를 쓸고 닦고 부처님의 몸과 말씀, 마음의 공덕을 수념하는 토대인 불단을 장엄하기

② 공양은 정직하고 장엄한 것으로 마련하여 아름답게 배치하기

③ 수습할 때의 몸을 두는 자세인 비로자나 팔법, 귀의하기, 발보리심과 사무량심을 수습하기

A. 수습할 때의 몸을 두는 자세인 비로자나 팔법

B. 귀의하기

C. 발보리심을 수습하기

D. 사무량심을 수습하기

(2) 본 수습 및 염송

① 자량전을 수습하기

A. 공성을 수습하기

B. 의지처인 무량궁을 수습하기

C. 실제로 자량전인 담칙빠를 수습하기

D. 자량전인 예쎄빠를 청하여 모시기

E. 예쎄빠가 담칙빠의 본성과 다름이 없다고 수습하기

② 자량을 쌓고 죄업과 장애를 소멸하는 핵심이 응집된 칠지공양을 멘델과 함께 올리기

A. 예경하기

A) 삼문 공통으로 예경하기

B) 삼문 각각으로 예경하기

(A) 몸으로 예경하기

(B) 뜻으로 예경하기

(C) 말로 예경하기

B. 공양 올리기

A) 위있는 공양

(A) 간요簡要한 공양게供養偈로써 공양 올리기

(B) 상세한 게송과 다라니로써 공양 가피하기 및 공양 올리기

B) 위없는 공양

C. 죄업을 참회하기

D. 수희하기

E. 법륜을 굴려주시기를 권청하기

F. 열반에 들지 않으시도록 간청하기

G. 회향하기

H. 멘델 올리기

③ 성관자재를 찬탄하기

④ 수습과 동시에 육자진언을 반복해서 염송하기

A. 육자진언을 반복해서 염송할 때 수습할 대상

A) 감로가 흘러내림으로써 죄업과 장애가 소멸되었다고 수습하기

B) 일체중생이 성관자재라고 수습하기

C) 견見, 문聞, 각지覺知의 세 가지를 성관자재의 삼밀三密로 받아들이는 유가

D) 자신과 일체중생이 함께 육자진언을 반복해서 염송하

고 있다고 수습하기

B. 실제로 육자진언을 반복해서 염송하기

C. 부차적으로, 백자진언을 염송하여 더 보태거나 빠뜨린 것을 충족시키기

⑤ 현밀의 도〔수행과제〕 전체와 관련 지어 성관자재께 간청하기

A. 기초수행도

A) 도의 근본인 선지식을 의지하기

B) 유가와 원만의 몸을 얻기 어려움을 수습하기

B. 하사도

A) 죽음무상을 수습하기

B) 악도의 고통을 수습하기

C) 삼보에 대한 귀의를 익히기

D) 업과業果에 대한 신심을 일으키기

C. 중사도

A) 해탈을 희구하는 마음을 일으키기

B) 해탈로 나아가는 도의 자성을 확정하기

D. 상사도

A) 보리심을 일으키기

B) 보살행을 총체적으로 익히기

C) 특히 육바라밀의 마지막 두 가지, 즉 사마타〔止〕와 위빠사나〔觀〕를 익히기

E. 비밀금강승을 익히기

⑥ 자량전을 거두어들이기

(3) 수습 및 염송의 마무리 실천행

① 백자진언을 염송하기

② 더 보태거나 빠뜨린 것에 대해 널리 관용을 베풀어 주시기를 간청하기
③ 회향발원하기
④ 길상 원만을 축원하기
2) 여가시간

4. 수습 및 염송 과제에 대한 구체적인 내용

다음은 앞에서 제시한 육자진언 수습 및 염송 과제에 대한 세부 과목의 순서에 따라 익혀야 할 구체적인 내용을 하나하나 제시하고자 한다. 아울러 제시한 수행과제가 생략되어 있거나 함축적이어서 내용 이해가 어려운 부분은 각주에서 부연 설명을 달고자 한다.

육자진언의 수습 및 염송 과제에 대한 구체적인 내용을 제시하기에 앞서, 이를 실천 수행하고자 하는 유가행자가 갖추어야 할 내적인 조건과 이러한 과제를 실천 수행하기에 유리한 장소인 외적인 조건에 관해서는 인도의 대학승 용수의『성세간자재 육자의 성취법』(D2736a)의 다음 문장을 제시하고자 한다.

"스승과 삼보를 공경하고
(대)연민심과 보리심을 익혀서
관정을 받고, 서약(སམཡ༔)을 지키는

실천 수행에 힘쓰는 유가행자는

(བླ་མ་དཀོན་མཆོག་གསུམ་གུས་ཤིང་།།

སྙིང་རྗེ་བྱང་ཆུབ་སེམས་སྦྱངས་ཏེ།།

དབང་ཐོབ་དམ་ཚིག་ལྡན་པ་ཡི།།

སྒྲུབ་ལ་བརྩོན་པའི་རྣལ་འབྱོར་གྱིས།།)

길상吉祥하고, 마음에 와닿으며, 마음이 끌리는

적정처로 가서

헌공獻供 등[1]을 선행함으로써

토대와 공양을 차례대로 배치한다.[2]

(བཀྲ་ཤིས་ཡིད་འོང་བྱིན་ཆགས་པའི།།

དབེན་པའི་གནས་སུ་ཕྱིན་ནས་ནི།།

མཆོད་སྦྱིན་ལ་སོགས་སྔོན་སོང་བས།།

རྟེན་དང་མཆོད་པ་རིམ་བཞིན་བཤམས།།)”[3]

라고 한 바와 같이, 육자진언 수습 및 염송 과제를 실천하고자 하는 유가행자는 먼저 불·법·승 삼보에 귀의하기와 발보리심을 수습하기 등을 행해야 한다. 또한 성관자재의 관정을 받고 서약을 잘 지키

1 여기서 '등'이란 예경하기를 비롯한 칠지공양을 가리킨다.

2 앞의 역주서, 뻰첸라마 롭상예쎄/법장 옮김(2022), p.47,
"㉮ 거처를 쓸고 닦고 부처님의 몸〔佛身〕, 말씀, 마음의 (공덕을 수념하는) 토대(인 불단)를 장엄하기 ㉯ 공양은 정직하고 장엄한 것으로 마련하여 아름답게 배치하기" 등이다.

3 앞의 논서, 용수(D2736a) 73-122b, 제3~4게송.

는 등의 조건을 갖추어야 한다.

이러한 과제를 실천 수행하기에 유리한 장소로는, 지나치게 무덥거나 지나치게 추워서 건강을 해칠 정도의 기후가 아닌 곳, 마실 물 등이 있는 곳, 맹수나 독충의 위험이 없는 곳, 도적과 불량배의 침입 등과 같은 유해함이 없는 곳, 사람들의 출입이 잦아 수행에 오롯이 집중하기 어려운 곳이 아닌 적정처 등이 적합하다. 실제로 수행을 시작할 때는 먼저 위로는 불보살님과 호법선신, 근본스승 등에게 공양을 올려야 하고, 아래로는 지옥, 아귀, 축생 등과 헐벗고 굶주린 이들에게 재물보시와 법보시 등을 선행하도록 해야 한다.

또한 『보리도차제의 마르티 일체지로 나아가는 지름길』에는 사마타를 수습하기에 유리한 외적인 조건으로,

> "그 외에도 『경장엄론』에는
> 지견이 있는 이가 실천 수행할 곳이 어디인가?
> (생필품을) 구하기가 용이한 곳, 머물기 좋은 곳,
> 좋은 땅, 좋은 도반,
> 유가수행에 불편이 없는 생필품이 있는 곳이다.
> (གཞན་ཡང་མདོ་སྡེ་རྒྱན་ལས།
> བློ་ལྡན་གང་དུ་བསྒྲུབ་པའི་ཡུལ།།
> ལེགས་པར་རྙེད་དང་གནས་བཟང་དང་།།
> ས་བཟང་བ་དང་གྲོགས་བཟང་དང་།།
> རྣལ་འབྱོར་བདེ་བའི་ཡོ་བྱད་ལྡན།།)"[4]

라고 한다. 이에 대해 세친(Vasubandhu, 世親, དབྱིག་གཉེན།)의 『경장엄론經莊嚴論 해설서』(D4026)에는 유가수행에 유리한 외적인 조건에 대해 다음과 같이 해설하고 있다. 생필품을 구하기가 용이한 장소, 도둑이나 불량배 등의 침입이 잦은 우범지역이 아닌 곳, 맹수나 독충 등의 피해를 입지 않는 안전한 장소, 지나치게 무덥거나 지나치게 추워 자칫 병에 걸려 건강과 생명이 위태로운 곳이 아닌 좋은 땅이 유리하다. 또한 수행에 탁마가 될 만한, 계율이 청정하고 바른 견해를 가진 이를 가까이해야 한다. 더 나아가 소란스럽거나 고성이 들리지 않는 곳, 주위 환경이 더럽지 않은 곳 등과 같은, 유가수행에 불편함이 없는 곳이 적합하다고 한다. 이렇듯 유가행자가 갖추어야 할 내적인 조건과 육자진언 수습 및 염송 과제를 실천하기에 유리한 장소로서의 외적인 조건이 중요한 이유는 이러한 조건들이 수행의 결실에 지대한 영향을 미치기 때문이다.[5]

---

4 뻰첸라마 롭상예쎄, 『보리도차제의 마르티 일체지로 나아가는 지름길(བྱང་ཆུབ་ལམ་གྱི་རིམ་པའི་དམར་ཁྲིད་ཐམས་ཅད་མཁྱེན་པར་བགྲོད་པའི་མྱུར་ལམ།)』, 『보리도차제 교본』(경서 제3권)에 수록, India, Manipal Technolgies Ltd, Manipal 인쇄 및 제본, 2012, p.470.

5 세친(Vasubandhu, 世親, དབྱིག་གཉེན།), 『경장엄론經莊嚴論 해설서(མདོ་སྡེའི་རྒྱན་གྱི་བཤད་པ།)』, 티벳장경 논소부 유식부༼ཕི༽ D4026 123-187a~123-187b,
"'구하기가 용이한 곳'은 가사와 탁발 등 생필품들을 힘들지 않게 얻을 수 있고, '머물기 좋은 곳'은 도둑 등 불량배들이 머물지 않으며, '좋은 땅'은 병에 걸리지 않는 곳이고, '좋은 도반'은 이들끼리는 계율과 견해가 같아지며, '유가수행에 불편함이 없는 곳'은 낮에는 덜 소란스럽고 덜 지저분하며, 밤에는 고성高聲이 적은 곳 등이기 때문이다.
(ཞིགས་པར་རྙེད་པ་ནི་ཆོས་གོས་དང་། བསོད་སྙོམས་ལ་སོགས་པའི་འཚོ་བའི་ཡོ་བྱད་རྣམས་ཚེགས་ཆུང་ངུས་རྙེད་པའི་ཕྱིར་རོ།། གནས་བཟང་བ་ནི་རྐུན་པོ་ལ་སོགས་པ་སྐྱེ་བོ་ངན་པ་དག་མི་གནས་པའི་ཕྱིར་རོ།། ས་བཟང་བ་ནི་ནད་མེད་པའི་ས་ཡིན་

티벳 스승들에 따르면 육자진언 수습 및 염송 과제를 집중해서 익힐 수 있는 적정처에서, 일정기간 안거에 들어 하루에 4회의 일과시간을 정해 놓고 실천 수행하는 것이 가장 좋다. 하지만 그러한 여건이 못되는 경우 자신이 처한 여건에서 보다 집중하기 좋은 장소와 시간을 정해서 수행하도록 하고, 과제 전체를 한 번에 다 익히지 못할 경우 선별적으로 하거나, 간단하게 줄여서 익히는 것도 하나의 방법이라고 한다. 또한 과제를 한 번에 다 익히지 못하는 경우 먼저 수습 및 염송 준비 과제 중에는 귀의하기와 발보리심을 수습하도록 한다. 본 수습 및 염송 과제 중에는 육자진언을 반복해서 염송할 때 수습할 대상인, 감로가 흘러내림으로써 죄업과 장애가 소멸되었다고 수습하는 것과 동시에 실제로 육자진언을 반복해서 염송하도록 한다. 그런 연후에 부차적으로, 더 보태거나 빠뜨린 것을 충족시키기 위한 방편으로 백자진언을 3번 또는 7번을 염송하도록 한다. 수습 및 염송의 마무리 실천행에는 회향발원하기 정도는 가능한 한 익히도록 권고하고 있다.

육자진언 수습 및 염송 과제를 익히는 데에는 일과시간에는 어떻게 해야 하는가와 여가시간에는 어떻게 해야 하는가의 두 부분으로 나눈다.

1) 일과시간

일과시간에는 수습 및 염송 준비, 본 수습 및 염송, 수습 및 염송의 마

པའི་ཕྱིར་རོ།། གྲོགས་བཟང་པོ་ནི་གྲོགས་ཚུལ་ཁྲིམས་དང་ལྡ་བ་མཐུན་པའི་ཕྱིར་རོ།། རྣལ་འབྱོར་བདེ་བ་ནི་ཉིན་པར་འདུ་འཛི་ཉུང་ཞིང་ཟློན་ཟློན་ཉུང་བའི་ཕྱིར་དང་། མཚན་མོ་སྒྲ་ཆུང་བ་ལ་སོགས་པའི་ཕྱིར་རོ།།)”

무리 실천행의 세 부분으로 나눈다.

(1) 수습 및 염송 준비

'보리도차제론'의 기초수행도를 비롯한 하사도, 중사도, 상사도에 이르기까지 각각의 수행과제를 익히는 데 있어 반드시 선행해야 할 과제는 바로 '관상 준비 육법'[6]이다. 이것은 육자의 성취법 등을 비롯한 여타의 밀교 수행에 있어서도 반드시 선행해야 하는 수행과제 중의 하나이다. 이를 차례대로 제시하면 다음과 같다.

① 거처를 쓸고 닦고 부처님의 몸과 말씀, 마음의 공덕을 수념하는 토대인 불단을 장엄하기

수행처의 사방에 사대천왕이라 여길 수 있도록 네 계단을 쌓고, 공양과 또르마 등을 올려서 수행을 하는 데 있어 불리한 조건〔역경계〕인 장애를 물리치고, 유리한 조건〔순경계〕을 성취할 수 있도록 청원한다. 티벳에서는 중요한 기도나 수행을 할 때 보릿가루 등에 버터를 섞어 갖가지 모양을 아름답게 만든 또르마를 공양 올리는 관습이 있다. 그리고 수행하고 싶은 마음이 드는 한 곳에 부처님의 몸〔佛身〕, 말씀, 마음의 공덕을 수념隨念하는 토대인 불상佛像, 불경佛經, 불탑佛塔을 배치한다.[7]

---

6 이에 관한 보다 자세한 내용은 '앞의 역주서, 뻰첸라마 롭상예쎄/법장 옮김(2022), pp.46~52와 pp.154~218' 참고 요망.

7 앞의 역주서, 뻰첸라마 롭상예쎄/법장 옮김(2022), pp.155~157 참고.

② 공양은 정직하고 장엄한 것으로 마련하여 아름답게 배치하기

공양 올리는 용기는 금·은 등과 같은 값비싼 것을 올릴 형편이 안 되는 경우 어떤 것이라도 상관이 없다. 공양은 금생의 명리名利를 위한 것이 아닌, 일체중생을 위해 내가 해탈과 부처님의 경지를 성취하겠다는 마음으로 삼보께 올려야 한다.[8]

③ 수습할 때의 몸을 두는 자세인 비로자나 팔법, 귀의하기, 발보리심과 사무량심을 수습하기

먼저 편안한 방석에 앉는 자세 여덟 가지 또는 행行, 주住, 좌坐, 와臥에 가장 편안한 자세로 머물러 귀의하기, 발보리심과 사무량심을 수습하도록 한다.

A. 수습할 때의 몸을 두는 자세인 비로자나 팔법

곌와 왼싸빠 첸뽀[9]는 편안한 방석에 앉는 자세 여덟 가지에 대해 다음의 문장을 제시하고 있다.

> "발과 손, 척추의 세 가지와 (여기에)
> '치아와 입술 및 혀끝'〔입〕을 합친 네 가지와

---

8 앞의 역주서, 뻰첸라마 롭상예쎄/법장 옮김(2022), pp.157~158 참고.

9 '곌와 왼싸빠 첸뽀'는 제3대 뻰첸라마 곌와 왼싸빠 롭상된둡을 가리킨다. 이분은 살아 전에 부처님의 경지를 성취하였으므로 '곌와'〔승리자, 즉 佛〕라고 하고, 인적이 드문 적정처〔왼싸〕에서 수행한 분〔빠〕이므로 '왼싸빠'라고 불리게 되었다고 한다.

머리와 시선, 어깨, 호흡의 네 가지가

비로자나 팔법이다.

རྐང་པ་ལག་པ་སྒྲིད་པ་གསུམ།།

སོ་མཆུ་ལྕེ་རྣམས་བསྡོམས་པས་བཞི།།

མགོ་མིག་ཕྲག་པ་དབུགས་དང་བཞི།།

རྣམ་པར་སྣང་མཛད་ཆོས་བརྒྱད་ཡིན།།)"[10]

라고 한다. 이와 같이 실제로 수습 또는 염송 수행을 시작하기 전에 몸의 자세 이 여덟 가지를 바르게 행해야 한다. 여덟 가지 각각을 행하는 방법에 대해『보리도차제의 마르티 일체지로 나아가는 지름길(བྱང་ཆུབ་ལམ་གྱི་རིམ་པའི་དམར་ཁྲིད་ཐམས་ཅད་མཁྱེན་པར་བགྲོད་པའི་མྱུར་ལམ།)』에는 다음과 같이 해설한다.

A) 발

"발은 반드시 금강가부좌 또는 그것이 안 되더라도 반가부좌와 같이 하는 것도 가능하다. 반가부좌를 하는 방법에는 왼쪽 다리를 안쪽으로 두고, 오른쪽 다리를 바깥으로 둔다. 왼쪽 발등을 오른쪽 넙적다리 아래에 내려놓거나 (두) 넙적다리 사이에 내려놓는 것과 같이 해서는 안 되며, 왼쪽 다리 밑의 생식기 부분 정도에 이르도록 해야 한다.

(རྐང་པ་རྡོ་རྗེ་སྐྱིལ་ཀྲུང་ངམ་དེ་མ་བྱུང་ཡང་ཕྱེད་སྐྱིལ་ལྟ་བུ་བྱས་པས་ཆོག་ཅིང་། ཕྱེད་སྐྱིལ་བྱེད་ཚུལ་

10 앞의 논서, 뻰첸라마 롭상예쎄(2012), p.366.

ལ་རྐང་པ་གཡོན་པ་ནང་དུ་བྱས་གཡས་པ་ཕྱིར་བྱས་ལ་གཡོན་པའི་རྐང་མགོ་གཡས་པའི་བརླ་འོག་ཏུ་ཤོར་བའམ་བརླའི་སྟབས་ལ་ཤོར་བ་ལྟ་བུ་མ་ཡིན་པར་རྐང་པ་གཡོན་པའི་རྟིང་པ་གསང་གནས་ཀྱི་ཚོད་ཙམ་དུ་སླེབ་པར་བྱ།)"[11]

B) 손

"손으로 등인인等引印[12]을 맺는 방식에는 네 손가락을 붙인 너비 정도의 배꼽 아래에 왼손은 아래에, 오른손은 위에 놓고, 오른쪽과 왼쪽의 엄지손가락 두 끝을 약간 붙인다.
(ལག་པ་མཉམ་གཞག་གི་ཕྱག་རྒྱ་འཆའ་ཚུལ་ལ་ལྟེ་འོག་སོར་བཞི་ཙམ་གྱི་འོག་ཏུ་ལག་པ་གཡོན་པ་འོག་ཏུ་བྱས་གཡས་པ་སྟེང་དུ་བྱས་ནས་གཡས་པ་དང་གཡོན་པའི་མཐེ་བོང་གི་རྩེ་གཉིས་ཅུང་ཟད་སྤྲད་པ།)"[13]

C) 척추

"척추는 펴서 곧게 세우고 목은 약간 구부린다.
(སྐེད་པ་དྲང་པོར་བསྲངས། མགྲིན་པ་ཅུང་ཟད་དགུག)"[14]

D) '치아와 입술 및 혀끝'(입)

"치아와 입술은 자연스럽게 두고, 혀끝은 입천장에 살짝 붙인다.

---

11 앞의 논서, 뻰첸라마 롭상예쎄(2012), p.366.

12 앞의 역주서, 뻰첸라마 롭상예쎄/법장 옮김(2022), p.159, 각주 59, '등인인等引印'이란 "삼매가 세밀하고 깊어서 흔들림없이 오롯이 집중하는 것을 상징한다".

13 앞의 논서, 뻰첸라마 롭상예쎄(2012), p.366.

14 앞의 논서, 뻰첸라마 롭상예쎄(2012), p.366.

(སོ་དང་མཆུ་རང་ལུགས་སུ་བཞག། ལྕེ་རྩེ་ཀན་ལ་ཅུང་ཟད་སྦྱར།)"[15]

E) 머리

"머리는 움직이지 않도록 반듯하게 한다.

(མགོ་བོ་ཡང་མ་གཡོ་བར་ཐད་ཀར་བསྲངས།)"[16]

F) 시선

"시선은 (45도 각도로) 코끝을 향하여 내린다.

(མིག་སྣ་རྩེར་ཕབ།)"[17]

G) 어깨

"두 어깨는 (힘을 빼고) 반듯하게 한다.

(དཔུང་པ་གཉིས་ཐད་ཀར་བསྲངས།)"[18]

H) 호흡

"호흡을 고르게 하는 그 방법에는 숨소리를 내는 것, 거칠게 내는 것, 헐떡거리는 것 등과 같은 것이 아닌, 호흡을 안과 밖으로 들이쉬고 내쉬기를 스물한 번 하는 동안 천천히 (그 호흡수를) 헤아린다.

---

15 앞의 논서, 뻰첸라마 롭상예쎄(2012), p.366.

16 앞의 논서, 뻰첸라마 롭상예쎄(2012), pp.366~367.

17 앞의 논서, 뻰첸라마 롭상예쎄(2012), p.367.

18 앞의 논서, 뻰첸라마 롭상예쎄(2012), p.367.

(རྐྱང་ཆམ་ལ་འཛེབས་རྩལ་དེ་ལ་རྐྱང་སྒྲ་ཅན་དང་ཤུགས་ཅན་དང་རྐོད་བག་ཅན་ལ་སོགས་པ་དེ་འདྲ་མ་ཡིན་པར་དབུགས་ཕྱི་ནང་དུ་རྒྱུ་བ་ཉེར་གཅིག་གི་ཡུན་དུ་དལ་བུས་བགྲང་ངས།)"[19]

여기서 하나 간과해서는 안 될 것은 수습 및 염송을 함에 있어 몸의 자세도 중요하지만 무엇보다 마음동기를 바르게 하는 것이 더 중요하다. 따라서 진정한 의미에서의 수습 및 염송은 '귀의하기'부터라고 할 수 있다. 육자의 성취법을 비롯한 티벳 밀교 수행의 경우 익혀야 할 과제에 대해 대부분 이 의미를 마음에 또렷하게 떠올리는 수습과 동시에 나지막한 소리로 염송을 병행하는 것이 일반적이다.

B. 귀의하기

"(근본)스승께 귀의합니다.
부처님께 귀의합니다.
(미묘)법에 귀의합니다.
승가에 귀의합니다. -귀의게-
(བླ་མ་ལ་སྐྱབས་སུ་མཆིའོ།།
སངས་རྒྱས་ལ་སྐྱབས་སུ་མཆིའོ།།
ཆོས་ལ་སྐྱབས་སུ་མཆིའོ།།
དགེ་འདུན་ལ་སྐྱབས་སུ་མཆིའོ།།)"[20] 또는

---

19 앞의 논서, 뻰첸라마 롭상예쎄(2012), p.367.

20 앞의 역주서, 뻰첸라마 롭상예쎄/법장 옮김(2022), 부록 Ⅰ. 간청문과 서원문, p.454.

"부처님과 법과 승가에

제가 보리에 이르기까지 귀의하나이다. -불·법·승송 제1~2구-

(སངས་རྒྱས་ཆོས་དང་ཚོགས་ཀྱི་མཆོག་རྣམས་ལ།།

བྱང་ཆུབ་བར་དུ་བདག་ནི་སྐྱབས་སུ་མཆི།།)"[21]

라는 이를 마음에 또렷하게 떠올리면서 3번을 염송하도록 한다.

C. 발보리심을 수습하기

"제가 보시 등을 지은 자량들로써

중생을 이롭게 하기 위해 성불하여지이다. -불·법·승송 제 3~4구-

(བདག་གིས་སྦྱིན་སོགས་བགྱིས་པའི་ཚོགས་རྣམས་ཀྱིས།།

འགྲོ་ལ་ཕན་ཕྱིར་སངས་རྒྱས་འགྲུབ་པར་ཤོག།)"[22] 또는

"어머니인 일체중생을 위해 속히속히 보배와 같은 올바르게 구족하신 부처님의 경지를 어떻게 해서라도 성취해야 한다. 그러기 위해 (육자의 성취법 등을 실천 수행하겠나이다.)

(མ་སེམས་ཅན་ཐམས་ཅད་ཀྱི་དོན་དུ་མྱུར་བ་མྱུར་བར་ཡང་དག་པར་རྫོགས་པའི་སངས་རྒྱས་ཀྱི་གོ་འཕང་རིན་པོ་ཆེ་ཅི་ནས་ཀྱང་ཐོབ་པར་བྱ། དེའི་ཕྱིར་དུ་)"[23]

---

21 이 두 구는 아띠쌰의 말씀으로 알려져 있다.(앞의 역주서, 뻰첸라마 롭상예쎼/법장 옮김(2022), 부록 Ⅰ. 간청문과 서원문, pp.454~455)

22 이 두 구도 아띠쌰의 말씀으로 알려져 있다.(앞의 역주서, 뻰첸라마 롭상예쎼/법장 옮김(2022), 부록 Ⅰ. 간청문과 서원문, pp.454~455)

23 앞의 논서, 뻰첸라마 롭상예쎼(2012), p.374.

라는 이를 마음에 또렷하게 떠올리면서 3번 또는 7번을 염송하도록 한다.

D. 사무량심을 수습하기

"일체중생이 안락과 안락의 원인을 갖추어지이다.
고통과 고통의 원인에서 벗어나지이다.
고통이 없는 안락과 여의지 않아지이다.
자신의 측근에게는 애착하는 것과 타인의 측근에게는 성내는 것 (이) 두 가지를 여읜 평등에 머물러지이다.[24]
(སེམས་ཅན་ཐམས་ཅད་བདེ་བ་དང་བདེ་བའི་རྒྱུ་དང་ལྡན་པར་གྱུར་ཅིག།
སྡུག་བསྔལ་དང་སྡུག་བསྔལ་གྱི་རྒྱུ་དང་བྲལ་བར་གྱུར་ཅིག།
སྡུག་བསྔལ་མེད་པའི་བདེ་བ་དང་མི་འབྲལ་བར་གྱུར་ཅིག།
ཉེ་རིང་ཆགས་སྡང་གཉིས་དང་བྲལ་བའི་བཏང་སྙོམས་ལ་གནས་པར་གྱུར་ཅིག།)"[25]

라는 이를 마음에 또렷하게 떠올리면서 3번을 염송하도록 한다.

(2) 본 수습 및 염송

① 자량전을 수습하기

---

24 제1구는 자무량심, 제2구는 비무량심, 제3구는 희무량심, 제4구는 사무량심에 해당한다.(앞의 역주서, 뻰첸라마 롭상예셰/법장 옮김(2022), pp.47~48, 각주 35, pp.175~179 참고)

25 쫑카빠 대사, 『길상한 대일여래를 의지해서 일체 악도를 완전히 소멸케 하는 만다라의궤 밀교경 의현석義顯釋(དཔལ་རྣམ་པར་སྣང་མཛད་ཀྱི་སྒོ་ནས་ངན་སོང་ཐམས་ཅད་ཡོངས་སུ་སྦྱོང་བའི་དཀྱིལ་འཁོར་གྱི་ཆོ་ག་རྒྱུད་དོན་གསལ་བ་ཞེས་བྱ་བ།)』, 전집부 게덴, 『제 쫑카빠의 전집』 ༼ཅ༽ JTs141 12-10-7a.

A. 공성을 수습하기

"옴 쏘바와 쓔다 싸르와 다르마 쏘바와 쓔도 항, 보특가라와 (색온 등의) 법, (즉) 일체법이 자성으로 존재하는 것이 없는 오직 공한 것뿐이다.

(ཨོཾ་སྭ་བྷཱ་བ་ཤུདྡྷཱ་སརྦ་དྷརྨཱ་སྭ་བྷཱ་བ་ཤུདྡྷོ྅ཧཾ། གང་ཟག་དང་ཆོས་ཐམས་ཅད་རང་བཞིན་གྱིས་གྲུབ་པས་སྟོང་པའི་སྟོང་པ་ཉིད་དུ་གྱུར།)"[26]

라는 이를 마음에 또렷하게 떠올리면서 염송하도록 한다. 또는

> "의지하고, 관련하여 발생한 일체(법)
> 그것은 오직 공한 것뿐이라고 설하였다.
> 그것은 의지해서 (존재하는 것에) 이름 붙인 것에 지나지 않는다. 그것이 바로 중도中道이다.[27]

---

26 앞의 논서, 뿌자벤자(D2853) 73-195a.

27 제1~2구는 다른 것에 의지하고 상호 관련하여 발생한 일체법은 오직 자성이 공한 것뿐이라는 의미이다. 제3구는 자성으로 존재하는 것이 공한 그러한 일체법은 오직 이름 붙인 것(인지 또는 인식)에 지나지 않는다. 즉 일체법은 인과 연 또는 부분부분에 의지하여 잠시 현현하는 법에 이름 붙인 것에 지나지 않는다. 따라서 석가모니 부처님은 의지하여 발생한 그 어떤 법도 자성이 공한 것뿐 다른 것은 없다. 자성으로 존재하는 것이 공한 일체법은 인과 연에 의해 잠시 형성된 것에 지나지 않는다고 설하였다는 의미이다. 제2~3구는 중도中道에 관해 나타내 보인 것이다. '중도中道'란 자성으로 존재하는 것이 공하다고 해서 아예 없는 것이 아닌 오직 의지하여 발생한 것에 이름 붙인 것뿐이라는 의미이다. 제4구에서 '중中'은 중정中正이라는 의미로, 어떤 법이 진실로 존재한다거나 그것이 자성으로 존재한다고 고집하는 상변과, 어떤 법이 아예 없다고 고집하는 것 예컨대 인과, 전후생, 삼보, 사성제가 없다고 극구 부정하는 단변의 이 양변을 여읜 것이다. 구체적으로는 제2~3구와 같이 꿰뚫어 보는

(རྟེན་ཅིང་འབྲེལ་པར་འབྱུང་བ་གང་།།
དེ་ནི་སྟོང་པ་ཉིད་དུ་བཤད།།
དེ་ནི་བརྟེན་ནས་གདགས་པ་སྟེ།།
དེ་ཉིད་དབུ་མའི་ལམ་ཡིན་ནོ།།)

무엇 때문에 연기가 아닌
어떤 법도 존재하지 않는가?
공하지 않은
어떤 법도 존재하지 않기 때문이다.
(གང་ཕྱིར་རྟེན་འབྱུང་མ་ཡིན་པའི།།
ཆོས་འགའ་ཡོད་པ་མ་ཡིན་པ།།
དེ་ཕྱིར་སྟོང་པ་མ་ཡིན་པའི།།
ཆོས་འགའ་ཡོད་པ་མ་ཡིན་ནོ།།)”[28]

라는 이를 마음에 또렷하게 떠올리면서 염송하도록 한다. 또는

“수보리여! 이것을 어떻게 생각하느냐? 여래께서 위없는 삼먁삼보리三藐三菩提인 성등정각한 그 어떤 법이 하나라도 존재하는가? 여래께서 설한 그 어떤 법이 하나라도 존재하는가.…(중

마음을 말한다. 여기서 ‘중도’란 공성 또는 공성을 요해하는 지혜를 가리키고, ‘도道’란 대경인 공성 또는 유경인 공성을 요해하는 지혜를 가리킨다. 공성을 중정의 도라고 하는 이유는 공성을 요해하는 지혜는 단변과 상변을 여의었기 때문이다.

28 앞의 논서, 용수(D3824) 96-15a.

략)…세존이시여! 세존께서 말씀하신 의미를 내가 이해한 바에 따르면 여래께서 위없는 삼막삼보리三藐三菩提인 성등정각한 그 어떤 법은 하나도 존재하지 않습니다. -석가모니 부처님께서 수보리에게 질문한 내용-

여래께서 설한 그 어떤 법은 하나도 존재하지 않습니다. 그것은 무엇 때문인가 하면 여래께서 성등정각하거나 설한 그 어떤 법도 고집할 것도 없고, 말할 것도 없습니다. 그것은 법도 아니고 법 아님도 아니기 때문입니다.[29] -석가모니 부처님의 질문에 수보리가 답한 내용-

(རབ་འབྱོར་འདི་ཇི་སྙམ་དུ་སེམས། དེ་བཞིན་གཤེགས་པས་གང་བླ་ན་མེད་པ་ཡང་དག་པར་རྫོགས་པའི་བྱང་ཆུབ་ཏུ་མངོན་པར་རྫོགས་པར་སངས་རྒྱས་པའི་ཆོས་དེ་གང་ཡང་ཡོད་དམ། དེ་བཞིན་གཤེགས་པས་ཆོས་གང་ཡང་བསྟན་ཏམ།…(중략)…བཅོམ་ལྡན་འདས་བཅོམ་ལྡན་འདས་ཀྱིས་གསུངས་པའི་དོན་བདག་གིས་འཚལ་བ་ལྟར་ན། དེ་བཞིན་གཤེགས་པས་གང་བླ་ན་མེད་པ་ཡང་དག་པར་རྫོགས་པའི་

29 이 문장의 요지는 여래께서 위없는 삼막삼보리인 성등정각成等正覺한 그 어떤 방편의 법 또는 성등정각한 이후의 공덕 또는 그 이후에 여래께서 설한 그 어떤 법도 진실로 또는 고정불변의 실체로서 존재하는가라는 석가모니 부처님의 물음에 대해, 이러한 법은 진실로 존재하지 않습니다. 그 까닭은 여래께서 성등정각한 그 어떤 방편의 법이나 설한 그 어떤 법도 진실로 고정불변의 실체로서 존재하지 않기 때문에 법도 아니고 법 아님도 아닙니다라고 수보리가 답한 내용이다. 그것은 부처님의 경지로 나아가는 모든 방편의 도, 즉 대연민심과 이타적 발원, 보리심, 공성을 요해하는 지혜, 육바라밀과 사섭법 수행 등이나 부처님 그 자체, 부처님의 경지를 성취함과 동시에 성취하는 모든 종류의 공덕과 부처님의 경지를 성취하고 나서 일체중생에게 설한 법 등이 진실로 존재하는가라는 의미이다. 특히 공성에 관해 수습을 할 때 이러한 의미 등을 단 몇 분만이라도 조용히 떠올리도록 한다.

བྱང་ཆུབ་ཏུ་མངོན་པར་རྫོགས་པར་སངས་རྒྱས་པའི་ཆོས་དེ་གང་ཡང་མ་མཆིས་སོ།། དེ་བཞིན་གཤེགས་པས་གང་བསྟན་པའི་ཆོས་དེ་གང་ཡང་མ་མཆིས་སོ།། དེ་ཅིའི་སླད་དུ་ཞེ་ན། དེ་བཞིན་གཤེགས་པས་ཆོས་གང་ཡང་མངོན་པར་རྫོགས་པར་སངས་རྒྱས་པའམ་བསྟན་པ་དེ་གཟུང་དུ་མ་མཆིས་བརྗོད་དུ་མ་མཆིས་ཏེ། དེ་ནི་ཆོས་ཀྱང་མ་ལགས། ཆོས་མ་མཆིས་པའང་མ་ལགས་པའི་སླད་དུའོ།།)”[30]

라는 이를 마음에 또렷하게 떠올리면서 염송하도록 한다.

이러한 내용 외에도 공성에 관한 여러 경론의 말씀을 또렷하게 떠올리면서 염송하는 것도 무방하다.

B. 의지처인 무량궁을 수습하기

공성을 (수습한) 상태에서 ‘둠(བྷྲཱུྃ།)’자에서 네모난 것에 네 개의 문 등의 모든 조건을 원만구족한, 보배로 이루어진 무량궁의 중심부에 연꽃좌대가 있다. 그 위에 달방석이 있고, 그 위에 한량없는 빛을 내뿜고 있는 하얀 빛의 ‘히(ཧྲཱིཿ)’자 하나가 수직으로 머문다.[31]

라는 이를 마음에 또렷하게 떠올리면서 염송하도록 한다.

---

30 『성聖 능단금강반야바라밀다能斷金剛般若波羅蜜多라는 대승경(འཕགས་པ་ཤེས་རབ་ཀྱི་ཕ་རོལ་ཏུ་ཕྱིན་པ་རྡོ་རྗེ་གཅོད་པ་ཞེས་བྱ་བ་ཐེག་པ་ཆེན་པོའི་མདོ།)』, 티벳장경 데게까규르 제반야경부 ༼ཀ༽ d16 34-123a.

31 이것은 일체법이 자성으로 존재하는 것이 공하다는 것을 수습한 상태에서 그 공성을 요해하는 마음이 ‘둠(བྷྲཱུྃ།)’자의 본성으로 바뀌고, 또 그 ‘둠(བྷྲཱུྃ།)’자가 매우 넓고 아름다운 보배 무량궁의 본성으로 바뀌었다. 그 무량궁의 중심부의 ‘히(ཧྲཱིཿ)’자에서 빛이 비치어 일체중생을 이롭게 하고서 다시 ‘히(ཧྲཱིཿ)’자에 거두어져 그것 전체가 성관자재로 바뀐 것으로부터~ 라고 수습한다는 의미이다.(이 부분은 앞의 논서, 용수(D2736a) 73-122b, 제7게송 제3~4구~제8게송 참고)

C. 실제로 자량전인 담칙빠를 수습하기

여기서의 자량전은 무량궁 안의 성관자재를 가리킨다. 이것은 담칙빠, 즉 자신의 앞 허공에 또렷하게 떠올려서 수습하는 대상을 의미한다.

그 '히(ཧྲཱིཿ)'자에서 한량없는 빛이 비침으로써 일체중생을 이롭게 하고는 또다시 '히(ཧྲཱིཿ)'자에 거두어진다. 그런 연후에 '히(ཧྲཱིཿ)'자가 완전히 성관자재의 본성으로 바뀌었다. 그것으로부터 성관자재의 몸빛은 하얗고 하나의 입과 네 손이 있다. 그중 첫 번째 두 손은 가슴에 합장을 하고, 두 번째 오른손에는 수정 염주를 쥐고, 두 번째 왼손에는 하얀 연꽃을 쥐고 계신다. 머리카락으로 장식한 보관을 쓰고, 아미타불을 머리에 장엄하며, 모든 보배 장엄구로 장식을 하고, 천신의 재질〔옷감〕로 된 비단옷을 착용하고 계신다. 정수리에는 신금강의 본성인 '옴(ཨོཾ།)'자, 목에는 구금강의 본성인 '아(ཨཱཿ)'자, 가슴에는 의금강의 본성인 '훙(ཧཱུྃ།)'자가 표기되어 있는 것으로 즉시 바뀌었다.[32]

---

32 ㉮ 앞의 경전, d696 93-147b,
"성관자재가 자애심을 수습하는 상태에서 (대)연민심의 힘으로써 최상의 보리심을 일으켜서…(중략)…갖가지 보배 장엄구와 보관으로 아름다우시다.
(འཕགས་པ་སྤྱན་རས་གཟིགས་དབང་ཕྱུག་བྱམས་པའི་ངང་ལས་སྙིང་རྗེའི་ཤུགས་ཀྱིས་བྱང་ཆུབ་ཀྱི་སེམས་རབ་ཏུ་བསྐྱེད་ནས།…(중략)…རིན་པོ་ཆེའི་རྒྱན་སྣ་ཚོགས་དང་། རིན་པོ་ཆེའི་དབུ་རྒྱན་གྱིས་མཛེས་པ།)"
㉯ 앞의 논서, 울추 다르마바다(2010), 제2권, p.287, 제2~3게송과 제4게송 제1~2구,
"자신의 정수리에 하얀 연꽃, 달방석 위에…(중략)…본래 머무는 곳으로부터 스승이신 관자재를 청하여 모시고 삼귀의가 응집된 본성으로 바뀌었다.
(རང་གི་སྤྱི་བོར་པད་དཀར་ཟླ་བའི་སྟེང་།།…(중략)…རང་བཞིན་གནས་ནས་བླ་མ་སྤྱན་རས་གཟིགས།། སྤྱན་དྲངས་སྐྱབས་གསུམ་ཀུན་འདུས་ངོ་བོར་གྱུར།།)"

라는 이를 마음에 또렷하게 떠올리면서 염송하도록 한다.

D. 자량전인 예쎼빠를 청하여 모시기

여기서의 예쎼빠는 이분이 본래 상주하는 정토인 뽀따라로부터 청하여 모시는 성관자재를 가리킨다. 이 예쎼빠를 청하여 모시는 게송은 다음과 같다.

> "다함이 없는 일체중생의 구제자이시고
> 흉폭한 마왕과 마군중을 함께 제압하시는 '하(ལྷ།)'[33]이시며
> 실재적 사물[34]을 남김없이 올바르게 깨달으신
> 세존께서 권속과 함께 이곳으로 오소서.[35]
> (མ་ལུས་སེམས་ཅན་ཀུན་གྱི་མགོན་གྱུར་ཅིང་།།
> བདུད་སྡེ་དཔུང་བཅས་མི་བཟད་འཇོམས་མཛད་ལྷ།།
> དངོས་རྣམས་མ་ལུས་ཡང་དག་མཁྱེན་གྱུར་པ།།
> བཅོམ་ལྡན་འཁོར་བཅས་གནས་འདིར་གཤེགས་སུ་གསོལ།།)"[36]

라는 두 경론의 문장을 전거로 하였다.

33 여기서 '하(ལྷ།)'도 성관자재를 가리킨다.

34 여기서 '실재적 사물'이란 일체법을 가리킨다.

35 제1구는 일체중생을 외동자식과 같이 어여삐 여기고 진정으로 그들이 안락하기를 바라는 대자비심의 공덕이다. 제2구는 일체 마군중을 물리치는 신통력과 같은 특별한 능력을 갖춘 공덕이다. 제3구는 일체종지와 같은 일체법에 정통한 공덕을 각각 나타내 보인 것이다. 이 세 가지는 구경의 귀의처의 측면에서의 공덕에 해당한다. 제4구와 다음 게송 제1구의 '세존'은 '성관자재'로 바꾸어 수습하도록 한다.

36 빠라자구루(པྲཛྙ་གུ་རུ།), 『성문수사리진실명의경聖文殊師利眞實名義經의 성취법, 비

"세존께서 무수겁 동안
중생을 어여삐 여김으로, 비심을 완전히 익히시고
광대한 서원과 원만구족한 의중意中을 지니신
당신께서 주장하신 중생을 이롭게 할 때가 지금이므로
(བཅོམ་ལྡན་བསྐལ་པ་གྲངས་མེད་དུ་མ་རུ།།
འགྲོ་ལ་བརྩེ་ཕྱིར་ཐུགས་རྗེས་རྣམ་སྦྱངས་ཤིང་།།
སྨོན་ལམ་རྒྱ་ཆེན་དགོངས་པ་ཡོངས་རྫོགས་པ།།
ཁྱེད་བཞེད་འགྲོ་དོན་མཛད་དུས་འདིར་ལགས་ན།།)

그러므로 법성法性의 궁전을 자연성취하시고
갖가지 신통변화와 가피를 시현하시며
끝없는 중생의 무리들을 구제하시기 위해
완전히 소멸하신 분께서 권속과 함께 오소서.[37]
(དེ་ཕྱིར་ཆོས་དབྱིངས་ཕོ་བྲང་ལྷུན་གྲུབ་ནས།།
རྫུ་འཕྲུལ་བྱིན་རླབས་སྣ་ཚོགས་སྟོན་མཛད་ཅིང་།།
མཐའ་ཡས་སེམས་ཅན་ཚོགས་རྣམས་བསྒྲལ་བྱའི་ཕྱིར།།
ཡོངས་དག་འཁོར་དང་བཅས་ཏེ་གཤེགས་སུ་གསོལ།།)"[38]

밀등秘密燈(འཕགས་པ་འཇམ་དཔལ་གྱི་མཚན་ཡང་དག་པར་བརྗོད་པའི་སྒྲུབ་ཐབས་གསང་བའི་སྒྲོན་མ་ཞེས་བྱ་བ།)』, 티벳장경 데게뗀규르 밀교부༼རྒྱུད༽ D2596 66-49b.

37 제4구는 죄업과 장애를 완전히 소멸하신 분께서 권속과 함께 이곳으로 오소서라는 의미이다.

38 쫑카빠 대사, 『(제불보살을 맞이하고) 상주하기를 (간청하는) 상세한 (의궤의) 비망기록備忘記錄(རབ་གནས་རྒྱས་པའི་ཟིན་བྲིས།)』, 전집부 게덴, 『제 쫑카빠의 전집』༼ཉ༽ JTs68 8-9-16a~8-9-16b.

라는 이를 마음에 또렷하게 떠올리면서 염송하도록 한다.

E. 예쎄빠가 담칙빠의 본성과 다름이 없다고 수습하기

자신의 앞 허공에 수습하는 성관자재의 가슴의 '히(ཧྲཱིཿ)'자에서 빛이 비치어 이 빛으로 뽀따라로부터 성관자재〔예쎄빠〕를 청하여 모신다. 이분이 이곳으로 오시는 데 걸림 없이 '즉시' 오셔서 자신의 앞 허공에 수습하는 담칙빠에게 물에 물을 붓는 것처럼 흡수됨으로써 본성이 다름이 없는 것으로 바뀌어, 스승과 삼보, 이담, 보살, 빠오, 칸도, 호법신 등의 삼세의 귀의처가 응집된 본성으로 바뀌었다.[39]

라는 이를 마음에 또렷하게 떠올리면서 염송하도록 한다.

---

39 앞의 논서, 용수(D2850) 73-191b,

"그런 연후에 그 예쎄빠의 가슴의 '히(ཧྲཱིཿ)'자에서 빛이 생겨서 자신의 가슴의 '히(ཧྲཱིཿ)'자에 흡수되고 그로부터 빛이 비치었다. 이로써 자신의 두 가지 장애가 청결해지게 되었다. 자신이 몸 빛이 하얗고 하나의 입에 네 손이 있으며, 첫 번째 두 손은 가슴에 합장을 하고, 두 번째 오른(손)에는 보배 염주와 두 번째 왼(손)에는 하얀 연꽃을 쥐고 (계신다.) 정계頂髻를 한 아미타불로써 머리를 장엄하고, 모든 보배 장엄구로써 장식되고, 천신의 재질로 된 의복을 착용한, 한 지존 세간자재로 바뀌었다고 관상한다. 그런 연후에 그 예쎄빠가 담칙빠로 (바뀐) 자신에게 흡수됨으로써 (본성이) 다름이 없는 것으로 바뀌었다고 수습한다.

(དེ་ནས་ཡེ་ཤེས་པ་དེའི་ཐུགས་ཀའི་ཡི་གེ་ཧྲཱིཿལས་འོད་ཟེར་བྱུང་སྟེ། རང་གི་སྙིང་གའི་ཡི་གེ་ཧྲཱིཿལ་ཐིམ་དེ་ལས་འོད་ཟེར་འཕྲོས་པས་རང་གི་སྒྲིབ་པ་གཉིས་དག་པར་གྱུར་ཏེ་རང་རྗེ་བཙུན་འཇིག་རྟེན་དབང་ཕྱུག་སྐུ་མདོག་དཀར་པོ་ཞལ་གཅིག་ཕྱག་བཞི་པ། ཕྱག་དང་པོ་གཉིས་ཐུགས་ཀར་ཐལ་མོ་སྦྱར་བ། གཡས་ཀྱི་གཉིས་པ་ན་ནོར་བུའི་བགྲང་ཕྲེང་། གཡོན་གྱི་གཉིས་པ་ན་པདྨ་དཀར་པོ་འཛིན་པ། རལ་པའི་ཐོར་ཚུགས་ཅན་སངས་རྒྱས་འོད་དཔག་མེད་ཀྱིས་དབུ་བརྒྱན་པ། རིན་པོ་ཆེའི་རྒྱན་ཀུན་གྱིས་སྤྲས་ཤིང་། ལྷ་རྫས་ཀྱི་ན་བཟའ་དང་ལྡན་པ་ཅིག་ཏུ་གྱུར་པར་བསམ། དེ་ནས་ཡེ་ཤེས་པ་དེ་རང་དམ་ཚིག་པ་ལ་ཐིམ་པས་དབྱེར་མེད་དུ་གྱུར་པར་བསྒོམ།)"

라는 문장을 전거로 하였다.

② 자량을 쌓고 죄업과 장애를 소멸하는 핵심이 응집된 칠지공양을 멘델과 함께 올리기

티벳 현밀 의궤에서 칠지공양을 올릴 때 주로 『성보현행원왕경(聖普賢行願王經, འཕགས་པ་བཟང་པོ་སྤྱོད་པའི་སྨོན་ལམ་གྱི་རྒྱལ་པོ།)』의 게송에 의해 마음에 또렷하게 떠올리며 염송하는 것이 일반적이다. 따라서 본서에서도 이와 마찬가지로 이 경전의 문장을 제시하고자 한다. '칠지공양'이란 자량을 쌓고 죄업과 장애를 소멸하는 핵심이 응집된 것으로 예경하기, 공양 올리기, 죄업을 참회하기, 수희하기, 법륜을 굴려주시기를 권청하기, 열반에 들지 않으시도록 간청하기, 회향하기의 일곱 가지이다. 이와 함께 멘델을 올리기도 한다.

『곰데대사전(སྒོམ་སྡེ་ཚིག་མཛོད་ཆེན་མོ།)』(제4권)에서

"예경함으로써 아만을 대치하고, 공양 올림으로써 간린慳悋을 대치하며, 죄업을 참회하는 것으로써 삼독三毒을 대치하고, 수희함으로써 질투를 대치하며, 법륜을 굴려주시기를 권청함으로써 법을 단멸斷滅하는 것[40]을 대치하고, 열반에 들지 않으시도록 간청함으로써 스승에게 나쁜 마음이 생기는 것[41]을 대치하며, 회향함

---

40 '법을 단멸斷滅하는 것'은 법을 부정한다는 의미이다. 예컨대 경서를 재화 취급하는 것, 경서를 맨땅에 놓는 것, 불교를 싫어해서 경서 등을 불태우는 것, 경서 위에 음식이나 물건을 올려놓는 것, 더 나아가 대승을 받아들인다는 것을 구실로 삼아 소승을 부정하거나 바라밀승을 믿고 받아들인다는 것을 구실로 삼아 밀승을 부정하는 것 등이다.(앞의 역주서, 뻰첸라마 롭상예쎼/법장 옮김(2022), p.170 참고)

41 이것은 스승을 불신不信하거나 비방하는 것과 같은 것이다.

으로써 사견邪見을 대치한다.

(ཕྱག་འཚལ་བས་ང་རྒྱལ་གྱི་གཉེན་པོ། མཆོད་པས་སེར་སྣའི་གཉེན་པོ། བཤགས་པས་དུག་གསུམ་གའི་གཉེན་པོ། རྗེས་སུ་ཡི་རང་གི་ཕྲག་དོག་གི་གཉེན་པོ། ཆོས་འཁོར་བསྐོར་བར་བསྐུལ་བས་ཆོས་སྤོང་གི་གཉེན་པོ། མྱ་ངན་ལས་མི་འདའ་བར་གསོལ་བ་འདེབས་པས་བླ་མར་ལྟ་ངན་སྐྱེས་པའི་གཉེན་པོ། བསྔོ་བས་ལོག་ལྟའི་གཉེན་པོ་བྱེད་པ་བཅས་སོ།།)"[42]

라고 한 바와 같이, 칠지공양은 모든 수행의 밑거름이라 할 수 있다.

A. 예경하기

예경하기에는 삼문三門, 즉 몸과 말, 뜻으로 나누지 않고 행하는 공통의 예경과 삼문 각각으로 나누어 행하는 예경이 있다.

A) 삼문 공통으로 예경하기

"허물에 의해 물들지 않는 하얀 몸 빛과
원만구족한 (아미타)불로써 머리를 장엄하고
대비의 눈으로 중생을 관하시는
관자재께 예경하나이다.
(སྐྱོན་གྱིས་མ་གོས་སྐུ་མདོག་དཀར།།
རྫོགས་སངས་རྒྱས་ཀྱིས་དབུ་ལ་བརྒྱན།།
ཐུགས་རྗེའི་སྤྱན་གྱིས་འགྲོ་ལ་གཟིགས།།
སྤྱན་རས་གཟིགས་ལ་ཕྱག་འཚལ་ལོ།།)"[43]

---

42 앞의 사전, 곰데 툽뗀쌈둡(2016), 4권, p.68, 표제어: '칠지공양(ཡན་ལག་བདུན་པ།)'.

43 게롱마 뻴모(དགེ་སློང་མ་དཔལ་མོ།), 『성관자재찬(聖觀自在讚, འཕགས་པ་སྤྱན་རས་གཟིགས་དབང་ཕྱུག་ལ་བསྟོད་པ།)』, 티벳장경 데게땐규르 밀교부༼རྒྱུད༽ D2738 73-126a.

라는 이를 마음에 또렷하게 떠올리면서 염송하도록 한다. 또는

“있는 바 온 시방 세간에
출현하시는 삼세의 모든 인사자人獅子께
내가 다함이 없는 그러한 모든 분들께
청결한 몸과 말, 뜻으로 예경하나이다.
(ཇི་སྙེད་སུ་དག་ཕྱོགས་བཅུའི་འཇིག་རྟེན་ན།།
དུས་གསུམ་གཤེགས་པ་མི་ཡི་སེངྒེ་ཀུན།།
བདག་གིས་མ་ལུས་དེ་དག་ཐམས་ཅད་ལ།།
ལུས་དང་ངག་ཡིད་དང་བས་ཕྱག་བགྱིའོ།།)”[44]

라는 이를 마음에 또렷하게 떠올리면서 염송하도록 한다.

B) 삼문 각각으로 예경하기

(A) 몸으로 예경하기

“훌륭한 (보살)행의 서원력들로써
모든 승리자가 실제로 계신다고 마음으로 확실히 믿고
국토의 티끌 수만큼의 몸으로 최상의 정례頂禮로
모든 승리자께 지극히 예경하나이다.
(བཟང་པོ་སྤྱོད་པའི་སྨོན་ལམ་སྟོབས་དག་གིས།།
རྒྱལ་བ་ཐམས་ཅད་ཡིད་ཀྱིས་མངོན་སུམ་དུ།།
ཞིང་གི་རྡུལ་སྙེད་ལུས་རབ་བཏུད་པ་ཡིས།།

44 『성보현행원왕경(聖普賢行願王經, འཕགས་པ་བཟང་པོ་སྤྱོད་པའི་སྨོན་ལམ་གྱི་རྒྱལ་པོ།)』, 티벳장경 데게까규르 다라니집부༼ཝཾ༽, d1095 102-262b, 제1게송.

རྒྱལ་བ་ཀུན་ལ་རབ་ཏུ་ཕྱག་འཚལ་ལོ།།)”[45]

(B) 뜻으로 예경하기

“한 티끌 위 법왕자〔보살〕의 중심부에 머무시는
티끌 수만큼의 부처님들께서
그와 같이 모든 법계〔허공〕 전체가
모든 승리자들로 가득찬 것으로 확실히 믿도록 한다.
(རྡུལ་གཅིག་སྟེང་ན་རྡུལ་སྙེད་སངས་རྒྱས་རྣམས།།
སངས་རྒྱས་སྲས་ཀྱི་དབུས་ན་བཞུགས་པ་དག།
དེ་ལྟར་ཆོས་ཀྱི་དབྱིངས་རྣམས་མ་ལུས་པ།།
ཐམས་ཅད་རྒྱལ་བ་དག་གིས་གང་བར་མོས།།)”[46]

(C) 말로 예경하기

“그러한 분들의 다함이 없는 바다와 같은 공덕들을
소리를 (내는) 바다와 (같이 많은) 부분에서 (나는) 모든 소
리로써[47] 모든 승리자의 공덕을 지극히 읊조리고
내가 모든 선서들을 찬탄하나이다.

---

45 앞의 경전, d1095 102-262b~102-263a, 제2게송. 여기서 제2~3구는 모든 부처님이 자신의 앞 허공에 실제로 계신다고 자신의 마음으로 확실히 믿고서, 자신이 다함이 없는 불국토의 티끌 수와 같은 몸으로 변화해서 최상의 공경심에 의한 정례로써~ 라는 의미이다.

46 앞의 경전, d1095 102-263a, 제3게송.

47 제2구는 한량없는 혀와 치아, 입천장 등으로 변화한 것으로부터 나는 한량없는 소리로써 부처님의 공덕을 찬탄한다는 의미이다.

(དེ་དག་བསྔགས་པ་[48]མི་ཟད་རྒྱ་མཚོ་རྣམས།།
དབྱངས་ཀྱི་ཡན་ལག་རྒྱ་མཚོའི་སྒྲ་ཀུན་གྱིས།།
རྒྱལ་བ་ཀུན་གྱི་ཡོན་ཏན་རབ་བརྗོད་ཅིང་།།
བདེ་བར་གཤེགས་པ་ཐམས་ཅད་བདག་གིས་བསྟོད།།)”[49]

라는 이를 마음에 또렷하게 떠올리면서 염송하도록 한다.

B. 공양 올리기

『성보현행원왕경』에는 공양을 위있는 공양과 위없는 공양으로 나눈다. 먼저 자신의 가슴의 ‘히(ཧྲཱིཿ)’자의 빛으로부터 한량없는 공양의 자구가 생겼다고 확실히 믿고서 공양 올리도록 한다.

A) 위있는 공양

(A) 간요簡要한 공양게供養偈로써 공양 올리기

“최상의 꽃과 최상의 꽃목걸이,
바라,[50] 바르는 향, 최상의 일산,

---

48 일반적으로 ‘악빠(བསྔགས་པ།)’는 칭찬하다, 찬탄하다 등의 의미이지만, 여기서는 용수의 다음 문장에 의거하여 ‘공덕’으로 옮겼다.
용수, 『성聖 보현행원대왕普賢行願大王 본주합편서本註合編書(འཕགས་པ་བཟང་པོ་སྤྱོད་པའི་སྨོན་ལམ་གྱི་རྒྱལ་པོ་ཆེན་པོའི་བཤད་སྦྱར།)』, 티벳장경 데게뗀규르 경소부(ཉི) D4011 117-165a,
“여기서 ‘악빠(བསྔགས་པ།)’라는 말은 공덕의 이명이다.
(འདིར་བསྔགས་པའི་སྒྲ་ནི་ཡོན་ཏན་གྱི་རྣམ་གྲངས་ཡིན་ལ།)”

49 앞의 경전, d1095 102-263a, 제4게송.

50 ‘바라’는 티벳의 전통 악기 중의 하나이다. 이것은 경우에 따라서는 악기의 대표 또는 총칭으로도 사용한다.

최상의 연유등, 최상의 가루향으로써
그러한 승리자께 공양 올리나이다.
(མེ་ཏོག་དམ་པ་ཕྲེང་བ་དམ་པ་དང་།།
སིལ་སྙན་ཆམས་དང་བྱུག་པ་གདུགས་མཆོག་དང་།།
མར་མེ་མཆོག་དང་བདུག་སྤོས་དམ་པ་ཡིས།།
རྒྱལ་བ་དེ་དག་ལ་ནི་མཆོད་པར་བགྱི།།)

최상의 의복들과 최상의 향수,
가루향낭이 수미산과 같고
빼어나게 장엄된 모든 최상의 것으로써
그러한 승리자께 공양 올리나이다.
(ན་བཟའ་དམ་པ་རྣམས་དང་དྲི་མཆོག་དང་།།
ཕྱེ་མ་ཕུར་མ་རི་རབ་མཉམ་པ་དང་།།
བཀོད་པའི་ཁྱད་པར་འཕགས་པའི་མཆོག་ཀུན་གྱིས།།
རྒྱལ་བ་དེ་དག་ལ་ནི་མཆོད་པར་བགྱི།།)"[51]

라는 이를 마음에 또렷하게 떠올리면서 염송하도록 한다.

(B) 상세한 게송과 다라니로써 공양 가피하기 및 공양 올리기

여기서 공양 가피와 공양 올릴 때의 게송과 다라니는 제7대 달라이라마의 『뻴모 전통의 십일면(관자재)의 재계에 관한 의궤』와 뻰디따 롭상훈둡(པཎྜི་ཏ་བློ་བཟང་ལྷུན་གྲུབ།)의 『뻰디따 훈둡의 도제직제〔大威德〕의

51 앞의 경전, d1095 102-263a, 제5~6게송.

생기차제와 원만차제(ཕྱུན་ཀྱབ་པཀྲེ་དཔའི་འཇིགས་བྱེད་བསྐྱེད་རྫོགས།)』에서 제시하는 상세한 게송과 다라니로써 공양 가피하기와 공양 올리기를 해도 무방하다. 이에 관해서는 다음과 같다.

㉮ 공양 가피하기

"'옴 뻬멘따띧 훙 펫',[52] 옴 쏘바와 쓔다 싸르와 다르마 쏘바와 쓔도 항, 공성으로 바뀌었다. 공성을 (수습한) 상태에서 '둠(བྷྲཱུྃ)'자에서 넓고 큰 보배 용기들 안에 '옴(ཨོཾ།)'자가 (생겼다. 그것이) 빛의 (본성으로 바뀐 것으로)부터 생긴 공덕수, 발 씻는 물, 꽃, 향, 밝은 빛,[53] 향수, 음식, 악기들의 현상現相은 각각의 모습을 지녔다. (하지만) 자성은 공하다. 역할은 최상의 무루의 안락을 베풀었다.

(ཨོཾ་པདྨཱནྟ་ཀྲིཏ་ཧཱུྃ་ཕཊ། ཨོཾ་སྭ་བྷཱ་ཝ་ཤུདྡྷཿསརྦ་དྷརྨཱཿསྭ་བྷཱ་ཝ་ཤུདྡྷོ྅ཧཾ། སྟོང་པ་ཉིད་དུ་གྱུར། སྟོང་པའི་ངང་ལས་བྷྲཱུྃ་ལས་རིན་པོ་ཆེའི་སྣོད་ཡངས་ཤིང་རྒྱ་ཆེ་བ་རྣམས་ཀྱི་ནང་དུ་ཨོཾ་འོད་དུ་ཞུ་བ་ལས་བྱུང་བའི་མཆོད་ཡོན། ཞབས་བསིལ། མེ་ཏོག། བདུག་སྤོས། སྣང་གསལ། དྲི་ཆབ། ཞལ་ཟས། རོལ་མོ་རྣམས་རང་བཞིན་སྟོང་པ། རྣམ་པ་སོ་སོའི་རྣམ་པ་ཅན། བྱེད་ལས་ཟག་པ་མེད་པའི་བདེ་བ་ཁྱད་པར་ཅན་སྟེར་བར་གྱུར།)"[54]

---

52 이것은 공양 올리는 등의 의궤를 실행할 때 올 수 있는 마장을 미리 물리치는 진언으로 알려져 있다.

53 여기서 밝은 빛을 공양 올리는 것은 사찰의 초파일 등, 인등引燈, 법당의 촛불, 티벳의 연유등과 같은 것이다.

54 앞의 논서, 제7대 달라이라마, p.13.

"옴 아르감〔공덕수〕 아 훙, 옴 빠댬〔발 씻는 물〕 아 훙, 옴 뿍뻬〔꽃〕 아 훙, 옴 두뻬〔향〕 아 훙, 옴 아로께〔밝은 빛〕 아 훙, 옹 겐데〔향수〕 아 훙, 옴 네위뎨〔음식〕 아 훙, 옴 쌉따〔악기〕 아 훙.

(ཨོཾ་ཨརྒྷཾ་ཨཱཿཧཱུྃ། ཨོཾ་པཱ་དྱཾ་ཨཱཿཧཱུྃ། ཨོཾ་པུཥྤེ་ཨཱཿཧཱུྃ། ཨོཾ་དྷཱུ་པེ་ཨཱཿཧཱུྃ། ཨོཾ་ཨཱ་ལོ་ཀེ་ཨཱཿཧཱུྃ། ཨོཾ་གནྡྷེ་ཨཱཿཧཱུྃ། ཨོཾ་ནཻ་ཝི་དྱ་ཨཱཿཧཱུྃ། ཨོཾ་ཤབྡ་ཨཱཿཧཱུྃ།)"[55]

이라는 이를 마음에 또렷하게 떠올리면서 염송하도록 한다.

㊁ 공양 올리기

한량없는 광대무변한 바다〔세간계〕에

있는 바 모든 공덕수와

내가 공경심으로써 배치하는 이것을

대비심을 지닌 성인께 올리나이다.[56]

옴 아르야〔聖人〕 로끼쑈라〔성관자재〕 싸빠리와라[57] 아르감〔공덕수〕 아 훙. -공덕수를 공양 올리는 게송과 다라니-

(རབ་འབྱམས་རྒྱ་མཚོ་དཔག་མེད་ན།།

---

55 여기서 '빠댬(པཱ་དྱཾ།)과 네위뎨(ནཻ་ཝི་དྱ།)'의 경우 보편적인 표기법을 따랐다.(앞의 논서, 제7대 달라이라마, pp.17~18)

56 앞의 논서, 쫑카빠 대사, JTs68 8-9-19a~8-9-19b,
"한량없는 광대무변한 바다에 있는 바 모든 발 씻는 물과 내가 공경심으로 배치하는 이것을 모든 승리자와 법왕자께 올리나이다.
(རབ་འབྱམས་རྒྱ་མཚོ་དཔག་མེད་ན།། མཆོད་ཡོན་ཇི་སྙེད་ཡོད་པ་དང་།། བདག་གིས་གུས་པས་བཤམས་པ་འདི།། ཇི་སྙེད་རྒྱལ་བ་སྲས་དང་བཅས།།)"
라는 문장에서 유추함.

57 앞의 논서, 뻰디따 롭상훈듑(2022), p.242에 따르면 '싸빠리와라'란 '권속과 함께'라는 의미이다.

མཆོད་ཡོན་ཇི་སྙེད་ཡོད་པ་དང་།།
བདག་གིས་གུས་པས་བཤམས་པ་འདི།།
འཕགས་པ་ཐུགས་རྗེ་ཅན་ལ་འབུལ།།
ཨོཾ་ཨཱརྻ་ལོ་ཀི་ཤྭ་ར་ས་པ་རི་ཝ་ར་ཨརྒྷཾ་ཨཱཿཧཱུྃ།)

한량없는 광대무변한 바다에
있는 바 모든 발 씻는 물과
내가 공경심으로써 배치하는 이것을
대비심을 지닌 성인께 올리나이다.
옴 아르야 로끼쑈라 싸빠리와라 빠댬〔발 씻는 물〕 아 훙. -발 씻는 물을 공양 올리는 게송과 다라니-

(རབ་འབྱམས་རྒྱ་མཚོ་དཔག་མེད་ན།།
ཞབས་བསིལ་ཇི་སྙེད་ཡོད་པ་དང་།།
བདག་གིས་གུས་པས་བཤམས་པ་འདི།།
འཕགས་པ་ཐུགས་རྗེ་ཅན་ལ་འབུལ།།
ཨོཾ་ཨཱརྻ་ལོ་ཀི་ཤྭ་ར་ས་པ་རི་ཝ་ར་པཱ་དྱཾ་ཨཱཿཧཱུྃ།)

한량없는 광대무변한 바다에
있는 바 모든 꽃과
내가 공경심으로써 배치하는 이것을
대비심을 지닌 성인께 올리나이다.
옴 아르야 로끼쑈라 싸빠리와라 뿍뻬〔꽃〕 아 훙. -꽃을 공양 올리는 게송과 다라니-

(རབ་འབྱམས་རྒྱ་མཚོ་དཔག་མེད་ན།།
མེ་ཏོག་ཇི་སྙེད་ཡོད་པ་དང་།།
བདག་གིས་གུས་པས་བཤམས་པ་འདི།།
འཕགས་པ་ཐུགས་རྗེ་ཅན་ལ་འབུལ།།
ཨོཾ་ཨཱརྻ་ལོ་ཀི་ཤྭ་ར་ས་པ་རི་ཝ་ར་པུཥྤེ་ཨཱཿཧཱུྃ།)

한량없는 광대무변한 바다에
있는 바 모든 향과
내가 공경심으로써 배치하는 이것을
대비심을 지닌 성인께 올리나이다.
옴 아르야 로끼쑈라 싸빠리와라 두뻬〔향〕 아 훙. -향을 공양 올리는 게송과 다라니-

(རབ་འབྱམས་རྒྱ་མཚོ་དཔག་མེད་ན།།
གདུག་སྤོས་ཇི་སྙེད་ཡོད་པ་དང་།།
བདག་གིས་གུས་པས་བཤམས་པ་འདི།།
འཕགས་པ་ཐུགས་རྗེ་ཅན་ལ་འབུལ།།
ཨོཾ་ཨཱརྻ་ལོ་ཀི་ཤྭ་ར་ས་པ་རི་ཝ་ར་དྷཱུ་པེ་ཨཱཿཧཱུྃ།)

한량없는 광대무변한 바다에
있는 바 모든 밝은 빛과
내가 공경심으로써 배치하는 이것을
대비심을 지닌 성인께 올리나이다.
옴 아르야 로끼쑈라 싸빠리와라 아로께〔밝은 빛〕 아 훙. -밝

은 빛을 공양 올리는 게송과 다라니-

(རབ་འབྱམས་རྒྱ་མཚོ་དཔག་མེད་ན།།
སྣང་གསལ་ཇི་སྙེད་ཡོད་པ་དང་།།
བདག་གིས་གུས་པས་བཤམས་པ་འདི།།
འཕགས་པ་ཐུགས་རྗེ་ཅན་ལ་འབུལ།།
ཨོཾ་ཨཱརྱ་ལོ་ཀི་ཤྭ་ར་ས་པ་རི་ཝ་ར་ཨ་ལོ་ཀེ་ཨཱཿཧཱུྃ།)

한량없는 광대무변한 바다에
있는 바 모든 향수와
내가 공경심으로써 배치하는 이것을
대비심을 지닌 성인께 올리나이다.
옴 아르야 로끼쑈라 싸빠리와라 겐데〔향수〕 아 훙. -향수를 공양 올리는 게송과 다라니-

(རབ་འབྱམས་རྒྱ་མཚོ་དཔག་མེད་ན།།
དྲི་ཆབ་ཇི་སྙེད་ཡོད་པ་དང་།།
བདག་གིས་གུས་པས་བཤམས་པ་འདི།།
འཕགས་པ་ཐུགས་རྗེ་ཅན་ལ་འབུལ།།
ཨོཾ་ཨཱརྱ་ལོ་ཀི་ཤྭ་ར་ས་པ་རི་ཝ་ར་གནྡྷེ་ཨཱཿཧཱུྃ།)

한량없는 광대무변한 바다에
있는 바 모든 음식과
내가 공경심으로써 배치하는 이것을
대비심을 지닌 성인께 올리나이다.

옴 아르야 로끼쑈라 싸빠리와라 네위뎨〔음식〕 아 훙. -음식을 공양 올리는 게송과 다라니-

(རབ་འབྱམས་རྒྱ་མཚོ་དཔག་མེད་ན།།
ཞལ་ཟས་ཇི་སྙེད་ཡོད་པ་དང་།།
བདག་གིས་གུས་པས་བཤམས་པ་འདི།།
འཕགས་པ་ཐུགས་རྗེ་ཅན་ལ་འབུལ།།
ཨོཾ་ཨརྒྷ་ལོ་ཀེ་ཤྭ་ར་ས་པ་རི་ཝ་ར་ནཻ་ཝི་དྱ་ཨཱཿཧཱུྃ།)

한량없는 광대무변한 바다에
있는 바 모든 바라와
내가 공경심으로써 배치하는 이것을
대비심을 지닌 성인께 올리나이다.
옴 아르야 로끼쑈라 싸빠리와라 쌉따〔악기〕 아 훙. -악기를 공양 올리는 게송과 다라니-

(རབ་འབྱམས་རྒྱ་མཚོ་དཔག་མེད་ན།།
སིལ་སྙན་ཇི་སྙེད་ཡོད་པ་དང་།།
བདག་གིས་གུས་པས་བཤམས་པ་འདི།།
འཕགས་པ་ཐུགས་རྗེ་ཅན་ལ་འབུལ།།
ཨོཾ་ཨརྒྷ་ལོ་ཀེ་ཤྭ་ར་ས་པ་རི་ཝ་ར་ཤཔྟ་ཨཱཿཧཱུྃ།)[58]

---

58 쫑카빠 대사,『백 개의 또르마 (의궤의) 순서, 비할 바 없는 법의 수장 롭상닥빠의 실행 의범(གཏོར་མ་བརྒྱ་རྩའི་རིམ་པ་མཚུངས་མེད་ཆོས་ཀྱི་རྗེ་བློ་བཟང་གྲགས་པའི་ཕྱག་ལེན།)』, 전집부 게덴,『제 쫑카빠의 전집』{ཁ} JTs24 2-8-2b,
"'한량없는 광대무변한 바다〔세간계〕에'라는 등과 주문 '아르감'이 있는 곳에

이라는 이를 마음에 또렷하게 떠올리면서 염송하도록 한다.

B) 위없는 공양

"위없고 광대한 일체의 그러한 공양들을
모든 승리자께 (올린다고) 확실히 믿고
훌륭한 (보살)행에 대한 신심의 힘으로써
모든 승리자께 예경하고 공양 올리나이다.
(མཆོད་པ་གང་རྣམས་བླ་མེད་རྒྱ་ཆེ་བ།།
དེ་དག་རྒྱལ་བ་ཐམས་ཅད་ལ་ཡང་མོས།།
བཟང་པོ་སྤྱོད་པ་དད་པའི་སྟོབས་དག་གིས།།
རྒྱལ་བ་ཀུན་ལ་ཕྱག་འཚལ་མཆོད་པར་བགྱི།།)"[59]

라는 이를 마음에 또렷하게 떠올리면서 염송하도록 한다.

C. 죄업을 참회하기

"탐욕과 성냄, 어리석음으로 인해
몸과 말, 그와 같이 뜻으로도
내가 지은 죄업이 얼마가 있건
그러한 일체를 내가 각각 참회하나이다.
(འདོད་ཆགས་ཞེ་སྡང་གཏི་མུག་དབང་གིས་ནི།།

'네위데'를 삽입하는 것과
(རབ་འབྱམས་རྒྱ་མཚོ་དཔག་མེད་ན།། ཞེས་སོགས་སྔགས། ཨཱཿཧཱུྃ་གྱི་གནས་སུ་ནེ་ཝེ་དེ་བཙུག་པ་དང་།)"
라는 문장에서 유추함.

59 앞의 경전, d1095 102-263a, 제7게송.

ལུས་དང་ངག་དང་དེ་བཞིན་ཡིད་ཀྱིས་ཀྱང་།།

སྡིག་པ་བདག་གིས་བགྱིས་པ་ཅི་མཆིས་པ།།

དེ་དག་ཐམས་ཅད་བདག་གིས་སོ་སོར་བཤགས།།)"[60]

라는 이를 마음에 또렷하게 떠올리면서 염송하도록 한다.

D. 수희하기

"시방의 모든 승리자와 법왕자,

연각緣覺, 유학有學, 무학無學,

일체 중생의 복덕 그 어느 것에 대해서도

그러한 모든 것을 내가 수희하나이다.

(ཕྱོགས་བཅུའི་རྒྱལ་བ་ཀུན་དང་སངས་རྒྱས་སྲས།།

རང་རྒྱལ་རྣམས་དང་སློབ་དང་མི་སློབ་དང་།།

འགྲོ་བ་ཀུན་གྱི་བསོད་ནམས་གང་ལ་ཡང་།།

དེ་དག་ཀུན་གྱི་རྗེས་སུ་བདག་ཡི་རང་།།)"[61]

라는 이를 마음에 또렷하게 떠올리면서 염송하도록 한다.

E. 법륜을 굴려주시기를 권청하기

---

60 제1구 'འདོད་ཆགས་ཞེ་སྡང་གཏི་མུག་དབང་གིས་ནི།།'는 『성보현행원왕경』의 게송이다. 이 구의 마지막 'ནི'는 데게까규르, 하싸까규르, 장까규르의 '율부'와 '십만탄트라부'에는 모두 'ན།'로 표기되어 있고, 오직 장까규르의 '경부'에서만 'ནི།'로 표기되어 있다. 이 중 필자는 문맥상 장까규르의 '경부'의 철자를 따랐다.(『성보현행원왕경』, 티벳장경 장까규르 경부༼ཨ༽ J281b, 69-334a, 제8게송)

61 앞의 경전, d1095 102-263a, 제9게송.

"온 시방 세간의 등불[62]들이
보리(도)의 순서대로 성불하여 걸림 없는 (일체종지)를 성
취한[63] 내가 그러한 구제자[64] 일체께
위없는 법륜을 굴려주시기를 권청하나이다.
(གང་རྣམས་ཕྱོགས་བཅུའི་འཇིག་རྟེན་སྒྲོན་མ་རྣམས།།
བྱང་ཆུབ་རིམ་པར་སངས་རྒྱས་མ་ཆགས་བརྙེས།།
མགོན་པོ་དེ་དག་བདག་གིས་ཐམས་ཅད་ལ།།
འཁོར་ལོ་བླ་ན་མེད་པ་བསྐོར་བར་བསྐུལ།།)"[65]

라는 이를 마음에 또렷하게 떠올리면서 염송하도록 한다.

F. 열반에 들지 않으시도록 간청하기

"제가 열반의 시현을 의도하는 그러한 분들께
일체중생을 이롭고 안락하도록 하기 위해
국토의 티끌 수와 같은 겁 동안 머무시라고도
두 손 모아 간청하나이다.
(མྱ་ངན་འདའ་སྟོན་གང་བཞེད་དེ་དག་ལ།།
འགྲོ་བ་ཀུན་ལ་ཕན་ཞིང་བདེ་བའི་ཕྱིར།།
བསྐལ་པར་ཞིང་གི་རྡུལ་སྙེད་བཞུགས་པར་ཡང་།།

62 '세간의 등불'은 불세존 또는 모든 부처님과 동의어이다.

63 제2구는 보리에 이르는 방편도를 순서대로 바르게 실천 수행함으로써 성불하여 일체법을 눈으로 사물을 보듯, 직관적으로, 남김없이 철저하게, 동시에, 꿰뚫어 보는 것에 걸림이 없는 예쎼, 즉 일체종지를 성취한~ 이라는 의미이다.

64 제3구의 '구제자'란 불세존을 가리킨다.

65 앞의 경전, d1095 102-263a, 제10게송.

བདག་གིས་ཐལ་མོ་རབ་སྦྱར་གསོལ་བར་བགྱི།།)”[66]

라는 이를 마음에 또렷하게 떠올리면서 염송하도록 한다.

G. 회향하기

“예경하는 것과, 공양 올리는 것, 참회하는 것,
수희하는 것, 권청하는 것, 간청하는 것으로써
제가 쌓은 바 조그마한 선업이라도
일체를 보리를 위해 회향하나이다.
(ཕྱག་འཚལ་བ་དང་མཆོད་ཅིང་བཤགས་པ་དང་།།
རྗེས་སུ་ཡི་རང་བསྐུལ་ཞིང་གསོལ་བ་ཡིས།།
དགེ་བ་ཅུང་ཟད་བདག་གིས་ཅི་བསགས་པ།།
ཐམས་ཅད་རྫོགས་པའི་བྱང་ཆུབ་ཕྱིར་བསྔོའོ།།)”[67]

라는 이를 마음에 또렷하게 떠올리면서 염송하도록 한다.

H. 멘델 올리기

칠지공양과 함께 멘델도 함께 올리는 경우에는,

“정토〔멘델〕를 올리나이다. ‘옴 벤자 부미 아 훙’, 금으로 된 광활한 대지, ‘옴 벤자 레케 아 훙’, 표면이 철위산鐵圍山으로 둘러싸인 중심부에 산의 왕 수미산, 동불바제, 남섬부주, 서구야니, 북구로주,[68] 제하, 비제하, 차말라, 벌라차말라, 사제, 올달라만달리

66 앞의 경전, d1095 102-263a, 제11게송.

67 앞의 경전, d1095 102-263a~102-263b, 제12게송.

68 이것은 동불바제를 비롯한 사대주四大洲의 세부 항목을 열거한 것이다.

나, 구랍파, 교랍파,[69] 보배산, 여의수如意樹, 여의우如意牛, 자연 생장하는 곡식,[70] (금)륜보金輪寶, 신주보神珠寶, 옥녀보玉女寶, 주장신보主藏臣寶, 백상보白象寶, 감마보紺馬寶, 장군보將軍寶,[71] 보병寶甁, 희천녀嬉天女, 염주천녀念珠天女, 가천녀歌天女, 무천녀舞天女, 화천녀花天女, 향천녀香天女, 광명천녀光明天女, 향수천녀香水天女,[72] 해, 달, 보배 일산, 모든 면에서 완전히 이긴 승리의 깃발,[73] 중심부에 천신과 인간의 원만구족한 재물이 갖추어지지 않은 것이 없는 이러한 것을, 은혜로운 근본스승, 법맥의 스승과 (같은) 위덕을 갖춘 수승한 스승들과 (성관자재)의 하와 권속들에게 정토를 올리나이다. 대비심으로 중생을 위해 받아 주소서. 받으시고 나서 나 등 중생의 어머니인 허공의 가장자리와 같은 일체중생에게 대자비심의 측면에서 특수적이고 공통적인 실지

69 이것은 제하를 비롯한 팔중주八中洲의 세부 항목을 열거한 것이다.

70 여기서 보배산은 동불바제, 여의수如意樹는 남섬부주, 여의우如意牛는 서구야니, 자연 생장하는 곡식은 북구로주의 특징을 나타낸 것이다.

71 이것은 금륜보金輪寶를 비롯한 칠정보七政寶의 세부 항목을 열거한 것이다. 칠정보는 전륜왕칠보轉輪王七寶 또는 윤왕칠보輪王七寶라고도 한다.

72 이것은 희천녀嬉天女를 비롯한 8인의 공양천녀供養天女의 세부 항목을 열거한 것이다.

73 앞의 논서, 뻰디따 롭상훈둡(2022), p.56,
"'서른일곱 무더기'란 수미산, 사대주, 팔중주八中洲, 보배산, 여의수如意樹, 여의우如意牛, 자연 생장하는 곡식, 칠정보七政寶, 보병, 희천녀를 비롯한 8인의 공양천녀, 해와 달, 보배 일산, 승리의 깃발들이다.
(ཚོམ་བུ་སོ་བདུན་མ་ནི། རི་རབ། གླིང་བཞི། གླིང་ཕྲན་བརྒྱད། རིན་པོ་ཆེའི་རི་བོ། དཔག་བསམ་གྱི་ཤིང་། འདོད་འཇོའི་བ། མ་རྨོས་པའི་ལོ་ཏོག རྒྱལ་སྲིད་སྣ་བདུན། གཏེར་ཆེན་པོའི་བུམ་པ། སྒེག་མོ་སོགས་མཆོད་ལྷ་བརྒྱད། ཉི་ཟླ་གཉིས། རིན་པོ་ཆེའི་གདུགས། རྒྱལ་མཚན་རྣམས་སོ།།)"

를 남김없이 내려주소서.

(ཞིང་ཁམས་འབུལ་བ་ཞུ། ཨོཾ་བཛྲ་བྷཱུ་མི་ཨཱཿཧཱུྃ། དབང་ཆེན་གསེར་གྱི་ས་གཞི། ཨོཾ་བཛྲ་རེ་ཁེ་ཨཱཿཧཱུྃ། ཕྱི་ལྕགས་རི་ཁོར་ཡུག་གིས་བསྐོར་བའི་དབུས་སུ་རིའི་རྒྱལ་པོ་རི་རབ། ཤར་ལུས་འཕགས་པོ། ལྷོ་འཛམ་བུ་གླིང་། ནུབ་བ་ལང་སྤྱོད། བྱང་སྒྲ་མི་སྙན། ལུས་དང་ལུས་འཕགས། རྔ་ཡབ་དང་རྔ་ཡབ་གཞན། གཡོ་ལྡན་དང་ལམ་མཆོག་འགྲོ། སྒྲ་མི་སྙན་དང་སྒྲ་མི་སྙན་གྱི་ཟླ། རིན་པོ་ཆེའི་རི་བོ། དཔག་བསམ་གྱི་ཤིང་། འདོད་འཇོའི་བ། མ་རྨོས་པའི་ལོ་ཏོག འཁོར་ལོ་རིན་པོ་ཆེ། ནོར་བུ་རིན་པོ་ཆེ། བཙུན་མོ་རིན་པོ་ཆེ། བློན་པོ་རིན་པོ་ཆེ། གླང་པོ་རིན་པོ་ཆེ། རྟ་མཆོག་རིན་པོ་ཆེ། དམག་དཔོན་རིན་པོ་ཆེ། གཏེར་ཆེན་པོའི་བུམ་པ། སྒེག་མོ་མ། ཕྲེང་བ་མ། གླུ་མ། གར་མ། མེ་ཏོག་མ། བདུག་སྤོས་མ། སྣང་གསལ་མ། དྲི་ཆབ་མ། ཉི་མ། ཟླ་བ། རིན་པོ་ཆེའི་གདུགས། ཕྱོགས་ལས་རྣམ་པར་རྒྱལ་བའི་རྒྱལ་མཚན། དབུས་སུ་ལྷ་དང་མིའི་དཔལ་འབྱོར་ཕུན་སུམ་ཚོགས་པ་མ་ཚང་བ་མེད་པ་འདི་དག་དྲིན་ཅན་རྩ་བ་དང་བརྒྱུད་པར་བཅས་པའི་དཔལ་ལྡན་བླ་མ་དམ་པ་རྣམས་དང་། (འཕགས་པ་སྤྱན་རས་གཟིགས་ཀྱི་)ལྷ་ཚོགས་འཁོར་དང་བཅས་པ་རྣམས་ལ་ཞིང་ཁམས་འབུལ་བར་བགྱིའོ།། ཐུགས་རྗེས་འགྲོ་བའི་དོན་དུ་བཞེས་སུ་གསོལ། བཞེས་ནས་(ཀྱང་)བདག་སོགས་འགྲོ་བ་མར་གྱུར་ནམ་མཁའི་མཐའ་དང་མཉམ་པའི་སེམས་ཅན་ཐམས་ཅད་ལ་ཐུགས་བརྩེ་བ་ཆེན་པོའི་སྒོ་ནས་མཆོག་དང་ཐུན་མོང་གི་དངོས་གྲུབ་མ་ལུས་པ་སྩལ་དུ་གསོལ།)"[74]

"대지를 향으로 바르고 꽃을 흩뿌리며
수미산, 사대주, 해, 달[75]로써 장엄하는 이것을
불국토로 여기고 올림으로써

74 게쎄 체빡최뻴 등 원본 비교·교정/게쎄하람빠 따시랍뗀 등 편집,「4회의 멘델을 올리는 될마의궤(སྒྲོལ་མ་མཎྜལ་བཞི་ཆོག)」,『될마의궤와 수보의궤(酬補儀軌, སྒྲོལ་ཆོག་དང་བསྐང་གསོ།)』에 수록, 남인도 RATO DRATSANG(라뙤다창), 2020, pp.24~25.

75 수미산을 비롯한 이 일곱 가지를 '일곱 무더기'로 표현한다.

모든 중생이 정토를 향수하여지이다.

(ས་གཞི་སྤོས་ཀྱིས་བྱུགས་ཤིང་མེ་ཏོག་བཀྲམ།།

རི་རབ་གླིང་བཞི་ཉི་ཟླས་བརྒྱན་པ་འདི།།

སངས་རྒྱས་ཞིང་དུ་དམིགས་ཏེ་ཕུལ་བ་ཡིས།།

འགྲོ་ཀུན་རྣམ་དག་ཞིང་ལ་སྤྱོད་པར་ཤོག།)

앞 허공의 사자좌, 달방석 위에

환희로운 미소를 띤 지존이신 스승께서

나의 신심의 으뜸가는 복전으로

(부처님의) 가르침이 성행토록 백겁 동안 머물러 주소서.

이담 구루 란나 멘델 라깜 니르야 따야 미.

(མདུན་གྱི་ནམ་མཁའ་སེང་ཁྲི་པད་ཟླའི་སྟེང་།།

རྗེ་བཙུན་བླ་མ་དགྱེས་པའི་འཛུམ་དཀར་ཅན།།

བདག་བློ་དད་པའི་བསོད་ནམས་ཞིང་མཆོག་ཏུ།།

བསྟན་པ་རྒྱས་ཕྱིར་བསྐལ་བརྒྱར་བཞུགས་སུ་གསོལ།།

ཨི་དཾ་གུ་རུ་རཏྣ་མཎྜལ་ལ་ཀཾ་ནིརྻ་ཏ་ཡ་མི།)"[76]

라는 이를 마음에 또렷하게 떠올리면서 염송하도록 한다.

『보리도차제의 마르티 일체지로 나아가는 지름길』에는 멘델을 올릴 때의 마음가짐에 관해 다음과 같이 해설하고 있다.

---

76 앞의 의궤집, 게쎄 체빡최뻴 등 원본 비교·교정/게쎄하람빠 따시랍뗀 등 편집(2020), p.25.

"멘델 그 또한 상품은 금과 은, 중품은 적동과 향청동, 여의치 않으면 또한 나무 등 어느 하나에 우정물牛淨物[77]과 향수를 바르고 무더기[78] 또한 향수로 물들인다. 멘델을 크게도 하지 말고 삼천대천세계의 세간계를 작게도 하지 말며 최상은 마음으로 할 수 있다면 삼천대천세간계 모두와, 그와 같이 할 수 없다면 자신과 타인의 몸과 재물, 사대주四大洲, 수미산, 선근 등 일체의 (수습) 대상을 마음 깊은 곳으로부터 또렷하게 떠올리고서 멘델을 올린다.[79]

(མཎྜལ་དེ་ཡང་རབ་གསེར་དངུལ། འབྲིང་ཟངས་འཁར་བ། མ་འབྱོར་ན་ཡང་ཤིང་སོགས་གང་ཡང་རུང་བ་ལ་བ་བྱུང་དང་དྲི་བཟང་གི་ཆུས་བྱུགས། ཚོམ་བུ་ཡང་དྲི་བཟང་གི་ཆུས་སྦགས་ཏེ། མཎྜལ་ཆེ་རུ་ཡང་མ་སོང་སྟོང་གསུམ་གྱི་སྟོང་ཆེན་པོའི་འཇིག་རྟེན་གྱི་ཁམས་ཆུང་དུ་ཡང་མ་སོང་བར། རབ་བློས་

---

77 앞의 사전, 張怡蓀 主編(1984), 상권, p.1802, 표제어: '우정물환(牛淨物丸, བ་བྱུང་རིལ་བུ།)',
"황소로부터 생긴 다섯 가지 물질을 한데 섞어서 (끓여 만든) 환
(བ་ལས་བྱུང་བའི་རྫས་ལྔ་པོ་གཅིག་ཏུ་བསྲེས་ནས་བཙོས་པའི་རིལ་བུ།)"
이라 한 바와 같이 '우정물牛淨物'이란 황소로부터 나온 대변, 소변, 버터, 발효유, 우유의 다섯 가지를 가리킨다. 여기서의 '우정물'이란 '우정물환'을 가리킨다. 이 환은 복용하는 것이 아닌, 멘델을 올리거나 호마공양 등을 올릴 때 사용한다. 우정물을 공양하는 것에 관해서는 티벳의 자연환경 등과 전통적인 측면에서 이해해야 할 부분이다.

78 여기서 '무더기'란 멘델 속에 채워 올리는 갖가지 곡식류 및 보석류를 가리킨다.

79 앞의 역주서, 뻰첸라마 롭상예쎄/법장 옮김(2022), pp.211~212, 각주 178, "실제 멘델 크기를 일부러 크게 만들려고도 하지 말며, 비록 작은 크기라 하더라도 마음속의 멘델은 광대한 삼천대천세계가 그대로 다 들어 있다고 관상한다."

ལྷོགས་ན་སྟོང་གསུམ་གྱི་སྟོང་ཆེན་པོའི་འཇིག་རྟེན་གྱི་ཁམས་ཐམས་ཅད་དང་། དེ་ལྟར་མ་ལྷོགས་ན་རང་གཞན་གྱི་ལུས་ཡོངས་སྤྱོད་གླིང་བཞི་རི་རབ་དགེ་རྩ་དང་བཅས་པ་ཐམས་ཅད་སྙིང་ཐག་པ་ནས་དམིགས་པ་གསལ་བར་བྱས་ལ་མཎྜལ་ཕུལ།)"[80]

③ 성관자재를 찬탄하기

"모든 부처님께서 매우 칭찬하시고
모든 최상의 공덕을 쌓은
관세음이라는 명호로 불리는
언제나 자비심을 (지닌 분)께 예경하고 찬탄하나이다.
(སངས་རྒྱས་ཀུན་གྱིས་རབ་ཏུ་བསྔགས།།
ཡོན་ཏན་དམ་པ་ཀུན་བསགས་པ།།
སྤྱན་རས་གཟིགས་ཞེས་མཚན་གསོལ་བ།།
རྟག་པར་བརྩེ་ལ་ཕྱག་འཚལ་བསྟོད།།)"[81]

라는 이를 마음에 또렷하게 떠올리면서 염송하도록 한다.

④ 수습과 동시에 육자진언을 반복해서 염송하기

여기서는 실제로 육자진언을 반복해서 염송할 때 감로가 흘러내림으로써 죄업과 장애가 소멸되었다고 수습함과 동시에 실제로 육자진언을 반복해서 염송한다. 그런 연후에 부차적으로, 육자진언 옴마니반메훔을 염송하면서 진언자를 더 보태거나 빠뜨린 과실을 충족

80 앞의 논서, 뻰첸라마 롭상예쎄(2012), p.387.

81 『선성취대밀교경善成就大密教經 中 성취법품(ལེགས་པར་གྲུབ་པར་བྱེད་པའི་རྒྱུད་ཆེན་པོ་ལས་སྒྲུབ་པའི་ཐབས་རིམ་པར་ཕྱེ་བ།)』, 티벳장경 데게까규르 십만탄트라부༼ཝ༽ d807 96-190a.

시키기 위한 방편으로 백자진언을 염송하도록 한다.

A. 육자진언을 반복해서 염송할 때 수습할 대상

A) 감로가 흘러내림으로써 죄업과 장애가 소멸되었다고 수습하기

성관자재 당신의 가슴에서 수직의 하얀색 '히(ཧྲཱིཿ)'자가 머물러 있는 그 가장자리에 옴마니반메훔 육자주문의 행렬이 돌아가며 배치되어 있다. 그것으로부터 다섯 가지 감로가 빛과 함께 흘러내린다. 자신과 자신이 아닌 일체중생의 몸과 마음에 흡수됨으로써 비롯함이 없는 때로부터 쌓은 모든 죄업과 장애가 그을음즙과 목탄즙의 모습으로 감각기관의 문과 모공毛孔 전체로부터 밖으로 빠져나와 개운하고 청결해졌다. 또한 예컨대 한 어두컴컴한 곳에 밝은 등불 하나를 받쳐들면 그 어둠은 어디로 갔는지 흔적도 없이 사라지는 것〔어둠 속에 전기 스위치를 켜면이라는 비유도 마찬가지이다〕과 같이 모든 죄업과 장애가 소멸되었다. 수명과 복덕, 교법教法과 증법證法[82]의 모든 공덕이 증장되고 광대해졌다. 특히 성관자재의 몸과 말씀, 마음의 일체의 가피가 자신과 자신이 아닌 일체중생의 몸과 마음에 흡수됨으로써 성관자재와 동등해졌다.[83]

---

82 앞의 역주서, 뻰첸라마 롭상예쎼/법장 옮김(2022), p.122, 각주 25,
"교법의 공덕은 십이부경과 삼장 등의 경론 중의 의미를 전도되지 않게 아는 지혜와 같은 것을 말한다. 증법의 공덕은 이러한 의미를 전도되지 않게 아는 것에 의해 실천 수행하여 자신의 마음에 염리심, 대연민심, 보리심, 공성을 요해하는 지혜, 도성제와 멸성제 등이 생긴 것을 말한다."

83 ㉮ 앞의 논서, 뻰첸라마 롭상예쎼(2012), pp.370~371,
"자신의 스승과 본성이 다를 바 없는 능인왕〔석가모니〕과 자신의 스승과 본성

이 다를 바 없는 능인왕 주변의 직·간접의 스승들의 몸의 부분에서 다섯 가지 감로가 빛과 함께 흘러내린다. 자신과 자신이 아닌 일체중생의 몸과 마음에 흡수됨으로써 비롯함이 없는 때로부터 쌓은 모든 죄업〔불선업〕과 장애와 특히 위덕을 갖춘 스승의 몸을 위험에 빠뜨린 것, 말씀을 무시한 것, 마음을 혼란스럽게 한 것, 불신한 것, 업신여기고 욕한 것 등 요약하면 스승을 상대로 지은 모든 죄업과 장애가 그을음즙과 목탄즙과 같은 모습으로 감각기관의 문과 모공 전체로부터 밖으로 빠져나와 개운하고 청결해졌다. 또한 예컨대 가파른 곳에 불도 아니고 재도 아닌 것에다 물을 부으면 싹 씻겨 내려가는 것과 아니면 한 어두컴컴한 곳에 밝은 등불 하나를 받쳐 들면 그 어둠은 어디로 사라졌는지 흔적도 없어지는 것과 같은 것, (이) 두 가지에서 후자〔어둠 속의 등불〕의 힘이 더 강하다고 곌와 왼싸빠 큰 스승께서 주장하셨기에 스승을 상대로 지은 모든 죄업과 장애가 청정清淨 무구無垢해졌다. 수명과 복덕, 교법과 증법의 모든 공덕이 증장되고 광대해졌다. 특히 위덕을 갖춘 스승의 몸과 말씀, 마음의 모든 가피가 자신과 자신이 아닌 일체중생의 몸과 마음에 흡수됨으로써 위덕을 갖춘 스승의 보호 아래 들었다고 관상하도록 한다.
(བླ་མ་ཐུབ་པའི་དབང་པོ་དང་བླ་མ་ཐུབ་པའི་དབང་པོའི་མཐའ་སྐོར་གྱི་དངོས་བརྒྱུད་ཀྱི་བླ་མ་རྣམས་ཀྱི་སྐུའི་ཆ་ལས་བདུད་རྩི་སྣ་ལྔ་འོད་ཟེར་དང་བཅས་པའི་རྒྱུན་བབས། རང་གཞན་སེམས་ཅན་ཐམས་ཅད་ཀྱི་ལུས་སེམས་ལ་ཞུགས་པས་ཐོག་མ་མེད་པ་ནས་བསགས་པའི་སྡིག་སྒྲིབ་ཐམས་ཅད་དང་། ཁྱད་པར་དུ་དཔལ་ལྡན་བླ་མའི་སྐུ་ལ་བརྙས་པ། གསུང་བཅག་པ། ཐུགས་དཀྲུགས་པ། མ་དད་བརྙས་སྨོད་བགྱིས་པ་ལ་སོགས་པ་མདོར་ན་བླ་མ་ལ་བརྟེན་པའི་སྡིག་སྒྲིབ་ཐམས་ཅད་དུད་ཁུ་དང་སོལ་ཁུའི་རྣམ་པར་དབང་པོའི་སྒོ་དང་བ་སྤུའི་བུ་ག་ཐམས་ཅད་ནས་ཕྱིར་ཐོན་ནས་སངས་ཏེ་དག། དེ་ཡང་དཔེར་ན་དཀན་གཟར་ལ་མེ་མ་ཐལ་ཡོད་པ་ལ་ཆུ་བླུགས་ན་ཐལ་བྱུང་དུ་འགྲོ་བ་དང་། ཡང་ན་མུན་པ་ནག་པོ་ཞིག་ལ་སྒྲོན་མེ་གསལ་བ་ཞིག་བཏེག་ན་མུན་པ་དེ་གར་སོང་ཆ་མེད་དུ་འགྲོ་བ་ལྟ་བུ་གཉིས་ལས་ཕྱི་མ་འདི་སྟོབས་ཆེ་བ་རྒྱལ་བ་དབེན་ས་པ་ཆེན་པོ་བཞེད་པས་བླ་མ་ལ་བརྟེན་པའི་སྡིག་སྒྲིབ་ཐམས་ཅད་བྱང་ཞིང་དག། ཚེ་དང་བསོད་ནམས་ལུང་རྟོགས་ཀྱི་ཡོན་ཏན་ཐམས་ཅད་འཕེལ་ཞིང་རྒྱས། ཁྱད་པར་དཔལ་ལྡན་བླ་མའི་སྐུ་གསུང་ཐུགས་ཀྱི་བྱིན་རླབས་ཐམས་ཅད་རང་གཞན་སེམས་ཅན་ཐམས་ཅད་ཀྱི་ལུས་སེམས་ལ་ཞུགས་ནས་དཔལ་ལྡན་བླ་མའི་སྐྱབས་འོག་ཏུ་ཚུད་པར་བསམ།)"

㉯ 앞의 논서, 제14대 달라이라마(2014), 『(근본)스승과 관세음의 본성이 다름이 없는 유가, 실지 모음』, pp.14~15,

"(성관자재의) 가슴의 '히(ཧྲཱིཿ)'자의 가장자리에 육자주문의 행렬이 돌아가며 (배치되어) 있는 것으로부터 감로가 흘러내림으로써 질병과 악귀, 죄업과 장애가 모두 소멸되고 교법과 증법의 공덕이 증장되었다. 법왕자와 함께 승리자의

라는 이를 마음에 또렷하게 떠올리면서 염송하도록 한다.

B) 일체중생이 성관자재라고 수습하기

성관자재의 가슴에 옴마니반메훔 육자가 돌아가며 (배치되어) 있는 것으로부터 다시 빛과 감로가 흘러내림으로써 기세간과 중생세간의 허물이 남김없이 소멸되었다. 이 기세간이 극락세계와 같은 정토로 바뀌었다. 그리고 중생세간, 즉 중생의 마음의 두 가지 장애가 습기와 함께 청정무구淸淨無垢해져서 일체중생이 즉시 성관자재로 바뀌었다.[84]

라는 이를 마음에 또렷하게 떠올리면서 염송하도록 한다.

가피를 남김없이 성취하였다.

(ཐུགས་ཀའི་ཧྲཱིཿམཐར་ཡིག་དྲུག་སྔགས་ཕྲེང་གིས།། བསྐོར་ལས་བདུད་རྩིའི་རྒྱུན་བབས་ནད་གདོན་དང་།། སྡིག་སྒྲིབ་ཀུན་བྱང་ལུང་རྟོགས་ཡོན་ཏན་རྒྱས།། སྲས་བཅས་རྒྱལ་བའི་བྱིན་རླབས་མ་ལུས་ཐོབ།།)"

㉰ 앞의 논서, 울추 다르마바다(2010), 제2권, p.288,

"그와 같이 공양하고 간청한 힘으로써 성인(성관자재)의 가슴의 달방석 위에 (하얀색) '히(ཧྲཱིཿ)'자가 (있다. 그) 가장자리에 육자가 돌아가며 (배치되어) 있는 것으로부터 감로가 흘러내림으로써 일체의 질병과 악귀 죄업과 장애가 씻어졌다.

(དེ་ལྟར་མཆོད་ཅིང་གསོལ་བ་བཏབ་པའི་མཐུས།། འཕགས་པའི་ཐུགས་ཀར་ཟླ་སྟེང་ཧྲཱིཿཡིག་མཐར།། ཡི་གེ་དྲུག་པས་བསྐོར་ལས་བདུད་རྩིའི་རྒྱུན།། བབས་པས་ནད་གདོན་སྡིག་སྒྲིབ་ཐམས་ཅད་བཀྲུས།།)"

라는 문장들을 전거로 하였다.

84 앞의 논서, 용수(D2850) 73-191b,

"또한 자신의 가슴의 '히(ཧྲཱིཿ)'자에서 빛이 비침으로써 일체중생에게 닿아 그들의 두 가지 장애가 청정해지고 모두 지존 세간자재로 바뀌었다고 수습한다.

(ཡང་རང་གི་སྙིང་གའི་ཡི་གེ་ཧྲཱིཿལས་འོད་ཟེར་འཕྲོས་པས་སེམས་ཅན་ཐམས་ཅད་ལ་ཕོག་སྟེ་དེ་རྣམས་ཀྱི་སྒྲིབ་པ་གཉིས་དག་པར་བྱས་ནས་ཐམས་ཅད་རྗེ་བཙུན་འཇིག་རྟེན་དབང་ཕྱུག་ཏུ་གྱུར་པར་བསྒོམ་ཞིང་།)"

라는 문장을 전거로 하였다.

C) 견見, 문聞, 각지覺知의 세 가지를 성관자재의 삼밀三密로 받아들이는 유가

자신과 자신이 아닌 다른 일체중생의 눈에 보이는 현상들이 모두 성관재의 몸인 것으로, 귀에 들리는 소리 모두가 육자진언 그 자체의 소리인 것으로, 마음에 현현하는 어떤 법도 모두 성관자재의 마음의 일체종지 그것의 본바탕이 드러난 것이라고 여기는 확고한 믿음으로 머물게 되었다.[85]

라는 이를 마음에 또렷하게 떠올리면서 염송하도록 한다.

D) 자신과 일체중생이 함께 육자진언을 반복해서 염송하고 있다고 수습하기

자신과 자신이 아닌 다른 일체중생을 성관자재로 또렷하게 떠올린

---

85 ㉮ 앞의 논서, 제14대 달라이라마(2014), 『(근본)스승과 관세음의 본성이 다름이 없는 유가, 실지 모음』, p.15,

"또다시 빛이 비치어 기세간과 중생세간의 허물이 소멸되어 견, 문, 각지의 세 가지를 성인〔성관자재〕의 삼밀三密로 받아들이는 최상의 유가에 머물게 되었다.

(སླར་ཡང་འོད་འཕྲོས་སྣོད་བཅུད་སྐྱོན་སྦྱངས་ཏེ།། སྣང་གྲགས་རིག་གསུམ་འཕགས་པའི་གསང་གསུམ་དུ།། འཁྱེར་བའི་རྣལ་འབྱོར་མཆོག་ལ་གནས་པར་གྱུར།།)"

㉯ 앞의 논서, 용수(D2736a), 73-123a~73-123b, 제24게송,

"그로부터 속히 하〔성관자재〕의 몸으로 (바뀌었다고) 생각하고서 사위의四威儀에 요동없이 흐르는 강물과 같이 수습하고 견, 문 등을 몸과 말씀, 마음(의 삼밀)로 받아들인다.

(དེ་ལས་ཅུང་ཟད་ཧཱ་ཡི་སྐུར།། ལངས་ཏེ་སྤྱོད་ལམ་རྣམ་བཞི་རུ།། མ་ཡེངས་ཆུ་བོའི་རྒྱུན་ལྟར་བསྒོམས།། སྣང་གྲག་སྐུ་གསུང་ཐུགས་སུ་ཁྱེར།།)"

라는 문장을 전거로 하였다.

상태에서, 이들이 함께 큰 소리로 육자진언을 염송한다.[86]

라는 이를 마음에 또렷하게 떠올리면서 염송하도록 한다.

B. 실제로 육자진언을 반복해서 염송하기

육자진언을 염송할 때의 발음은 한글의 경우 '옴마니반메훔', 티벳어의 경우 '옴마니뻬메훙'으로 오롯이 마음을 집중한 상태에서 가능한 많이 염송하도록 한다.

다라니와 진언의 염송법에 관해서는『일체 여래의 몸 말씀 마음의 (본성인) 씬제쎄낙뽀〔黑闇魔敵〕라는 밀교경(དེ་བཞིན་གཤེགས་པ་ཐམས་ཅད་ཀྱི་སྐུ་གསུང་ཐུགས་གཤིན་རྗེ་གཤེད་ནག་པོ་ཞེས་བྱ་བའི་རྒྱུད།)』(d467)의

"어떤 염송할 (진언을) 매우 많이 염송해서
광대한 실지悉地를 이루고자 함에는
(음조를) 빨리 하지도 말고, 느리게 하지도 말며
길게 하지도 말고, 짧게 하지도 말며
주문이 약간 들릴 (정도로) 염송해야 한다.[87]
(བཟླས་པ་གང་ཞིག་རབ་བཟླས་ན(ས)།།
དངོས་གྲུབ་ཡངས་པ་ཐོབ་པ་ནི།།

---

86 앞의 논서, 용수(D2850) 73-191b,
"자신이 염송할 때 그 일체(중생)이 육자진언을 디리리〔의성어〕 반복해서 염송하고 있다고 수습하고, 정확한 발음으로 염송해야 한다.
(རང་གིས་བཟླས་པའི་ཚེ་དེ་ཐམས་ཅད་ཀྱིས་ཡི་གེ་དྲུག་པ་དི་རི་རི་བཟླས་པར་བསྒོམ་ཞིང་དག་པར་བཟླས་སོ།།)"
라는 문장을 전거로 하였다.

87 제5구는 소리가 자신에게만 들릴 정도로 아주 작은 소리로 염송한다는 의미이다.

མྱུར་བར་མ་ཡིན་དལ་བར་མིན།།

རིང་དུ་མ་ཡིན་ཐུང་ངུ་མིན།།

སྔགས་ནི་ཚུང་ཟད་གྲོས་པར་བཟླས།།) ”[88]

라는 문장에서 밝히고 있다.

C. 부차적으로, 백자진언을 염송하여 더 보태거나 빠뜨린 것을 충족시키기

백자진언을 염송할 때 성관자재의 몸에서 빛이 비치어 자신의 몸에 닿아 일체의 죄업과 장애, 특히 육자진언 수습 및 염송 과제를 더 보태거나 빠뜨린 허물 모두가 청결해졌다. 또다시 성관자재의 몸에서 빛이 뿜어져 나와 자신의 몸에 닿아 성관자재의 몸과 말씀, 마음의 일체의 가피를 성취하였다고 또렷하게 떠올리면서

“옴 빼마쌴또 싸마야마누빠라야 빼마쌴또떼노빠띡타 디도 메 바와 쑤또카요 메 바와 쑤뽀카요 메 바와 아누락또 메 바와 싸르와씯딤 메 따얏차 싸르와까르마쑤 짜 메 찓땀 씨라얌 꾸루 훙 하 하 하 하 호 바가왼 싸르와따타가따 빼마 마 메 뭰짜 빼마 바와 마하싸마야쌴또 아.

(ཨོཾ་པདྨ་སཏྭ་ས་མ་ཡ། མ་ནུ་པཱ་ལ་ཡ། པདྨ་སཏྭ་ཏྭེ་ནོ་པ་ཏིཥྛ། དྲི་ཌྷོ་མེ་བྷ་ཝ། སུ་ཏོ་ཥྱོ་མེ་བྷ་ཝ། སུ་པོ་ཥྱོ་མེ་བྷ་ཝ། ཨ་ནུ་རཀྟོ་མེ་བྷ་ཝ། སརྦ་སིདྡྷི་མྨེ་པྲ་ཡཙྪ། སརྦ་ཀརྨ་སུ་ཙ་མེ། ཙིཏྟཾ་ཤྲི་ཡཾ་ཀུ་རུ་ཧཱུྃ། ཧ་ཧ་ཧ་ཧ་ཧོཿ བྷ་ག་ཝན། སརྦ་ཏ་ཐཱ་ག་ཏ། པདྨ་མཱ་མེ་མུཉྩ། པདྨ་བྷ་ཝ། མཧཱ་ས་མ་ཡ་སཏྭ་ཨཿ) ”[89]

---

88 『일체 선서의 몸 말씀 마음의 (본성)인 씬제쎼낙뽀(黑闇魔敵)라는 밀교경(དེ་བཞིན་གཤེགས་པ་ཐམས་ཅད་ཀྱི་སྐུ་གསུང་ཐུགས་གཤིན་རྗེ་གཤེད་ནག་པོ་ཞེས་བྱ་བའི་རྒྱུད།)』, 티벳장경 데게까규르 십만탄트라부 ʃཛʅ d467 83-145a.

라는 '제쭌〔성관자재〕의 백자진언' 또는

"옴 벤자쌋또 싸마야마누빠라야 벤자쌋또떼노빠띡타 디도 메 바와 쑤또카요 메 바와 쑤뽀카요 메 바와 아누락또 메 바와 싸르와씯딤 메 따얏차 싸르와까르마쑤 짜 메 찐땀 씨라야 꾸루 훙 하 하 하 하 호 바가왼 싸르와따타가따 벤자 마 메 뮌짜 벤지 바와 마하싸마야쌋또 아.

(ཨོཾ་བཛྲ་སཏྭ་སམཡམནུཔཱལཡ། བཛྲ་སཏྭཏྭེནོཔཏིཥྛ། དྲྀཌྷོ་མེ་བྷཝ། སུཏོཥྱོ་མེ་བྷཝ། སུཔོཥྱོ་མེ་བྷཝ། ཨནུརཀྟོ་མེ་བྷཝ། སརྦ་སིདྡྷིམྨེ་པྲཡཙྪ། སརྦ་ཀརྨསུ་ཙ་མེ་ཙིཏྟཾ་ཤྲེཡཿ་ཀུརུ་ཧཱུྃ། ཧ་ཧ་ཧ་ཧ་ཧོཿ་བྷགཝན་སརྦ་ཏཐཱགཏ། བཛྲ་མཱ་མེ་མུཉྩ། བཛྲཱི་བྷཝ། མཧཱ་སམཡ་སཏྭ་ཨཱཿ།།)"[90]

라는 '금강살타의 백자진언' 중 택일하여 3번 또는 7번을 염송하도록 한다.

⑤ 현밀의 도〔수행과제〕 전체와 관련 지어 성관자재께 간청하기[91]

A. 기초수행도

---

89 제쭌 따라나타(ཇོ་བཙུན་ཏཱ་ར་ནཱ་ཐ།), 『성십일면관자재의 재계齋戒에 머무는 의궤, 최상의 해탈의 보배 궁전(འཕགས་པ་ཐུགས་རྗེ་ཆེན་པོ་བཅུ་གཅིག་ཞལ་གྱི་བསྙུང་བར་གནས་པའི་ཆོ་ག་ཐར་མཆོག་རིན་ཆེན་ཁང་བཟང་ཞེས་བྱ་བ།)』, 전집부 조낭, 『제쭌 따라나타의 전집(ཇོ་བཙུན་ཏཱ་ར་ནཱ་ཐའི་གསུང་འབུམ།)』〔ཟ〕 JT464 22-493.

90 쭌빠왕뽀(བཙུན་པ་དབང་པོ།), 『현교경 · 밀교경에서 발췌한 몇몇 다라니 및 만뜨라 그리고 티벳어 번역(མདོ་རྒྱུད་ལས་འབྱུང་བའི་གཟུངས་སྔགས་འགའ་ཞིག་བོད་སྐད་དུ་བཀྲོལ་བ་དང་བཅས་པ།)』, Varanasi Sarnath, Central University of Tibetan Studies, 2012, pp.64~65.

91 이하의 내용은 성관자재에게 현밀의 도 전체가 자신에게 생기도록 간청하는 것에 해당한다. 이에 관해서는 제14대 달라이라마(2014), 『(근본)스승과 관세음의 본성이 다름이 없는 유가, 실지 모음』의 일부 문장을 제시하였다.

A) 도의 근본인 선지식을 의지하기

"일시적인 (이익)과 영원한 안락 모두의
토대인 틀림없는 도를 설한 은혜로운 수장은
광대무변한 귀의처가 (응집된) 더미라는 확신을 얻고서
올바른 사상과 행위로써 의지하도록 가피하소서.
(འཕྲལ་དང་ཡུན་གྱི་བདེ་བ་མ་ལུས་པའི།།
གཞིར་གྱུར་མ་ནོར་ལམ་སྟོན་དྲིན་ཅན་རྗེ།།
རབ་འབྱམས་སྐྱབས་ཀྱི་ཕུང་པོར་ངེས་རྙེད་ནས།།
བསམ་སྦྱོར་དག་པས་བསྟེན་པར་བྱིན་གྱིས་རློབས།།)"[92]

B) 유가와 원만의 몸을 얻기 어려움을 수습하기

"천만 가지 최상의 보배로도 견줄 수 없는 유가와 원만의
몸을 성취하더라도
(ནོར་མཆོག་བྱེ་བས་བསྒྲུན་མེད་དལ་འབྱོར་རྟེན།།
ཐོབ་ཀྱང་~)"[93]

B. 하사도

A) 죽음무상을 수습하기

"견고하지 못한 것 또는 죽음의 때가 확정적이지 않기에

---

92 앞의 논서, 제14대 달라이라마(2014),『(근본)스승과 관세음의 본성이 다름이 없는 유가, 실지 모음』, p.11, 제1게송.

93 앞의 논서, 제14대 달라이라마(2014),『(근본)스승과 관세음의 본성이 다름이 없는 유가, 실지 모음』, p.11, 제2게송 제1구~2구 일부.

언제나 금생의 눈앞의 이익만을 쫓는 행위에 정신 팔지 말고

미묘법을 행함으로써 보내도록 가피하소서.[94]

(~མི་བརྟན་ནམ་འཇོར་ཆ་མེད་པས།།

འདི་སྣང་བྱ་བས་ནམ་ཡང་མི་གཡེང་བར།།

དམ་ཆོས་སྒྲུབ་པས་འདའ་བར་བྱིན་གྱིས་རློབས།།)"[95]

B) 악도의 고통을 수습하기

"참기 어려운 악도의

(བཟོད་དཀའ་ངན་འགྲོའི་~)"[96]

C) 삼보에 대한 귀의를 익히기

"두려움으로부터 구제하는 출중한

삼보를 영원한 귀의처로 바르게 인식하고

(~འཇིགས་ལས་སྐྱོབས་པའི་ཕུལ།།

མཆོག་གསུམ་གཏན་གྱི་སྐྱབས་སུ་ལེགས་བཟུང་སྟེ།།)"[97]

---

94 제4구는 오직 시간을 불법을 실천 수행하는 데 사용하도록 가피하소서라는 의미이다.

95 앞의 논서, 제14대 달라이라마(2014), 『(근본)스승과 관세음의 본성이 다름이 없는 유가, 실지 모음』, pp.11~12, 제2게송 제2구 일부~제4구.

96 앞의 논서, 제14대 달라이라마(2014), 『(근본)스승과 관세음의 본성이 다름이 없는 유가, 실지 모음』, p.12, 제3게송 제1구 일부.

97 앞의 논서, 제14대 달라이라마(2014), 『(근본)스승과 관세음의 본성이 다름이 없는 유가, 실지 모음』, p .12, 제3게송 제1구 일부~2구.

D) 업과業果에 대한 신심을 일으키기

"흑백〔善惡〕의 업과를 있는 그대로 사유함으로써
죄업을 소멸하고 선업을 지을 수 있도록 가피하소서.[98]
(དཀར་ནག་ལས་འབྲས་ཇི་བཞིན་སེམས་པ་ཡིས།།
སྡིག་སྤོང་དགེ་སྒྲུབ་ནུས་པར་བྱིན་གྱིས་རློབས།།)"[99]

C. 중사도

A) 해탈을 희구하는 마음을 일으키기

"나찰귀녀羅刹鬼女[100]의 유혹과 같이 제석천왕의
모든 원만구족한 것마저도 유혹의 대상으로
보는 강한 염리심으로써 마음을 움직여서
(སྲིན་མོའི་བསླུ་བྲིད་ཇི་བཞིན་ལྷ་དབང་གི།
ཕུན་ཚོགས་ཀུན་ཀྱང་བསླུ་བའི་ཆོས་ཅན་དུ།།
མཐོང་བའི་ངེས་འབྱུང་དྲག་པོས་རྒྱུད་བསྐུལ་ནས།།)"[101]

---

98 제1구는 선업으로부터 오직 안락한 과보만 생길 뿐 고통의 과보는 생기지 않고, 불선업으로부터 오직 고통의 과보만 생길 뿐 안락의 과보는 생기지 않는다는 사실을 거듭거듭 사유함으로써~ 라는 의미이다. 제2구는 죄업은 소멸하고 대신 선업을 지을 수 있도록 가피하소서라는 의미이다.

99 앞의 논서, 제14대 달라이라마(2014), 『(근본)스승과 관세음의 본성이 다름이 없는 유가, 실지 모음』 p.12, 제3게송 제3~4구.

100 '나찰귀녀羅刹鬼女'란 비사차귀 또는 식육귀食肉鬼에 속하는 귀신의 일종이다. 티벳 전설에 따르면 이것은 낮에 아름답고 부드러운 여인의 모습으로 둔갑을 해서 사람을 유혹하여 자신의 처소로 유인한 다음 잡아먹는 귀신이다.

101 앞의 논서, 제14대 달라이라마(2014), 『(근본)스승과 관세음의 본성이 다름이 없는 유가, 실지 모음』, p.12, 제4게송 제1~3구.

B) 해탈로 나아가는 도의 자성을 확정하기

“삼학수행三學修行[102]을 실천하도록 가피하소서.

(བསླབ་གསུམ་ཉམས་ལེན་བྱེད་པར་བྱིན་གྱིས་རློབས།།)”[103]

D. 상사도

A) 보리심을 일으키기

“비롯함이 없는 때로부터 은혜로써 바르게 보호하신,

생사윤회와 적정의 쇠락으로 핍박당하는 어머니[104]인 중생의

처지를 사유해서 최상의 마음[105]을 훌륭하게 일으키고서

(ཐོག་མེད་དུས་ནས་དྲིན་གྱིས་ལེགས་བསྐྱངས་པའི།།

སྲིད་ཞིའི་ཀྱུད་པས་མནར་བའི་མར་གྱུར་འགྲོའི།།

102 ‘삼학三學’이란 증상삼학增上三學, 즉 불교도의 귀의의 동기에 의한 삼학을 가리킨다. 이것은 이교도들에게도 존재하는 삼학과는 다르다. 증상삼학에는 증상계학, 증상삼매학, 증상혜학의 세 가지가 있다. 티벳장경 논소부 데게뗀규르 율부에 수록되어 있는 아사리 욘뗀외〔공덕광〕의 『근본율경론(འདུལ་བའི་མདོ་རྩ་བ།)』 등의 주석서인 꾼켄 초나와 쎄랍상뽀의 『율경律經 초나와주소 햇빛(འདུལ་བ་མཚོ་ཊཱི་ཀ་ཉི་མའི་འོད་ཟེར།)』에는 증상계학은 증상삼매학이 생기는 토대가 되고, 증상삼매학은 증상혜학이 생기는 토대가 되며, 증상계학은 일체 번뇌를 소멸하는 대치라고 한다. 증상계학은 별해탈계와 같고, 증상삼매학은 별해탈계에 의해 생긴 사마타〔止〕와 같으며, 증상혜학은 사마타와 위빠사나의 쌍운에 의해 무아를 직관하는 지혜와 같다고 한다.(앞의 역주서, 뻰첸라마 롭상예쎄/법장 옮김(2022), pp.49~50, 각주 39에서 요약)

103 앞의 논서, 제14대 달라이라마(2014), 『(근본)스승과 관세음의 본성이 다름이 없는 유가, 실지 모음』, p.12, 제4게송 제4구.

104 제2구는 생사윤회와 혼자만의 적정에만 머무는 소승의 적정, 즉 소승의 열반에 집착하는 허물로 핍박당하는 어머니인 중생이라는 의미이다.

105 여기서 ‘최상의 마음’이란 보리심을 가리킨다.

ངང་ཚུལ་བསམས་ནས་སེམས་མཆོག་རབ་བསྐྱེད་དེ།།)"[106]

B) 보살행을 총체적으로 익히기

"(보살)행[107]의 바다를 익히도록 가피하소서.

(སྤྱོད་པ་རྒྱ་མཚོར་སྦྱོབ་པར་བྱིན་གྱིས་རློབས།།)"[108]

C) 특히 육바라밀의 마지막 두 가지, 즉 사마타(止)와 위빠사나(觀)를 익히기

"티 없이 맑고 흔들림 없는 등인等引의 명경明鏡 표면에[109]

(양)변을 여윈 애초부터 공한 십만의 희유함이

가로막힘이 없이 (그대로) 드러나는 지관쌍운止觀雙運[110]의

---

106 앞의 논서, 제14대 달라이라마(2014), 『(근본)스승과 관세음의 본성이 다름이 없는 유가, 실지 모음』, pp.12~13, 제5게송 제1~3구.

107 여기서 보살행은 육바라밀과 사섭법 수행을 가리킨다.

108 앞의 논서, 제14대 달라이라마(2014), 『(근본)스승과 관세음의 본성이 다름이 없는 유가, 실지 모음』, p.13, 제5게송 제4구.

109 제1구는 혼침과 도거가 없는 허물을 여윈 등인의 심식의 선상에~ 라는 의미이다. 앞의 역주서, 뻰첸라마 롭상예쎼/법장 옮김(2022), p.433, 각주 519, 여기서 '등인等引'이란 "싸마히따(samāhita, སམཱཧིཏཿ)라고도 하며, 전력적 집중수습 또는 분별적 사유수습 중 하나에 의해 마음이 다른 곳으로 흩어지지 않고 하나의 수습대상에 오롯이 집중하여 혼침과 도거의 과실을 벗어나 그 흐름을 균등하게 지속시켜 가는 것을 말한다. 등인은 계위에 오르지 못한 일반 범부로부터 부처님에 이르기까지 존재한다."

110 앞의 역주서, 뻰첸라마 롭상예쎼/법장 옮김(2022), pp.83~87, '지관쌍운止觀雙運'이란 "사마타(止)는 마음이 밖으로 흩어지지 않고 오롯이 하나의 수습대상에 집중하는 삼매이며, 위빠사나(觀)는 사마타(止)를 바탕으

유가가 마음에 생기도록 가피하소서.[111]

(རབ་དྭངས་གཡོ་མེད་མཉམ་བཞག་མེ་ལོང་ངོགས།།

མཐའ་བྲལ་གདོད་ནས་སྟོང་པའི་ངོ་མཚར་འབྱུམ།།

འགོག་མེད་བཀྲ་བའི་ཞི་ལྷག་ཟུང་འབྲེལ་གྱི།།

རྣལ་འབྱོར་རྒྱུད་ལ་སྐྱེ་བར་བྱིན་གྱིས་རློབས།།)"[112]

E. 비밀금강승을 익히기

로 수습대상을 자세하게 분별하는 지혜다. 우선 사마타(止)를 성취하고 나서 이를 바탕으로 위빠사나(觀)를 성취하여 이 둘의 힘이 대등한 상태가 된 것을 사마타(止)와 위빠사나(觀)의 쌍운이라 한다."

예컨대 "『수습차제』「중편」에는 '밤에 등불을 켜서 책을 볼 때 등불이 매우 밝은 것과 바람에 흔들리지 않는 것, 이 두 가지 요건이 갖추어지면 글자체가 매우 선명하게 보인다. 그러나 등불이 희미하거나 바람이 흔들리면 글자체를 선명하게 볼 수 없는 것과 같다'라고 한다."

111 제1구는 사마타, 제2구는 위빠사나에 관해 나타내 보인 것이다. 티 없이 맑고 흔들림이 없는 등인等引의 명경明鏡 그 표면에 단변과 상변을 여읜 애초부터 자성이 공한 수십만의 희유함이 가로막힘이 없이 그대로 드러나는, 공성을 눈으로 사물을 보듯 직관적으로 요해하는 지관쌍운의 유가(심식)가 마음에 생기도록 가피하소서라는 의미이다. 다시 말해 마음이 분별망상이 없이 오롯이 집중한 상태에서 애초부터 일체법이 공하다는 것을 꿰뚫어 보는 지혜, 즉 공성을 눈으로 사물을 보듯 직관적으로 요해하는 지관쌍운의 유가가 마음에 생기도록 가피하소서라는 의미이다. 일반적으로 티벳 경론에 따르면 지관쌍운은 계위에 오르지 못한 범부로부터 부처님의 경지에 이르기까지 존재한다. 하지만 공성을 요해하는 지관쌍운은 삼승의 가행위, 견도위, 수도위, 성문과 연각의 아라한과 부처님의 경지까지 존재한다.

112 앞의 논서, 제14대 달라이라마(2014), 『(근본)스승과 관세음의 본성이 다름이 없는 유가, 실지 모음』, p.13, 제6게송.

"자격을 갖춘 밀종사인 선지식의[113]
은혜로부터 매우 심오한 비밀의 문에 입문하고서
실지의 근본인 서약과 (밀교)계들을
법답게 지킬 수 있도록 가피하소서.
(མཚན་ལྡན་རྡོ་རྗེ་འཛིན་པའི་བཤེས་གཉེན་གྱི།།
དྲིན་ལས་ཆེས་ཟབ་སྔགས་ཀྱི་སྒོར་ཞུགས་ནས།།
དངོས་གྲུབ་རྩ་བ་དམ་ཚིག་སྡོམ་པ་རྣམས།།
ཚུལ་བཞིན་བསྲུང་བར་ནུས་པར་བྱིན་གྱིས་རློབས།།)

대락의 예쎄와 공성을 눈으로 사물을 보듯 직관적으로 요해
하는 지혜, 이 둘의 본성이 조금도 다름이 없는
예쎄의 예리한 무기로써
일체를 형성시키는 업풍의 흐름을 완전히 차단하고서
심신합일心身合一의 대락인 대수인大手印을
금생에 실현하도록 가피하소서.[114]

---

113 제1구는 자격을 갖춘 밀종사인 선지식이 관정을 하사한다는 의미이다.

114 제2구는 대락의 예쎄와 공성을 눈으로 사물을 보듯 직관적으로 요해하는 지혜, 이 둘의 본성이 조금도 다름이 없는 예쎄가 번뇌장과 소지장을 모두 끊는 것을 예리한 무기에 비유한 것이다. 이것은 무상유가밀수행의 경지가 높은 수행자의 마음에만 존재한다. 제3구는 심신의 본성이 조금도 다름이 없는 대락의 예쎄의 본성으로 바뀐 대수인, 즉 부처님의 경지를 말한다. 대수인은 공성을 눈으로 사물을 보듯 직관적으로 요해하는 예쎄를 말한다. 대락의 예쎄 그것의 본성은 대수인이라는 의미이다. 제2~4구는 고락, 호오, 선악, 기세간, 중생세간 등 일체를 형성시키는 업풍의 흐름을 완전히 차단하고 심신의 본성이 조금도 다름이 없는 대락의 예쎄인 대수인을 금생에 실현하도록 가피하소서

(གཉིས་མེད་བདེ་སྟོང་ཡེ་ཤེས་མཚོན་རྟེན་གྱིས།།
ཀུན་བྱེད་ལས་རླུང་རྒྱུ་བ་རབ་བཅད་ནས།།
སྐུ་ཐུགས་ཟུང་འཇུག་བདེ་ཆེན་ཕྱག་རྒྱ་ཆེ།།
ཚེ་འདིར་མངོན་དུ་འགྱུར་བར་བྱིན་གྱིས་རློབས།།)"[115]

"라는 이러한 현밀의 도 전체가 마음에 생기도록 간청하는 것과 (함께 이를) 싸르곰(ཤར་སྒོམ།)하도록 한다.
(ཞེས་མདོ་སྔགས་ཀྱི་ལམ་ཡོངས་རྫོགས་རྒྱུད་ལ་སྐྱེ་བའི་གསོལ་འདེབས་དང་། ཤར་སྒོམ་བྱ།)"[116]

⑥ 자량전을 거두어들이기

그런 연후에 앞의 허공에 계시는 성관자재께서 순차적으로 빛의 본성이 된 것으로부터 자신에게 흡수됨으로써 자신이 성관자재로 바뀌었다.[117]
라는 이를 마음에 또렷하게 떠올리면서 염송하도록 한다.

라는 의미이다.

115 앞의 논서, 제14대 달라이라마(2014), 『(근본)스승과 관세음의 본성이 다름이 없는 유가, 실지 모음』, pp.13~14, 제7~8게송.

116 앞의 논서, 제14대 달라이라마(2014), 『(근본)스승과 관세음의 본성이 다름이 없는 유가, 실지 모음』, p.14.

117 앞의 논서, 용수(D2736a) 73-123b,
"담칙빠의 만다라가 자신에게 거두어지는 것과 자신도 사라져 보이지 않는 것을 확고부동하게 하고 '하(ཧྲཱི།)'의 모습으로 (바뀌었다고) 사유하고서 머문다.
(དམ་ཚིག་དཀྱིལ་འཁོར་རང་ལ་བསྡུ།། རང་ཡང་མི་དམིགས་རྒྱས་བཏབ་སྟེ།། ཧྲཱི་ཡི་རྣམ་པར་ལངས་ཏེ་གནས།།)"
라는 문장을 전거로 하였다.

(3) 수습 및 염송의 마무리 실천행

① 백자진언을 염송하기

이때도 육자진언 수습 및 염송 과제를 더 보태거나 빠뜨린 과실을 충족시키기 위한 방편으로 '제쭌〔성관자재〕의 백자진언' 또는 '금강살타의 백자진언' 중 택일해서 3번 또는 7번을 염송하도록 한다.

② 더 보태거나 빠뜨린 것에 대해 널리 관용을 베풀어 주시기를 간청하기

"더 보태거나 빠뜨린 것으로 인하여
의궤의 부분부분을 제대로 갖추지 못한 것과
내가 잊어버린 것 그 일체에
대해서도 인내하여 주소서.
(ལྷག་པ་དང་ཆད་པ་ཡིས།།
ཚོ་གའི་ཡན་ལག་ཉམས་པ་དང་།།
བདག་གི་བརྗེད་ངེས་ཅི་མཆིས་པ།།
དེར་ཡང་བཟོད་པར་མཛད་དུ་གསོལ།།)"[118] 또는

"내 마음의 어리석음으로 인해
이때 지은 모든 잘못을
일체 존재의 귀의처인

118『뻴옥민장춥최링다창의 염송(의궤)집 불교의 낙원(དཔལ་འོག་མིན་བྱང་ཆུབ་ཆོས་གླིང་གྲྭ་ཚང་གི་ཞལ་འདོན་ཐུབ་བསྟན་དགའ་ཚལ།)』「제쭌(될마가) 대비심으로써 (우리를 굽어 살펴 주기를) 권청하는 4회의 멘델을 (올리는) 의궤(རྗེ་བཙུན་ཐུགས་རྗེ་བསྐུལ་བའི་མཎྜལ་བཞི་ཆོག)」, (약)「될촉(སྒྲོལ་ཆོག)」, NEPAL KOPAN LIBRARY, 2012, p.325.

구제자 당신께서 인내하여 주소서.

(གང་ཡང་བདག་བློ་གཏི་མུག་པས།།

འདིར་ནི་ཉེས་པ་གང་བྱས་པ།།

གང་ཡང་ལུས་ཅན་སྐྱབས་གྱུར་པས།།

མགོན་པོ་ཁྱོད་ནི་བཟོད་པ་བཞེས།།)

주된 것은 (나의) 능력이 부족함으로 인해

완전히 갖추지 못한 것과 구하지 못한 (것으로써)

이때에 지은 모든 행위를

구제자 당신께서 그것을 인내하여 주소서.

(གཙོ་བོ་ནུས་པ་མ་མཆིས་པས།།

མ་ཚང་བ་དང་མ་རྙེད་པའི།།

འདིར་ནི་བྱ་བ་གང་བྱས་པ།།

མགོན་ཁྱེད་དེ་ནི་བཟོད་པར་མཛོད།།)"[119]

라는 이를 마음에 또렷하게 떠올리면서 염송하도록 한다.

③ 회향발원하기

"내가 이 선근으로써 속히

관자재를 성취하여

한 중생도 남김없이

그분의 경지로 인도하여지이다.

---

119 앞의 논서, D2852 73-194b.

(དགེ་བ་འདི་ཡིས་མྱུར་དུ་བདག།
སྤྱན་རས་གཟིགས་དབང་འགྲུབ་གྱུར་ནས།།
འགྲོ་བ་གཅིག་ཀྱང་མ་ལུས་པ།།
དེ་ཡི་ས་ལ་འགོད་པར་ཤོག།)”[120] 또는

“이를[121] 위시하여, 자타의 삼세의 선근력으로써
스승이신 성관자재께서 섭수하시고
내가 세 가지 고통으로 핍박당하는 중생들을
인도하는 대선장이 되어지이다.[122]
(འདིས་མཚོན་རང་གཞན་དུས་གསུམ་དགེ་བའི་མཐུས།།
བླ་མ་སྤྱན་རས་གཟིགས་ཀྱིས་རྗེས་བཟུང་སྟེ།།
སྡུག་བསྔལ་གསུམ་གྱིས་མནར་བའི་འགྲོ་བ་རྣམས།།
འདྲེན་པའི་དེད་དཔོན་ཆེན་པོར་བདག་གྱུར་ཅིག།)

자신 등이 금생의 감각이 멈추자마자〔죽음〕
구제자 아미타불이 대비심의 쇠갈고리로써
친히 인도하여 극락세계의 연꽃에서
태어나 보리의 수기를 받아지이다.

---

120 앞의 논서, 제14대 달라이라마(2014), 『스승유가, 두진정토의 계단』, pp.21~22.

121 ‘이를’이란 성관자재의 성취법을 수행한 선근을 의미한다.

122 제1구는 이를 위시하여, 자타가 삼세에 지은 선근력으로써~ 라는 의미이다. 제4구는 내가 해탈과 부처님의 경지로 인도하는 대선장인 불세존이 되도록 하소서라는 의미이다.

(བདག་སོགས་ཚེ་འདིའི་སྣང་བ་འགགས་མ་ཐག།
འོད་དཔག་མེད་མགོན་ཐུགས་རྗེའི་ལྕགས་ཀྱུ་ཡིས།།
ཉེར་དྲངས་བདེ་བ་ཅན་དུ་པདྨ་ལས།།
སྐྱེས་ནས་བྱང་ཆུབ་ལུང་བསྟན་འཐོབ་པར་ཤོག།)"[123] 또는

"잠뻴〔문수〕께서 요해了解하고 용감한 것처럼
꾼두상뽀〔보현〕 그분 또한 그와 같으니
나 또한 그러한 분들을 뒤따라 배우고
이러한 일체 선근을 지극히 회향하나이다.[124] -보살이 회향하는 것과 같이 회향하기-
(འཇམ་དཔལ་ཇི་ལྟར་མཁྱེན་ཅིང་དཔའ་བ་དང་།།
ཀུན་ཏུ་བཟང་པོ་དེ་ཡང་དེ་བཞིན་ཏེ།།
དེ་དག་གི་ནི་རྗེས་སུ་བདག་སློབ་ཅིང་།།
དགེ་བ་འདི་དག་ཐམས་ཅད་རབ་ཏུ་བསྔོ།།)

삼세에 출현하신 일체 승리자께서
모든 회향 중 으뜸이라 찬탄하신 그것으로써
나의 이 모든 선근도

---

123 앞의 논서, 울추 다르마바다(2010), 제2권, p.288, 제10~11게송.

124 제1~2구는 잠뻴〔문수〕이 일체법을 눈으로 사물을 보듯 직관적으로 요해하는 것과 보살행을 배우는 데 용감한 것처럼, 꾼두상뽀〔보현〕 또한 그러하다는 의미이다. 제3~4구는 자신이 지은 일체의 선근을 잠뻴〔문수〕과 꾼두상뽀〔보현〕를 뒤따라 보살행을 두려움이 없이 철저히 배울 수 있는 원인이 되도록 회향하나이다라는 의미이다.

훌륭한 (보살)행을 하기 위해 지극히 회향하나이다.[125] -부처
님이 회향하는 것과 같이 회향하기-
(དུས་གསུམ་གཤེགས་པ་རྒྱལ་བ་ཐམས་ཅད་ཀྱིས།།
བསྔོ་བ་གང་ལ་མཆོག་ཏུ་བསྔགས་པ་དེས།།
བདག་གི་དགེ་བའི་རྩ་བ་འདི་ཀུན་ཀྱང་།།
བཟང་པོ་སྤྱོད་ཕྱིར་རབ་ཏུ་བསྔོ་བར་བགྱི།།)"[126]

라는 이를 마음에 또렷하게 떠올리면서 염송하도록 한다. 또는

"보배와 같은 수승한 보리심
(아직) 생기지 않은 것들은 생기게 하고
(이미) 생긴 것은 쇠퇴하지 않을 뿐만 아니라 또한
더욱더 향상되어지이다. -수승한 보리심송-
(བྱང་ཆུབ་སེམས་མཆོག་རིན་པོ་ཆེ།།
མ་སྐྱེས་པ་རྣམས་སྐྱེས་གྱུར་ཅིག།
སྐྱེས་པ་ཉམས་པ་མེད་པ་ཡང་།།

---

125 쪼네 제쭌 닥빠쎄둡, 『성보현행원경의 주석서, 바다와 (같은) 법왕자행의 요의를 명확히 밝히는 태양』, 『제쭌 닥빠쎄둡의 전집』「ཨ」에 수록, 臺灣 財團法人佛陀教育基金會 印贈(TI513), 2009, p.174,
"'보살께서 회향하는 것처럼'과 '부처님께서 회향하는 것처럼'…(중략)…회향한다.
(བྱང་སེམས་ཀྱིས་བསྔོ་བ་བཞིན་དུ་དང་། སངས་རྒྱས་ཀྱིས་བསྔོ་བ་བཞིན་དུ་དང་།…(중략)…བསྔོ་བའོ།།)"
라는 이것은 티벳에서 일상의 기도 회향과 의식을 행할 때 널리 염송하는 게송이다.

126 앞의 경전, J281b 69-336b~69-337a, 제55~56게송. 이 두 게송은 티벳에서 일상의 기도 회향과 의식을 행할 때 널리 염송하는 게송이다.

གོང་ནས་གོང་དུ་འཕེལ་བར་ཤོག།)”[127]

라는 이를 마음에 또렷하게 떠올리면서 염송하도록 한다.

티벳불교도들의 경우 이 ‘수승한 보리심송’을 회향게의 으뜸으로 여기는 경향이 있다. 이 외에도 『성보현행원왕경』 전체를 마음에 또렷하게 떠올리면서 염송하거나 우리나라의 불공의식 및 기도 후에 널리 염송하는 회향게인

“원컨대 이 공덕으로써
널리 일체(중생)에게 미치어
우리 등이 중생들과 더불어
다음 생에는 극락국에 태어나
다 함께 무량수불을 친견하고
다 같이 불도를 이루어지이다.
(원이차공덕願以此功德
보급어일체普及於一切
아등여중생我等與衆生
당생극락국當生極樂國
동견무량수同見無量壽
개공성불도皆共成佛道)”[128]

---

127 앞의 논서, 제14대 달라이라마(2014), 『스승유가, 두진정토의 계단』, p.22, 제10게송.

128 대한불교조계종 교육원 불학연구소 편찬, 『불교상용의례집』, 조계종출판사,

라는 이를 마음에 또렷하게 떠올리면서 염송하도록 한다.

앞에서 제시한 회향게 외에도 여러 경론이나 스승들의 주옥 같은 말씀 또는 심지어 자신이 평소에 간직하고 있는 원력을 담아서 회향 발원하는 것도 유익하다고 본다.

④ 길상 원만을 축원하기

"법왕자와 함께 승리자의 희유한 대비심의 힘으로써
언제 어디서라도 상반되는 쇠락의 무더기가 사라지고,
생사윤회와 적정열반의 묘선妙善이 상현달과 같이
증장되고, 길조吉兆가 자라나는 행운을 얻어지이다.
(སྲས་བཅས་རྒྱལ་བའི་རྨད་བྱུང་ཐུགས་རྗེའི་མཐུས།།
ཕྱོགས་དུས་ཀུན་ཏུ་མི་མཐུན་རྒུད་ཚོགས་ཞི།།
སྲིད་ཞིའི་དགེ་ལེགས་ཡར་ངོའི་ཟླ་བ་ལྟར།།
འཕེལ་རྒྱས་དགེ་མཚན་དར་བའི་བཀྲ་ཤིས་ཤོག།)"[129] 또는

"일시적인 무병장수와 심신의 안락
법이 아닌 것, 좋지 못한 사상 및 행위가 생기지 않고
법과 재물, 안락, 선행으로써 항상 생활하는 등
안락과 행복의 길상을 향수享受하는 행운을 얻어지이다.

2016, p.142.

129 앞의 논서, 제14대 달라이라마(2014), 『(근본)스승과 관세음의 본성이 다름이 없는 유가, 실지 모음』, pp.14~15.

(གནས་སྐབས་ཚེ་རིང་ནད་མེད་ལུས་སེམས་བདེ།།
ཆོས་མིན་བསམ་སྦྱོར་ངན་པ་མི་སྐྱེ་ཞིང་།།
ཆོས་འགྱུར་བདེ་དགེས་རྟག་ཏུ་འཚོ་བ་སོགས།།
བདེ་སྐྱིད་དཔལ་ལ་རོལ་བའི་བཀྲ་ཤིས་ཤོག།)”[130]

라는 이를 마음에 또렷하게 떠올리면서 염송하도록 한다.

2) 여가시간

여가시간에도 성관자재의 본생담을 비롯한 육자진언의 기원, 공덕, 상징적 의미, 수습법 및 염송법, 육자의 성취법 등에 관한 경론을 읽거나 또는 이에 관한 강설 및 법문을 듣도록 한다. 여가시간에도 일과시간과 마찬가지로 억념憶念[131]과 정지正知[132]를 지님으로써 육근

---

130 앞의 논서, 울추 다르마바다(2010), 제2권, p.288, 제12게송.

131 ㉮『집론』 편집 소모임,『불교도의 과학과 관점 · 교의 집론(ནང་པའི་ཚན་རིག་དང་ལྟ་གྲུབ་ཀུན་བཏུས།)』(하권), 북인도 다람싸라 간덴궁전사무실, 2014, p.83,
“‘억념憶念’의 정의는 이전부터 익히 아는 대상을 떠올려서 자신의 힘으로 그것을 잊지 않게 하는 역할을 하는 심소이다. 예컨대 옛날 어릴 적부터 익히 아는 부모와 친척을 기억하는 억념의 심식과 같은 것이다.
(དྲན་པའི་ངོ་བོ་ནི། སྔར་འདྲིས་པའི་ཡུལ་ལ་དམིགས་ནས་རང་སྟོབས་ཀྱིས་དེ་མི་བརྗེད་པའི་ལས་ཅན་གྱི་སེམས་བྱུང་ངོ་།། དཔེར་ན། སྔར་ཆུང་ངུའི་དུས་ནས་འདྲིས་པའི་ཕ་མ་དང་སྤུན་མཆེད་དྲན་པའི་དྲན་ཤེས་ལྟ་བུ།)”
㉯ 무착,『아비달마집론(阿毘達磨集論, ཆོས་མངོན་པ་ཀུན་ལས་བཏུས་པ།)』, 티벳장경 데게 뗀규르 유식부༼རི༽ D4049 134-48b,
“‘억념’이 무엇인가 하면 익히 아는 사물을 마음에서 잊어버리지 않는 것이니 조금도 (마음을) 산란하지 않게 하는 역할을 한다.
(དྲན་པ་གང་ཞེ་ན། འདྲིས་པའི་དངོས་པོ་ལ་སེམས་ཀྱི་བརྗེད་པ་མེད་པ་སྟེ། རྣམ་པར་མི་གཡེང་བའི་ལས་ཅན་ནོ།།)”
또한 억념은 하나의 수습대상에 마음이 흩어지지 않게 오롯이 집중시켜 그 대상을 자세히 분석하여 ‘~이것이다’라고 확정 짓는 역할을 하는 심소라고 한

의 문을 단속하고 음식의 양을 알맞게 하며, 수면을 잘 조절하는 것[133] 등에 힘쓰도록 한다.

앞에서 제시한 육자진언 수습 및 염송 과제를 익히는 궁극적인 목표는 해탈과 부처님의 경지로 나아가는 데 있다. 그러기 위해서는 복덕자량과 예쎄자량을 쌓아야 하고 동시에 죄업과 장애, 즉 번뇌장과 소지장을 반드시 소멸해야 한다. 특히 보리심과 공성을 요해하는 지혜의 수습 등과 육자진언을 반복해서 염송할 때 수습할 대상인 감로가 흘러내림으로써 죄업과 장애가 소멸되었다는 것 등을 수습함과 동시에 실제로 육자진언을 반복해서 염송하는 것은 해탈과 부처님

다. 이것은 흔히 '기억'이라는 일상 용어와 비슷한 개념이다. 예컨대 기억력이 좋은 아이들이 공부를 잘 하는 것도 이와 같은 맥락이다.(앞의 역주서, 뻰첸라마 롭상예쎄/법장 옮김(2022), p.78, 각주 55 참고)

132 ㉮ 앞의 논서, 『집론』 편집 소모임(2014), 하권, pp.432~433,
"'정지正知'의 정의는 자신의 몸과 말, 뜻의 세 가지를 해야 할 행위〔선행〕와 하지 말아야 할 행위〔불선행〕 (중) 어느 것을 행하는지 등을 거듭거듭 감시하는 지혜(의 심소)이다.
(ཤེས་བཞིན་གྱི་ངོ་བོ་ནི། རང་རྒྱུད་ཀྱི་ལུས་ངག་ཡིད་གསུམ་བྱ་བ་དང་བྱ་བ་མ་ཡིན་པ་གང་དུ་འཇུག་པ་སོགས་ཡང་དང་ཡང་དུ་བྱ་ར་བྱེད་པའི་ཤེས་རབ་བོ།།)"
㉯ 앞의 논서, 무착(D4049) 134-51b,
"'부정지不正知'가 무엇인가 하면 번뇌와 덩달아 일어나는 지혜이니 그것으로 인해 몸과 말, 마음의 행위를 (자신도) 모르게 행하는 것이다. (이것은) 타죄墮罪가 (생기는) 토대가 되는 역할을 한다.
(ཤེས་བཞིན་མ་ཡིན་པ་གང་ཞེ་ན། ཉོན་མོངས་པ་དང་མཚུངས་པར་ལྡན་པའི་ཤེས་རབ་སྟེ། དེས་ལུས་དང་། ངག་དང་སེམས་ཀྱི་སྤྱོད་པ་ལ་མི་ཤེས་བཞིན་དུ་འཇུག་པ་སྟེ། ལྟུང་བའི་རྟེན་བྱེད་པའི་ལས་ཅན་ནོ།།)"

133 앞의 역주서, 뻰첸라마 롭상예쎄/법장 옮김(2022), p.253 참고.

의 경지로 나아가는 훌륭한 수행 방편이라 할 수 있다.

맺음말

앞에서 살펴본 바와 같이, 필자는 제Ⅰ장에서 티벳 경론에 나타난 육자진언의 내용적 전거를 제시하고 이를 분석했으며, 제Ⅱ장에서 티벳 경론을 중심으로 한 육자진언의 수행체계를 정립하였다. 본문 두 장의 개요는 다음과 같다.

제Ⅰ장은 티벳 경론에 나타난 육자진언의 전거와 그 분석에 관한 것이다.

이 장을 구성한 목적은, 첫째 제Ⅱ장에서 티벳 경론을 중심으로 한 육자진언의 수행체계를 정립함에 있어 그 내용적 전거로 삼기 위함이고, 둘째 향후 육자진언 연구에 경론적 전거로 활용하기 위함이며, 셋째 새로운 연구의 방향성을 제시하기 위함이다.

필자가 조사한 육자진언에 관한 티벳 경론은 총 39종이다. 이 장에서는 이들 경론에서 내용적 전거를 제시하고 분석함에 있어 육자진언의 기원을 비롯한 네 가지 개별적인 것과 총체적인 것으로 나누었다.

먼저 네 가지 개별적 주제로 나누어 분석한 결과 다음과 같은 사실을 알 수 있었다.

첫째, 육자진언의 기원에 관해 5종의 티벳장경 불설부 경전에서 그 내용적 전거를 제시하였다. 육자진언의 기원에 대한 판단기준은, 육자진언을 금구 등으로써 최초로 설한 인물은 누구인가, 어느 경전에서 설하고 있는가, 경전 속에는 어떤 유래가 등장하는가의 세 가지이다. 이러한 기준에 부합하는 전거로는 『연꽃 보관이라는 밀교경』을 비롯한 5종의 티벳장경 불설부 경전이 있다. 육자진언은 어느 시대 어느 누군가에 의해 만들어진 것이 아니다. 이것은 바로 석가모니 부처님의 말씀이고, 경전 속에서 그 전거를 찾을 수 있다.

둘째, 육자진언의 공덕에 관해 19종의 티벳 경론에서 그 내용적 전거를 제시하였다. 여기에는 ㉮ 육자진언은 명호주의 왕, 여의보주, 모든 유가행의 결실 중 핵심 등의 찬탄에 관한 내용 ㉯ 육자진언의 수지, 독송, 해설, 서사와 같은 일반적인 공덕 ㉰ 업과 번뇌에 물들지 않고 윤회에서 벗어나는 것과 임종시에 두려움이 없고 성관자재의 정토인 보타락가에 태어난다는 등과 같은 수승한 공덕에 관한 내용이 그 핵심이라 할 수 있다. 이로써 필자는 육자진언수행은 결코 범부들이 조금의 공을 들여 금생에 무병장수나 부귀영화를 누리고자 하는 차원에 있는 하근기의 수행이 아닌, 대승불교 수행의 최상의 목표인 자리이타의 완성, 즉 해탈과 부처님의 경지로 나아가는 수승한 공덕이 있다는 데 주목하게 되었다.

셋째, 육자진언의 상징적 의미에 관해 4종의 티벳 대학승의 논서에서 그 내용적 전거를 제시하였다. 세 분이 저술한 4종의 티벳 대학승의 논서에서 제시한 육자진언의 상징적 의미를 다음과 같이 요약해 볼 수 있다.

제 궁탕 뗀빼된메는, '옴(ཨོཾ།)'자는 성관자재시여! 저에게 '몸과 말, 뜻의 세 가지 실지를 내려주소서!'라는 의미이다. '마니'와 '빼마'는 보배 염주와 연꽃을 쥔 분, 즉 성관자재의 명호에서 비롯된 것이다. '빼메(པདྨེ།)'는 '빼마(པདྨ།)'와 '에(ཨེ།)'가 결합된 합성어이고, '훙(ཧཱུྃ།)'은 성관자재의 마음의 종자라 한다.

제14대 달라이라마는, '옴(ཨོཾ།)'이라는 글자는 아(ཨ།), 우(ཨུ།), 마(མ།)의 세 글자가 결합된 것으로, 이것은 중생의 부정不淨한 몸과 말, 뜻 또는 부처님의 청정한 몸과 말씀, 마음을 상징한다. '마니(མ་ཎི།)'는 보배라는 의미로, 방편인 보리심과 대연민심, 자애심을 상징하고, '빼마(པདྨ།)'는 연꽃이라는 의미로, 공성을 요해하는 지혜를 상징한다. '훙(ཧཱུྃ།)'은 본성이 다름이 없다는 것을 나타내 보인 것이다. 따라서 '옴마니빼메훙'이라는 이 여섯 글자는 방편과 지혜가 본성이 다름이 없는 쌍운의 도를 수행함으로써 자신의 부정한 몸과 말, 뜻이 부처님의 청정한 몸과 말씀, 마음으로 바뀐다는 것을 상징한다고 한다.

꾼켄 돌뽀빠 셰랍곌첸은, 부정한 온蘊, 계界, 처處 이 모두는 공성을 결택하는 토대이다. 이러한 일체법은 자성으로 존재하는 것이 공하다. 공성을 눈으로 사물을 보듯 직관적으로 요해하는 지혜와 방편인 대락의 예셰, 이 둘의 본성이 조금도 다름이 없는 방편과 지혜의 합일이 '마니'와 '빼마'의 의미라 한다.

이로써 필자는 ㉮ 육자진언은 여섯 글자의 짧은 진언이지만 이 속에는 심오하고 광대한 의미를 내포하고 있다는 것 ㉯ 특히 '마니'는 보리심을, '반메'는 공성을 요해하는 지혜를 상징한다는 것에 주목하게 되었다. 그 이유는 '보리도차제론' 등에 따르면 보리심과 공성을 요해하는 지혜는 불교 수행의 최상의 목표인 해탈과 부처님의 경지로 나아가는 데 있어 반드시 익혀야 하는 수행과제이기 때문이다. ㉰ 육자진언의 상징적 의미를 바르게 인식해야 하는 것은 대승불교의 주된 수행과제를 바르게 알고 이를 실천 수행함으로써 대승불교의 최상의 목표에 도달하는 데 그 의의가 있다. 앞에서 세 분이 제시한 상징적 의미는 모두 '무상유가밀의 전통'에 입각한 해설이므로 내용을 이해하기가 어려운 측면이 있다. 따라서 이 방면에 정통한 스승들에게 청문할 필요가 있다.

넷째, 육자진언의 수습법 및 염송법에 관해 27종의 티벳 경론에서 그 내용적 전거를 제시하였다. 본서에서 제시한 육자진언에 관한 39종의 티벳 경론 중에는 특히 육자진언의 수습법 및 염송법에 관한 내용이 가장 큰 비중을 차지하고 있다. 또한 육자의 성취법 등에서 제시하는 수습 및 염송 과제는 '보리도차제론'과 잘 접목된 수행법으로, 이것은 해탈과 부처님의 경지로 나아가는 훌륭한 수행방편이라는 데 큰 의미를 부여할 수 있다. 또한 이러한 과제는 본서의 제Ⅱ장의 육자진언의 수행체계를 정립하는 데 있어 경론적 전거로 삼았다.

육자진언에 관한 39종의 티벳 경론에 대해 총체적으로 분석한 결과 다음과 같은 사실을 알 수 있었다.

첫째, 39종의 티벳 경론 중 현교 경전은 『성聖 보배함의 장엄이라는 대승경』이 유일하고, 나머지 38종은 모두 밀교 경론에 속한다. 한역장경에 등재된 것도 이 경전의 이역경인 『대승장엄보왕경大乘莊嚴寶王經』이 유일하다. 한글역은 이를 한글로 옮긴 『대승장엄보왕경』과 쏭쩬감뽀의 『마니까붐』을 한글로 옮긴 『마니깐붐』이 있다.

둘째, 39종의 티벳 경론 각각의 저자들은 쏭쩬감뽀를 제외한 나머지는 모두 출가 승려이다. 저자들이 속하는 종파도 티벳불교의 닝마빠, 조낭빠, 게룩빠 등으로, 모든 종파에서 육자진언수행을 중요시한 것으로 보인다. 또한 이러한 경론의 저술 시기는 불멸 후 400년경으로부터 오늘날에 이르기까지 꾸준히 저술되어 온 것으로 나타난다.

셋째, 육자진언과 관련이 있는 불보살은 '여래 응공 정변지 연꽃중 으뜸'이라는 과거세 부처님과 석가모니 부처님, 그리고 딘빠온뽀성관자재〔青頸聖觀自在〕, 사비관음, 성십일면관자재, 성천수관자재, 관자재보살마하살, 성천수천안관자재보살, 제개장보살 등으로 나타난다.

넷째, 육자진언 옴마니반메훔은 관자재보살마하살의 정수이자 딘빠온뽀성관자재의 명주이기도 하다. 또한 육자진언의 근본적 다라니는 성천수천안관자재보살광대원만무애대비심다라니이고, 이것이 요약된 것이 성십일면관자재다라니이며, 또 이것이 요약된 것이 육자진언 옴마니반메훔이라는 사실도 알 수 있다.

제Ⅱ장은 티벳 경론을 중심으로 한 육자진언의 수행체계에 관한 것이다.

이 장은 크게 육자진언수행의 현 시대적 의미를 주로 염송 수행의 측면에서 살펴보고, 티벳 경론을 중심으로 한 육자진언 수행체계를 정립하였다.

풍부한 물질문명과 최첨단 스마트시대를 살고 있는 현대인들이지만 삼독심三毒心도 덩달아 치성해지고 상대적 박탈감, 소외감, 불안과 강박증 등과 같은 여러 가지 정신적 부작용도 나타나고 있다. 이러한 때에 육자진언 염송 수행이 가지는 현 시대적 의미를 다음과 같이 제시해 볼 수 있다.

육자진언은 여섯 글자의 짧은 진언이므로 바쁜 일상생활 속에서도 시간과 장소에 구애되지 않고 누구나 염송하기 쉬운 장점이 있다. 또한 육자진언 염송 수행은 수행자의 마음동기와 간절한 정성, 쉼 없는 정진력이 뒷받침이 된다면 시시때때로 일어나는 들끓는 분노와 갈등, 분별망상 등으로부터 자신의 내면을 지키는 안전벨트 또는 호신용 무기와 같은 역할을 할 수 있다.

또한 티벳 경론의 육자의 성취법 등에서 제시하는 수행과제는 수습을 병행한 염송 수행으로, 수습 및 염송 준비 → 본 수습 및 염송 → 수습 및 염송의 마무리 실천행의 순서로, 단계별 수행과제를 일목요연하게 제시하고 있다. 여기서 제시하는 수습 및 염송 과제를 바르게 익혀간다면 자량을 쌓고 죄업과 장애를 소멸함으로써 다음 생에는 명확히 더 높은 천신과 인간의 생을 받는 것은 물론 불교 수행의 최상의 목표인 해탈과 부처님의 경지까지도 내다볼 수 있을 것이다. 따라서 티벳 경론에서 제시하는 육자진언 수행법이자 수행체계는 다양한 수행법이 요구되는 21세기 한국불교의 현 시대적 소명에 부응할 수 있다는 데 그 가치를 부여할 수 있다.

티벳 경론의 육자의 성취법 등은 수습 및 염송 과제와 그 전개 순서 및 방법에 있어서는 서로 별다른 차이가 없다. 다만 과제의 상세 또는 간략 여부와 특정 성취법에 생략된 것이 별개의 성취법에 포함되거나 하는 정도의 차이가 불과하다. 따라서 필자는 지나치게 상세하거나 지나치게 간략하지 않은 적정한 분량으로, 반드시 익혀야 수습 및 염송 과제를 제시하여 누구나 쉽게 따라 익힐 수 있도록 하였다.

전반부에는 육자진언 수습 및 염송 과제에 대한 세부 과목을 별도로 제시하였다. 그 이유는 과목은 설계도 또는 이정표와 같아서 익혀야 할 수습 및 염송 과제, 그 순서와 방법 등을 또렷하게 떠올려 언제 어디서나 효율적으로 익힐 수 있도록 하기 위함이다. 후반부에는 세부 과목의 순서에 따라 육자진언의 수습 및 염송 과제에 대한 구체적인 내용을 제시하였다. 그 내용의 핵심은 다음과 같다.

먼저 일과시간에는 어떻게 해야 하는가, 여가시간에는 어떻게 해야 하는가로 나눈다. 또한 일과시간에는 수습 및 염송 준비, 본 수습 및 염송, 수습 및 염송의 마무리 실천행의 세 가지가 있다. 본 수습 및 염송에서의 주된 수행과제는 바로 보리심과 공성을 요해하는 지혜이다. 이와 함께 육자진언을 염송할 때 감로가 흘러내림으로써 죄업과 장애가 소멸되었다라고 수습함과 동시에 실제로 육자진언을 반복해서 염송하도록 한다. 그런 연후에 부차적으로, 육자진언을 염송할 때 글자를 더 보태거나 빠뜨린 것을 충족시키기 위한 방편으로 백자진언을 3번 또는 7번 염송하는 것으로 마무리한다.

아울러 여가시간에도 성관자재의 본생담을 비롯한 육자진언의 기원, 공덕, 상징적 의미, 수습법 및 염송법 등에 관한 경론을 읽거나 이에 관한 강설 및 법문을 듣도록 한다. 특히 육근의 문을 단속하고 음식과 수면의 양을 잘 조절해서 수행에 지장을 초래하지 않도록 힘써야 한다는 등이다.

이러한 티벳 경론의 육자진언의 성취법 등은 한국의 불자들에게 다소 생소하고 이해하기 어려운 것도 사실이다. 따라서 이 방면에 실수행 경험이 풍부한 스승의 인도를 받아 익혀간다면 수행에 큰 성취를 얻으리라 믿어 의심치 않는다. 본서도 이에 조그마한 도움이 되기를 간절히 희망한다.

아울러 티벳 경론에는 한역 경론에 비해 육자진언을 주요 내용으로 하는 상당수의 경론들이 잘 보존되어 오고 있다. 따라서 향후 티벳 경론을 중심으로 한 육자진언 연구가 더욱 활발해지고, 한역 중심의 불교 연구에서 티벳 원전 연구로 그 지평을 넓혀갈 수 있기를 기대한다.

참고 문헌

□ 표1-2 참고 문헌에 대한 안내

- 전자티벳장경 ADARSHAH에서의 Edition〔版(པར་མ།)〕 Code.

  d: 데게*까규르*(སྡེ་དགེ་བཀའ་འགྱུར།)

  D: 데게뗀규르(སྡེ་དགེ་བསྟན་འགྱུར།)

  h: 하싸까규르(ལྷ་ས་བཀའ་འགྱུར།)

  J: 장까규르(འཇང་བཀའ་འགྱུར།)

  JDol: 전집부 조낭/꾼켄 돌뽀빠 셰랍곌첸의 전집(ཀུན་མཁྱེན་དོལ་པོ་པ་ཤེས་རབ་རྒྱལ་མཚན་གྱི་གསུང་འབུམ།)

  JT: 전집부 조낭/제쭌 따라나타의 전집(རྗེ་བཙུན་ཏཱ་ར་ནཱ་ཐའི་གསུང་འབུམ།)

  JTs: 전집부 게덴〔게룩〕/제 쫑카빠의 전집(རྗེ་ཙོང་ཁ་པའི་གསུང་འབུམ།)

  MP: 전집부 닝마/주미팜의 전집(འཇུ་མི་ཕམ་གྱི་གསུང་འབུམ།)

* 여기서 데게, 장, 하싸는 판본의 명칭이다.

* 티벳 경론 중에 티벳장경 데게까규르와 데게뗀규르에 수록된 경론의 경우 ADARSHAH에서의 Edition Code 순으로 열거하였다.

- 참고 문헌에서 '□'의 표기부호는 東北帝國大學 法文學部編의 『西藏大藏經總目錄』에는 등재되어 있지 않은 논서이다.
- 전자티벳장경 ADARSHAH에서의 Edition〔版(པར་མ།)〕 Code와 Page 표기는 2023년 6월 기준이다.
- 이하의 참고 문헌 리스트 중 'Ⅱ. 논문論文'에서 필자의 논문 2편을

제외한 나머지와 'Ⅲ. 단행본의 일부'는 이 책과 직접적인 관련은 없다. 이는 필자의 학위논문 'Ⅱ. 육자진언의 연구사 분석'에서 인용한 것 등으로, 향후 육자진언에 관심을 가지고 공부하고자 하는 분들을 위해 그대로 살려 두었다.

Ⅰ. 원전原典

1. 불경佛經

1) 한역漢譯 경전

- 천식재天息災(宋) 漢譯, 『불설대승장엄보왕경佛說大乘莊嚴寶王經』(전4권) K1088, T1050.
- 無比, 『華嚴經』(제1권)「賢首品 第十二之一」, 민족사, 1997.

2) 티벳장경 불설부 경전

- 『대비성관자재의 다라니와 공덕을 약섭略攝한 경(འཕགས་པ་སྤྱན་རས་གཟིགས་དབང་ཕྱུག་ཐུགས་རྗེ་ཆེན་པོའི་གཟུངས་ཕན་ཡོན་མདོར་བསྡུས་པ་ཞེས་བྱ་བ།)』, (별)『대비성관자재의 다라니와 공덕을 약섭한 경(སྤྱན་རས་གཟིགས་དབང་ཕྱུག་ཐུགས་རྗེ་ཆེན་པོའི་གཟུངས་ཕན་ཡོན་དང་བཅས་པ།)』, 티벳장경 데게까규르 십만탄트라부{ཅ} d723.
- 『미묘법 백련화微妙法 白蓮華라는 대승경(དམ་པའི་ཆོས་པད་མ་དཀར་པོ་ཞེས་བྱ་བ་ཐེག་པ་ཆེན་པོའི་མདོ།)』, (별)『성聖 묘법백련경妙法白蓮經(འཕགས་པ་དམ་ཆོས་པད་མ་དཀར་པོའི་མདོ།)』, 티벳장경 데게까규르 경부{ཇ} d113.
- 『선성취대밀교경善成就大密教經 中 성취법품(ལེགས་པར་གྲུབ་པར་བྱེད་པའི་རྒྱུད་ཆེན་པོ་ལས་སྒྲུབ་པའི་ཐབས་རིམ་པར་ཕྱེ་བ།)』, 티벳장경 데게까규르 십만탄트라부{ཝ} d807.

- 『성聖 능단금강반야바라밀다能斷金剛般若波羅蜜多라는 대승경(འཕགས་པ་ཤེས་རབ་ཀྱི་ཕ་རོལ་ཏུ་ཕྱིན་པ་རྡོ་རྗེ་གཅོད་པ་ཞེས་བྱ་བ་ཐེག་པ་ཆེན་པའི་མདོ།)』, (별)『능단금강반야바라밀다경(能斷金剛般若波羅蜜多經, ཤེར་ཕྱིན་རྡོ་རྗེ་གཅོད་པའི་མདོ།)』, (통)『능단금강(能斷金剛, རྡོ་རྗེ་གཅོད་པ།)』, 티벳장경 데게까규르 제반야경부༼ཀ༽ d16.
- 『성聖 보배함의 장엄이라는 대승경(འཕགས་པ་ཟ་མ་ཏོག་བཀོད་པ་ཞེས་བྱ་བ་ཐེག་པ་ཆེན་པོའི་མདོ།)』, (통)『보배함의 장엄(ཟ་མ་ཏོག་བཀོད་པ།)』, 티벳장경 데게까규르 경부༼ཇ༽ d116, 티벳장경 장까규르 경부༼ཇ༽ J61, 티벳장경 하싸까규르 경부༼ཇ༽ h119.
- 『성관자재의 근본 밀교경의 왕 연꽃 그물(འཕགས་པ་སྤྱན་རས་གཟིགས་དབང་ཕྱུག་གི་རྩ་བའི་རྒྱུད་ཀྱི་རྒྱལ་པོ་པད་མ་དྲ་བ་ཞེས་བྱ་བ།)』, 티벳장경 장까규르 십만탄트라부༼བ༽ J677.
- 『성관자재의 다라니경(འཕགས་པ་སྤྱན་རས་གཟིགས་དབང་ཕྱུག་གི་གཟུངས་ཞེས་བྱ་བ།)』, 티벳장경 데게까규르 십만탄트라부༼ཙ༽ d696, 티벳장경 데게까규르 다라니집부༼ཨེ༽ d910.
- 『성보현행원왕경(聖普賢行願王經, འཕགས་པ་བཟང་པོ་སྤྱོད་པའི་སྨོན་ལམ་གྱི་རྒྱལ་པོ།)』, 티벳장경 데게까규르 다라니집부༼ཝཾ༽ d1095, 티벳장경 장까규르 경부༼ཨ༽ J281b.
- 『성십일면관자재聖十一面觀自在라는 다라니경(འཕགས་པ་སྤྱན་རས་གཟིགས་དབང་ཕྱུག་ཞལ་བཅུ་གཅིག་པ་ཞེས་བྱ་བའི་གཟུངས།)』, 티벳장경 데게까규르 십만탄트라부༼ཙ༽ d693, 티벳장경 데게까규르 다라니집부༼ཨེ༽ d899.
- 『성인 잠빠〔미륵〕에 대한 예언(འཕགས་པ་བྱམས་པ་ལུང་བསྟན་པ།)』, 티벳장경 하싸까규르 경부༼ས༽ h350.
- 『성천수천안관자재보살광대원만무애대비심聖千手千眼觀自在菩薩廣大圓滿無碍大悲心이라는 다라니경(འཕགས་པ་བྱང་ཆུབ་སེམས་དཔའ་སྤྱན་རས་གཟིགས་དབང་ཕྱུག་ཕྱག་སྟོང་སྤྱན་སྟོང་དང་ལྡན་པ་ཐོགས་པ་མི་མངའ་བའི་ཐུགས་རྗེ་ཆེན་པོའི་སེམས་རྒྱ་ཆེར་ཡོངས་སུ་རྫོགས་པ་ཞེས་བྱ་བའི་གཟུངས།)』, (별)『천안천비관자재보살다라니신주경(千眼千臂觀自在菩薩

陀羅尼神呪經, སྤྱན་རས་གཟིགས་དབང་ཕྱུག་ཕྱག་སྟོང་སྤྱན་སྟོང་དང་ལྡན་པ་ཐོགས་པ་མི་མངའ་བའི་ཐུགས་རྗེ་ཆེན་པོའི་སེམས་རྒྱ་ཆེར་ཡོངས་སུ་རྫོགས་པ་ཞེས་བྱ་བའི་གཟུངས།)』, 티벳장경 데게까규르 십만탄트라부༼ཙ༽ d691, 티벳장경 데게까규르 다라니집부༼ཨེ༽ d897.

- 『연꽃 보관寶冠이라는 밀교경(པད་མ་ཅོད་པན་ཞེས་བྱ་བའི་རྒྱུད།)』, (별)『연꽃 보관의 다라니경(པདྨ་ཅོད་པན་གྱི་གཟུངས།)』, 티벳장경 데게까규르 십만탄트라부༼ཙ༽ d701.
- 『율본사(律本事, འདུལ་བ་གཞི།)』, 티벳장경 장까규르 율부༼ང༽ J1.
- 『일체 여래의 몸 말씀 마음의 (본성)인 씬제쎼낙뽀〔黑閻魔敵〕라는 밀교경(དེ་བཞིན་གཤེགས་པ་ཐམས་ཅད་ཀྱི་སྐུ་གསུང་ཐུགས་གཤིན་རྗེ་གཤེད་ནག་པོ་ཞེས་བྱ་བའི་རྒྱུད།)』, 티벳장경 데게까규르 십만탄트라부༼ཇ༽ d467.

2. 티벳 논서

1) 티벳장경 논소부 논서

- □ ----, 『대비(성관자재의 성취법)에 의해 실지를 이룬 전설(ཐུགས་རྗེ་ཆེན་པོ་ལ(ས)་གྲུབ་པ་ཐོབ་པའི་གཏམ་རྒྱུད།)』, 티벳장경 데게뗀규르 잡부༼ཇི༽ D4343.
- ▪ ----, 『딘빠온뽀쩬성관자재〔青頸聖觀自在〕의 성취법(འཕགས་པ་སྤྱན་རས་གཟིགས་དབང་ཕྱུག་མགྲིན་པ་སྔོན་པོ་ཅན་གྱི་སྒྲུབ་ཐབས།)』, 티벳장경 데게뗀규르 밀교부༼མུ༽ D3431 .
- □ ----, 『목공이 실지를 이룬 전기(ཤིང་བཟོ་བས་གྲུབ་པ་ཐོབ་པའི་ལོ་རྒྱུས།)』, 티벳장경 데게뗀규르 잡부༼ཇི༽ D4344.
- □ ----, 『부인이 실지를 이룬 (전기)(བུད་མེད་ཀྱིས་གྲུབ་པ་ཐོབ་པ།)』, 티벳장경 데게뗀규르 잡부༼ཇི༽ D4345.
- ▪ ----, 『세간의 구제자의 성취법(འཇིག་རྟེན་མགོན་པོའི་སྒྲུབ་ཐབས།)』, 티벳장경 데게뗀규르 밀교부༼མུ༽ D3407.
- ▪ ----, 『세간자재의 성취법(འཇིག་རྟེན་དབང་ཕྱུག་གི་སྒྲུབ་ཐབས།)』, 티벳장경 데게뗀규르 밀교부༼མུ༽ D3416.

- □ ----, 『쑤카데와가 실지를 이룬 (전기)(ཤུ་ཁ་དེ་བས་གྲུབ་པ་ཐོབ་པ།)』, 티벳장경 데게뗀규르 잡부༺ངོ༻ D4346.
- □ ----, 『아사리 빼마 우바새가 세간자재에 의해 실지를 이룬 전기(སློབ་དཔོན་པདྨ་དགེ་བསྙེན་ཀྱིས་འཇིག་རྟེན་དབང་ཕྱུག་ལས་གྲུབ་པ་ཐོབ་པའི་ལོ་རྒྱུས།)』, 티벳장경 데게뗀규르 잡부༺ངོ༻ D4341.
- ■ ----, 『육자의 밀승차제의 만다라를 설한 성취법(ཡི་གེ་དྲུག་པའི་རྒྱུད་ཀྱི་རིམ་པའི་དཀྱིལ་འཁོར་བསྟན་པའི་སྒྲུབ་པའི་ཐབས།)』, 티벳장경 데게뗀규르 밀교부༺ཉུ༻ D2851.
- ■ ----, 『육자의 성취법(ཡི་གེ་དྲུག་པའི་སྒྲུབ་ཐབས།)』, 티벳장경 데게뗀규르 밀교부༺ཕུ༻ D3150.
- ■ ----, 『육자의 성취법(ཡི་གེ་དྲུག་པའི་སྒྲུབ་ཐབས།)』, 티벳장경 데게뗀규르 밀교부༺ཤུ༻ D3408.
- ■ ----, 『카르싸빠니성관자재〔空行聖觀自在〕의 성취법(འཕགས་པ་སྤྱན་རས་གཟིགས་དབང་ཕྱུག་ཁརྶ་པ་ཎིའི་སྒྲུབ་ཐབས།)』, 티벳장경 데게뗀규르 밀교부༺ཉུ༻ D2852.
- ■ 게롱마 뻴모(དགེ་སློང་མ་དཔལ་མོ།), 『성관자재찬(聖觀自在讚, འཕགས་པ་སྤྱན་རས་གཟིགས་དབང་ཕྱུག་ལ་བསྟོད་པ།)』, 티벳장경 데게뗀규르 밀교부༺ཉུ༻ D2738.
- ■ 디빰까라씨라자냐나(Dīpankara Śrījñāna, དཱི་པཾ་ཀ་ར་ཤྲཱི་ཛྙཱ་ན།)〔아띠쌰(Atiśa, ཨ་ཏི་ཤ)〕, 『현관분별(現觀分別, མངོན་པར་རྟོགས་པ་རྣམ་པར་འབྱེད་པ་ཞེས་བྱ་བ།)』, 티벳장경 데게뗀규르 밀교부༺ཞ༻ D1490.
- ■ 무착(Asanga, 無着, ཐོགས་མེད།), 『아비달마집론(阿毘達磨集論, ཆོས་མངོན་པ་ཀུན་ལས་བཏུས་པ།)』, 티벳장경 데게뗀규르, 유식부༺རི༻ D4049.
- ■ 빠라자구루(པྲཛྙཱ་གུ་རུ།), 『성문수사리진실명의경聖文殊師利眞實名義經의 성취법, 비밀등秘密燈(འཕགས་པ་འཇམ་དཔལ་གྱི་མཚན་ཡང་དག་པར་བརྗོད་པའི་སྒྲུབ་ཐབས་གསང་བའི་སྒྲོན་མ་ཞེས་བྱ་བ།)』, 티벳장경 데게뗀규르 밀교부༺ཏུ༻ D2596.
- ■ 뻴마르메제예쎄(དཔལ་མར་མེ་མཛད་ཡེ་ཤེས།)〔아띠쌰(ཨ་ཏི་ཤ)〕, 『성관세자재의 성취법(འཕགས་པ་སྤྱན་རས་གཟིགས་འཇིག་རྟེན་དབང་ཕྱུག་སྒྲུབ་པའི་ཐབས།)』, 티벳장경 데게뗀규르 밀교부༺པི༻ D1893.

- 뻴자렌다라빠(དཔལ་ཛཱ་ལནྡྷ་ར་པ།), 『길상한 대비(성관자재)의 관정 하사에 (관한) 긴요한 가르침의 장章(དཔལ་ཐུགས་རྗེ་ཆེན་པོའི་དབང་བསྐུར་བའི་མན་ངག་གི་རབ་ཏུ་བྱེད་པ་ཞེས་བྱ་བ།)』, 티벳장경 데게뗀규르 밀교부ʃཚིʅ D2139.
- 뻴헨찍꼐빼롤빠(དཔལ་ལྷན་ཅིག་སྐྱེས་པའི་རོལ་པ།), 『성聖 육자모대명六字母大明의 성취법(འཕགས་པ་ཡི་གེ་དྲུག་མ་རིག་པ་ཆེན་པོའི་སྒྲུབ་ཐབས།)』, 티벳장경 데게뗀규르 밀교부ʃཤུʅ D3405.
- 뻴헨찍꼐빼롤빠, 『성관자재의 육자의 성취법(འཕགས་པ་སྤྱན་རས་གཟིགས་དབང་ཕྱུག་གི་ཡི་གེ་དྲུག་པའི་སྒྲུབ་པའི་ཐབས།)』, 티벳장경 데게뗀규르 밀교부ʃཤུʅ D3332.
- 뿌자벤자(ཕྱུ་ཛ་བཛྲ།), 『성聖 육자의 성취법(འཕགས་པ་ཡི་གེ་དྲུག་པའི་སྒྲུབ་ཐབས།)』, 티벳장경 데게뗀규르 밀교부ʃཉུʅ D2853.
- 사마똑꾀빼멘악(ཟ་མ་ཏོག་བཀོད་པའི་མན་ངག), 『육자의 성취법(ཡི་གེ་དྲུག་པའི་སྒྲུབ་ཐབས།)』, 티벳장경 데게뗀규르 밀교부ʃཤུʅ D3406.
- 세친(Vasubandhu, 世親, དབྱིག་གཉེན།), 『경장엄론經莊嚴論 해설서(མདོ་སྡེའི་རྒྱན་གྱི་བཤད་པ།)』, 티벳장경 데게뗀규르 유식부ʃཕིʅ D4026.
- 용수(Nāgārjuna, 龍樹, ཀླུ་སྒྲུབ།), 『성聖 보현행원대왕普賢行願大王 본주합편서本註合編書(འཕགས་པ་བཟང་པོ་སྤྱོད་པའི་སྨོན་ལམ་གྱི་རྒྱལ་པོ་ཆེན་པོའི་བཤད་སྦྱར།)』, 티벳장경 데게뗀규르 경소부ʃཉིʅ D4011.
- □ 용수, 『성세간자재 육자의 성취법(འཕགས་པ་འཇིག་རྟེན་དབང་ཕྱུག་ཡི་གེ་དྲུག་པའི་སྒྲུབ་ཐབས།)』, 티벳장경 데게뗀규르 밀교부ʃཉུʅ D2736a.
- 용수, 『중관근본송반야(中觀根本頌般若, དབུ་མ་རྩ་བའི་ཚིག་ལེའུར་བྱས་པ་ཤེས་རབ་ཅེས་བྱ་བ།)』, 티벳장경 데게뗀규르 중관부ʃཙʅ D3824.
- 용수 , 『성천수관자재聖千手觀自在의 성취법(འཕགས་པ་སྤྱན་རས་གཟིགས་དབང་ཕྱུག་ཕྱག་སྟོང་པའི་སྒྲུབ་ཐབས།)』 , 티벳장경 데게뗀규르 밀교부ʃཉུʅ D2736.
- 용수 , 『세간자재의 성취법(འཇིག་རྟེན་དབང་ཕྱུག་གི་སྒྲུབ་ཐབས།)』, 티벳장경 데게뗀규르 밀교부ʃཉུʅ D2850.
- 잠뻴닥빠(འཇམ་དཔལ་གྲགས་པ།), 『길상한 일체 밀교의 공통적 의궤의 심요장

엄心要莊嚴(དཔལ་གསང་བ་ཐམས་ཅད་ཀྱི་སྤྱིའི་ཚོ་གའི་སྙིང་པོ་རྒྱན་ཞེས་བྱ་བ།)』, 티벳장경 데게 뗀규르 밀교부{ཟི} D2490.

- 지존 관세음(རྗེ་བཙུན་སྤྱན་རས་གཟིགས།), 『뽀따라로 가는 순례 안내기(པོ་ཏ་ལར་འགྲོ་བའི་ལམ་ཡིག)』, 티벳장경 데게뗀규르 밀교부{ཅུ} D3756.

2) 티벳 대학승의 논서

- 『뻴옥민장춥최링다창의 염송(의궤)집 불교의 낙원(དཔལ་འོག་མིན་བྱང་ཆུབ་ཆོས་གླིང་གྲྭ་ཚང་གི་ཞལ་འདོན་ཐུབ་བསྟན་དགའ་ཚལ།)』, NEPAL KOPAN LIBRARY, 2012.
- 『집론』 편집 소모임, 『불교도의 과학과 관점 · 교의 집론(ནང་པའི་ཚན་རིག་དང་ལྟ་གྲུབ་ཀུན་བཏུས།)』(하권), 북인도 다람싸라 간덴궁전사무실, 2014.
- 게셰 체빡최뻴 등 원본 비교 · 교정/게셰하람빠 따시랍뗀 등 편집, 「4회의 멘델을 올리는 될마의궤(སྒྲོལ་མ་མཎྜལ་བཞི་ཆོག)」, 『될마의궤와 수보의궤(酬補儀軌, སྒྲོལ་ཆོག་དང་བསྐང་གསོ།)』에 수록, 남인도 RATO DRATSANG(라뙤다창), 2020.
- 꾼켄 돌뽀빠 셰랍곌첸(ཀུན་མཁྱེན་དོལ་པོ་པ་ཤེས་རབ་རྒྱལ་མཚན།), 『마니의 요의了義(མ་ཎི་ངེས་དོན།)』, 전집부 조낭, 『꾼켄 돌뽀빠 셰랍곌첸의 전집(ཀུན་མཁྱེན་དོལ་པོ་པ་ཤེས་རབ་རྒྱལ་མཚན་གྱི་གསུང་འབུམ།)』{ཉ} JDol186.
- 꾼켄 돌뽀빠 셰랍곌첸, 『육자의 성취법(ཡི་གེ་དྲུག་པའི་སྒྲུབ་ཐབས།)』, 전집부 조낭, 『꾼켄 돌뽀빠 셰랍곌첸의 전집(ཀུན་མཁྱེན་དོལ་པོ་པ་ཤེས་རབ་རྒྱལ་མཚན་གྱི་གསུང་འབུམ།)』{ཉ} JDol185.
- 달라이라마 보리도차제법회〔람림법회〕 준비위원회, 『보리도차제 교본(བྱང་ཆུབ་ལམ་གྱི་རིམ་པའི་ཁྲིད་ཡིག)』(경서 제1 · 3권), India, Manipal Technolgies Ltd, Manipal 인쇄 및 제본, 2012.
- 미팜 잠양남겔갸초(མི་ཕམ་འཇམ་དབྱངས་རྣམ་རྒྱལ་རྒྱ་མཚོ།), 『업장의 흐름을 차단하는 수백 가지 주문(ལས་སྒྲིབ་རྒྱུན་གཅོད་ཀྱི་སྔགས་བརྒྱ་པ།)』, 전집부 닝마, 『주미팜의 전집(འཇུ་མི་ཕམ་གྱི་གསུང་འབུམ།)』{ཧྲི} MP131.

- 미팜 잠양남겔갸초, 『팔대보살의 본생담, 보배 염주(བྱང་ཆུབ་སེམས་དཔའ་ཆེན་པོ་ཉེ་བའི་སྲས་བརྒྱད་ཀྱི་རྟོགས་བརྗོད་ནོར་བུའི་ཕྲེང་བ་ཞེས་བྱ་བ།)』, 전집부 닝마, 『주미팜의 전집(འཇུ་མི་ཕམ་གྱི་གསུང་འབུམ།)』〔ཚ〕 MP215.
- 뻰디따 롭상훈둡(པཎྜི་ཏ་བློ་བཟང་ལྷུན་གྲུབ།), 『뻰디따 훈둡의 도제직제〔大威德〕의 생기차제와 원만차제(ལྷུན་གྲུབ་པཎྜི་ཏའི་འཇིགས་བྱེད་བསྐྱེད་རྫོགས།)』(SJRB-0358), 남인도 쎄라제사원 대학술창고 편집실(སེར་བྱེས་རིག་མཛོད་ཆེན་མོའི་རྩོམ་སྒྲིག་ཁང་།), 2022.
- 뻰첸라마 롭상예쎼(པཎ་ཆེན་བླ་མ་བློ་བཟང་ཡེ་ཤེས།), 『보리도차제의 마르티 일체지로 나아가는 지름길(བྱང་ཆུབ་ལམ་གྱི་རིམ་པའི་དམར་ཁྲིད་ཐམས་ཅད་མཁྱེན་པར་བགྲོད་པའི་མྱུར་ལམ།)』, 『보리도차제 교본(བྱང་ཆུབ་ལམ་གྱི་རིམ་པའི་ཁྲིད་ཡིག)』(경서 제3권)에 수록, India, Manipal Technolgies Ltd, Manipal 인쇄 및 제본, 2012.
- 쏭쩬감뽀(སྲོང་བཙན་སྒམ་པོ།), 『마니까붐(མ་ཎི་བཀའ་འབུམ།)〔摩尼全集〕』(경서 제1·2권)/설역〔티벳〕의 진귀한 보물 총서(གངས་ཅན་ཁྱད་ནོར་དཔེ་ཚོགས་པོད་ཕྲེང་།)(제135~136권), 쎄르쭉 불교 고문헌 조사·수집 집성실(སེར་གཙུག་ནང་བསྟན་དཔེ་ཚོགས་དཔེ་རྙིང་འཚོལ་བསྡུ་ཕྱོགས་སྒྲིག་ཁང་།), 西藏人民出版社, 2013(제2쇄).
- 쏭쩬감뽀, 『마니까붐(མ་ཎི་བཀའ་འབུམ།)』(목판인쇄본 제1·2권), 테룽뿡탕데첸궁전(ཐེད་ལུང་སྤུང་ཐང་བདེ་ཆེན་ཕོ་བྲང་།), 1975.
- 쏭쩬감뽀, 『마니까붐첸모(མ་ཎི་བཀའ་འབུམ་ཆེན་མོ།)〔大摩尼全集〕』(경서 제1·2권), 青海省 民族出版社, 1991.
- 용진 예쎼겔첸(ཡོངས་འཛིན་ཡེ་ཤེས་རྒྱལ་མཚན།), 『(보리)도차제 법맥 스승들의 전기(ལམ་རིམ་བླ་མ་བརྒྱུད་པའི་རྣམ་ཐར།)』, 북인도 다람싸라 티벳정부 Sherig parkang, 1996.
- 울추 다르마바다(དངུལ་ཆུ་དྷརྨ་བྷ་དྲ།), 『성관자재의 스승유가(འཕགས་པ་སྤྱན་རས་གཟིགས་ཀྱི་བླ་མའི་རྣལ་འབྱོར།)』, 『울추 다르마바다의 전집(དངུལ་ཆུ་དྷརྨ་བྷ་དྲའི་གསུང་འབུམ།)』(제1·2권)에 수록, 西藏 藏文古籍出版社, 2010.
- 제 궁탕 뗀빼된메(ཇེ་གུང་ཐང་བསྟན་པའི་སྒྲོན་མེ།), 『불법의 태양 제쭌 담빠가 저술

한 마니 성취법의 주석서, 심오한 햇빛(བསྟན་པའི་ཉི་མ་རྗེ་བཙུན་དམ་པས་མཛད་པའི་མ་ཎིའི་སྒྲུབ་ཐབས་ཀྱི་འགྲེལ་པ་ཟབ་མོ་སྣང་བ།)』, 『제 궁탕 뗀빼된메의 전집(རྗེ་གུང་ཐང་བསྟན་པའི་སྒྲོན་མེའི་གསུང་འབུམ།)』(경서 제6권)에 수록, 남인도 뻴덴데뿡따씨고망사원 도서관, 2016.

- 제 궁탕 뗀빼된메, 『제 궁탕 뗀빼된메의 전집(རྗེ་གུང་ཐང་བསྟན་པའི་སྒྲོན་མེའི་གསུང་འབུམ།)』(경서 제3권)에 수록, 남인도 뻴덴데뿡따씨고망사원 도서관, 2016.
- 제14대 달라이라마 뗀진갸초(སྐུ་ཕྲེང་བཅུ་བཞི་པ་ཏཱ་ལའི་བླ་མ་བསྟན་འཛིན་རྒྱ་མཚོ།), 『(근본)스승과 관세음의 본성이 다름이 없는 유가, 실지 모음(བླ་མ་དང་སྤྱན་རས་གཟིགས་དབྱེར་མེད་ཀྱི་རྣལ་འབྱོར་དངོས་གྲུབ་ཀུན་འབྱུང་ཞེས་བྱ་བ།)』, 북인도 다람싸라 Namgyal Monastery, 2014.
- 제14대 달라이라마 뗀진갸초, 『스승유가, 두진정토의 계단(བླ་མའི་རྣལ་འབྱོར་གྲུ་འཛིན་ཞིང་གི་ཐེམ་སྐས།)』, 북인도 다람싸라 Namgyal Monastery, 2014.
- 제14대 달라이라마 뗀진갸초 , 『마니육자(མ་ཎི་ཡིག་དྲུག)』, 『불교도의 관점과 행위 집론(ནང་པའི་ལྟ་སྤྱོད་ཀུན་བཏུས།)』에 수록, 북인도 다람싸라 Institute of Buddhist Dialectics, 1996.
- 제5대 달라이라마 악왕롭상갸초(སྐུ་ཕྲེང་ལྔ་པ་ཏཱ་ལའི་བླ་མ་ངག་དབང་བློ་བཟང་རྒྱ་མཚོ།), 『관자재의 성취법, 두진산으로 가는 계단(སྤྱན་རས་གཟིགས་ཀྱི་སྒྲུབ་ཐབས་རི་བོ་གྲུ་འཛིན་དུ་བགྲོད་པའི་ཐེམ་སྐས་ཞེས་བྱ་བ།)』, 『악왕롭상갸초의 전집(ངག་དབང་བློ་བཟང་རྒྱ་མཚོའི་གསུང་འབུམ།)』(제10권)에 수록, TBRC〔Tibetan Buddhist Resource Center〕, 2007.
- 제7대 달라이라마 껠상갸초(སྐུ་ཕྲེང་བདུན་པ་ཏཱ་ལའི་བླ་མ་བསྐལ་བཟང་རྒྱ་མཚོ།), 『뻴모 전통의 십일면(관자재)의 재계齋戒에 관한 의궤(བཅུ་གཅིག་ཞལ་དཔལ་མོ་ལུགས་ཀྱི་སྨྱུང་གནས་ཆོ་ག)』, 남인도 쎄라메사원 게쎄하람빠 잠양쏘남 PDF.
- 제쭌 따라나타(རྗེ་བཙུན་ཏཱ་ར་ནཱ་ཐ།), 『성십일면관자재의 재계齋戒에 머무는 의궤, 최상의 해탈의 보배 궁전(འཕགས་པ་ཐུགས་རྗེ་ཆེན་པོ་བཅུ་གཅིག་ཞལ་གྱི་བསྙུང་བར་གནས་པའི་ཆོ་ག་ཐར་མཆོག་རིན་ཆེན་ཁང་བཟང་ཞེས་བྱ་བ།)』, 전집부 조낭, 『제쭌 따라나타의 전집(རྗེ་བཙུན་ཏཱ་ར་ནཱ་ཐའི་གསུང་འབུམ།)』〔ཟ〕 JT464.

- 제쭌 최끼곌첸(རྗེ་བཙུན་ཆོས་ཀྱི་རྒྱལ་མཚན།), 「연기의 총의(རྟེན་འབྲེལ་སྤྱི་དོན།)」, 『반야般若의 별책 부록(ཕར་ཕྱིན་ཟུར་བཀོལ།)』에 수록, 남인도 쎄라제사원 도서관, 2003.
- 제쭌 최끼곌첸, 『현관장엄론現觀莊嚴論 「제1·8품」의 총의總義, 선연용왕유희해(善緣龍王遊戱海, མངོན་རྟོགས་རྒྱན་སྐབས་དང་པོ་དང་བརྒྱད་པའི་སྤྱི་དོན་སྐལ་བཟང་ཀླུ་དབང་གི་རོལ་མཚོ།)』, (통)『라마 제쭌빠의 「제1·8품」의 총의(བླ་མ་རྗེ་བཙུན་པའི་སྐབས་དང་པོ་དང་བརྒྱད་པའི་སྤྱི་དོན།)』, (약)『현관장엄론 「제1·8품」의 총의(མངོན་རྟོགས་རྒྱན་སྐབས་དང་པོ་དང་བརྒྱད་པའི་སྤྱི་དོན།)』 또는 『반야般若 「제1·8품」의 총의(ཕར་ཕྱིན་སྐབས་དང་པོ་དང་བརྒྱད་པའི་སྤྱི་དོན།)』, 남인도 쎄라제사원 도서관, 2003.
- 제쭌 최끼곌첸, 『아비달마구사론의 난점難點을 바르게 설한 보배 창고(མཛོད་ཀྱི་དཀའ་གནད་ལེགས་བཤད་ནོར་བུའི་བང་མཛོད།)』 「제2품」, 남인도 쎄라제 도서관, 2004.
- 제쭌 최끼곌첸, 『현관장엄론의 소전所詮인 여덟 가지 범주와 칠십의七十義를 확정 짓는 훌륭한 방편 제쭌 최끼곌첸의 구전口傳, 청정무구清淨無垢(བསྟན་བཅོས་མངོན་པར་རྟོགས་པའི་རྒྱན་གྱི་བརྗོད་བྱ་དངོས་བརྒྱད་དོན་བདུན་ཅུ་ངེས་པར་བྱེད་པའི་ཐབས་དམ་པ་རྗེ་བཙུན་ཆོས་ཀྱི་རྒྱལ་མཚན་གྱི་གསུང་རྒྱུན་དྲི་མ་མེད་པ།)』, (통)『칠십의(七十義, དོན་བདུན་ཅུ།)』, 『교의教義·(칠십)의·지도地道 삼론(གྲུབ་དོན་ས་གསུམ།)』에 수록, 남인도 쎄라제사원 도서관, 2007.
- 직메최끼도제(འཇིགས་མེད་ཆོས་ཀྱི་རྡོ་རྗེ།) 編著, 『藏傳佛教神明大全(བོད་བརྒྱུད་ནང་བསྟན་ལྷ་ཚོགས་ཆེན་མོ།)』(제2권), 青海省 民族出版社, 2001.
- 쪼네 제쭌 닥빠쎼둡(ཚོ་ནེ་རྗེ་བཙུན་གྲགས་པ་བཤད་སྒྲུབ།), 『능단금강반야바라밀다경의 주석서, 해탈로 나아가는 훌륭한 도〔방편〕의 심오한 의미를 명확히 밝히는 태양(རྡོར་གཅོད་ཀྱི་འགྲེལ་པ་ཐར་པར་བགྲོད་པའི་ལམ་བཟང་ཟབ་དོན་གསལ་བའི་ཉི་མ་ཞེས་བྱ་བ།)』, 『제쭌 닥빠쎼둡의 전집(རྗེ་བཙུན་གྲགས་པ་བཤད་སྒྲུབ་ཀྱི་གསུང་འབུམ།)』༼ཨ༽에 수록, 臺灣 財團法人佛陀教育基金會 印贈(TI513), 2009.
- 쪼네 제쭌 닥빠쎼둡, 『마니의 공덕을 명확히 밝히는 등불(མ་ཎིའི་ཕན་ཡོན་གསལ་

བར་བྱེད་པའི་སྒྲོན་མེ།)』, 『제쭌 닥빠쎄둡의 전집(རྗེ་བཙུན་གྲགས་པ་བཤད་སྒྲུབ་ཀྱི་གསུང་འབུམ།)』{ཨ}에 수록, 臺灣 財團法人佛陀教育基金會 印贈(TI513), 2009.

- 쪼네 제쭌 닥빠쎄둡, 『성보현행원경의 주석서, 바다와 (같은) 법왕자행의 요의를 명확히 밝히는 태양(འཕགས་པ་བཟང་པོ་སྤྱོད་པའི་སྨོན་ལམ་གྱི་འགྲེལ་བ་རྒྱལ་སྲས་ཀྱི་སྤྱོད་པ་རྒྱ་མཚོའི་གནད་དོན་གསལ་བར་བྱེད་པའི་ཉི་མ་ཞེས་བྱ་བ།)』, 『제쭌 닥빠쎄둡의 전집(རྗེ་བཙུན་གྲགས་པ་བཤད་སྒྲུབ་ཀྱི་གསུང་འབུམ།)』{ཨ}에 수록, 臺灣 財團法人佛陀教育基金會 印贈(TI513), 2009.
- 쪼네 제쭌 닥빠쎄둡, 『제쭌 닥빠쎄둡의 전집(རྗེ་བཙུན་གྲགས་པ་བཤད་སྒྲུབ་ཀྱི་གསུང་འབུམ།)』{ཀ}, '쪼네 제쭌 닥빠쎄둡의 전기' 관련, 臺灣 財團法人佛陀教育基金會 印贈(TI501), 2009, pp.1~2.
- 제 쫑카빠 대사 롭상닥빠(རྗེ་ཙོང་ཁ་པ་ཆེན་པོ་བློ་བཟང་གྲགས་པ།), 『(제불보살을 맞이하고) 상주하기를 (간청하는) 상세한 (의궤의) 비망기록備忘記錄(རབ་གནས་རྒྱས་པའི་ཟིན་བྲིས།)』, 전집부 게덴, 『제 쫑카빠의 전집(རྗེ་ཙོང་ཁ་པའི་གསུང་འབུམ།)』{ཉ} JTs68.
- 제 쫑카빠 대사 롭상닥빠, 『길상한 대일여래를 의지해서 일체 악도를 완전히 소멸케 하는 만다라의궤 밀교경 의현석義顯釋(དཔལ་རྣམ་པར་སྣང་མཛད་ཀྱི་སྒོ་ནས་ངན་སོང་ཐམས་ཅད་ཡོངས་སུ་སྦྱོང་བའི་དཀྱིལ་འཁོར་གྱི་ཆོ་ག་རྒྱུད་དོན་གསལ་བ་ཞེས་བྱ་བ།)』, 전집부 게덴, 『제 쫑카빠의 전집(རྗེ་ཙོང་ཁ་པའི་གསུང་འབུམ།)』{ན} JTs141.
- 제 쫑카빠 대사 롭상닥빠, 『백 개의 또르마 (의궤의) 순서, 비할 바 없는 법의 수장 롭상닥빠의 실행 의범(གཏོར་མ་བརྒྱ་རྩའི་རིམ་པ་མཚུངས་མེད་ཆོས་ཀྱི་རྗེ་བློ་བཟང་གྲགས་པའི་ཕྱག་ལེན།)』, 전집부 게덴, 『제 쫑카빠의 전집(རྗེ་ཙོང་ཁ་པའི་གསུང་འབུམ།)』{ཁ} JTs24.
- 제 쫑카빠 대사 롭상닥빠, 『불세존인 길상한 코르로데촉〔勝樂輪〕의 (생기차제와 원만차체에 관한) 현관분별광석 여의충족(བཅོམ་ལྡན་འདས་དཔལ་འཁོར་ལོ་བདེ་མཆོག་གི་མངོན་པར་རྟོགས་པའི་རྒྱ་ཆེར་བཤད་པ་འདོད་པ་འཇོ་བ་ཞེས་བྱ་བ།)』, 전집부 게덴, 『제 쫑카빠의 전집(རྗེ་ཙོང་ཁ་པའི་གསུང་འབུམ།)』{ད} JTs74.

- 쫀빠왕뽀(བཙུན་པ་དབང་པོ།), 『현교경 · 밀교경에서 발췌한 몇몇 다라니 및 만뜨라 그리고 티벳어 번역(མདོ་རྒྱུད་ལས་འབྱུང་བའི་གཟུངས་སྔགས་འགའ་ཞིག་བོད་སྐད་དུ་བཀོལ་བ་དང་བཅས་པ།)』, Varanasi Sarnath, Central University of Tibetan Studies, 2012.
- 침잠뻬양(མཆིམས་འཇམ་དཔའི་དབྱངས།), 『아비달마구사론소阿毘達磨俱舍論疏, 대법장엄對法莊嚴(ཆོས་མངོན་མཛོད་ཀྱི་ཚིག་ལེའུར་བྱས་པའི་འགྲེལ་པ་མཆིམས་མཛོད་མངོན་པའི་རྒྱན།)』「제6장 도道와 보특가라 현시품」, 臺灣 財團法人佛陀教育基金會 印贈(TI311), 2007.
- 케둡게렉뻴상뽀(མཁས་གྲུབ་དགེ་ལེགས་དཔལ་བཟང་པོ།), 『지도地道의 체계, 지자知者의 의락意樂(ས་ལམ་གྱི་རྣམ་གཞག་མཁས་པའི་ཡིད་འཕྲོག་ཅེས་བྱ་བ།)』, 『논리의 백문百門을 여는 신통한 열쇠 제3권(རིགས་ལམ་སྒོ་བརྒྱ་འབྱེད་པའི་འཕྲུལ་གྱི་ལྡེ་མིག་གསུམ་པ།)』에 수록, 남인도 DREPUNG LOSELING LIBRARY SOCIETY, 2014.

Ⅱ. 논문論文

1. 학위논문

1) 국내 학위논문

- 金京昌, 「大乘莊嚴寶王經의 觀音信仰 硏究」, 東國大學校, 佛敎大學院, 碩士學位論文, 2009.
- 金武生(경정 정사), 「眞言 修行의 目的에 대한 硏究 -密敎의 三密修行을 中心으로-」, 東國大學校 大學院 碩士學位論文, 1980.
- 金在聲(효원 정사), 「六字觀法에 관한 硏究」, 威德大學校 佛敎大學院 碩士學位論文, 2019.
- 金俊圭, 「六字眞言修行의 音聲治癒 效果에 관한 硏究 -스트레스 對治에 관련하여-」, 威德大學校 大學院 博士學位論文, 2018.

- 申月淑(法藏), 「六字眞言의 修行體系 研究 -티벳 문헌을 중심으로-」, 威德大學校 大學院 博士學位論文, 2023.
- 李京坨(혜담 정사), 「六字觀念에 關한 研究」, 威德大學校 佛教大學院 碩士學位論文, 2005.

2) 해외 학위논문

- MOO SAENG GHIM, UNDER *THE SUPERVISION OF PROF. KEWAL KRISHAN MITTAL, THE EVOLUTION AND PRACTICAL FOUNDATION OF THE MANTRA IN ESOTERIC BUDDHISM*, DEPARTMENT OF BUDDHIST STDUDIES UNIVERSITY OF DELHI DELHI-110 007, 1995.

2. 국내 학술논문

1) 『密教學報』

- 金武生(경정 정사), 「六字眞言의 象徵意味」, 『密教學報』(創刊號), 威德大學校 密教文化研究院, 1999.
- 金武生(경정 정사), 「六字眞言의 五佛 五方觀의 成立過程」, 『密教學報』(第二輯), 威德大學校 密教文化研究院, 2000.
- 허일범, 「密教的 六字眞言信仰의 始原에 關한 研究 -『마니칸붐』「대비천불의 역사해설」역주-」, 『密教學報』(第十一輯), 威德大學校 密教文化研究院, 2010.

2) 『회당학보』

- 김경집, 「육자진언의 전래와 전개양상」, 『회당학보』(제23집), 회당학회, 2018.
- 덕정 정사, 「육자진언과 진각종」, 『회당학보』(제23집), 회당학회, 2018.
- 명운(김치온), 「육자진언 신앙의 변천에 대하여」, 『회당학보』(제15집),

회당학회, 2010.

- 법경 정사, 「진각종 수행의 형성과 체계 연구」, 『회당학보』(제19집), 회당학회, 2014.
- 법경 정사, 「육자진언 신앙의 교리적 전개:『성관자재구수육자선정』과 회당대종사의 육자진언의 수행을 중심으로」, 『회당학보』(제23집), 회당학회, 2018.
- 지정 정사, 「六字眞言과 眞覺密敎의 三密修行에 對한 考察」, 『회당학보』(제15집), 회당학회, 2010.
- 허일범, 「한국의 진언·다라니 신앙 연구」, 『회당학보』(제6집), 회당학회, 2001.
- 허일범, 「韓國의 六字眞言信仰과 金剛界三十七尊의 習合」, 『회당학보』(제12집), 회당학회 2007.
- 허일범, 「육자대명왕진언의 의미와 역할」, 『회당학보』(제20집), 회당학회, 2015.
- 李京垞(혜담 정사), 「회당의 육자관행에 관한 연구」, 『회당학보』(제20집), 회당학회, 2015.
- 李京垞(혜담 정사), 「진각종의 육자진언의 수행」, 『회당학보』(제23집), 회당학회, 2018.
- 혜정 정사, 「네팔의 밀교와 육자진언」, 『회당학보』(제15집), 회당학회, 2010.
- 혜정 정사, 「육자진언 신앙의 유래」, 『회당학보』(제14집), 회당학회, 2009.

3) 국내 각종 학술지

- 강대현, 「자기관음밀주관념도의 현대적 전개」, 『진각밀교 교리와 신행 연구』下(한국밀교문화총서23), 도서출판 진각종해인행, 2019.

- 金武生(경정 정사), 「六字眞言 信仰의 史的 展開와 그 特質」, 『韓國密敎思想』(한국불교사상총서10), 동국대 불교문화연구원, 1997.
- 김만태, 「육자진언(六字眞言) '옴마니반메훔' 소리의 모자음오행 분석」, 『인문사회21』(제10권3호), 아시아문화학술원, 2019.
- 金武生(경정 정사), 「회당대종사와 진각밀교운동」, 『大覺思想』(第3輯), 2000.
- 金武生(경정 정사), 「진언 다라니의 전개와 수행」, 『밀교세계』(창간호), 위덕대학교, 2006.
- 김영덕, 「육자대명왕진언·천수다라니 수행과 깨달음 -龍城禪師의 眞言持誦을 중심으로-」, 『大覺思想』(第12輯), 대각사상연구원, 2009.
- 남경란, 「『육자선정〔六字大明王經〕』의 일고찰」, 『배달말학회』(37권), 2005.
- 명운(김치온), 「용성선사의 선밀쌍수에 대한 고찰」, 『禪文化硏究』(제12집), 한국선리연구원, 2012.
- 法藏(申月淑), 「육자진언(六字眞言)의 표기와 명칭에 관한 고찰」, 『한국비즈니스연구』제6권 제2호(통권 제11호), 한국산업비즈니스학회, 2022년 12월.
- 신월숙(법장), 「자립논증파自立論證派의 십이연기 해석 연구 -제쭌 최끼 곌첸의 티벳어본 『연기緣起의 총의總義』를 중심으로-」, 『동아시아불교문화』(제60집), 동아시아불교문화학회, 2023.
- 이병욱, 「『대승장엄보왕경』의 사상 연구 -『법화경』, 『화엄경』, 인도신화의 영향 등을 중심으로-」, 『불교학밀교학연구』(제1집), 한국밀교학회, 2022 여름호.

Ⅲ. 단행본

- 『관세음보살육자대명왕다라니신주경』, 朴銑默(朝鮮) 增輯; 李錫圭(朝鮮) 參閱(木板本), 서빈정사西賓精舍 발행 대성사 소장, 1908年(隆熙 2), 불교학술원 불교기록문화유산 아카이브, 신집성문헌.
- 대한불교조계종 교육원 불학연구소 편찬, 『불교상용의례집』, 조계종출판사, 2016.
- 대한불교진각종 교육원 교육부 재편집, 『觀世音六字大明王陀羅尼神呪經』(한글 번역), 『六字眞言의 硏究』, 진기54.
- 대한불교진각종 편저, 『마니깐붐〔摩尼全集〕』(상·하권), 대한불교진각종, 2013.
- 東北帝國大學 法文學部編, 『西藏大藏經總目錄』, 東北帝國大學藏版 -티벳의 데게까규르와 데게뗀규르 목록-, 1934.
- 뻰첸라마 롭상예셰/법장 옮김, 『보리도차제의 마르티 일체지로 나아가는 지름길』, 도서출판 운주사, 2022(초판 3쇄).
- 우룡 큰스님, 『불교의 수행법과 나의 체험』(불교신행총서13), 도서출판 효림, 2013.
- 『실행론』, 대한불교진각종 도서출판 해인행, 2019(3판 1쇄).
- 『진각교전』, 대한불교진각종 도서출판 해인행, 2019(16판).

Ⅳ. 사전류辭典類

- 곰데 툽뗀쌈둡(སྒོམ་སྡེ་ཐུབ་བསྟན་བསམ་གྲུབ།), 『곰데대사전(སྒོམ་སྡེ་ཚིག་མཛོད་ཆེན་མོ།)』(제1·2·4권), 남인도 쎄라제사원 대학술창고 편집실(སེར་བྱེས་རིག་མཛོད་ཆེན་མོའི་རྩོམ་སྒྲིག་ཁང་།), 2016.
- 둥까르 롭상틴레(དུང་དཀར་བློ་བཟང་འཕྲིན་ལས།), 『둥까르대사전(དུང་དཀར་ཚིག་མཛོད་

ཆེན་མོ།)』(상 · 하권), 中國 藏學出版社, 2002.

- 張怡蓀 主編, 『장한대사전(藏漢大辭典, བོད་རྒྱ་ཚིག་མཛོད་ཆེན་མོ།)』(상 · 하권), 민족출판사 출판/臺灣 타이베이〔台北〕 신문풍유한공사新文豊有限公司 발행 및 인쇄, 1984.
- ཤེས་བྱ་ཀུན་འདུས་རྩོམ་སྒྲིག་ཞུ་གནས།(Multi Education Editing center), 『신정자사전(新正字辭典, དག་གསར།)』, 臺灣 財團法人佛陀教育基金會 印贈(TI101), 2005.

ཡིཾ། ལ། ཏི། པླི། ཧཱུཾ།།

부록

□ 표2-1 참고한 티벳 경론의 장경목록 등재 여부

	東北帝國大學 法文學部編, 『西藏大藏經總目錄』	臺灣 전자티벳장경 ADARSHAH
티벳장경 불설부 경전	등재	등재
티벳장경 논소부 논서	등재	등재
전자티벳장경 ADARSHAH 전집부에 등재된 티벳 대학 승의 논서	미등재	등재
티벳 대학승의 논서	미등재	미등재
사전류	미등재	미등재

- 이하의 '표2-2 티벳 경론명 및 번역명'과 '표2-3 육자진언에 관한 39종의 티벳 경론'의 표기부호 및 열거 순서 등에 대한 안내

코드 번호는 ADARSHAH에 따른 것이고, ' * '는 ADARSHAH 등재되어 있으나 '東北帝國大學 法文學部編의『西藏大藏經總目錄』'에는 미등재된 논서이며, 'T'는 티벳 경론명이고, 'W'는 'T'에 대한 Wylie 표기명이며, 'D'는 大正新修大藏經名이고, 'K'는 필자가 옮긴 명칭이다. 단, 여기서 Wylie 표기 방식은 ADARSHAH에 따른 것이다. 이하 '표'의 열거 순서는

참고 문헌의 열거 순서와는 달리 ADARSHAH의 Code의 오름차순으로 열거하였고, ADARSHAH에 미등재된 티벳 대학승의 논서는 참고 문헌과 동일한 순서로 열거하였다. 표2-3에서 'ㅇ'는 육자진언에 관한 39종의 티벳 경론 중에 대정신수대장경에 등재되어 있는 경론이다.

□ 표2-2 티벳 경론명 및 번역명

■ 티벳장경 불설부 경전			
번호	코드 번호	4종	경전명
1	d16	T	འཕགས་པ་ཤེས་རབ་ཀྱི་ཕ་རོལ་ཏུ་ཕྱིན་པ་རྡོ་རྗེ་གཅོད་པ་ཞེས་བྱ་བ་ཐེག་པ་ཆེན་པའི་མདོ།
		W	'phags pa shes rab kyi pha rol tu phyin pa rdo rje gcod pa zhes bya ba theg pa chen pa'i mdo/
		D	大般若波羅蜜多經(玄奘 譯)
		K	성聖 능단금강반야바라밀다能斷金剛般若波羅蜜多라는 대승경
2	d113	T	དམ་པའི་ཆོས་པད་མ་དཀར་པོ་ཞེས་བྱ་བ་ཐེག་པ་ཆེན་པོའི་མདོ།
		W	dam pa'i chos pad ma dkar po zhes bya ba theg pa chen po'i mdo/
		D	妙法蓮華經(鳩摩羅什 譯)
		K	미묘법 백련화微妙法 白蓮華라는 대승경
3	d116	T	འཕགས་པ་ཟ་མ་ཏོག་བཀོད་པ་ཞེས་བྱ་བ་ཐེག་པ་ཆེན་པོའི་མདོ།
		W	'phags pa za ma tog bkod pa zhes bya ba theg pa chen po'i mdo/
		D	佛說大乘莊嚴寶王經(天息災 譯)
		K	성聖 보배함의 장엄이라는 대승경

4	d467	T	དེ་བཞིན་གཤེགས་པ་ཐམས་ཅད་ཀྱི་སྐུ་གསུང་ཐུགས་གཤིན་རྗེ་གཤེད་ནག་པོ་ཞེས་བྱ་བའི་རྒྱུད།
		W	de bzhin gshegs pa thams cad kyi sku gsung thugs gshin rje gshed nag po zhes bya ba'i rgyud/
		D	·
		K	일체 여래의 몸 말씀 마음의 (본성)인 씬제쎄낙뽀〔黑閻魔敵〕라는 밀교경
5	d691/ d897	T	འཕགས་པ་བྱང་ཆུབ་སེམས་དཔའ་སྤྱན་རས་གཟིགས་དབང་ཕྱུག་ཕྱག་སྟོང་སྤྱན་སྟོང་དང་ལྡན་པ་ཐོགས་པ་མི་མངའ་བའི་ཐུགས་རྗེ་ཆེན་པོའི་སེམས་རྒྱ་ཆེར་ཡོངས་སུ་རྫོགས་པ་ཞེས་བྱ་བའི་གཟུངས།
		W	'phags pa byang chub sems dpa' spyan ras gzigs dbang phyug phyag stong spyan stong dang ldan pa thogs pa mi mnga' ba'i thugs rje chen po'i sems rgya cher yongs su rdzogs pa zhes bya ba'i gzungs/
		D	千手千眼觀世音菩薩廣大圓滿無礙大悲心陀羅尼經 (伽梵達磨 譯)
		K	성천수천안관자재보살광대원만무애대비심聖千手千眼觀自在菩薩廣大圓滿無碍大悲心이라는 다라니경
6	d693/ d899	T	འཕགས་པ་སྤྱན་རས་གཟིགས་དབང་ཕྱུག་ཞལ་བཅུ་གཅིག་པ་ཞེས་བྱ་བའི་གཟུངས།
		W	'phags pa spyan ras gzigs dbang phyug zhal bcu gcig pa zhes bya ba'i gzungs/
		D	陀羅尼集經(阿地瞿多 譯)
		K	성십일면관자재聖十一面觀自在라는 다라니경

7	d696/ d910	T	འཕགས་པ་སྤྱན་རས་གཟིགས་དབང་ཕྱུག་གི་གཟུངས་ཞེས་བྱ་བ།
		W	'phags pa spyan ras gzigs dbang phyug gi gzungs zhes bya ba/
		D	·
		K	성관자재의 다라니경
8	d701	T	པད་མ་ཅོད་པན་ཞེས་བྱ་བའི་རྒྱུད།
		W	pad ma cod pan zhes bya ba'i rgyud/
		D	·
		K	연꽃 보관寶冠이라는 밀교경
9	d723	T	འཕགས་པ་སྤྱན་རས་གཟིགས་དབང་ཕྱུག་ཐུགས་རྗེ་ཆེན་པོའི་གཟུངས་ཕན་ཡོན་མདོར་བསྡུས་པ་ཞེས་བྱ་བ།
		W	'phags pa spyan ras gzigs dbang phyug thugs rje chen po'i gzungs phan yon mdor bsdus pa zhes bya ba/
		D	·
		K	대비성관자재의 다라니와 공덕을 약섭略攝한 경
10	d807	T	ལེགས་པར་གྲུབ་པར་བྱེད་པའི་རྒྱུད་ཆེན་པོ་ལས་སྒྲུབ་པའི་ཐབས་རིམ་པར་ཕྱེ་བ།
		W	legs par grub par byed pa'i rgyud chen po las sgrub pa'i thabs rim par phye ba/
		D	蘇悉地羯羅經(輸波迦羅 譯)
		K	선성취대밀교경善成就大密教經 中, 성취법품
11	d1095/ J281b	T	འཕགས་པ་བཟང་པོ་སྤྱོད་པའི་སྨོན་ལམ་གྱི་རྒྱལ་པོ།
		W	'phags pa bzang po spyod pa'i smon lam gyi rgyal po/
		D	普賢菩薩行願讚(不空 譯)
		K	성보현행원왕경聖普賢行願王經

12	h350	T	འཕགས་པ་བྱམས་པ་ལུང་བསྟན་པ།
		W	'phags pa byams pa lung bstan pa/
		D	·
		K	성인 잠빠(미륵)에 대한 예언
13	J1	T	འདུལ་བ་གཞི།
		W	'dul ba gzhi/
		D	根本說一切有部毘奈耶出家事(義淨 譯)
		K	율본사律本事
14	J677	T	འཕགས་པ་སྤྱན་རས་གཟིགས་དབང་ཕྱུག་གི་རྩ་བའི་རྒྱུད་ཀྱི་རྒྱལ་པོ་པད་མ་དྲ་བ་ཞེས་བྱ་བ།
		W	'phags pa spyan ras gzigs dbang phyug gi rtsa ba'i rgyud kyi rgyal po pad ma dra ba zhes bya ba/
		D	·
		K	성관자재의 근본 밀교경의 왕 연꽃 그물

■ 티벳장경 논소부 논서

번호	코드번호	4종	논서명
1	D1490	T	མངོན་པར་རྟོགས་པ་རྣམ་པར་འབྱེད་པ་ཞེས་བྱ་བ།
		W	mngon par rtogs pa rnam par 'byed pa zhes bya ba/
		D	·
		K	현관분별現觀分別
2	D1893	T	འཕགས་པ་སྤྱན་རས་གཟིགས་འཇིག་རྟེན་དབང་ཕྱུག་སྒྲུབ་པའི་ཐབས།
		W	'phags pa spyan ras gzigs 'jig rten dbang phyug sgrub pa'i thabs/
		D	·
		K	성관세자재의 성취법

3	D2139	T	དཔལ་ཐུགས་རྗེ་ཆེན་པོའི་དབང་བསྐུར་བའི་མན་ངག་གི་རབ་ཏུ་བྱེད་པ་ཞེས་བྱ་བ།
		W	dpal thugs rje chen po'i dbang bskur ba'i man ngag gi rab tu byed pa zhes bya ba/
		D	·
		K	길상한 대비(성관자재)의 관정 하사에 (관한) 긴요한 가르침의 장章
4	D2490	T	དཔལ་གསང་བ་ཐམས་ཅད་ཀྱི་སྤྱིའི་ཆོ་གའི་སྙིང་པོ་རྒྱན་ཞེས་བྱ་བ།
		W	dpal gsang ba thams cad kyi spyi'i cho ga'i snying po rgyan zhes bya ba/
		D	吉祥, 一切秘密總儀軌心髓莊嚴
		K	길상한 일체 밀교의 공통적 의궤의 심요장엄心要莊嚴
5	D2596	T	འཕགས་པ་འཇམ་དཔལ་གྱི་མཚན་ཡང་དག་པར་བརྗོད་པའི་སྒྲུབ་ཐབས་གསང་བའི་སྒྲོན་མ་ཞེས་བྱ་བ།
		W	'phags pa 'jam dpal gyi mtshan yang dag par brjod pa'i sgrub thabs gsang ba'i sgron ma zhes bya ba/
		D	·
		K	성문수사리진실명의경聖文殊師利眞實名義經의 성취법, 비밀등秘密燈
6	D2736	T	འཕགས་པ་སྤྱན་རས་གཟིགས་དབང་ཕྱུག་ཕྱག་སྟོང་པའི་སྒྲུབ་ཐབས།
		W	'phags pa spyan ras gzigs dbang phyug phyag stong pa'i sgrub thabs/
		D	·
		K	성천수관자재聖千手觀自在의 성취법

7	D2736a *	T	འཕགས་པ་འཇིག་རྟེན་དབང་ཕྱུག་ཡི་གེ་དྲུག་པའི་སྒྲུབ་ཐབས།
		W	'phags pa 'jig rten dbang phyug yi ge drug pa'i sgrub thabs/
		D	·
		K	성세간자재 육자의 성취법
8	D2738	T	འཕགས་པ་སྤྱན་རས་གཟིགས་དབང་ཕྱུག་ལ་བསྟོད་པ།
		W	'phags pa spyan ras gzigs dbang phyug la bstod pa/
		D	·
		K	성관자재찬聖觀自在讚
9	D2850	T	འཇིག་རྟེན་དབང་ཕྱུག་གི་སྒྲུབ་ཐབས།
		W	'jig rten dbang phyug gi sgrub thabs/
		D	·
		K	세간자재의 성취법
10	D2851	T	ཡི་གེ་དྲུག་པའི་རྒྱུད་ཀྱི་རིམ་པའི་དཀྱིལ་འཁོར་བསྟན་པའི་སྒྲུབ་པའི་ཐབས།
		W	yi ge drug pa'i rgyud kyi rim pa'i dkyil 'khor bstan pa'i sgrub pa'i thabs/
		D	·
		K	육자의 밀승차제의 만다라를 설한 성취법
11	D2852	T	འཕགས་པ་སྤྱན་རས་གཟིགས་དབང་ཕྱུག་ཁརྶ་པཱ་ཎིའི་སྒྲུབ་ཐབས།
		W	'phags pa spyan ras gzigs dbang phyug kharsa pā ṇi'i sgrub thabs/
		D	·
		K	카르싸빠니성관자재(空行聖觀自在)의 성취법

12	D2853	T	འཕགས་པ་ཡི་གེ་དྲུག་པའི་སྒྲུབ་ཐབས།
		W	'phags pa yi ge drug pa'i sgrub thabs/
		D	·
		K	성聖 육자의 성취법
13	D3150	T	ཡི་གེ་དྲུག་པའི་སྒྲུབ་ཐབས།
		W	yi ge drug pa'i sgrub thabs/
		D	·
		K	육자의 성취법
14	D3332	T	འཕགས་པ་སྤྱན་རས་གཟིགས་དབང་ཕྱུག་གི་ཡི་གེ་དྲུག་པའི་སྒྲུབ་པའི་ཐབས།
		W	'phags pa spyan ras gzigs dbang phyug gi yi ge drug pa'i sgrub pa'i thabs/
		D	·
		K	성관자재의 육자의 성취법
15	D3405	T	འཕགས་པ་ཡི་གེ་དྲུག་མ་རིག་པ་ཆེན་པོའི་སྒྲུབ་ཐབས།
		W	'phags pa yi ge drug ma rig pa chen po'i sgrub thabs/
		D	·
		K	성聖 육자모대명六字母大明의 성취법
16	D3406	T	ཡི་གེ་དྲུག་པའི་སྒྲུབ་ཐབས།
		W	yi ge drug pa'i sgrub thabs/
		D	·
		K	육자의 성취법

17	D3407	T	འཇིག་རྟེན་མགོན་པོའི་སྒྲུབ་ཐབས།
		W	'jig rten mgon po'i sgrub thabs/
		D	·
		K	세간의 구제자의 성취법
18	D3408	T	ཡི་གེ་དྲུག་པའི་སྒྲུབ་ཐབས།
		W	yi ge drug pa'i sgrub thabs/
		D	·
		K	육자의 성취법
19	D3416	T	འཇིག་རྟེན་དབང་ཕྱུག་གི་སྒྲུབ་ཐབས།
		W	'jig rten dbang phyug gi sgrub thabs/
		D	·
		K	세간자재의 성취법
20	D3431	T	འཕགས་པ་སྤྱན་རས་གཟིགས་དབང་ཕྱུག་མགྲིན་པ་སྔོན་པོ་ཅན་གྱི་སྒྲུབ་ཐབས།
		W	'phags pa spyan ras gzigs dbang phyug mgrin pa sngon po can gyi sgrub thabs/
		D	·
		K	딘빠온뽀쩬성관자재(青頸聖觀自在)의 성취법
21	D3756	T	པོ་ཏ་ལར་འགྲོ་བའི་ལམ་ཡིག
		W	po ta lar 'gro ba'i lam yig/
		D	·
		K	뽀따라로 가는 순례 안내기

22	D3824	T	དབུ་མ་རྩ་བའི་ཚིག་ལེའུར་བྱས་པ་ཤེས་རབ།
		W	dbu ma rtsa ba'i tshiig le'ur byas pa shes rab/
		D	中論
		K	중관근본송반야中觀根本頌般若
23	D4011	T	འཕགས་པ་བཟང་པོ་སྤྱོད་པའི་སྨོན་ལམ་གྱི་རྒྱལ་པོ་ཆེན་པོའི་བཤད་སྦྱར།
		W	'phags pa bzang po spyod pa'i smon lam gyi rgyal po chen po'i bshad sbyar/
		D	聖, 賢行願大王會疏
		K	성聖 보현행원대왕普賢行願大王 본주합편서本註合編書
24	D4026	T	མདོ་སྡེའི་རྒྱན་གྱི་བཤད་པ།
		W	mdo sde'i rgyan gyi bshad pa/
		D	大乘莊嚴經論
		K	경장엄론經莊嚴論 해설서
25	D4049	T	ཆོས་མངོན་པ་ཀུན་ལས་བཏུས་པ།
		W	chos mngon pa kun las btus pa/
		D	大乘阿毘達磨集論
		K	아비달마집론阿毘達磨集論
26	D4341 *	T	སློབ་དཔོན་པདྨ་དགེ་བསྙེན་གྱིས་འཇིག་རྟེན་དབང་ཕྱུག་ལས་གྲུབ་པ་ཐོབ་པའི་ལོ་རྒྱུས།
		W	slob dpon padma dge bsnyen gyis 'jig rten dbang phyug las grub pa thob pa'i lo rgyus/
		D	·
		K	아사리 빠마 우바새가 세간자재에 의해 실지를 이룬 전기

27	D4343 *	T	ཐུགས་རྗེ་ཆེན་པོ་ལ(ས)་གྲུབ་པ་ཐོབ་པའི་གཏམ་རྒྱུད།
		W	thugs rje chen po la(s) grub pa thob pa'i gtam rgyud/
		D	·
		K	대비(성관자재의 성취법에) 의해 실지를 이룬 전설
28	D4344 *	T	ཤིང་བཟོ་བས་གྲུབ་པ་ཐོབ་པའི་ལོ་རྒྱུས།
		W	shing bzo bas grub pa thob pa'i lo rgyus/
		D	·
		K	목공이 실지를 이룬 전기
29	D4345 *	T	བུད་མེད་ཀྱིས་གྲུབ་པ་ཐོབ་པ།
		W	bud med kyis grub pa thob pa/
		D	·
		K	부인이 실지를 이룬 (전기)
30	D4346 *	T	སུ་ཁ་དེ་བས་གྲུབ་པ་ཐོབ་པ།
		W	su kha de bas grub pa thob pa/
		D	·
		K	쑤카데와가 실지를 이룬 (전기)

▪ 전집부에 등재된 티벳 대학승의 논서

번호	코드번호	3종	논서명
1	JDol185	T	ཡི་གེ་དྲུག་པའི་སྒྲུབ་ཐབས།
		W	yi ge drug pa'i sgrub thabs/
		K	육자의 성취법

2	JDol186	T	མ་ཎི་ངེས་དོན།
		W	ma ṇi nges don/
		K	마니의 요의了義
3	JT464	T	འཕགས་པ་ཐུགས་རྗེ་ཆེན་པོ་བཅུ་གཅིག་ཞལ་གྱི་བསྙུང་བར་གནས་པའི་ཆོ་ག་ཐར་ མཆོག་རིན་ཆེན་ཁང་བཟང་ཞེས་བྱ་བ།
		W	'phags pa thugs rje chen po bcu gcig zhal gyi bsnyung bar gnas pa'i cho ga thar mchog rin chen khang bzang zhes bya ba/
		K	성십일면관자재의 재계齋戒에 머무는 의궤, 최상의 해탈의 보배 궁전
4	JTs24	T	གཏོར་མ་བརྒྱ་རྩའི་རིམ་པ་མཚུངས་མེད་ཆོས་ཀྱི་རྗེ་བློ་བཟང་གྲགས་པའི་ཕྱག་ལེན།
		W	gtor ma brgya rtsa'i rim pa mtshungs med chos kyi rje blo bzang grags pa'i phyag len/
		K	백 개의 또르마 (의궤의) 순서, 비할 바 없는 법의 수장 롭상닥빠의 실행 의범
5	JTs68	T	རབ་གནས་རྒྱས་པའི་ཟིན་བྲིས།
		W	rab gnas rgyas pa'i zin bris/
		K	(제불보살을 맞이하고) 상주하기를 (간청하는) 상세한 (의궤의) 비망기록備忘記錄
6	JTs74	T	བཅོམ་ལྡན་འདས་དཔལ་འཁོར་ལོ་བདེ་མཆོག་གི་མངོན་པར་རྟོགས་པའི་རྒྱ་ཆེར་ བཤད་པ་འདོད་པ་འཇོ་བ་ཞེས་བྱ་བ།
		W	bcom ldan 'das dpal 'khor lo bde mchog gi mngon par rtogs pa'i rgya cher bshad pa 'dod pa 'jo ba zhes bya ba/
		K	불세존인 길상한 코르로데촉〔勝樂輪〕의 현관분별광석, 여의충족

7	JTs141	T	དཔལ་རྣམ་པར་སྣང་མཛད་ཀྱི་སྒོ་ནས་ངན་སོང་ཐམས་ཅད་ཡོངས་སུ་སྦྱོང་བའི་དཀྱིལ་འཁོར་གྱི་ཆོ་ག་རྒྱུད་དོན་གསལ་བ་ཞེས་བྱ་བ།
		W	dpal rnam par snang mdzad kyi sgo nas ngan song thams cad yongs su sbyong ba'i dkyil 'khor gyi cho ga rgyud don gsal ba zhes bya ba/
		K	길상한 대일여래를 의지해서 일체 악도를 완전히 소멸케 하는 만다라의궤 밀교경 의현석義顯釋
8	MP131	T	ལས་སྒྲིབ་རྒྱུན་གཅོད་ཀྱི་སྔགས་བརྒྱ་པ།
		W	las sgrib rgyun gcod kyi sngags brgya pa/
		K	업장의 흐름을 차단하는 수백 가지 주문
9	MP215	T	བྱང་ཆུབ་སེམས་དཔའ་ཆེན་པོ་ཉེ་བའི་སྲས་བརྒྱད་ཀྱི་རྟོགས་བརྗོད་ནོར་བུའི་ཕྲེང་བ་ཞེས་བྱ་བ།
		W	byang chub sems dpa' chen po nye ba'i sras brgyad kyi rtogs brjod nor bu'i phreng ba zhes bya ba/
		K	팔대보살의 본생담, 보배 염주

■ 티벳 대학승의 논서		
번호	3종	논서명
1	T	དཔལ་འོག་མིན་བྱང་ཆུབ་ཆོས་གླིང་གྲྭ་ཚང་གི་ཞལ་འདོན་ཐུབ་བསྟན་དགའ་ཚལ།
	W	dpal 'og min byang chub chos gling grwa tshang gi zhal 'don thub bstan dgal tshal/
	K	뻴옥민장춥최링다창의 염송(의궤)집 불교의 낙원
2	T	ནང་པའི་ཚན་རིག་དང་ལྟ་གྲུབ་ཀུན་བཏུས།(སྨད་ཆ།)
	W	nang pa'i tshan rig dang lta grub kun btus/(smad cha/)
	K	불교도의 과학과 관점·교의 집론(하권)

3	T	སྒྲོལ་མ་མཎྜལ་བཞི་ཆོག
	W	sgrol ma maṇḍal bzhi chog/
	K	4회의 멘델을 올리는 될마의궤
4	T	བྱང་ཆུབ་ལམ་གྱི་རིམ་པའི་ཁྲིད་ཡིག(གླེགས་བམ་དང་པོ་དང་གསུམ་པ།)
	W	byang chub lam gyi rim pa'i khrid yig/(glegs bam dang po danggsum pa/)
	K	보리도차제 교본(경서 제1·3권)
5	T	ལྷུན་གྲུབ་པཎྜི་ཏའི་འཇིགས་བྱེད་བསྐྱེད་རྫོགས།
	W	lhun grub paṇḍi ta'i 'jigs byed bskyed rdzogs/
	K	뻰디따 훈둡의 도제직제〔大威德〕의 생기차제와 원만차제
6	T	བྱང་ཆུབ་ལམ་གྱི་རིམ་པའི་དམར་ཁྲིད་ཐམས་ཅད་མཁྱེན་པར་བགྲོད་པའི་མྱུར་ལམ།
	W	byang chub lam gyi rim pa'i dmar khrid thams cad mkhyen par bgrod pa'i myur lam/
	K	보리도차제의 마르티 일체지로 나아가는 지름길
7	T	མ་ཎི་བཀའ་འབུམ།/མ་ཎི་བཀའ་འབུམ་ཆེན་མོ།(གླེགས་བམ་དང་པོ་དང་གཉིས་པ།)
	W	ma ṇi bka' 'bum/ma ṇi bka' 'bum chen mo/(glegs bam dang po dang gnyis pa/)
	K	마니까붐〔摩尼全集〕/마니까붐첸모〔大摩尼全集〕(경서 제1·2권)
8	T	ལམ་རིམ་བླ་མ་བརྒྱུད་པའི་རྣམ་ཐར།
	W	lam rim bla ma brgyud pa'i rnam thar/
	K	(보리)도차제 법맥 스승들의 전기
9	T	འཕགས་པ་སྤྱན་རས་གཟིགས་ཀྱི་བླ་མའི་རྣལ་འབྱོར།
	W	'phags pa spyan ras gzigs kyi bla ma'i rnal 'byor/
	K	성관자재의 스승유가

10	T	བསྟན་པའི་ཉི་མ་རྗེ་བཙུན་དམ་པས་མཛད་པའི་མ་ཎིའི་སྒྲུབ་ཐབས་ཀྱི་འགྲེལ་པ་ཟབ་མོ་སྣང་བ།
	W	bstan pa'i nyi ma rje btsun dam pas mdzad pa'i ma ṇi'i sgrub thabs kyi 'grel pa zab mo snang ba/
	K	불법의 태양 제쭌 담빠가 저술한 마니 성취법의 주석서, 심오한 햇빛
11	T	རྗེ་གུང་ཐང་བསྟན་པའི་སྒྲོན་མེའི་གསུང་འབུམ།(གླེགས་བམ་གསུམ་པ།)
	W	rje gung thang bstan pa'i don me'i gsung 'bum/(glegs bam gsum pa/)
	K	제 궁탕 뗀뻬된메의 전집(제3권)
12	T	བླ་མ་དང་སྤྱན་རས་གཟིགས་དབྱེར་མེད་ཀྱི་རྣལ་འབྱོར་དངོས་གྲུབ་ཀུན་འབྱུང་ཞེས་བྱ་བ།
	W	bla ma dang spyan ras gzigs dbyer med kyi rnal 'byor dngos grub kun 'byung zhes bya ba/
	K	(근본)스승과 관세음의 본성이 다름이 없는 유가, 실지 모음
13	T	བླ་མའི་རྣལ་འབྱོར་གྲུ་འཛིན་ཞིང་གི་ཐེམ་སྐས།
	W	bla ma'i rnal 'byor gru 'dzin zhing gi them skas/
	K	스승유가, 두진정토의 계단
14	T	མ་ཎི་ཡིག་དྲུག
	W	ma ṇi yig drug/
	K	마니육자
15	T	སྤྱན་རས་གཟིགས་ཀྱི་སྒྲུབ་ཐབས་རི་བོ་གྲུ་འཛིན་དུ་བགྲོད་པའི་ཐེམ་སྐས་ཞེས་བྱ་བ།
	W	spyan ras gzigs kyi sgrub thabs ri bo gru 'dzin du bgrod pa'i them skas zhes bya ba/
	K	관자재의 성취법, 두진산으로 가는 계단

	T	བཅུ་གཅིག་ཞལ་དཔལ་མོ་ལུགས་ཀྱི་སྨྱུང་གནས་ཆོ་ག
16	W	bcu gcig zhal dpal mo lugs kyi smyung gnas cho ga/
	K	뻴모 전통의 십일면(관자재)의 재계齋戒에 관한 의궤
	T	རྟེན་འབྲེལ་སྤྱི་དོན།
17	W	rten 'brel spyi don/
	K	연기의 총의
	T	མངོན་རྟོགས་རྒྱན་སྐབས་དང་པོ་དང་བརྒྱད་པའི་སྤྱི་དོན་སྐལ་བཟང་ཀླུ་དབང་གི་རོལ་མཚོ།
18	W	mngon rtogs rgyan skabs dang po dangbrgyad pa'i spyi don skal bzang klu dbang gi rol mtsho/
	K	현관장엄론現觀莊嚴論「제1·8품」의 총의總義, 선연용왕유희해善緣龍王遊戲海
	T	མཛོད་ཀྱི་དཀའ་གནད་ལེགས་བཤད་ནོར་བུའི་བང་མཛོད།
19	W	mdzod kyi dka' gnad legs bshad nor bu'i bang mdzod/
	K	아비달마구사론의 난점難點을 바르게 설한 보배 창고
	T	བསྟན་བཅོས་མངོན་པར་རྟོགས་པའི་རྒྱན་གྱི་བརྗོད་བྱ་དངོས་བརྒྱད་དོན་བདུན་ཅུ་ངེས་པར་བྱེད་པའི་ཐབས་དམ་པ་རྗེ་བཙུན་ཆོས་ཀྱི་རྒྱལ་མཚན་གྱི་གསུང་རྒྱུན་དྲི་མ་མེད་པ།/དོན་བདུན་ཅུ།
20	W	bstan bcos mngon par rtogs pa'i rgyan gyi brjod bya dngos brgyad don bdun cu nges par byed pa'i thabs dam pa rje btsun chos kyi rgyal mtshan gyi gsung rgyun dri ma med pa/(don bdun cu/)
	K	현관장엄론의 소전所詮인 여덟 가지 범주와 칠십의七十義를 확정 짓는 훌륭한 방편 제쭌 최끼곌첸의 구전口傳, 청정무구淸淨無垢/칠십의七十義
	T	བོད་བརྒྱུད་ནང་བསྟན་ལྷ་ཚོགས་ཆེན་མོ།(གཉིས་པ།)
21	W	bod brgyud nang bstan lha tshogs chen mo/(gnyis pa/)
	K	藏傳佛敎神明大全(제2권)

22	T	རྡོར་གཅོད་ཀྱི་འགྲེལ་བ་ཐར་བར་བགྲོད་པའི་ལམ་བཟང་ཟབ་དོན་གསལ་བའི་ཉི་མ་ཞེས་བྱ་བ།
	W	rdor gcod kyi 'grel ba thar bar bgrod pa'i lam bzang zab don gsal ba'i nyi ma zhes bya ba/
	K	능단금강반야바라밀다경의 주석서, 해탈로 나아가는 훌륭한 도(방편)의 심오한 의미를 명확히 밝히는 태양
23	T	མ་ཎིའི་ཕན་ཡོན་གསལ་བར་བྱེད་པའི་སྒྲོན་མེ།
	W	ma ṇi'i phan yon gsal bar byed pa'i sgron me/
	K	마니의 공덕을 명확히 밝히는 등불
24	T	འཕགས་པ་བཟང་པོ་སྤྱོད་པའི་སྨོན་ལམ་གྱི་འགྲེལ་བ་རྒྱལ་སྲས་ཀྱི་སྤྱོད་པ་རྒྱ་མཚོའི་གནད་དོན་གསལ་བར་བྱེད་པའི་ཉི་མ་ཞེས་བྱ་བ།
	W	'phags pa bzang po spyod pa'i smon lam gyi 'grel ba rgyal sras kyi spyod pa rgya mtsho'i gnad don gsal bar byed pa'i nyi ma zhes bya ba/
	K	성보현행원경의 주석서, 바다와 (같은) 법왕자행의 요의를 명확히 밝히는 태양
25	T	རྗེ་བཙུན་གྲགས་པ་བཤད་སྒྲུབ་ཀྱི་གསུང་འབུམ།（ཀ）
	W	rje btsun grags pa bshad sgrub kyi gsung 'bum/ka
	K	제쭌 닥빠셰둡의 전집('까'권)
26	T	མདོ་རྒྱུད་ལས་འབྱུང་བའི་གཟུངས་སྔགས་འགའ་ཞིག་བོད་སྐད་དུ་བཀྲོལ་བ་དང་བཅས་པ།
	W	mdo rgyud las 'byung ba'i gzungs sngags 'ga' zhig bod skad du bkrol ba dang bcas pa/
	K	현교경・밀교경에서 발췌한 몇몇 다라니 및 만뜨라 그리고 티벳어 번역
27	T	ཆོས་མངོན་མཛོད་ཀྱི་ཚིག་ལེའུར་བྱས་པའི་འགྲེལ་པ་མཆིམས་མཛོད་མངོན་པའི་རྒྱན།
	W	chos mngon mdzod kyi tshig le'ur byas pa'i 'grel pa mchims mdzod mngon pa'i rgyan/
	K	아비달마구사론소阿毘達磨俱舍論疏, 대법장엄對法莊嚴

28	T	ས་ལམ་གྱི་རྣམ་གཞག་མཁས་པའི་ཡིད་འཕྲོག་ཅེས་བྱ་བ།
	W	sa lam gyi rnam gzhag mkhas pa'i yid 'phrog ces bya ba/
	K	지도地道의 체계, 지자知者의 의락意樂

■ 티벳 사전류			
번호	저자명	3종	사전명
1	곰데 툽뗀쌈둡	T	སྒོམ་སྡེ་ཚིག་མཛོད་ཆེན་མོ།
		W	sgom sde tshig mdzod chen mo/
		K	곰데대사전
2	둥까르 롭상틴레	T	དུང་དཀར་ཚིག་མཛོད་ཆེན་མོ།
		W	dung dkar tshig mdzod chen mo/
		K	둥까르대사전
3	張怡孫 主編	T	བོད་རྒྱ་ཚིག་མཛོད་ཆེན་མོ།
		W	bod rgya tshig mdzod chen mo/
		K	장한대사전藏漢大辭典
4	ཤེས་བྱ་ཀུན་འདུས་རྩོམ་སྒྲིག་ལྟེ་གནས།(Multi Education Editing center)	T	དག་གསར།(앞표지) 藏文:藏文字典(뒤표지)
		W	dag gsar/
		K	신정자사전新正字辭典

□ 표2-3 육자진언에 관한 39종의 티벳 경론

번호	코드 번호	3종	티벳 경론명	기원 (5)	공덕 (19)	상징적 의미 (4)	수습법 및 염송법 (27)
■ 티벳 불설부 경전							
1	d116 ○	T	འཕགས་པ་ཟ་མ་ཏོག་བཀོད་པ་ཞེས་བྱ་བ་ཐེག་པ་ཆེན་པོའི་མདོ།	○	○	·	○
		W	'phags pa za ma tog bkod pa zhes bya ba theg pa chen po'i mdo/				
		K	성聖 보배함의 장엄이라는 대승경				
2	d696/ d910	T	འཕགས་པ་སྤྱན་རས་གཟིགས་དབང་ཕྱུག་གི་གཟུངས་ཞེས་བྱ་བ།	○	○	·	○
		W	'phags pa spyan ras gzigs dbang phyug gi gzungs zhes bya ba/				
		K	성관자재의 다라니경				
3	d701	T	པད་མ་ཅོད་པན་ཞེས་བྱ་བའི་རྒྱུད།	○	○	·	○
		W	pad ma cod pan zhes bya ba'i rgyud/				
		K	연꽃 보관寶冠이라는 밀교경				
4	d723	T	འཕགས་པ་སྤྱན་རས་གཟིགས་དབང་ཕྱུག་ཐུགས་རྗེ་ཆེན་པོའི་གཟུངས་ཕན་ཡོན་མདོར་བསྡུས་པ་ཞེས་བྱ་བ།	○	○	·	○
		W	'phags pa spyan ras gzigs dbang phyug thugs rje chen po'i gzungs phan yon mdor bsdus pa zhes bya ba/				
		K	대비성관자재의 다라니와 공덕을 약섭略攝한 경				

5	J677	T	འཕགས་པ་སྤྱན་རས་གཟིགས་དབང་ཕྱུག་གི་རྩ་བའི་རྒྱུད་ཀྱི་རྒྱལ་པོ་པད་མ་དྲ་བ་ཞེས་བྱ་བ།	○	·	·	·
		W	'phags pa spyan ras gzigs dbang phyug gi rtsa ba'i rgyud kyi rgyal po pad ma dra ba zhes bya ba/				
		K	성관자재의 근본 밀교경의 왕 연꽃 그물				
■ 티벳 논소부 논서							
1	D1893	T	འཕགས་པ་སྤྱན་རས་གཟིགས་འཇིག་རྟེན་དབང་ཕྱུག་སྒྲུབ་པའི་ཐབས།	·	·	·	○
		W	'phags pa spyan ras gzigs 'jig rten dbang phyug sgrub pa'i thabs/				
		K	성관세자재의 성취법				
2	D2139	T	དཔལ་ཐུགས་རྗེ་ཆེན་པོའི་དབང་བསྐུར་བའི་མན་ངག་གི་རབ་ཏུ་བྱེད་པ་ཞེས་བྱ་བ།	·	·	·	○
		W	dpal thugs rje chen po'i dbang bskur ba'i man ngag gi rab tu byed pa zhes bya ba/				
		K	길상한 대비(성관자재)의 관정 하사에 (관한) 긴요한 가르침의 장章				
3	D2736a *	T	འཕགས་པ་འཇིག་རྟེན་དབང་ཕྱུག་ཡི་གེ་དྲུག་པའི་སྒྲུབ་ཐབས།	·	○	·	○
		W	'phags pa 'jig rten dbang phyug yi ge drug pa'i sgrub thabs/				
		K	성세간자재 육자의 성취법				
4	D2850	T	འཇིག་རྟེན་དབང་ཕྱུག་གི་སྒྲུབ་ཐབས།	·	·	·	○
		W	'jig rten dbang phyug gi sgrub thabs/				
		K	세간자재의 성취법				

5	D2851	T	ཡི་གེ་དྲུག་པའི་རྒྱུད་ཀྱི་རིམ་པའི་དཀྱིལ་འཁོར་བསྟན་པའི་སྒྲུབ་པའི་ཐབས།	·	·	·	○
		W	yi ge drug pa'i rgyud kyi rim pa'i dkyil 'khor bstan pa'i sgrub pa'i thabs/				
		K	육자의 밀승차제의 만다라를 설한 성취법				
6	D2852	T	འཕགས་པ་སྤྱན་རས་གཟིགས་དབང་ཕྱུག་ཁརྶ་པཱ་ཎིའི་སྒྲུབ་ཐབས།	·	○	·	○
		W	'phags pa spyan ras gzigs dbang phyug kharsa pā ṇi'i sgrub thabs/				
		K	카르싸빠니성관자재〔空行聖觀自在〕의 성취법				
7	D2853	T	འཕགས་པ་ཡི་གེ་དྲུག་པའི་སྒྲུབ་ཐབས།	·	·	·	○
		W	'phags pa yi ge drug pa'i sgrub thabs/				
		K	성聖 육자의 성취법				
8	D3150	T	ཡི་གེ་དྲུག་པའི་སྒྲུབ་ཐབས།	·	·	·	○
		W	yi ge drug pa'i sgrub thabs/				
		K	육자의 성취법				
9	D3332	T	འཕགས་པ་སྤྱན་རས་གཟིགས་དབང་ཕྱུག་གི་ཡི་གེ་དྲུག་པའི་སྒྲུབ་པའི་ཐབས།	·	·	·	○
		W	'phags pa spyan ras gzigs dbang phyug gi yi ge drug pa'i sgrub pa'i thabs/				
		K	성관자재의 육자의 성취법				
10	D3405	T	འཕགས་པ་ཡི་གེ་དྲུག་མ་རིག་པ་ཆེན་པོའི་སྒྲུབ་ཐབས།	·	·	·	○
		W	'phags pa yi ge drug ma rig pa chen po'i sgrub thabs/				
		K	성聖 육자모대명六字母大明의 성취법				

11	D3406	T	ཡི་གེ་དྲུག་པའི་སྒྲུབ་ཐབས།				
		W	yi ge drug pa'i sgrub thabs/	·	○	·	○
		K	육자의 성취법				
12	D3407	T	འཇིག་རྟེན་མགོན་པོའི་སྒྲུབ་ཐབས།				
		W	'jig rten mgon po'i sgrub thabs/	·	○	·	○
		K	세간의 구제자의 성취법				
13	D3408	T	ཡི་གེ་དྲུག་པའི་སྒྲུབ་ཐབས།				
		W	yi ge drug pa'i sgrub thabs/	·	·	·	○
		K	육자의 성취법				
14	D3416	T	འཇིག་རྟེན་དབང་ཕྱུག་གི་སྒྲུབ་ཐབས།				
		W	'jig rten dbang phyug gi sgrub thabs/	·	·	·	○
		K	세간자재의 성취법				
15	D3431	T	འཕགས་པ་སྤྱན་རས་གཟིགས་དབང་ཕྱུག་མགྲིན་པ་སྔོན་པོ་ཅན་གྱི་སྒྲུབ་ཐབས།				
		W	'phags pa spyan ras gzigs dbang phyug mgrin pa sngon po can gyi sgrub thabs/	·	·	·	○
		K	딘빠온뽀쩬성관자재(青頸聖觀自在)의 성취법				
16	D3756	T	པོ་ཏ་ལར་འགྲོ་བའི་ལམ་ཡིག				
		W	po ta lar 'gro ba'i lam yig	·	○	·	·
		K	뽀따라로 가는 순례 안내기				

17	D4341 *	T	སློབ་དཔོན་པདྨ་དགེ་བསྙེན་གྱིས་འཇིག་རྟེན་དབང་ཕྱུག་ལས་གྲུབ་པ་ཐོབ་པའི་ལོ་རྒྱུས།	·	○	·	·
		W	slob dpon padma dge bsnyen gyis 'jig rten dbang phyug las grub pa thob pa'i lo rgyus/				
		K	아사리 빼마 우바새가 세간자재에 의해 실지를 이룬 전기				
18	D4343 *	T	ཐུགས་རྗེ་ཆེན་པོ་ལ(ས)་གྲུབ་པ་ཐོབ་པའི་གཏམ་རྒྱུད།	·	○	·	·
		W	thugs rje chen po la(s) grub pa thob pa'i gtam rgyud/				
		K	대비(성관자재의 성취법)에 의해 실지를 이룬 전설				
19	D4344 *	T	ཤིང་བཟོ་བས་གྲུབ་པ་ཐོབ་པའི་ལོ་རྒྱུས།	·	○	·	·
		W	shing bzo bas grub pa thob pa'i lo rgyus/				
		K	목공이 실지를 이룬 전기				
20	D4345 *	T	བུད་མེད་ཀྱིས་གྲུབ་པ་ཐོབ་པ།	·	○	·	·
		W	bud med kyis grub pa thob pa/				
		K	부인이 실지를 이룬 (전기)				
21	D4346 *	T	སུ་ཁ་དེ་བས་གྲུབ་པ་ཐོབ་པ།	·	○	·	·
		W	su kha de bas grub pa thob pa/				
		K	쑤카데와가 실지를 이룬 (전기)				

■ 전집부에 등재된 티벳 대학승의 논서							
1	JDol185	T	ཡི་གེ་དྲུག་པའི་སྒྲུབ་ཐབས།	·	○	○	○
		W	yi ge drug pa'i sgrub thabs/				
		K	육자의 성취법				
2	JDol186	T	མ་ཎི་ངེས་དོན།	·	·	○	·
		W	ma ṇi nges don/				
		K	마니의 요의了義				
3	MP131	T	ལས་སྒྲིབ་རྒྱུན་གཅོད་ཀྱི་སྔགས་བརྒྱ་པ།	·	○	·	·
		W	las sgrib rgyun gcod kyi sngags brgya pa/				
		K	업장의 흐름을 차단하는 수백 가지 주문				
4	MP215	T	བྱང་ཆུབ་སེམས་དཔའ་ཆེན་པོ་ཉེ་བའི་སྲས་བརྒྱད་ཀྱི་རྟོགས་བརྗོད་ནོར་བུའི་ཕྲེང་བ་ཞེས་བྱ་བ།	·	○	·	·
		W	byang chub sems dpa' chen po nye ba'i sras brgyad kyi rtogs brjod nor bu'i phreng ba zhes bya ba/				
		K	팔대보살의 본생담, 보배 염주				

■ 티벳 대학승의 논서						
1	T	མ་ཎི་བཀའ་འབུམ། /མ་ཎི་བཀའ་འབུམ་ཆེན་མོ། (གླེགས་བམ་དང་པོ་དང་གཉིས་པ།)	·	○	·	○
	W	ma ṇi bka' 'bum/ma ṇi bka' 'bum chen mo/(glegs bam dang po dang gnyis pa/)				
	K	마니까붐〔摩尼全集〕/마니까붐첸모〔大摩尼全集〕(경서 제1 · 2권)				
2	T	འཕགས་པ་སྤྱན་རས་གཟིགས་ཀྱི་བླ་མའི་རྣལ་འབྱོར།	·	·	·	○
	W	'phags pa spyan ras gzigs kyi bla ma'i rnal 'byor/				
	K	성관자재의 스승유가				

	T	བསྟན་པའི་ཉི་མ་རྗེ་བཙུན་དམ་པས་མཛད་པའི་མ་ཎིའི་སྒྲུབ་ཐབས་ཀྱི་འགྲེལ་པ་ཟབ་མོ་སྣང་བ།				
3	W	bstan pa'i nyi ma rje btsun dam pas mdzad pa'i ma ṇi'i sgrub thabs kyi 'grel pa zab mo snang ba/	·	·	○	○
	K	불법의 태양 제쭌 담빠가 저술한 마니 성취법의 주석서, 심오한 햇빛				
	T	བླ་མ་དང་སྤྱན་རས་གཟིགས་དབྱེར་མེད་ཀྱི་རྣལ་འབྱོར་དངོས་གྲུབ་ཀུན་འབྱུང་ཞེས་བྱ་བ།				
4	W	bla ma dang spyan ras gzigs dbyer med kyi rnal 'byor dngos grub kun 'byung zhes bya ba/	·	·	·	○
	K	(근본)스승과 관세음의 본성이 다름이 없는 유가, 실지 모음				
	T	བླ་མའི་རྣལ་འབྱོར་གྲུ་འཛིན་ཞིང་གི་ཐེམ་སྐས།				
5	W	bla ma'i rnal 'byor gru 'dzin zhing gi them skas/	·	·	·	○
	K	스승유가, 두진정토의 계단				
	T	མ་ཎི་ཡིག་དྲུག				
6	W	ma ṇi yig drug	·	·	○	·
	K	마니육자				
	T	སྤྱན་རས་གཟིགས་ཀྱི་སྒྲུབ་ཐབས་རི་བོ་གྲུ་འཛིན་དུ་བགྲོད་པའི་ཐེམ་སྐས་ཞེས་བྱ་བ།				
7	W	spyan ras gzigs kyi sgrub thabs ri bo gru 'dzin du bgrod pa'i them skas zhes bya ba/	·	·	·	○
	K	관자재의 성취법, 두진산으로 가는 계단				
	T	བཅུ་གཅིག་ཞལ་དཔལ་མོ་ལུགས་ཀྱི་སྨྱུང་གནས་ཆོ་ག				
8	W	bcu gcig zhal dpal mo lugs kyi smyung gnas cho ga	·	·	·	○
	K	뻴모 전통의 십일면(관자재)의 재계齋戒에 관한 의궤				

9	T	མ་ཎིའི་ཕན་ཡོན་གསལ་བར་བྱེད་པའི་སྒྲོན་མེ།	·	○	·	·
	W	ma ṇi'i phan yon gsal bar byed pa'i sgron me/				
	K	마니의 공덕을 명확히 밝히는 등불				

□ 표2-4 육자진언과 관련된 진언

이하의 진언 열거 순서는 앞의 세 진언의 경우 다라니의 근원적 측면에 따른 것이고, 백자진언의 경우 본문에 제시된 순서에 따른 것이다.

- 성천수천안관자재보살광대원만무애대비심다라니〔神妙章句大陀羅尼〕(འཕགས་པ་བྱང་ཆུབ་སེམས་དཔའ་སྤྱན་རས་གཟིགས་དབང་ཕྱུག་ཕྱུག་སྟོང་སྤྱན་སྟོང་དང་ལྡན་པ་ཐོགས་པ་མི་མངའ་བའི་ཐུགས་རྗེ་ཆེན་པོའི་སེམས་རྒྱ་ཆེར་ཡོངས་སུ་རྫོགས་པའི་གཟུངས།)

"나모랃나따야야 나마아르야아와로끼떼쑈라야 보디싸또야 마하싸또야 마하까루니까야 떼야타 옴싸르와벤다나 체다나까라야 싸르와빠빠싸무다 웃초싸나까라야 싸르와볘디따싸마나까라야 싸르와이따유빠다와비나싸나까라야 싸르와바예큐따나야 따쎼나마띧또이담아르야아와로끼떼쑈라 따와니라껜다나마히다얌 아와르따이꼐미싸르와아르타싸다나 슈바쪠따나 싸르와쎈또남 빠빠마르가비쑈다까 떼야타 아와로끼로까마띠 로까가띠 에헤야히 마하보디싸또 헤보디싸또 헤마하보디싸또 헤띠야보디싸또 헤까루니까마라히다얌 에헤야히 아르야아와로끼떼쑈라빠라마메띠찓따까루니까 꾸루꾸루 까라맘싸다야싸다야 빈얌데히데히메 마람가람가마 비항가마하씯다요기쑈라 두후두후 비르옌떼 마하비르옌떼 다라다라 다라니쑈라 조라조라 비마라아마라 마르띠 아르야아와로끼떼쑈라띡나아지나 자따마꾸따 아람띠따싸리라 아람바 따람바 비람바 마하씯다 쏟다다라 바라바라마하바라 마하마라마하마라 조라조라 마하조라 띄나빢차띄나와르나 띄나빠쌰 니르가따나 헤빼마헤따 자야까라니싸짜레쑈라 띄나싸르와띠따얏조빠이따 에혜야히와라하무카띠뿌라다하니쑈라나라야나빠라루빠빼카다리헤니라껜타 헤마하하라하라 비카니라지따로까쎄 라가비카나싸나 되카비카나싸나 모하비카나싸나 니라모깍나 후루후루 뮨짜뮨짜 무후루무후루 하라하라 마하빼마나비 싸라싸라 씨리씨리 쑤루쑤루 뷔데뷔데 보다야보다야 보다야미 따와니라껜타 에혜야히니라껜타 에혜야히바마씨타따 씯다무카 하싸하싸 뮨짜뮨짜 마하엗딸따하싸니르나디니 에혜야히 보보마하씯다요기쑈라 벤다벤다와짬싸다야싸다야 빋얌마라마라똠 헤바가왼 로까비로까똠 따타가따다다히메다르쌰남 따싸다야미쏘하 씯다야쏘하 마하씯다야쏘하 씯다요기쑈라야쏘하 니라껜타야쏘하 바라하무카야쏘하 씯다무카야쏘하 마하나라씯다무카야쏘하 씯다빋야다라야쏘하 빼마하따야쏘하 마하빼마하따야쏘하 벤자하따야쏘하 마하벤자하따야쏘하 띄나싸라빠띠따야쪼빠비따야쏘하 마하까라무꾸떼다라야쏘하 짝따우유다다라야쏘하 쌲케쌉다니르나다나까라야쏘하 보다나까라야쏘하 바마껜다데쎘티따띄나아지나야쏘하 바마하떼베가라짜르마니바싸나야쏘하 로께쑈라야쏘하 마하로께쏘라야쏘하 싸르와씯데쑈라쏘하 띾차띾차맘쏘하 꾸루띾차무르띠남쏘하 나모바가와떼아르야아와로끼떼쑈라야 보디싸또야 마하싸또야 마하까루니까야 씯뎬뚜메멘따빠다니쏘하.

(ན་མོ་རཏྣ་ཏྲ་ཡཱ་ཡ། ན་མ་ཨཱརྱ་ཨ་བ་ལོ་ཀི་ཏེ་ཤྭ་རཱ་ཡ། བོ་དྷི་སཏྭཱ་ཡ། མ་ཧཱ་སཏྭཱ་ཡ། མ་ཧཱ་ཀཱ་རུ་ཎི་ཀཱ་ཡ། ཏདྱ་ཐཱ། ཨོཾ་སརྦ་བནྡྷ་ན། ཚྪེ་ད་ན་ཀ་རཱ་ཡ། སརྦ་པཱ་པ་ས་མུ་དྲ་ཨུཙྪོ་ཤ་ཎ་ཀ་རཱ་ཡ། སརྦ་བྱཱ་དྷི་པྲ་ཤ་མ་ན་ཀ་རཱ་ཡ། སརྦ་ཨི་ཏྱུ་པ་དྲ་བ་བི་ནཱ་ཤ་ན་ཀ་ར་ཡ། སརྦ་བྷ་ཡེ་ཁྱཿ་ཏྲ་ཎཱ་ཡ། ཏསྨྱ་ན་མ་སྐྲི་ཏྭཱ་ཨི་དཾ་ཨཱརྱ་ཨ་བ་ལོ་ཀི་ཏེ་ཤྭ་ར་ཏ་བ་ནྟི་ལ་ཀཎྛ་ནཱ་མ་ཧྲི་ད་ཡཾ། ཨཱ་བརྟ་ཡིཥྱཱ་མི་སརྦ་ཨརྠ་སཱ་དྷ་ན། ཤུ་བྷ་ཙེ་ཏ་ན། སརྦ་སཏྭཱ་ནཱཾ། པཱ་པ་མཱརྒ་བི་ཤོ་དྷ་ཀ ། ཏདྱ་ཐཱ། ཨ་བ་ལོ་ཀི་ལོ་ཀ་མ་ཏེ། ལོ་ཀ་ག་ཏེ། ཨེ་ཧྱེ་ཧི། མ་ཧཱ་བོ་དྷི་ས་ཏྭ། ཧེ་བོ་དྷི་སཏྭ། ཧེ་མ་ཧཱ་བོ་དྷི་སཏྭ། ཧེ་པྲི་ཡ་བོ་དྷི་སཏྭ། ཧེ་ཀཱ་རུ་ཎི་ཀཱ་སྨ་ར་ཧྲི་ད་ཡཾ། ཨེ་ཧྱེ་ཧི། ཨཱརྱ་ཨ་བ་ལོ་ཀི་ཏེ་ཤྭ

ར་པ་ར་མ་མི་ཏྲི་ཙིཏྟ་ཀཱ་རུ་ཎི་ཀཱ།། ཀུ་རུ་ཀུ་རུ། ཀརྨཾ་སཱ་དྷ་ཡ་སཱ་དྷ་ཡ། བིདྡྷཾ་དེ་ཧི་དེ་ཧི་མེ། ཨ་རཾ་ག་མཾ་ག་མ། བི་ཧཾ་ག་མ་ཧཱ་སིདྡྷ་ཡོ་གཱི་ཤྭ་ར། དྷུ་རུ་དྷུ་རུ། བཱི་ར་ཡནྟེ། མ་ཧཱ་བཱི་ར་ཡནྟེ། དྷ་ར་དྷ་ར། དྷཱ་ར་ཎཱི་ཤྭ་ར། ཛྭ་ལ་ཛྭ་ལ། བི་མ་ལ་ཨ་མ་ལ། མཱུརྟི་ཨཱརྱ་ཨ་བ་ལོ་ཀི་ཏེ་ཤྭ་ར་ཀྲིཥྞ་ཨ་ཛི་ན། ཛ་ཊཱ་མ་ཀུ་ཊ། ཨ་ལཾ་ཀྲི་ཏ་ཤ་རཱི་ར། ཨ་ལཾ་བ། པྲ་ལཾ་བ། བི་ལཾ་བ། མ་ཧཱ་སིདྡྷ། ཤུདྡྷ་དྷ་ར། བ་ལ་བ་ལ། མ་ཧཱ་བ་ལ། མ་ཧཱ་མ་ལ་མ་ཧཱ་མ་ལ། ཛྭ་ལ་ཛྭ་ལ། མ་ཧཱ་ཛྭ་ལ། ཀྲིཥྞ་པཀྵ་ཀྲིཥྞ་བཀྵ། ཀྲིཥྞ་པཱ་ཤ །ནིརྒྷཱ་ཏ་ན། ཧེ་པདྨ་ཧསྟ། ཛ་ཡ་ཀ་ར་ཎི་ཤཱ་ཙ་རེ་ཤྭ་ར། ཀྲིཥྞ་སརྤ་ཀྲི་ཏ་ཡཛྙོ་པ་བཱི་ཏ། ཨེ་ཧྱེ་ཧི་བཱ་རཱ་ཧ་མུ་ཁ་ཏྲི་པུ་ར་ད་ཧ་ནེ་ཤྭ་ར་ན་ར་ཡ་ཎ་བ་ལ་རཱུ་པ་བེ་ཥ་དྷ་རི། ཧེ་ནཱི་ལ་ཀཎྛ། ཧེ་མ་ཧཱ་ཧ་ལཱ་ཧ་ལ། བི་ཥ་ནི་ར་ཛི་ཏ་ལོ་ཀ་སྱ། རཱ་ག་བི་ཥ་ན་ཤ་ན། དྭེ་ཥ་བི་ཥ་ན་ཤ་ན། མོ་ཧ་བི་ཥ་ན་ཤ་ན། ནི་ར་མོ་ཀྵ་ཀ། ཧུ་ལུ་ཧུ་ལུ། མུཉྩ་མུཉྩ། མུ་ཧུ་ལུ་མུ་ཧུ་ལུ། ཧཱ་ལ་ཧཱ་ལ། མ་ཧཱ་པདྨ་ནཱ་བྷེ། ས་ར་ས་ར། སི་རི་སི་རི། སུ་རུ་སུ་རུ། བུདྡྷྱ་བུདྡྷྱ། བོ་དྷ་ཡ་བོ་དྷ་ཡ། བོ་དྷ་ཡཱ་མི། ཏ་བ་ནཱི་ལ་ཀཎྛ། ཨེ་ཧྱེ་ཧེ་ནཱི་ལ་ཀཎྛ། ཨེ་ཧྱེ་ཧི་བཱ་མ་སྠི་ཏ། སིཾ་ཧ་མུ་ཁ། ཧ་ས་ཧ་ས། མུཉྩ་མུཉྩ། མ་ཧཱ་ཨཊྚ་ཧཱ་ས་ནི་ར་ནཱ་དི་ནི། ཨེ་ཧྱེ་ཧི། བྷོ་བྷོ་མ་ཧཱ་སིདྡྷ་ཡོ་གཱི་ཤྭ་ར། བྷ་ཎ་བྷ་ཎ་བཱ་ཙཾ་སཱ་དྷ་ཡ་སཱ་དྷ་ཡ། བི་དྱཾ་སྨ་ར་སྨ་ར་ཏཾ། ཧེ་བྷ་ག་བཱན། ལོ་ཀ་བི་ལོ་ཀ་སྟཾ། ཏ་ཐཱ་ག་ཏུ་དཱ་དཱ་ཧི་མེ་དརྴ་ནཾ། པྲ་སཱ་ད་ཡཱ་མི་སྭཱ་ཧཱ། སིདྡྷཱ་ཡ་སྭཱ་ཧཱ། མ་ཧཱ་སིདྡྷཱ་ཡ་སྭཱ་ཧཱ། སིདྡྷ་ཡོ་གཱི་ཤྭ་ར་ཡ་སྭཱ་ཧཱ། ནཱི་ལ་ཀཎྛཱ་ཡ་སྭཱ་ཧཱ། བཱ་ར་ཧ་མུ་ཁཱ་ཡ་སྭཱ་ཧཱ། སིཾ་ཧ་མུ་ཁཱ་ཡ་སྭཱ་ཧཱ། མ་ཧཱ་ན་ར་སིཾ་ཧ་མུ་ཁཱ་ཡ་སྭཱ་ཧཱ། སིདྡྷ་བིདྱཱ་དྷ་ར་ཡ་སྭཱ་ཧཱ། པདྨ་ཧསྟཱ་ཡ་སྭཱ་ཧཱ། མ་ཧཱ་པདྨ་ཧསྟཱ་ཡ་སྭཱ་ཧཱ། བཛྲ་ཧསྟཱ་ཡ་སྭཱ་ཧཱ། མ་ཧཱ་བཛྲ་ཧསྟཱ་ཡ་སྭཱ་ཧཱ། ཀྲིཥྞ་ས་ར་པ་ཀྲི་ཏ་ཡཛྙོ་པ་བཱི་ཏཱ་ཡ་སྭཱ་ཧཱ། མ་ཧཱ་ཀཱ་ལ་མུ་ཀུ་ཊ་དྷ་རཱ་ཡ་སྭཱ་ཧཱ། ཙཀྲཱ་ཨུ་ཡུ་དྷ་དྷ་ར་ཡ་སྭཱ་ཧཱ། ཤཾ་ཁ་ཤབྡ་ནི་ར་ནཱ་ད་ན་ཀ་ར་ཡ་སྭཱ་ཧཱ། བཱ་མ་སྐནྡྷ་དེ་ཤ་སྠི་ཏ་ཀྲིཥྞ་ཨ་ཛི་ནཱ་ཡ་སྭཱ་ཧཱ། བཱ་མ་ཧ་སྟེ་བྱཱ་གྷྲ་ཙར་མ་ནི་བ་ས་ནཱ་ཡ་སྭཱ་ཧཱ། ལོ་ཀེ་ཤྭ་རཱ་ཡ་སྭཱ་ཧཱ། མ་ཧཱ་ལོ་ཀེ་ཤྭ་རཱ་ཡ་སྭཱ་ཧཱ། སརྦ་སིདྡྷེ་ཤྭ་རཱ་ཡ་སྭཱ་ཧཱ། རཀྵ་རཀྵ་མཱཾ་སྭཱ་ཧཱ། ཀུ་རུ་རཀྵ་མཱུརྟ་ཡེ་སྭཱ་ཧཱ། ན་མོ་རཏྣ་ཏྲ་ཡཱ་ཡ། ན་མ་ཨཱརྱ་ཨ་བ་ལོ་ཀི་ཏེ་ཤྭ་རཱ་ཡ། བོ་དྷི་སཏྭཱ་ཡ། མ་ཧཱ་སཏྭཱ་ཡ། མ་ཧཱ་ཀཱ་རུ་ཎི་ཀཱ་ཡ། སིདྡྷྱནྟུ་མེ་མནྟྲ་པ་དཱ་ནི་སྭཱ་ཧཱ།)"[1]

▪ 성십일면관자재다라니(聖十一面觀自在陀羅尼འཕགས་པ་སྤྱན་རས་གཟིགས་

1 앞의 경전, d723 93-202b~93-203b 등.

དབང་ཕྱུག་ཞལ་བཅུ་གཅིག་པའི་གཟུངས།)

"나모랃나따야야 나마아르야쟈나싸가라야 베로짜나야 바유하라자야 따타가따야 아르하떼 쌰약쌈부다야 나마싸르와따타가떼베 아르하데베 쌈약쌈부데베 나마아르야(아)와로끼떼쑈라야 보디싸쏘야 마하싸또야 마하까루니까야 떼야타 옴다라다라 디리디리 두루두루 읻떼 왿떼 짜레짜레 따짜레따짜레 꾸쑤메꾸쑤마와레 이리미리 찌띠조라마빠나예쏘하.

(ན་མོ་རཏྣ་ཏྲ་ཡཱ་ཡ། ན་མཿཨཱརྱ་ཛྙཱ་ན་སཱ་ག་ར་ཡ། བཻ་རོ་ཙ་ནཱ་ཡ། བྱཱུ་ཧ་ར་ཛཱ་ཡ། ཏ་ཐཱ་ག་ཏཱ་ཡ། ཨརྷ་ཏེ། སམྱཀྶཾ་བུདྡྷཱ་ཡ། ན་མཿསརྦ་ཏ་ཐཱ་ག་ཏེ་བྷྱཿ། ཨརྷད་བྷྱཿ། སམྱཀྶཾ་བུདྡྷེ་བྷྱཿ། ན་མཿཨཱརྱ་ཨ་བ་ལོ་ཀི་ཏེ་ཤྭ་ར་ཡ། བོ་དྷི་སཏྭཱ་ཡ། མ་ཧཱ་སཏྭཱ་ཡ། མ་ཧཱ་ཀཱ་རུ་ཎི་ཀཱ་ཡ། ཏདྱ་ཐཱ། ཨོཾ་དྷ་ར་དྷ་ར། དྷི་རི་དྷི་རི། དྷུ་རུ་དྷུ་རུ། ཨིཊྚེ་བཊྚེ། ཙ་ལེ་ཙ་ལེ། པྲ་ཙ་ལེ་པྲ་ཙ་ལེ། ཀུ་སུ་མེ་ཀུ་སུ་མ་བ་རེ། ཨི་ལི་མི་ལི་ཙི་ཏི་ཛྭ་ལ་མ་པ་ན་ཡེ་སྭཱ་ཧཱ།)"[2]

- 관세음의 정수 육자진언(སྤྱན་རས་གཟིགས་ཀྱི་སྙིང་པོ་ཡི་གེ་དྲུག་པ།)

- 티벳어

㉮ ཨོཾ་མ་ཎི་པདྨེ་ཧཱུྃ།[3] ཨོཾ་མ་ཎི་པདྨེ་ཧཱུྃ།[4] ཨོཾ་མ་ཎི་པད་མེ་ཧཱུྃ།[5] ཨོཾ་མ་ཎི་པད་མེ་ཧཱུྃ།[6]〔옴마니뻬메홍 또는 옴마니뻬메훔〕으로 표기

㉯ '뻬메'의 경우 པདྨེ། 또는 པད་མེ།로, '홍 또는 훔'의 경우 ཧཱུྃ། ཧཱུྃ།으로 표기

- 산스크리트어

2 앞의 경전, d701 93-160b.

3 앞의 경전, d701 93-158b.

4 앞의 논서, 쪼네 제쭌 닥빠쎼둡(2009), 『마니의 공덕을 명확히 밝히는 등불』, p.300.

5 앞의 경전, 『성聖 보배함의 장엄이라는 대승경』(J61) 46-251b.

6 앞의 경전, d116 51-234a.

㉮ ॐ मणि पद्मे हूँ[7]으로 표기

㉯ Oṃ maṇi padme Hūṃ과 Oṃ maṇi padme hūṃ[8]〔옴 마니 빠드메 훔〕으로 표기

㉰ ॐ मणिपद्मे हूँ과 oṃ maṇi padme hūṃ[9]〔옴 마니 빠드메 훔〕으로 표기

▪ 제쭌〔성관자재〕의 백자진언(ཛེ་བཙུན་གྱི་ཡི་གེ་བརྒྱ་པ།)

"옴 빼마쌋또 싸마야 마누빠라야 빼마쌋또떼노빠띠타 디도 메 바와 쑤또카요 메 바와 쑤뽀카요 메 바와 아누락또 메 바와 싸르와씯딤 메 따얏차 싸르와까르마쑤 짜 메 찓땀 씨라얌 꾸루 훙 하 하 하 하 호 바가왼 싸르와 따타가따 빼마 마 메 뮌짜 빼마바와 마하싸마야쌋또 아.

(ཨོཾ་པདྨ་སཏྭ་ས་མ་ཡ། མ་ནུ་པཱ་ལ་ཡ། པདྨ་སཏྭ་ཏེ་ནོ་པ་ཏིཥྛ། དྲི་ཌྷོ་མེ་བྷ་ཝ། སུ་ཏོ་ཥྱོ་མེ་བྷ་ཝ། སུ་པོ་ཥྱོ་མེ་བྷ་ཝ། ཨ་ནུ་ར་ཀྟོ་མེ་བྷ་ཝ། སརྦ་སིདྡྷི་མྨེ་པྲ་ཡཙྪ། སརྦ་ཀརྨ་སུ་ཙ་མེ། ཙིཏྟཾ་ཤྲི་ཡཾ་ཀུ་རུ་ཧཱུྃ། ཧ་ཧ་ཧ་ཧ་ཧོཿ བྷ་ག་ཝན། སརྦ་ཏ་ཐཱ་ག་ཏ། པདྨ་མཱ་མེ་མུཉྩ། པདྨ་བྷ་ཝ། མཧཱ་ས་མ་ཡ་སཏྭ་ཨཿ)"[10]

▪ 금강살타의 백자진언(རྡོ་རྗེ་སེམས་དཔའི་ཡི་གེ་བརྒྱ་པ།)

"옴 벤자쌋또 싸마야마누빠라야 벤자쌋또떼노빠띠타 디도 메 바와 쑤또카요 메 바와 쑤뽀카요 메 바와 아누락또 메 바와 싸르와씯딤 메 따얏차 싸르와까르마쑤 짜 메 찓땀 셰라야 꾸루 훙 하 하 하 하 호 바가왼 싸르와 따타가따 벤자 마 메 뮌짜 벤지 바와 마하싸마야쌋또 아.

---

7 앞의 사전, 곰데 툽뗀쌈둡(2016), 제4권, 2016, p.705, 표제어: '옴마니빼메훙(ཨོཾ་མ་ཎི་པདྨེ་ཧཱུྃ།)'.

8 앞의 논문, 金武生(경정 정사)(1999), 「六字眞言의 象徵意味」, 전자는 p.16, 후자는 pp.23~24.

9 앞의 논서, 쭌빠왕뽀(2012), pp.71~72.

10 앞의 논서, 제쭌 따라나타, JT464 22-493.

(ཨོཾ་བཛྲ་སཏྭ་སམཡམནུཔཱལཡ། བཛྲ་སཏྭཏྭེནོཔཏིཥྛ། དྲྀཌྷོ་མེ་བྷབ། སུཏོཥྱོ་མེ་བྷབ། སུཔོཥྱོ་མེ་བྷབ། ཨནུརཀྟོ་མེ་བྷབ། སརྦ་སིདྡྷིམྨེ་པྲཡཙྪ། སརྦ་ཀརྨསུ་ཙ་མེ་ཙིཏྟཾ་ཤྲེཡཿ་ཀུརུ་ཧཱུྃ། ཧ་ཧ་ཧ་ཧ་ཧོཿ་བྷགབན་སརྦ་ཏཐཱགཏ། བཛྲ་མཱ་མེ་མུཉྩ། བཛྲཱི་བྷབ། མཧཱ་སམཡ་སཏྭ་ཨཱཿ།།)”[11]

---

11 앞의 논서, 쭌빠왕뽀(2012), pp.64~65.

ཡ་ལ་ཁ་པ་[illegible]།།

필자의 회향기원문

석가모니의 진설眞說
성관자재의 정수精髓
육자진언六字眞言
옴마니반메훔 

제가 '육자진언의 수행체계'를 공부한 인연으로, 성관자재의 대자비심 곁에 한걸음 더 가까이 다가서고, 밖으로 흩어지는 마음을 되돌려 저의 내면을 비추어 보게 하소서! 또한 이타심의 최고봉인 지고지순한 보리심의 씨앗을 싹틔우고, 일체존재의 실상을 여실히 꿰뚫어 보는 지혜의 등불을 밝힐 수 있도록 성관자재께서 가피하여 주소서! 오랜 옛날로부터 오늘날에 이르기까지 난행고행難行苦行을 감내하며, 불법의 횃불을 밝혀 주신 구법스승들과 세간의 눈이 되어 주신 역경사들의 한량없는 은혜를 제 마음 깊은 곳에 담아두겠나이다. 이분들의 발자취를 따라 저 역시 태어나는 생마다 불법 전승에 신명身命을 바칠 수 있기를 성관자재께 간절히 발원하옵니다.

아울러 육자진언 유가행자는 티벳 경론의 육자의 성취법 등에 따라 돌탑을 쌓는 마음으로 거듭거듭 수습함과 동시에 육자진언 옴마니반메훔을 두메산골의 계곡물처럼 청아하게, 유유히 흐르는 강물처럼 쉼 없이 염송하여지이다. 이러한 유가행자의 마음이 언제나 환희로 충만하고, 걸음걸음 자신의 심성을 정화하는 삶이 되며, 자리이타의 원력이 더욱더 견고해지이다. 특히 육자진언수행의 가치와 이것이 해탈과 부처님의 경지로 나아가는 훌륭한 수행 방편이라는 확고부동한 신심이 샘솟아지이다. 더 나아가 세세생생 불법을 여의지 않고, 마침내 극락정토에 나서 '성관자재의 마음에 모신 아미타불'을 친견할 수 있기를 마음 모아 발원하옵니다.

2024년 가을에 法藏  마음 모음

법장法藏

1995년 대한불교조계종 단일계단에서 사미니계를 수지하고, 2001년에 비구니계를 수지하였다. 운문사 승가대학과 운문사 한문불전승가대학원을 졸업하고, 운문사 승가대학에서 5년간 교수사 소임을 맡았다. 2007년 명성 강백으로부터 전강을 받았으며, 같은 해에 동국대 WISE캠퍼스에서 티벳 8대 보리도차제론 중 하나인 제4대 뻰첸라마 롭상최곈의 『데람』과 『데람닝뽀』(깨달음으로 가는 『쉬운 길』과 『쉬운 길의 핵심』)에 관한 연구'로 석사 학위를 취득하였다. 2008년부터 2019년까지 12년간 주로 인도 다람싸라에 소재하고 있는 '게덴최링'이라는 여성 출가자 승가대학에서 단체수업과 개인수업을 병행하여 티벳어, 불교의 기본교리, 불교논리학, 반야 논서, 중관 논서, 아미달마구사론과 그 외 보리도차제를 비롯한 수행지침서 등을 수학하였다. 2023년 8월에 위덕대학교에서 '六字眞言의 修行體系 硏究–티벳 문헌을 중심으로–'로 철학박사 학위를 취득하였다. 현재는 대한불교조계종 교육아사리로 활동하면서 티벳 경론 연구에 전념하고 있다. 역주서에는 제5대 뻰첸라마 롭상예쎼의 『보리도차제의 마르티 일체지로 나아가는 지름길』이 있고, 학회지 게재 논문으로 「육자진언六字眞言의 표기와 명칭에 관한 고찰」과 「자립논증파自立論證派의 십이연기 해석 연구–제쭌 최끼곌첸의 『연기緣起의 총의總義』를 중심으로–」 등이 있다.

육자진언의 수행체계

초판 1쇄 인쇄 2024년 10월 30일 | 초판 1쇄 발행 2024년 11월 6일
지은이 법장 | 펴낸이 김시열
펴낸곳 도서출판 운주사 (02832) 서울시 성북구 동소문로 67-1 성심빌딩 3층
전화 (02) 926-8361 | 팩스 0505-115-8361
ISBN 978-89-5746-855-5 93220 값 23,000원
http://cafe.daum.net/unjubooks 〈다음카페: 도서출판 운주사〉